Francesco
Perrotta-Bosch

O Livro dos Labirintos

wmf martinsfontes

1ª edição 2025

Coordenação editorial Fabiana Werneck
Design Casa Rex
Preparação Rogerio Trentini
Revisão Alessandra Miranda de Sá e Ana Caperuto
Produção gráfica Geraldo Alves

Dados Internacionais de Catalogação na Publicação (CIP)
(Câmara Brasileira do Livro, SP, Brasil)

Perrotta-Bosch, Francesco
O Livro dos Labirintos / Francesco Perrotta-Bosch. -- São Paulo : Editora WMF Martins Fontes, 2025.

Bibliografia.
ISBN 978-85-469-0767-0

1. Arquitetura moderna - História 2. Vanguarda (Estética) - História I. Título.

25-292424.0 CDD-720

Índices para catálogo sistemático:
1. Arquitetura 720
Cibele Maria Dias - Bibliotecária - CRB-8/9427

Todos os direitos desta edição reservados à
Editora WMF Martins Fontes Ltda.
Rua Prof. Laerte Ramos de Carvalho, 133
01325-030 – São Paulo – SP – Brasil
Tel. (11) 3293-8150
e-mail: info@wmfmartinsfontes.com.br
http://www.wmfmartinsfontes.com.br

Nel labirinto intrai, nè veggio ond'esca.

Francesco Petrarca

Os historiadores da literatura e da arte
sabem que entre o arcaico e o moderno há
um compromisso secreto, e não tanto porque
as formas mais arcaicas parecem exercitar
sobre o presente um fascínio particular quanto
porque a chave do moderno está escondida
no imemorial e no pré-histórico.

Giorgio Agamben

APRESENTAÇÃO

O que é arquitetura? Quais os significados, os sentidos e os propósitos da profissão que escolhi para mim? Inúmeras respostas poderiam ser dadas e nenhuma seria completa ou definitiva. Isso não impediu que tais indagações tivessem se alojado em meu imaginário. Ainda quando estudante universitário no Rio de Janeiro, eu pertencia a um coletivo de alunos que fazia entrevistas com notórios arquitetos. Sempre terminávamos questionando o que é arquitetura. Incalculável o número de vezes que pedi por uma definição do ofício. Até que, durante a minha pesquisa de mestrado, li a transcrição de uma conversa com Yve-Alain Bois em que o historiador apresentava uma pergunta retórica: "Não seria Dédalo o santo padroeiro da arquitetura?"[1]

Eureca! O fascínio por essa informação me arrebatou instantaneamente. Ao sugerir que Dédalo, o mítico autor do Labirinto de Creta, seria uma espécie

1 É inusitado que Yve-Alain Bois tenha associado uma figura da mitologia grega, isto é, proveniente do paganismo, a uma titulação - "santo padroeiro" - própria ao catolicismo. A passagem está em BOIS, Yve-Alain. "Formless - A User's guide" [excerpt]. *In*: RICCIARDI, Garrett; ROSE, Julian. *MoMA PS1 Young Architects Program: Formlessfinder*. Nova York, 2013, p. 82.

de patrono da profissão, Bois me fez transformar a pergunta "O que é arquitetura?" em "Qual é a origem da arquitetura?".

Introduzindo de maneira sumária essa passagem da mitologia grega, o Labirinto foi concebido por ordem de Minos, rei de Creta. Dédalo projetou uma edificação grandiosa para que dela nunca saísse o Minotauro - singular criatura com corpo de homem e cabeça de touro. Este era filho da rainha Pasífae com um grande boi branco presenteado por Poseidon. Para não matar o rebento de sua esposa, Minos decidiu aprisioná-lo. Periodicamente, sete jovens e sete donzelas atenienses eram oferecidos para serem devorados pelo Minotauro. Teseu, filho do rei de Atenas, dispôs-se a ser um dos entregues ao temido ser. Ao chegar à ilha de Creta, Teseu encantou Ariadne - filha de Minos e meia-irmã do Minotauro -, que o presenteou com uma espada e um novelo cujo fio serviria para demarcar o rastro do caminho de retorno à entrada do Labirinto. O Minotauro foi morto e Dédalo caiu em desgraça. O arquiteto foi aprisionado no seu próprio projeto - o Labirinto -, sendo também vigiado pelas tropas do monarca cretense por terra e em toda a orla da ilha. Para fugir do patrulhamento e da punição, Dédalo viu saída apenas pelo ar. Fabricou asas para si e seu filho. Voaram. O jovem e confiante Ícaro aproximou-se demais do Sol, a cera de suas asas derreteu, as penas se desprenderam e ele caiu ao mar.

Em suma, de acordo com a narrativa da Grécia Antiga, o primeiro arquiteto da humanidade foi Dédalo, e seu primeiro projeto arquitetônico, o Labirinto de Creta. Eu achava curioso e estranho que a arquitetura tivesse nascido com um labirinto. Para mim, arquiteto formado no Brasil segundo os cânones modernos do século XX, o labirinto era uma construção antiarquitetônica. Fui ensinado a desenhar projetos com estruturas modulares, ambientes com proporções harmônicas, fachadas com amplas aberturas e planos transparentes a fim de que os espaços internos se integrassem com a paisagem ao redor - *a priori*, um labirinto parece ser o contrário disso.

A gênese da arquitetura põe em xeque os significados, os sentidos e os propósitos da profissão na atualidade. De pronto, eu sabia que esse seria o tema da minha tese[2] de doutorado e de um livro - este livro. Foram cinco anos de estudos acolhidos no programa de dupla titulação de doutorado da Faculdade de Arquitetura e Urbanismo da Universidade de São Paulo e da Università IUAV di Venezia. Foi uma pesquisa feita em dois países e com uma pandemia no meio,

2 PERROTTA-BOSCH, Francesco. *O que labirintos podem revelar sobre a arquitetura*. Tese de doutorado. São Paulo/Veneza: Faculdade de Arquitetura e Urbanismo da Universidade de São Paulo/ Università IUAV di Venezia, 2024. Disponível em: teses.usp.br/teses/disponiveis/16/16138/tde-03072024-081619/publico/TE_FRANCESCOBRUNOPERROTABOSCH.pdf. Acesso em: 21 jan. 2025.

consultando livros em nove línguas ao longo de incontáveis horas na Biblioteca Nazionale Marciana e na sala de leitura IUAV, em Veneza, e na Biblioteca Florestan Fernandes (FFLCH USP), em São Paulo, somadas a longos períodos de análise de documentos antigos em arquivos históricos, como os dos venezianos Museu Correr, Ca' Rezzonico, Fundação Querini Stampalia e Archivio di Stato di Venezia, bem como os da sede carioca do Arquivo Nacional. As facilidades do mundo digital permitiram-me ter acesso amplo e irrestrito a acervos na Inglaterra, França, Alemanha e Grécia. Ver, percorrer e vivenciar labirintos foi outro aspecto essencial para este trabalho: a experiência nos labirintos verdes da Villa Barbarigo e da Villa Pisani, ambos na região italiana do Vêneto, ofertou-me um precioso vocabulário que emprego no esforço de descrever vividamente o que é estar dentro de um labirinto. Na reta final da elaboração de uma tese extensa de caráter enciclopédico, comecei a escrever este livro em busca da síntese. As próximas páginas serão de leitura carregada de passagens mitológicas e fatos históricos, mas destinada a um público leitor para além da academia.

O *Livro dos labirintos* foi escrito para entusiastas e iniciantes, para generalistas e especialistas, para diletantes e estudiosos que se interessam por história, mitologia, literatura, arqueologia, cidades, paisagismo, artes visuais, arquitetura. É uma publicação indicada a leitores curiosos pela Antiguidade na Grécia e em Roma, pelas catedrais da Idade Média e pelos jardins da Idade Moderna, por Veneza e pela Sereníssima República, por Borges e Cortázar, pelas esculturas de Richard Serra e pelos museus de Álvaro Siza, por shopping centers e aeroportos. Em alguma medida, este é um livro-labirinto que abarca quatro milênios.

Desde os minoicos até o presente, o que se manteve e o que se modificou nas formas dos labirintos? O que permaneceu e o que se transformou em relação a seus significados? Na passagem dos séculos, que pessoas e quais instituições se apropriaram do labirinto como seu símbolo? Quem encomendou labirintos? Após Dédalo, que outros dédalos os desenharam? Há épocas nas quais a identificação de labirintos é bastante evidente; contudo, há períodos históricos – como o atual, por exemplo – em que tal estrutura está dissimulada no caráter de determinadas construções. Na sequência das civilizações nas quais se encontra a presença desse arquétipo, o que se revela é a natureza do ser humano. Na inconteste persistência do labirinto, a questão final deste livro é: o que a arquitetura preservou de seu advento?

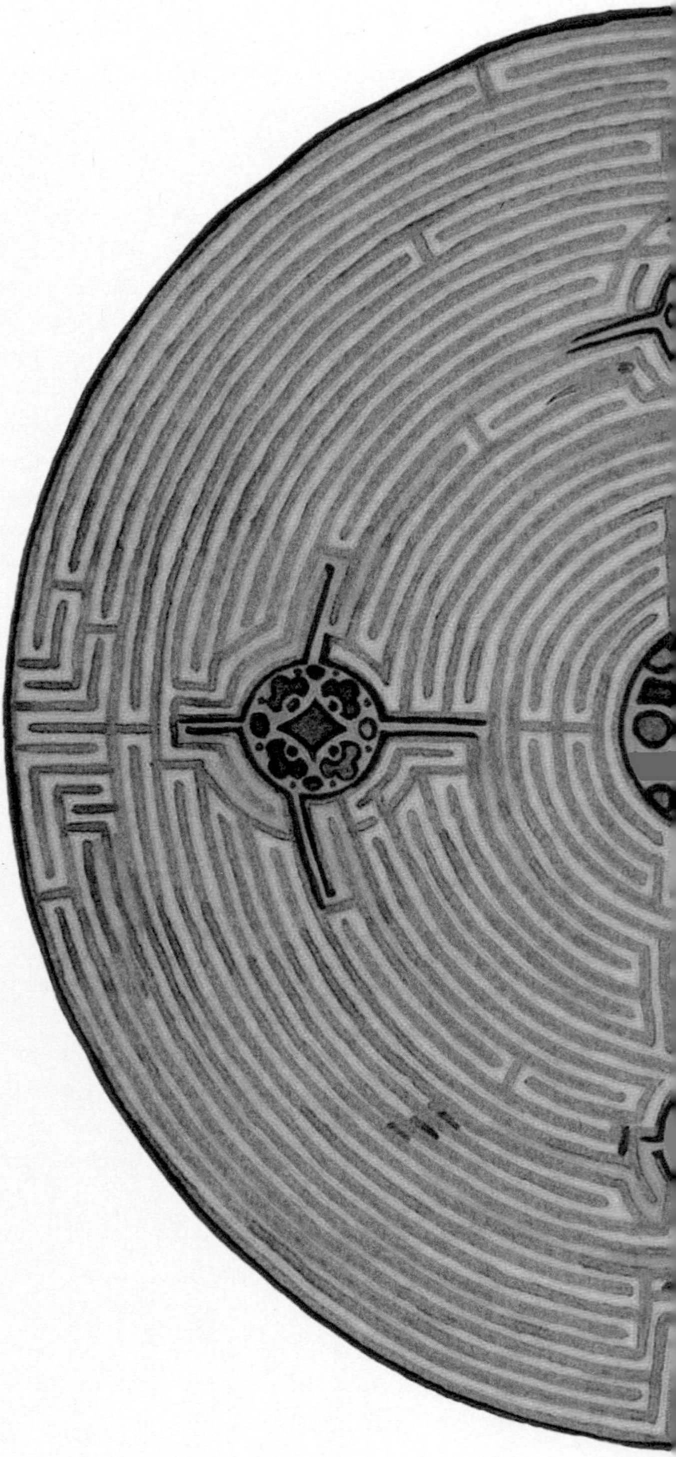

CAPÍTULO 1

O mito de Dédalo, de Minos, de Pasífae, de Ariadne, de Teseu e do Minotauro

Quando um labirinto

é tomado apenas como metáfora da complexidade ou da confusão de algo, muito se omite. Limitar-se ao sentido figurado faz com que camadas milenares de conhecimento sejam ignoradas. Algo labiríntico é mais do que simples analogia para coisas complicadas ou intrincadas. De acordo com a mitologia grega, o primeiro projeto de arquitetura foi um labirinto. Mais especificamente, o Labirinto de Creta. Seu autor – o primeiro arquiteto da humanidade – foi Dédalo.

A gênese do labirinto e da arquitetura será compreendida apenas com a coleta de diferentes leituras e interpretações do mito de Creta – o labirinto, portanto, não como um projeto fechado e unívoco, mas um corolário oriundo de apreciações diversas que povoam o imaginário do Ocidente desde muito antes de Cristo. Para começar, vale reproduzir o registro textual do Labirinto cretense contido em *Metamorfoses*, o poema épico de Ovídio (43 a.C.-17 d.C.). No ano 8 d.C., o poeta romano escreveu os seguintes versos:

Com o sacrifício de cem touros, Minos satisfez os votos
feitos a Júpiter[1], logo que, depois de desembarcar,
chegou à terra dos Curetes e decorou seu palácio,
nele pendurando os despojos. O opróbrio da sua linhagem
havia crescido, e o hediondo adultério da mãe tornava-se evidente
na estranheza do monstro biforme. Minos decide afastar
do seu lar esta infâmia, encerrando-a num labirinto.
Dédalo, celebérrimo na arte da construção, encarrega-se da obra.
Emaranha os pontos de referência e ludibria a vista
com o voltear de caminhos sem conta. Assim como o frígio Meandro
brinca com suas límpidas águas e, no seu deslizar incerto,
flui e reflui e, correndo ao encontro de si mesmo,
contempla as águas que vêm e força, ora em direção às fontes,
ora em direção do mar aberto, suas águas incertas,
assim Dédalo enche de voltas os incontáveis caminhos,
de tal modo que, mesmo ele, teve dificuldade em retornar à entrada,
tal é, no palácio, a capacidade de engano.
Depois de aí encerrar a biforme figura de touro e jovem,
e de as terceiras vítimas do destino, em cada nove anos repetido,
haverem vencido o monstro por duas vezes alimentado
do sangue da Ática; e logo que, com a ajuda de uma donzela,
a difícil porta, que nunca ninguém cruzou duas vezes,
foi encontrada com o enrolar do fio,
logo o descendente de Egeu, levando consigo a filha de Minos,
dá à vela para Dia[2] e, cruel, nessa praia abandona sua companheira.[3]

Segundo Ovídio, o Labirinto foi um palácio. A grande obra arquitetônica de Dédalo era composta de "incontáveis caminhos" tão intrincados e tortuosos que fizeram o poeta estabelecer uma analogia com o peculiar rio Meandro, no interior do antigo Reino da Frígia, hoje território turco. Ovídio deixa claro que a invenção do Labirinto resulta da necessidade de esconder um escândalo: o fruto do adultério da rainha

1 Júpiter para os romanos equivale a Zeus para os gregos.

2 Nome antigo da ilha de Naxos.

3 OVÍDIO. *Metamorfoses*. Trad. Domingos Lucas Dias. São Paulo: Editora 34, 2017, p. 427.

Pasífae, o Minotauro. Este monstro miscigenado precisava ser ocultado entre tantas paredes. Era essa a encomenda do cliente (Minos) ao arquiteto (Dédalo). O Labirinto era o lugar onde o híbrido ser, filho bastardo do cônjuge do cliente, permaneceria vivo, porém apartado da convivência com os seres humanos.

Todavia, não existe a história definitiva do Labirinto de Creta. Cada mito grego contém muitas versões. As razões são várias. Por exemplo, não chegou aos nossos dias um único texto original de Homero (séc. IX ou VIII a.C.): temos narrativas orais ou transmitidas em cópias escritas que, intencional ou involuntariamente, modificavam a narração anterior em maior ou menor grau. As versões mais antigas dos poemas épicos *Ilíada* e *Odisseia* são de séculos após a morte de Homero. Mitos são fábulas difundidas verbalmente - no caso, pelos habitantes da Grécia Antiga - por séculos e que perpassam escrituras de todo o Ocidente há milênios. Portanto, a mitologia grega não é factual, mas sim constituída de criações reelaboradas por cada pessoa que a conta. Não existe uma versão canônica para os atos, as razões, as personalidades, os desejos e as motivações de Dédalo, de Minos, do Minotauro, de Pasífae, de Teseu, de Ariadne. Ao longo de milhares de anos, esse mito seguiu (e segue) sendo contado e, por conseguinte, transformado.

Apesar de se destacar pelo Labirinto cretense, Dédalo era ateniense. Já havia então a rivalidade entre Creta e Atenas. Na ilha residia uma das mais avançadas sociedades do mar Mediterrâneo, mas gradativamente seu poderio minguava. Por sua vez, a cidade que viria a se tornar a capital grega ainda era uma pequena aldeia, mas sua importância crescia.

Reza a mitologia que Dédalo fez sua reputação como notório artífice ainda em Atenas. Na lista de seus inventos estão o esquadro, o nível, o trado, a furadeira manual, os mastros e as velas para navios, além de "estátuas que se moviam" - feita de madeira ou cerâmica, possivelmente recoberta de metais preciosos, essa revolucionária estatuária humana foi intitulada *daidala*. Atribui-se também a ele a invenção da *agalmata*, um tipo de escultura que retratava deuses com olhos abertos e pernas e braços móveis. De tão realistas, tais estatuetas pareciam vivas e com espírito próprio, fazendo com que Dédalo fosse identificado não como mero escultor, mas "declarado o inventor das imagens"[4]. Isso motivou Platão (*c.* 428-*c.* 348 a.C.) a escrever o seguinte diálogo entre Sócrates e Mênon:

> **Sócrates** - Sabes por que te espantas, ou devo dizer-te?
> **Mênon** - Dize, decididamente!
> **Sócrates** - Porque não prestaste atenção às estátuas de Dédalo. Mas provavelmente nem as há em vossa terra.
> **Mênon** - Mas a propósito de que dizes isso?
> **Sócrates** - Porque também elas, se não forem encadeadas, escapolem e fogem, ao passo que, se encadeadas, permanecem [no lugar].
> **Mênon** - E então?
> **Sócrates** - Possuir uma das obras desse [escultor], que seja solta, não vale grande coisa, como [possuir] um escravo fujão; com efeito, ela não permanece no lugar. Encadeada porém vale muito, pois muito belas são as obras.[5]

Inaugurando o estereótipo do gênio na história, "Dédalo tinha tanta vaidade com suas realizações, que não tolerava a ideia de um rival"[6], definiu o escritor Thomas Bulfinch (1796-1867). Isso fica bastante claro no episódio em que a irmã do grande mestre entregou-lhe o filho de doze anos, Pérdix, para ser seu aprendiz. O sobrinho demonstrava talento e interesse para inventar ferramentas e confeccionar novos objetos. Numa caminhada pela praia, Pérdix teria encontrado uma espinha de peixe, o que o inspirou a fazer um artefato de forma semelhante, porém de ferro: assim, foi inventada a lâmina de serra. Também se atribui ao jovem a união de duas hastes articuladas por um rebite, com uma das partes permanecendo estável enquanto a outra movia-se para desenhar um perfeito círculo - ou seja, fez-se o compasso. Além disso, teria criado a roda do oleiro, algo essencial numa sociedade cujos recipientes e contenedores eram feitos de cerâmica.

4 DAMISCH, Hubert. "A dança de Teseu". Trad. Claudia Afonso. *Revista Ars*, vol. 21, n. 47. São Paulo: Universidade de São Paulo, 2023, p. 386.

5 PLATÃO. *Mênon*. Trad. Maura Iglésias. Rio de Janeiro: Loyola/Editora PUC-Rio, 2001, p. 101.

6 BULFINCH, Thomas. *O livro de ouro da mitologia: Histórias de deuses e heróis*. Trad. David Jardim Júnior. Rio de Janeiro: Edições de Ouro, 1967, p. 176.

Com inveja do talento de Pérdix e da notoriedade obtida por ele com seus inventos, Dédalo acompanhou o sobrinho em uma caminhada pela Acrópole (ou por uma genérica torre, dependendo do narrador) e empurrou-o do alto dela. Como frequentemente ocorre na mitologia grega, aqui as versões variam: numa delas, Pérdix morreu na queda e Dédalo colocou o cadáver em um saco, mas as manchas de sangue nas roupas do tio o incriminaram; na outra variante, durante a queda, Pérdix teria sido salvo por Palas Atena, protetora do talento, que o dota de asas, penas e patas ao metamorfoseá-lo em uma perdiz - ave que não voa alto nem constrói ninho em galhos elevados de árvores, pondo ovos em baixas sebes. A perdiz, como anotou Ovídio, "por se lembrar da queda passada, receia as alturas"[7].

De todo modo, Dédalo foi publicamente condenado e escapou para um lugar onde não seria perseguido. Ele pediu asilo na ilha rival: refugiou-se em Creta.

O rei Minos recebeu Dédalo como aquele capaz de solucionar problemas como nenhum outro. Exilado e protegido pelo governo da ilha, o inventor fazia tudo que a família real cretense pedia. Atendia, por exemplo, às vontades das filhas de Minos, as jovens princesas Ariadne e Fedra, enchendo-lhes de mimos, como brinquedos que dançavam, sacudiam-se, moviam-se. Ele também teria sido autor de uma peculiar inovação feita a pedido de Ariadne: o *Choros*, uma espécie de pista de dança descrita nos versos 590 a 605 do Canto XVIII da *Ilíada*:

> Um piso para a dança cinzelou o famoso deus ambidestro, semelhante àquele que outrora na ampla Cnossos Dédalo concebeu para Ariadne de belas tranças. Mancebos e virgens que valiam muitos bois dançavam, segurando os pulsos uns dos outros. Elas estavam vestidas de pano fino, mas eles vestiam túnicas bem tecidas, suavemente luzidias de azeite. Elas levavam belas grinaldas, mas eles traziam adagas de ouro, que pendiam de talabartes de prata. Eles corriam com pés expertos e grande era a facilidade, tal como quando um oleiro experimenta sentado a roda ajustada entre as suas mãos, a ver se gira - ou então corriam em filas, uns em direção aos outros. Uma multidão numerosa observava a dança apaixonante,

7 OVÍDIO. *Op. cit.*, p. 433.

deslumbrada; e dois acrobatas no meio deles rodopiavam para cima e para baixo, eles que lideravam a dança.[8]

Quando a rainha Pasífae teve um irrefreável desejo por um touro, ela foi à procura de Dédalo para uma solução: o artifício era uma espécie de fantasia de vaca feita de firme armação de madeira sobre rodinhas e revestida de couro bovino verdadeiro, na qual Sua Majestade entraria escondida e poderia ter relações carnais. Quando o touro se aproximou, tomou-a como uma verdadeira vaca. Desse engenho de Dédalo foi concebido o Minotauro.

Minos percebeu a estranheza do ser que sua esposa dera à luz e resolveu escondê-lo. Quem seria o realizador de tal importante tarefa? Mais uma vez, Dédalo. Até então, ele inventara diversas ferramentas de construção; agora, precisava construir uma grande edificação: eis a invenção do labirinto, eis a invenção da arquitetura.

De artífice, Dédalo tornou-se arquiteto, sendo autor de um projeto para, simultaneamente, acolher e esconder, refugiar e isolar, abrigar e aprisionar o Minotauro. O Labirinto é sua obra-prima: por causa dele, Dédalo passa para a posteridade.

Todavia, um perfil biográfico de Dédalo não se conclui no seu clímax. O Labirinto deixa de ser um projeto bem-sucedido quando o filho favorito do rei de Atenas confronta o filho bastardo do rei de Creta. O Labirinto converte-se em arena da batalha entre Teseu e o Minotauro. O pano de fundo do êxito e da derrocada desse projeto é, portanto, a rivalidade entre atenienses e cretenses - e Dédalo esteve diretamente envolvido tanto na sua virtude quanto no seu desmantelamento.

Quando Teseu chegou à ilha de Creta, Ariadne, por obra de Afrodite, apaixonou-se instantemente por ele. Para ajudar seu amado, a princesa cretense pediu auxílio, mais uma vez, a Dédalo. Ele teve a ideia de um novelo de linha a marcar o caminho por dentro do Labirinto, engendrando o notório "fio de Ariadne", que auxiliou Teseu por meio do projeto arquitetônico do próprio Dédalo.

Quando o Minotauro foi assassinado pelo herdeiro do trono ateniense que, ainda por cima, levou consigo a filha legítima do rei de

8 HOMERO. *Ilíada*. Trad. Frederico Lourenço. São Paulo: Cia. das Letras, 2005, pp. 435-6.

Creta, Dédalo caiu em desgraça com Minos. O arquiteto foi sentenciado à prisão por traição ao reino e conspiração com Ariadne. Dédalo e seu jovem filho Ícaro foram presos no próprio Labirinto projetado pelo arquiteto. Mesmo que fugissem da edificação, a qual o autor conhecia como nenhum outro, pai e filho teriam problemas para sair da ilha, pois todas as embarcações passaram a ser severamente revistadas antes de zarpar. Lê-se em *Metamorfoses* que Dédalo teria dito: "Embora Minos me barre o caminho por terra e por mar, aberto fica-me o céu. É por aí que eu irei!"[9]

Para salvar a si e ao seu menino, o grande inventor "entregou-se a artes desconhecidas"[10], como definiu Ovídio. Dédalo concebeu asas a partir da observação dos voos de pássaros. Dessas aves, Ícaro recolhia as penas trazidas pelo vento; em seguida, Dédalo alinhava as menores com aromática cera e, depois, juntava-as às maiores, costurando-as numa gradação crescente e com perímetros curvilíneos próprios às formas naturais de asas. O trabalho meticuloso demandava paciência e tempo. Tão logo finalizou o invento, o artífice vestiu o par de asas, planou no ar pela primeira vez e verificou o equilíbrio dos inéditos dispositivos, convertendo-se então no primeiro aviador entre os seres humanos. Na sequência, Dédalo equipou seu filho também com asas sobre os ombros e, segundo o poeta romano, instruiu-o com tais palavras:

> Aconselho-te, Ícaro, a que voes à meia altura,
> não vá a água, se fores mais baixo, tornar-te as asas pesadas,
> ou queimar-tas o fogo, se voares mais alto. Voa entre um
> ponto e o outro. Não fixes o Boieiro, nem Hélice,
> nem a espada desembainhada de Órion, aconselho-te.
> Segue sempre atrás de mim.[11]

Enquanto proferia tais paternas observações, lágrimas correram pelo seu rosto. Suas mãos tremiam quando beijou Ícaro sem saber que era a última vez. E voaram. Na decolagem, o arquiteto enxergou

9 OVÍDIO. *Op. cit.*, p. 429.

10 *Ibid.*

11 *Ibid.*

sua própria concepção de cima para baixo pela primeira vez. Embora o Labirinto de Creta fosse complexo demais para ser apreendido integralmente pelo campo visual, Dédalo observou-o de um ponto de vista análogo a um desenho em planta ou a uma perspectiva aérea que, em tempos antigos, somente deuses podiam avistar. Assim, o incrível invento de Dédalo colocava-o na categoria de entidades divinas e, sincronicamente, lhe proporcionava códigos de representação visual então inéditos a um arquiteto.

O pai voou à frente, embora olhasse frequentemente para trás, temeroso pelo rebento. Da terra firme, um pastor e um lavrador olhavam para o céu com encanto. Das inconstantes águas do mar, com semelhante fascínio, um pescador admirou o que seus olhos enxergavam ao longe. Os três homens comuns tomaram Dédalo e Ícaro por divindades planando acima do horizonte, na altura das nuvens.

Os dois passaram pelas ilhas de Samos, Delos e Paros, à esquerda, além de Lebinto e Calímnos, à direita. Já seguro de si depois de muitas milhas atravessadas, Ícaro foi tomado pela euforia, arriscando-se para além das orientações do pai. Começou a voar mais alto. Conforme ele ganhava altitude, amolecia a cera que unia as penas. Não demorou muito para o menino perceber que não existiam mais asas a bater. Ele movimentava somente braços desnudos. E caía. Punido pela falta de moderação, nada mais o mantinha no céu. Clamava por seu pai quando irrompeu no mar. Desesperado, Dédalo gritava o nome do seu filho. Ao ver penas flutuando sobre as águas, amaldiçoou o próprio invento. Sob o olhar de uma perdiz, numa cruel ironia do destino, o pai enterrou o corpo do jovem numa ilha que veio a ser batizada em sua homenagem: Icária.

Antonio Canova [1757-1822]

Dédalo e Ícaro, 1777-79

Mármore, 200 x 95 x 97 cm

Museu Correr, Veneza, Itália

Como a morte dos homens não tem remediação, Dédalo prosseguiu seu voo, que acabou tendo a Sicília como destino. Foi acolhido pelo rei Cócalo com sigilo e honras de grande mestre. Como agradecimento pela hospitalidade, Dédalo responsabilizou-se pelas obras de aquedutos entre Agrigento e Selinunte, construiu um templo em honra a Afrodite sobre o monte Erice e, para a mesma deusa, ofereceu um objeto singular: um favo de ouro. Tal como fizera em Creta, mimou as princesas, herdeiras de Cócalo, com brinquedos e joias.

Minos, contudo, não esqueceu Dédalo. Querendo vingança pelo que considerou uma colaboração direta no assassinato do Minotauro e na deserção de Ariadne – sem contar a própria fuga do arquiteto –, o rei de Creta resolveu persegui-lo. Para descobrir o paradeiro de Dédalo, Minos teve uma ardilosa ideia. Anunciava de porto em porto um concurso para a solução de um enigma: como um fio poderia atravessar o interior de uma concha em espiral? O vencedor receberia uma grande recompensa. Minos conhecia a inteligência de Dédalo e sabia que somente ele poderia resolver o desafio. Estava ciente de que o governante exitoso no concurso seria aquele que dava guarida a Dédalo. Depois de presenciar alguns insucessos em diferentes localidades, o grande monarca do Mediterrâneo desembarcou no reino siciliano de Cócalo.

Cócalo aceitou a proposta do cretense e, sem anunciar a ninguém, pediu a Dédalo que encontrasse a solução. Por sua própria natureza, o inventor ficou instigado e, hábil como era, encontrou um modo de resolver o problema. Ele pegou uma formiga e nela prendeu um fio muito fino. Em seguida, posicionou-a numa das aberturas da concha e aplicou uma gota de mel no outro orifício. A formiga foi atraída pelo doce aroma. Suas várias patas atravessaram as volutas da concha até sair pela outra extremidade. Nesse momento, Dédalo soltou o inseto da delgada linha e amarrou-a num fio mais espesso, puxando-o por dentro da espiral da concha, e pronto – o desafio decifrado estava.

É inevitável o estabelecimento do vínculo entre tais episódios da vida de Dédalo: o Labirinto de Creta e a concha da Sicília. O princípio do fio de Ariadne reaparece no objeto em caracol transmitido por Cócalo. A formiga conduzira uma linha tal como Teseu. Essa associação de histórias foi notada por Teodorida de Siracusa, ainda no século III a.C., quando definiu uma concha como um "labirinto do mar" num poema que contém os seguintes versos: "Diga-me, dedálea concha, quem te consagrou, quando foi recolhida, sutil veste do alvo mar?"[12]

Quando Cócalo apresentou o enigma solucionado a Minos, o rei de Creta teve certeza de que Dédalo estava naquela área da então Magna Grécia - atual sul da Itália. Aqui, mais uma vez, antagônicas versões surgiram: para alguns antigos autores, Minos concedeu o prêmio sem nada dizer, mas Dédalo deduzira que tinha sido descoberto; para outros, Minos requisitou a Cócalo que entregasse o arquiteto, mas o pedido teria sido em vão. De um modo ou de outro, quando a perseguição a Dédalo chegou aos ouvidos das filhas de Cócalo, as princesas resolveram ajudar o inventor, de quem muito gostavam. O palácio real siciliano tinha um inovador sistema de canos para passagem de água quente - provavelmente de autoria do próprio Dédalo - e as meninas modificaram a temperatura da água: o rei de Creta tomou banho com água fervente, falecendo ao ser cozido.

Cócalo informou aos cretenses que seu monarca morrera por um acidente doméstico com o indevido uso da água quente. É possível que o corpo de Minos tenha repousado por séculos numa tumba em Eraclea Minoa, hoje um sítio arqueológico nos arredores de Agrigento. Certos autores afirmam que os restos mortais foram restituídos aos soldados de Creta que acompanhavam o rei, os quais levaram-nos de volta à ilha grega em um sarcófago em que se lia "Tumba de Minos, filho de Zeus". Independentemente do endereço do túmulo, Dédalo tornara-se um homem livre.

A partir de então, os registros sobre Dédalo escasseiam. Uma aura de mistério passa a cercar o personagem, como se ele aparecesse em vários lugares e em lugar nenhum. Afinal, ao longo da Idade Antiga, muitas edificações foram atribuídas ao seu nome; contudo, é mais provável que a designação não fizesse referência à pessoa em específico, mas ao responsável da ocasião pela concepção do edifício. Não era de Dédalo, mas de um dédalo.

No detalhado registro do poeta romano Virgílio (70-19 a.C.), no livro VI da *Eneida*, Dédalo teria passado por Cuma (ou Cumas): na Antiguidade

12 TEODORIDA DE SIRACUSA. *Apud* SANTARCANGELI, Paolo. *Il libro dei labirinti: Storia di un mito e di un simbolo*. Florença: Vallecchi, 1967, p. 26. "*Dimmi, dedàlea conchiglia, chi ti consacrò, quando ti ebbe/ raccolta, esile spoglia del biancheggiante mare?*" [Todas as traduções dos textos em outra língua transcritos nas notas são do autor.]

foi uma cidade da Magna Grécia colonizada por gregos da ilha de Eubeia; hoje é um sítio arqueológico distante duas dezenas de quilômetros de Nápoles, a oeste. Lá, Dédalo teria projetado o Templo de Apolo, no qual se destacam os portões cuja decoração em baixo-relevo retrata sua história pessoal, tal como uma autobiografia esculpida. Na descrição feita por Virgílio desse elemento arquitetônico, lemos as recordações da vida do arquiteto:

> Dédalo, segundo se conta, fugindo do reino de Minos e ousando confiar-se ao céu com asas leves, seguiu por uma rota desconhecida para as gélidas Ursas e desceu afinal levemente na elevação de Chalcis. Apenas desceu em terra, consagrou a ti, Apolo, as asas com que voara e te ergueu um enorme templo. Nas portas, em baixo-relevo representou a morte de Androgeu; depois os Cecrópidas condenados (ó miséria!) como castigo a pagar todos os anos os corpos de sete de seus filhos; lá se encontra a urna de tirar a sorte. Em frente, ergue-se, sobre o mar, a terra de Creta: ali está o cru amor do touro, o conúbio furtivo de Pasífae, sua prole de sangue misturado, o filho biforme, o Minotauro, monumento de uma paixão nefanda; ali se vê o labirinto com suas dificuldades e seus inextricáveis meandros. Condoído, porém, do grande amor de uma rainha, o próprio Dédalo desvenda os ardis e rodeios do palácio. Com um fio dirige os passos cegos. Tu também, Ícaro, terias uma grande parte em tal obra, se o permitisse o sofrimento. Por duas vezes ele tentou, em ouro, reproduzir a queda; por duas vezes se afrouxaram suas mãos de pai.[13]

Por fim, é necessária toda a atenção a uma aparente contradição na mitológica biografia de Dédalo: ele é concomitantemente o "inventor das imagens", quando esculpiu as *daidalas*, e o arquiteto do Labirinto de Creta, o imenso e meândrico edifício cuja imagem integral é inapreensível. O filósofo francês Hubert Damisch (1928-2017) elaborou precisamente essa questão: "como interpretar a relação de implicação recíproca que o pensamento mítico estabelece – ainda uma vez – entre a fabricação das imagens e a construção de um edifício que não concede nada à aparência, essa armadilha sem forma e sem contorno, onde

13 VIRGÍLIO. *Eneida*. Trad. David Jardim Júnior. Rio de Janeiro: Edições de Ouro, [1974], pp. 165-6.

toda figura - e o próprio espírito - se desconcerta, e que tem o nome de Labirinto?"[14] Sua explicação ampara-se no argumento de que esses não são instintos incompatíveis, mas sim complementares, sendo tal correlação a base do intelecto no momento da concepção artística ou arquitetônica: "A arte carrega consigo mais coisas além das formas, da obra, do homem, da ordem, da medida e do *contorno* - traz também aquilo que os contesta, que os nega, como lugar onde coloca seu apoio: o informe, a existência anônima, a palavra selvagem, a ausência da obra."[15] Essa hipótese desfaz o que poderia ser compreendido como uma antítese entre a forma e o informe, passando a apresentá-la como um binômio próprio ao *ethos* da obra de Dédalo e que, nos próximos capítulos, será fundamental para compreender a complexidade do arquétipo do labirinto.

Minos era fruto da relação entre Zeus e Europa, assumido pelo rei Astério como filho, irmão de Radamanto e Sarpédon, marido de Pasífae, pai de Androgeu, Deucalião, Glauco, Catreu, Acale, Xenódice, Fedra e Ariadne. Sobretudo, Minos foi o rei de Creta quando a ilha era a grande potência do mar Mediterrâneo. Segundo Ovídio: "Na força da idade, Minos,/ só com seu nome, fora o terror das maiores nações."[16]

Tem-se uma descrição do soberano cretense em *Metamorfoses*, quando Cila, filha de Niso, rei de Mégara, esteve diante de Minos, que, naquele episódio, era o invasor do reino de seu pai. Ela se encantou com a imagem do poderoso:

> A seus olhos, Minos era belo com o elmo ou se cobrisse a cabeça
> com um capacete ornado de penas; empunhasse ele o escudo
> de reluzente bronze, empunhar o escudo ficava-lhe bem.
> Dobrando o braço, brandira sua flexível lança.
> A donzela admirava a destreza associada à força.[17]

14 DAMISCH, Hubert. *Op. cit.*, p. 381.

15 *Ibid.*, p. 386.

16 OVÍDIO. *Op. cit.*, p. 503.

17 *Ibid.*, p. 419.

Cila, a princesa que se transformou em águia marinha, constatou que a figura de Minos despertava, simultaneamente, temor e adoração:

> Dói-me que Minos tenha por inimigo a quem o ama,
> mas, se não fora a guerra, nunca o teria conhecido.
> Talvez pudesse pôr fim à guerra, tomando-me a mim por refém,
> Ter-me-ia por companheira e por penhor da paz.
> Se aquela que te deu à luz, ó beleza sem par, era igual ao que tu és,
> razão teve o deus para arder de amores por ela.[18]

A mãe de Minos, "aquela que te deu à luz, ó beleza sem par", foi a princesa fenícia Europa. É dela que provém a primeira correlação entre Minos e a figura do touro. Tal vínculo não surgiu originalmente com a fecundação que deu origem ao Minotauro, mas sim com o nascimento do próprio Minos.

Em um sonho, Europa teria sido visitada por duas mulheres: uma era Ásia, a outra era uma estrangeira particularmente acolhedora. Em meio a essa noite de sono, a jovem teve uma antevisão de seu futuro: enxergou o lugar que viria a chamar de lar e que até mesmo levaria seu nome.

Em uma praia nas cercanias da cidade de Tiro (localizada onde hoje é o sul do Líbano), a princesa brincava na companhia de donzelas fenícias quando Zeus se encantou com sua beleza. Desejando Europa, metamorfoseou-se em um touro do rebanho que descia das montanhas em direção ao litoral:

> Deixando a gravidade do cetro
> o ilustre pai e senhor dos deuses, cuja destra está armada
> com o raio de três pontas e abala o mundo
> com um sinal de cabeça, reveste a forma de um touro,
> muge misturado com as novilhas e passeia sua beleza
> pela erva viçosa. Sua cor é a da neve que nem a marca
> de um rude pé calcou, nem o chuvoso Austro fundiu.[19]

18 *Ibid.*

19 *Ibid.*, p. 161.

Zeus, travestido como um belo e branco touro de pequenos chifres polidos como uma pedra preciosa, pastava placidamente nos campos em que Europa se divertia com suas amigas. O divino animal aproximou-se dissimuladamente da princesa do Oriente Médio.

> Na fronte, nenhum sinal de ameaça, nem seu olhar causa medo.
> Seu semblante respira paz. Admira-se a filha de Agenor[20]
> de que seja tão belo e não ameace qualquer investida.
> Mas, embora manso, inicialmente receou tocar-lhe.
> Depois, aproximou-se e levou-lhe flores à branca boca.[21]

De tão gracioso, o touro encantou Europa. Seria um bicho temido por sua natureza, mas aquele, em específico, emanava ternura e hálito de açafrão. Tal como num flerte, ele incitava a virgem a aconchegar-se. A herdeira da civilização fenícia até teve pudor em mexer no animal, mas tal timidez durou apenas instantes. Zeus, em forma de bovino, deixou-se acariciar pela princesa. Intensificaram-se os gracejos entre ambos: as flores colhidas por Europa foram dadas ao touro, que as carregou enquanto tentava disfarçar seu intenso desejo pela jovem:

> O amante alegra-se e, enquanto não chega o aguardado prazer,
> beija-lhe as mãos. E já mal suporta, sim, mal suporta adiar o resto!
> E ora retouça e salta na erva verde, ora repousa seu níveo flanco
> na areia dourada. E afastando-lhe pouco a pouco o medo,
> ou lhe oferece o peito para ser afagado pela juvenil mão,
> ou os cornos, para que os enfeite de grinaldas novas.[22]

A excitação do maior dos deuses transbordou no momento em que ele "beija-lhe as mãos": contudo, como touros não beijam, mas lambem, a cena transparece seu sutil erotismo. O animal fez poses na relva e na areia. Em seguida, cirandou ao redor da linda moça. Zeus ofereceu seu taurino peito para receber carinho. Europa, uma adolescente,

20 Agenor era rei da Fenícia e pai de Europa.

21 OVÍDIO. *Op. cit.*, pp. 161 e 163.

22 *Ibid.*, p. 163.

enfeitou os chifres dele com guirlandas de flores. Quando a confiança se estabelecera, o touro abaixou a cabeça e ajoelhou-se, como a convidar a princesa para subir em seu lombo:

> Atreveu-se até a régia donzela, sem saber quem montava,
> a subir para o dorso do touro, quando o deus, sem se dar por isso,
> afastando-se da terra e da areia seca, põe as dolosas patas,
> primeiro, na água, vai, depois, mais além e leva a sua presa
> pelas águas do mar. A jovem apavora-se e olha,
> enquanto é levada, para a praia deixada para trás.
> Com a mão direita segura-se a um corno, a outra apoia-a no dorso.
> Seus vestidos agitam-se e ondulam ao sabor do vento.[23]

Assim se encerra a narrativa de Ovídio sobre o episódio mitológico de quando Europa saiu da Ásia. Tão logo a princesa fenícia montou no que parecia ser um touro, revelou-se que aquele não era um animal, mas um deus de força sobre-humana capaz de correr sobre as águas. A imagem representada em incontáveis quadros, afrescos, cerâmicas e moedas é de Europa aterrorizada com o ímpeto animal, voltando seu olhar para trás - para a Ásia, a que nunca mais retornaria -, enquanto porta um belo vestido esvoaçante, agarrando-se em um chifre e no lombo bovino para não cair no mar.

Para qual direção a princesa fenícia era conduzida? Europa foi levada para Creta. Esse é, portanto, o mito do batismo do continente europeu. O mito sobre a origem do Ocidente. O reconhecimento pelos gregos de que a civilização ocidental tem suas raízes na Ásia, no Oriente Médio.

A viagem de Zeus e Europa pelas águas do Mediterrâneo foi descrita em tom de sátira por Luciano de Samósata (*c.* 125-180 d.C.). Em *Diálogos dos deuses marinhos*, o autor apresenta a passagem por meio da conversa entre dois ventos, isto é, entre dois deuses responsáveis por mover os ares sobre mares e terras. O diálogo entre Zéfiro e Noto converte o rapto da princesa num cortejo sobre as águas:

23 *Ibid.*

Zéfiro - Desde que me conheço e sopro, nunca assisti a uma procissão no mar mais magnífica que esta. Tu não viste, ó Noto?
Noto - A que procissão te referes, ó Zéfiro? E quem eram os participantes?
Zéfiro - Perdeste um espetáculo muitíssimo agradável, como não verás mais nenhum outro.
Noto - É que eu tinha que fazer na região do Mar Vermelho e soprava sobre a parte do [oceano] Índico junto à costa. Por isso, não sei a que te referes.
Zéfiro - Ora bem: conheces Agenor de Sídon?
Noto - Sim, é o pai de Europa. E então?
Zéfiro - É precisamente sobre ela que te vou falar.
Noto - Porventura [vais contar-me] que Zeus está, desde há muito, apaixonado por essa jovem? Já sabia desse caso há muito tempo.[24]

Na prosa chistosa de Luciano, não há nenhum traço de repugnância ao sequestro da jovem fenícia - afinal, um ato de Zeus não pode ser crime. Quando descrito como cortejo, a condução de Europa para a Europa ganha ares triunfais. Deixa de ser um romance entre uma jovem donzela do Oriente Médio e um deus grego travestido de touro branco, passando a ser uma majestosa cerimônia conduzida por Poseidon, o deus dos mares, portando em sua carruagem sua esposa, Anfitrite. O novo casal, ali em celebração, tinha ao seu redor nuas nereidas - as belas e benevolentes ninfas do mar -, tritões, golfinhos e outros graciosos seres marinhos. Fechando a procissão estava Afrodite, a deusa do amor, da beleza e da fertilidade. Magnificente foi a celebração da fundação do Ocidente, testemunhada pelo deus-vento Zéfiro, que nenhum movimento fez e somente contemplou a cena:

Noto - Ó Zéfiro, esse espetáculo a que tu assististe foi muito agradável e muito erótico: Zeus transportando a nado a sua amada.
Zéfiro - Sim, ó Noto, mas o que se passou a seguir é ainda mais agradável. Na verdade, o mar ficou imediatamente sem ondas e, ganhando um aspecto calmo, apresentava-se muito liso. Todos nós, [os ventos,] sem

24 SAMÓSATA, Luciano de. *Luciano* [I]. Trad. Custódio Magueijo. Coimbra: Imprensa da Universidade de Coimbra, 2012, p. 189.

termos nada que fazer, limitávamo-nos a acompanhar os acontecimentos como simples espectadores, enquanto os Amores, esvoaçando um pouco acima da superfície do mar, a ponto de algumas vezes tocarem na água com as pontas dos pés, e empunhando fachos acesos, cantavam e entoavam o hino do casamento; e as Nereidas emergiam das águas cavalgando golfinhos, batendo palmas e quase todas nuas; e a raça dos Tritões e todos os outros seres marinhos de aspecto nada aterrorizador dançavam à volta da jovem; Poseidon, de cima do seu carro e tendo a seu lado Anfitrite, seguia na frente, todo feliz por acompanhar seu irmão que nadava. Enfim, na cauda do cortejo, seguia Afrodite, transportada por dois Tritões, reclinada numa concha e espalhando toda a espécie de flores sobre a noiva.

Este cortejo realizou-se desde a Fenícia até Creta. Logo que desembarcou nesta ilha, o touro deixou essa forma, e Zeus, tomando Europa pela mão, levou-a para a caverna do [monte] Dicteu, ruborizada e de olhos no chão, pois agora já sabia com que intenção fora raptada.[25]

Tão logo desembarcaram nas praias de Creta, Zeus deixou sua fisionomia de touro, passando a se apresentar como um belo jovem. A ilha não era um lugar qualquer para o deus supremo do monte Olimpo: em Creta estava a caverna onde fora criado. Logo, Zeus levara a princesa fenícia para seu lugar de origem, de infância, de afeto particular. Ao aportar, Europa lembrou-se do que a gentil estrangeira havia lhe dito em seu sonho. Por sua vez, Zeus não tardou a manifestar suas intenções por meio de carícias e afagos. O que se passou na sequência foi narrado em tons explicitamente eróticos pelo poeta grego Nono de Panópolis, já no século V d.C., no livro *Dionysiaca*:

Assim ela falou. E Zeus, depois de abandonar sua forma taurina, disfarçou-se de jovem homem e começou a correr ao redor da donzela ainda não subjugada. E ele acariciou os membros dela. Em primeiro lugar, soltou a cinta que a cingia para desnudar o peito da moça. Como que sem querer, apertou o contorno inchado de seu seio firme, beijando o mamilo com os lábios. Depois rompeu, em silêncio, o laço casto que preserva a virgindade, para colher o verde fruto dos amores de Afrodite. E, cheia do

25 *Ibid.*, pp. 189-90.

> suco de uma dupla concepção, seu ventre inchou. Então, o amante Zeus deixou sua noiva, grávida de descendência divina, nas mãos do muito poderoso Astério, que dali em diante seria seu marido.[26]

Assim finda o episódio do rapto de Europa. Do ato sexual, lascivamente descrito por Nono de Panópolis, a princesa fenícia teve três filhos: Minos, Radamanto e Sarpédon, que seriam os três primeiros europeus. A ilha de Creta, desse modo, representa o berço do Ocidente. Portanto, a associação com a figura do touro advém do nascimento de Minos e da fundação da civilização minoica - e, consequentemente, ocidental -; ou seja, é anterior ao Minotauro.

Astério, o rei de Creta, não tivera herdeiros naturais e, em razão disso, recebeu de Zeus uma esposa - Europa - e três crianças. O pai adotivo as criou como se tivessem seus próprios genes. Quando o rei faleceu, iniciou-se uma disputa bélica entre os irmãos pela sucessão ao trono cretense.

Minos julgava-se o eleito pelos deuses para assumir o cargo máximo da ilha de Creta. Para reivindicar o que imaginava ser sua posição monástica de direito, construiu um altar em homenagem a Poseidon à espera da sinalização divina de que seria o preferido: o deus dos mares ofertou-lhe um magnificente touro branco, que emergiu das profundezas marinhas. Eis o categórico sinal de que Minos era o escolhido. Assim, ele subjugou e baniu seus irmãos: Radamanto, um sábio e popular jurista, exilou-se na Beócia - região da Grécia continental -, enquanto Sarpédon, de fama guerreira, refugiou-se na Lícia - área costeira ao sul da atual Turquia. Logo de início, Minos teria implantado um governo próspero na agricultura, na construção, nas artes e no comércio no Mediterrâneo; também ampliou os domínios do reino de Creta, que passou

26 PANÓPOLIS, Nono de. *Dionisíacas*, cantos I-XII. Trad. Sergio Daniel Manterola e Leandro Manuel Pinkler. Madri: Gredos, 1995, p. 74. "*Así habló ella. Y el Crónida, tras abandonar su forma taurina, comenzó a correr, bajo el aspecto de un joven muchacho en torno de la joven, aún no sometida. Y acarició sus miembros. En primer lugar soltó la cinta que la rodeaba, para desnudar el pecho de la joven. Y, como sin querer, apretó el inflado contorno de su firme seno, besando el pezón con sus labios. Luego rompió, en silencio, el casto lazo que guarda la virginidad, para recoger el verde fruto de los Amores Ciprídeos. Y lleno del jugo de un doble engendramiento, su vientre se hinchó. Entonces, Zeus amante, dejó a su novia, encinta de divina progenie, en manos del muy poderoso Asterión, que iba a ser su marido de ahora en adelante.*"

a administrar o conjunto de centenas de ilhas denominado Cíclades e grande parte do Peloponeso. O belo touro que comprovara a predileção dos deuses por Minos era fruto de um acordo: o divino animal deveria ser sacrificado em nome de Poseidon. No entanto, Minos não cumpriu seu compromisso. Envaidecido por seu poder e excessivamente seguro de si, o ambicioso monarca desafiou o desejo do deus por depreender que aquele touro especial seria um grande reprodutor, capaz de ampliar o rebanho cretense e melhorar a espécie bovina. Minos tentou ludibriar Poseidon e abateu um outro touro ordinário. No entanto, os deuses gregos não se deixavam enganar e estavam sempre prontos a fazer com que mortais fossem punidos por cada negligência e transgressão. Poseidon ficou profundamente irritado.

A vingança do furioso deus dos mares foi fazer com que a rainha Pasífae, esposa de Minos, tivesse uma ardente paixão pelo lindo touro não sacrificado. Pasífae era filha de Hélio, a personificação do Sol na mitologia grega, e de Perseis, além de ser neta do deus Oceano, que regia as águas correntes pelo mundo. De tão ciumenta, Pasífae lançou uma maldição sobre o marido: o rei foi acometido por uma peculiar doença que fazia seu corpo expelir serpentes, escorpiões e centopeias se ele viesse a ter relações com outra mulher. Logo, caso qualquer outra moça se apaixonasse pelo rei, ela seria devorada por esses bichos peçonhentos. Entre aquelas que desejaram Minos estava a princesa Cila, filha de Niso, rei de Mégara, que se altercou com o rei cretense:

> É realmente
> digno de ti ter por esposa a adúltera que, sob a madeira,
> enganou um terrível touro e em seu ventre trouxe um híbrido feto.
> [...]
> Já não me espanta que a ti haja Pasífae
> preferido um touro![27]

27 OVÍDIO. *Op. cit.*, p. 425.

Esse é um dos trechos de *Metamorfoses* em que Ovídio qualifica Pasífae como adúltera[28]. Em outra parte do livro, o poeta sugere que a paixão arrebatadora da rainha pelo touro não era apenas obra de Poseidon, mas também de Afrodite:

> Mas para que Creta
> gerasse toda espécie de monstros, amou um touro a filha do Sol.
> [...] Ela foi seduzida pela esperança
> do prazer de Vênus[29] e foi com astúcia e sob o disfarce de vaca
> que se uniu ao touro. E aquele que foi enganado era um amante.[30]

O desejo da rainha de ter um relacionamento físico com o touro branco somente poderia ser saciado com uma sagaz artimanha. Mesmo com as mais belas roupas e os mais deliciosos perfumes, quando ela se aproximava do animal no pasto, não conseguia atrair a atenção bovina. Como era ciumenta, ao mínimo flerte do touro com uma novilha, Pasífae mandava abatê-la. Para realizar aquilo que Virgílio qualificou como "conúbio furtivo", a rainha Pasífae secretamente convocou Dédalo para criar um mecanismo com o qual ela poderia se escamotear e acasalar com o touro. A vaca artificial consistia em uma estrutura de madeira revestida de couro retirado de um boi de verdade. O realismo do autômato bovino também decorria da verossímil cabeça móvel e dos olhos, que reviravam. O dispositivo movia-se sobre rodas instaladas sob as quatro protéticas patas. O interior do fantasioso aparato era oco para que a rainha, depois de entrar por uma espécie de alçapão camuflado, instalasse-se numa posição em que o coito com o amado touro pudesse se realizar. Pasífae engravidou e o fruto dessa relação foi o que se lê na *Eneida* como a "prole de sangue misturado, o filho biforme, o Minotauro, monumento de uma paixão nefanda".

Aquele ser com corpo humano e cabeça de touro não foi rejeitado pela sua mãe: há, inclusive, uma cerâmica etrusca do século IV a.C. que

28 Sobre a relação de Pasífae com o touro, o poeta romano também qualifica o ato como "hediondo adultério". Ver OVÍDIO. *Op. cit.*, p. 427.

29 Deusa romana do amor e da beleza, equivalente a Afrodite na mitologia grega.

30 OVÍDIO. *Op. cit.*, p. 521.

Giulio Romano
(com a colaboração
de Rinaldo Mantovano)

Pasífae [entrando em vestes bovinas com a ajuda de Dédalo], *c.* 1526-28

Afresco, 209 x 252 cm

Camera di Amore e Psiche [Quarto de Eros e Psiquê], Palazzo Te, Mântua, Itália

Foto: Sailko © Wikimedia Commons

Mestre etrusco

Infância do Minotauro
[Pasífae com seu filho no colo],
c. 340-320 a.C.

Biblioteca Nacional
da França, Paris

representa Pasífae cuidando do Minotauro ainda criança em seu colo[31]. Quando constatou a "estranheza do monstro biforme"[32], Minos percebeu que não era o pai biológico daquela criatura. Todavia, o rei não o tratou como filho bastardo, tampouco culpou Pasífae, pois deduziu que a estranha paixão de sua esposa era obra dos deuses em réplica ao seu não cumprimento do acordo com Poseidon. Minos sabia que o Minotauro era uma aberração e, como Ovídio escreveu, uma "infâmia"[33]. O caso da rainha com um touro era um escândalo com o potencial de arranhar sua reputação perante seus súditos cretenses. O rei não queria matar o filho da rainha. Embora tivesse errado com Poseidon, ele não era uma figura maligna e insensível, mas um homem ponderado e muito próximo de Zeus[34], de quem recebeu as leis que regiam Creta e a quem consultava a cada nove anos. Por tais razões, Minos fez uma encomenda a Dédalo: requeria uma estrutura para esconder o Minotauro dos olhares e do julgamento da opinião pública da ilha - ou seja, o indivíduo híbrido deveria ser guardado como um segredo. O rei viu a necessidade de isolar aquela bestial figura também porque os instintos dela eram desconhecidos e, portanto, potencialmente perigosos. A resposta de Dédalo foi o projeto do Labirinto.

O Labirinto era, ao mesmo tempo, lar e cárcere do Minotauro, um local imenso onde a peculiar criatura circularia desembaraçadamente, porém apartada dos humanos pela impossibilidade de encontrar a saída. Era uma estrutura, relembrando a descrição de Ovídio, que "emaranha os pontos de referência e ludibria a vista/ com o voltear de caminhos sem conta".

Uma questão particularmente importante no mito do Labirinto de Creta é o modo como se alimentava o Minotauro. Embora fosse filho de um macho ruminante e de uma fêmea *Homo sapiens*, ele comia carne humana. A cada nove anos eram levados até o Labirinto cretense

31 Cerâmica encontrada em escavações na antiga cidade etrusca de Vulcos (*Vulci* em latim e *Velch* em etrusco) e hoje pertencente à Biblioteca Nacional da França. Disponível em: essentiels.bnf.fr/fr/image/b32e2a73-6891-4660-9850-1bf3bddccff3-enfance-minotaure. Acesso em: 17 out. 2023.

32 OVÍDIO. *Op. cit.*, p. 427.

33 *Ibid.*

34 HOMERO. *Odisseia*. Trad. Christian Werner. São Paulo: Cosac Naify, 2014, p. 497.

sete moças e sete rapazes, todos atenienses, para serem devorados pelo rebento de Pasífae. Esse é o momento em que as oposições se explicitam no mito: trata-se de uma narrativa sobre a disputa entre Creta e Atenas.

Duas perguntas se impõem. Por que era a carne humana ateniense que alimentava o Minotauro? Quem seria a heroica figura que confrontaria o monstruoso ser?

A resposta à primeira indagação envolve a morte de outro filho de Minos: Androgeu. O jovem cretense era atlético e notoriamente habilidoso para as práticas esportivas, tanto que viajou até Atenas para participar dos jogos das Panateneias - a festa instituída pelo rei ateniense Egeu em homenagem à deusa Palas Atena - e venceu todas as disputas. Surpreso e incomodado com os triunfos do herdeiro do trono cretense, o rei Egeu desafiou Androgeu a matar o touro de Maratona - um animal enlouquecido por vontade de Poseidon e que perambulava solto pela cidade, aterrorizando-a. Em um compêndio de mitos gregos intitulado *Biblioteca*, de suposta autoria do gramático Apolodoro, ou Pseudo-Apolodoro, de Atenas (*c.* 180-120 a.C.)[35], relata-se uma dúvida na sucessão dos acontecimentos: Androgeu morreu - alguns creem que tenha sido destroçado pelo touro; outros, que jovens atenienses, humilhados pelas derrotas nas Panateneias, armaram uma emboscada durante a viagem do cretense e o assassinaram[36]. Indignado e certo de que Egeu tinha armado contra Androgeu, Minos declarou guerra de Creta contra Atenas. Na opinião de Ovídio, as razões do monarca cretense para iniciar um conflito bélico eram legítimas: "É justa, sem dúvida, a guerra que trava pela morte do filho."[37] Em outra página de *Metamorfoses* se lê:

> Minos, que embora seja forte por seu exército e por sua frota é muito mais forte em sua ira de pai, prepara-se para a guerra e procura nas armas a justa vingança pela morte de Androgeu.[38]

35 Anteriormente, a *Biblioteca* era atribuída a Apolodoro de Atenas; contudo, o livro é uma compilação de textos mitológicos sobre os quais há dúvidas sobre a autoria (individual ou coletiva) e o período de elaboração. Por isso, a convenção presente é atribuí-lo a Pseudo-Apolodoro.

36 APOLODORO. *Biblioteca*. Madri: Akal, 1987, p. 109.

37 OVÍDIO. *Op. cit.*, p. 421.

38 *Ibid.*, p. 391.

Minos provou seu maior poderio sobre Egeu. Creta dominava o Mediterrâneo enquanto Atenas era apenas uma pequena cidade em expansão. Assim, a limitada área urbana ateniense foi sitiada pela armada cretense. Cercada, a cidade viu seus recursos se esgotarem. Não bastasse a maior força terrena de Creta, o rei Minos ainda invocou a ajuda de Zeus, que secou os poucos rios que abasteciam a atual capital grega e castigou a população com a peste e a fome. Subjugado, o rei Egeu enviou um emissário até o Oráculo de Delfos e recebeu a inequívoca mensagem das divindades gregas: o monarca ateniense deveria render-se e atender às exigências de Minos - uma dessas imposições era o envio dos sete meninos e sete meninas de Atenas para alimentar o Minotauro. Um pesaroso rebuliço tomava a cidade nas vésperas de cada jornada mortal para catorze jovens: mães e pais exasperavam-se com a possibilidade de perder seus filhos; moças e moços torciam para não serem escalados para o sacrifício. Até que, na terceira expedição, Teseu colocou-se à disposição para entrar na lista dos imolados: seu propósito não era o martírio, mas ser o herói que enfrentaria o Minotauro e libertaria Atenas de sua submissão a Creta.

Quem era Teseu? Foi o filho de Egeu, rei de Atenas, e de Etra, princesa de Trezena. Egeu teve duas esposas (Meta e Calcíope) e nenhum herdeiro proveniente desses matrimônios, o que era motivo de grande preocupação - temia perder o reino para seus irmãos e sobrinhos. Quando jovem, Egeu fez uma viagem na qual passou por Trezena, no Peloponeso. A cidade era governada pelo rei Piteu, que recebeu o nobre ateniense em seu palácio com uma grande celebração regada a muito vinho: o objetivo de Piteu era embriagar Egeu para que este viesse a dormir com sua filha Etra. O rei de Trezena foi bem-sucedido em seu plano. Ao acordar de ressaca no dia seguinte, Egeu viu-se na cama da princesa e com ela deixou sua espada e suas sandálias, posicionando os objetos sob uma pesada pedra. O ateniense disse para Etra que o filho concebido naquela noite, quando crescesse, deveria ser informado sobre quem era seu pai e, em seguida, mover aquela pedra para portar a espada e calçar as sandálias a fim de que, quando se encontrassem, o rei de Atenas reconhecesse seu sucessor. Teseu foi criado por sua mãe em Trezena e, quando completou dezessete anos, moveu a grande rocha sem fazer esforço, viu os objetos ali escondidos, colocou o calçado, empunhou a arma e partiu em direção a Atenas para se apresentar ao seu pai.

Nessa jornada, ele enfrentou vários desafios hercúleos e batalhas sangrentas - os ditos "Seis trabalhos de Teseu". Como o herói venceu todas as lutas e eliminou diversos inimigos pelo caminho, sua fama precedeu sua chegada a Atenas. Quando o jovem entrou na cidade, encontrou uma situação conturbada: o palácio de Egeu estava tomado por conflitos motivados por Medeia, a terceira esposa do rei. Ela conseguira a confiança do monarca com a promessa de rejuvenescimento daquele homem já envelhecido por causa de farto e desmesurado consumo de vinho. Medeia logo percebeu que Teseu era um risco para a manutenção de sua influência sobre Egeu. Ela elaborou um plano para envenenar o recém-chegado em um banquete organizado em homenagem ao viajante, o que é bem contado por Ovídio:

> Nessa altura, chegava Teseu, que seu pai desconhecia,
> que por seu valor tinha pacificado o istmo entre os dois mares.
> Medeia, para o perder, prepara o acônito
> que consigo trouxera da região da Cítia.
> Diz-se que esse veneno saíra dos dentes do cão da Equidna.
> [...] Foram essas [ervas] que, por astúcia
> da esposa, Egeu ofereceu a seu filho, como a um inimigo.
> Sem suspeitar, Teseu tinha já na mão a taça que lhe fora oferecida,
> quando, no punho de marfim da espada, seu pai reconheceu
> as insígnias da família, e da boca lhe arrancou o crime.
> Medeia escapou à morte entre nuvens formadas pelo seu feitiço.[39]

Quando Egeu reconheceu seu filho, eles se abraçaram carinhosamente e o rei anunciou aos convivas: Teseu era seu sucessor ao trono de Atenas.

Para angariar o respeito da população da cidade e fazer com que seu pai sentisse orgulho e confiança, Teseu lançou-se a uma nova expedição:

39 *Ibid.*, p. 389.

ele confrontou o temido touro de Maratona, que devastava as pastagens da região, disseminava o medo na população e, possivelmente, matara Androgeu. O herdeiro de Egeu domou o feroz animal pelos chifres e conduziu-o até as ruas atenienses para, por fim, sacrificá-lo. Esse foi seu último teste antes do desafio maior que teria em Creta. Em Atenas, antes mesmo de ser proclamado rei, Teseu já era considerado o herói da cidade.

Aqueles dias de vitória sobre o touro de Maratona eram também as vésperas dos dezoito anos do acordo com Creta: as famílias atenienses estavam apreensivas com o sorteio dos catorze jovens a serem comidos pelo Minotauro. Teseu constata a tensão no povo e anuncia que ele seria um dos rapazes a embarcar em direção ao Labirinto. Independentemente do desfecho, sua atitude era heroica: caso matasse a híbrida criatura, Teseu redimiria Atenas e salvaria gerações de sua população; caso fosse devorado pelo Minotauro, o herdeiro do trono teria salvado um compatriota da morte. O rei Egeu ficou amedrontado com a perspectiva de perder seu filho, mas tinha ciência de que, em grande medida, ele mesmo era o maior responsável pela dívida com Creta, que penalizava a juventude de Atenas. Sacrificar o próprio filho seria uma demonstração de que compartilhava a dor de seus súditos. A confiança de Teseu, entretanto, era inabalável. Mesmo ciente de que arriscava a própria vida, o herói tinha certeza de que prevaleceria, mataria o Minotauro e libertaria sua cidade da maior chaga.

Assim, o navio fúnebre zarpou do porto de Atenas. O historiador Diodoro Sículo (*c.* 90-30 a.C.), igualmente conhecido como Diodoro da Sicília, escreveu em sua obra *Biblioteca histórica* a seguinte passagem: "Egeu combinou com o capitão da nave que, caso Teseu conseguisse derrotar o Minotauro, eles fariam a viagem de regresso com as velas brancas içadas, mas, caso ele morresse, voltariam com as velas pretas, conforme o costume estabelecido anteriormente."[40]

Dias depois, a embarcação atracou em Creta e, tão logo Teseu pisou em terras minoicas, Afrodite interveio e fez com que a princesa cretense Ariadne, filha do rei Minos, se apaixonasse repentinamente

40 DIODORO. *Biblioteca histórica*, livros IV-VIII. Trad. Juan José Torres Esbarranch. Madri: Gredos, 2004, p. 154. *"Egeo acordó con el capitán del barco que, si Teseo lograba vencer al Minotauro, harían la travesía de regreso con las velas blancas izadas, mientras que si moría, lo harían con las negras, según la costumbre que ya había adquirido antes."*

pelo príncipe ateniense. A moça ficou fascinada ao ver aquele lindo rapaz de ar confiante, corajoso e altivo - um semblante em tudo diverso dos outros treze amedrontados jovens que chegavam à ilha de Creta. Em *Fábulas*, livro do escritor romano Higino (*c.* 64 a.C.-17 d.C.), um aspecto daquele arrebatamento amoroso é ressaltado: "Quando Teseu chegou a Creta, Ariadne, filha de Minos, apaixonou-se por ele a ponto de trair o irmão e salvar o estrangeiro."[41]

Não chegou aos nossos tempos nenhum texto da Antiguidade que destrinche pormenorizadamente o primeiro encontro entre Teseu e Ariadne. Entretanto, diferentes eruditos concordam a respeito do pedido da donzela a Dédalo para que ele descobrisse uma maneira de se atravessar, nas palavras de Ovídio, "a difícil porta, que nunca ninguém cruzou duas vezes", ou, segundo Plutarco (*c.* 46-120 d.C.), de "[Teseu] percorrer os meandros do Labirinto"[42]. O artífice entregou à princesa uma espada de dois gumes e o novelo de linha de lã - o fio de Ariadne. Ela presenteou Teseu com os instrumentos - a solução para a saída do Labirinto -, estabelecendo como condição que o príncipe ateniense se casasse com ela, princesa cretense, e a levasse para o palácio do rei Egeu.

Eis o momento da grande batalha. Sozinho e em silêncio, Teseu adentrou o Labirinto para lutar contra o Minotauro. O jovem audaz atravessava as galerias e perpassava os desvios. Conforme percorria o ir e vir dos corredores, ele deixava seu rastro - isto é, o fio de Ariadne -, até o momento em que se viu frente a frente com o terrível ser de corpo humano e cabeça taurina. Os textos antigos tratam o ápice do mito do Labirinto cretense de modo muito conciso: alguns afirmam que Teseu perfurou o corpo do Minotauro com a lâmina de sua espada; outros, tal como Apolodoro, sugerem que o herdeiro de Egeu matou com os próprios punhos o filho de Pasífae[43]. Independentemente do tipo de golpe, certo é que Teseu retornou à entrada - isto é, encontrou a saída - do Labirinto ao recolher o fio que demarcava a rota pregressa.

41 HIGINO. *Fábulas*. Trad. Javier del Hoyo e José Miguel García Ruiz. Madri: Gredos, 2009, p. 131. "*Cuando Teseo llegó a Creta, Ariadna, hija de Minos, se enamoró de él hasta el punto de traicionar a su hermano y salvar al extranjero.*"

42 PLUTARCO. *Vidas paralelas: Teseu e Rómulo*. Trad. Delfim F. Leão e Maria do Céu Fialho. Coimbra: Centro de Estudos Clássicos e Humanísticos, 2008, p. 61.

43 APOLODORO. *Op. cit.*, p. 114.

Mestre grego

Cílice representando Teseu lutando contra o Minotauro ao centro e os seus seis trabalhos ao redor, c. 440-430 a.C.
British Museum, Londres

Junto ao acesso à dedálea estrutura, a princesa estava à espera de seu amado. Sem o artifício ofertado por Ariadne, Teseu até poderia ter abatido o Minotauro, mas não teria vencido os enganos de Dédalo. Ou seja, não se libertaria do Labirinto. Sem o fio presenteado pela mulher, o homem não teria se desamarrado do emaranhado arquitetônico.

Hubert Damisch, no artigo "A dança de Teseu" (1966), enfatiza como o fio de Ariadne é capaz de estabelecer uma frágil e efêmera organização sequencial em um lugar excessivamente fragmentário: "a tessitura dava ao caminhar aleatório por entre as sinuosidades sempre contraditórias e obstruídas do labirinto a constância de uma progressão, formando um traçado provisório, dissolvido no final da empreitada pelas mãos da jovem Ariadne, sem que em nenhum momento do percurso os protagonistas estivessem em posição de descobrir o desenho que ele esboçava"[44]. Em outros termos, o artifício estabelece uma breve linearidade em uma estrutura incomensuravelmente tortuosa e desagregada. Naquela construção, cuja totalidade não é apreensível aos olhos e cuja lógica não é compreensível ao intelecto comum, achou-se um recurso capaz de dotar o ser humano - no caso, Teseu - de um certo grau de determinismo, embora seja um dispositivo, como Damisch bem notou, incapaz de converter aquela linha fugaz em desenho.

Ainda na Idade Antiga foi elaborada uma curiosa variante dessa passagem mitológica. A versão alternativa diz que Ariadne teria acompanhado Teseu pelo interior do Labirinto escuro. Ela estaria com um diadema dourado sobre sua testa, isto é, uma coroa que emitia luz, permitindo que o herói enxergasse o caminho até o Minotauro[45].

Ainda antes do alvorecer, Teseu reuniu os treze jovens atenienses em júbilo pelo feito de seu futuro rei. A salvo, retornaram ao navio que os conduzira a Creta, mas antes quebraram as quilhas e perfuraram os cascos das demais embarcações atracadas naquele porto para evitar que fossem perseguidos pela frota cretense - de acordo com Plutarco, o chefe do exército de Minos perdeu a vida em um combate contra esses fugitivos no exato momento em que o herói de Atenas levantava

44 DAMISCH, Hubert. *Op. cit.*, p. 371.

45 SANTARCANGELI, Paolo. *Op. cit.*, p. 24.

âncora[46]. Ariadne acompanhou Teseu em cada passo após a saída do Labirinto e também embarcou no navio em retirada.

No regresso a Atenas, uma tempestade reteve por uma noite a fragata na ilha de Naxos, então conhecida como ilha de Dia, que estava sob a égide de Dioniso, o deus das festas, do vinho, do teatro[47]. Enquanto Ariadne dormia nas areias da praia, Teseu a abandonou. Ao acordar, ela não viu ninguém por perto. Na sequência, olhou para o mar e avistou o navio ateniense afastando-se em direção ao horizonte. Ariadne logo depreendeu que Teseu estava descumprindo sua promessa de noivado[48]. Como um herói poderia ter uma atitude tão vil? Autores como Diodoro alegam que Dioniso teria aparecido no sonho de Teseu naquela noite, determinando que deixasse a bela moça em Naxos, pois desejava fazer dela sua esposa[49]. Instantes depois de ver a embarcação partindo e antes de ter tempo de se desesperar, Ariadne enxergou o cortejo de Dioniso. A divindade estava sentada em sua carruagem puxada por tigres e linces gigantescos. O veículo era festivamente acompanhado por mênades e sátiros tocando flautas, címbalos e tamborins. Sobre a cabeça de Ariadne, Dioniso prontamente pôs uma coroa de murta, que a protegeria da embriaguez. Convidou-a para ser sua esposa, e, assim, a filha de Minos passou a fazer parte da alegre procissão nupcial pela ilha de Naxos até o monte Olimpo.

Ariadne tornou-se, então, uma das raras humanas a habitar o Olimpo e uma das grandes personagens do imaginário ocidental[50], retratada em pinturas e esculturas, prosa e verso, óperas e desfiles carnavalescos. "Na Grécia Antiga, a figura de Ariadne [...] estava próxima a Dionísio, com aspectos não raro ambivalentes, visto que ela tinha uma parte festiva e uma parte dolorosa, fúnebre e lamentadora", sintetizou o escritor e ensaísta italiano Paolo Santarcangeli (1909-1995), prosseguindo: "Ariadne é a mítica portadora da dor e da felicidade,

46 PLUTARCO. *Op. cit.*, p. 61.

47 HIGINO. *Op. cit.*, p. 132. DIODORO. *Op. cit.*, p. 154. OVÍDIO. *Op. cit.*, p. 427.

48 Tempos depois, Teseu acaba se casando com Fedra, irmã de Ariadne.

49 DIODORO. *Op. cit.*, pp. 154-5.

50 NOITES GREGAS, #37: "Teseu e o Minotauro" (*podcast*). Loc. Cláudio Moreno. Porto Alegre: Filipe Speck, 27 dez. 2021. Disponível em: noitesgregas.com.br/episodios/37-teseu-e-o-minotauro. Acesso em: 14 fev. 2022.

um símbolo das situações-limite: nada de humano lhe é alheio, mas ela vive em uma relação contínua com o divino."[51]

De acordo com Homero, o destino de Ariadne foi diferente: na ilha de Naxos, ela teria sido assassinada por Ártemis, a deusa grega da caça, da vida selvagem e da Lua. Lê-se no canto 11 da *Odisseia*:

> E Fedra e Prócris eu vi, e a bela Ariadne, filha de Minos, sinistro, ela que um dia Teseu de Creta levava ao morro da Atenas sagrada e não a desfrutou: antes matou-a Ártemis na correntosa Dia com o testemunho de Dioniso.[52]

A versão homérica livra o herói ateniense de qualquer resquício de culpa com relação a Ariadne. Também mantém incerta a existência de um vínculo afetivo póstumo dela com Dioniso.

Talvez atordoado pelo pesadelo que o fez deixar Ariadne (ou por vê-la morta), talvez apenas exausto pela missão cumprida em Creta, talvez ardilosamente desejoso de acelerar suas ambições políticas, Teseu se esqueceu de ordenar a troca de velas do mastro do navio. Quando a nau se aproximou de Atenas, o rei Egeu enxergou o tecido negro içado no mastro. Atônito com o sinal de que seu filho teria morrido, o velho soberano suicidou-se, lançando-se do penhasco e caindo nas águas do mar que veio a ganhar seu nome - o mar Egeu. Ao desembarcar, Teseu era o rei de Atenas.

O *sui generis* Minotauro estimula, há milênios, um esforço mundial para descrevê-lo. O resultado é uma riqueza vocabular ímpar nas definições do singular personagem. Lendo a biografia de Teseu contida nas *Vidas paralelas*, de Plutarco, tomamos conhecimento acerca de

51 SANTARCANGELI, Paolo. *Op. cit.*, p. 23. "*Nella Grecia antica, la figura di Arianna [...] si affiancava a quella di Dioniso, con aspetti non di rado ambivalenti, poiché aveva una parte festosa e una parte dolorosa, funebre e lamentatoria [...]. Arianna è portatrice mitizzata di dolore e di felicità, un simbolo di situazioni-limite: nulla di umano le è alieno, tuttavia essa vive in una relazione continua col divino.*"

52 HOMERO. *Odisseia*. *Op. cit.*, p. 336.

versos de Eurípides (*c.* 485-406 a.C.) nos quais o Minotauro é anunciado como "um ser híbrido", qualificado como "uma criatura nefasta" e diferenciado pela sua "dupla natureza"[53]. O romano Ovídio classifica-o como "monstro biforme" e "infâmia". Virgílio, na *Eneida*, associa a estranheza do peculiar indivíduo à sua gênese: "ali está o cru amor do touro, o conúbio furtivo de Pasífae, sua prole de sangue misturado, o filho biforme, o Minotauro, monumento de uma paixão nefanda". Apolodoro informa-nos que, ao nascer, o Minotauro recebeu o nome Astério[54], em homenagem ao pai de Minos. Salta aos olhos que Homero, o mais antigo desses autores, não menciona o Minotauro na *Odisseia*, tampouco na *Ilíada*.

A adição de significados e informações a respeito do Minotauro não parou na Antiguidade. Paolo Santarcangeli, em seu *Il libro dei labirinti: Storia di un mito e di un simbolo* [O livro dos labirintos: história de um mito e de um símbolo], apresenta a figura a partir de uma pergunta seminal: "se o Minotauro nasceu, inocente e vítima, de uma relação horrenda, por que ele deveria pagar por uma culpa que não era sua?"[55] Mesmo que não tenham ocupado as fileiras de tribunais judiciais, os julgamentos do Minotauro por mitólogos, filósofos e escritores são incontáveis e infindáveis. O ponto de partida é (e sempre será) a circunstância de ele provir de um "híbrido feto". O Minotauro é particular pela sua gênese e, portanto, não poderia ser culpado por ser anormal aos seres humanos. Pode-se adjetivá-lo de estranho, excêntrico, exótico, anômalo, mas ele não tem responsabilidade por ser diferente.

Ainda que sua inocência seja compreensível, sua originalidade impede prognósticos acerca de suas ações e reações: o Minotauro era inédito e único. Não havia precedente para saber como se portava no mundo. Assim, ele passa a ser compreendido como potencialmente perigoso: é o medo do desconhecido ou o que os artistas Olaf Nicolai e Jan Wenzel denominaram de "o terror do novo"[56]. Sua cabeça de touro demonstrava que ele não tinha um cérebro humano, tornando impossível

53 EURÍPIDES. *Apud* PLUTARCO. *Op. cit.*, p. 56.

54 APOLODORO. *Op. cit.*, p. 75.

55 SANTARCANGELI, Paolo. *Op. cit.*, p. 16.

56 NICOLAI, Olaf; WENZEL, Jan. *Four Times through the Labyrinth*. Leipzig/Zurique: Spector Books/ Rollo Press, 2012, pp. 252 e 260.

instruí-lo, educá-lo e dotá-lo de uma conduta que permitisse sua convivência com a sociedade. Sendo indomável em termos pedagógicos, deduzia-se que o Minotauro era um ser irracional. Ou inocentemente bestial. Esse é o pretexto para o projeto do Labirinto: uma arquitetura para abrigá-lo e escondê-lo, salvaguardá-lo e prendê-lo.

O caráter animalesco do Minotauro também motivou seu assassinato por Teseu: um homicídio doloso tendo como justificativa a proteção de pessoas - no caso, atenienses - da fome da criatura. Quando sua bestialidade foi eliminada pelo herói, a culpa originada na luxúria de sua mãe, Pasífae, passa a ser compartilhada, em alguma medida, por todo o Ocidente, o que é um dos motivos do nosso fascínio pelo ser de "dupla natureza". Mais uma vez, Santarcangeli disserta sobre o sentimento dúbio proporcionado pela morte do Minotauro, isto é, acerca da dimensão psicológica do mito: "Depois da vitória, a piedade por aquela morte, por cada morte, retorna aos nossos corações sensíveis. E talvez também uma nostalgia pelas trevas abandonadas, um sentimento obscuro de ternura pela vida monstruosa que destruímos dentro de nós e abandonamos. Na noite em que foi celebrado aquele sacrifício, o lado infernal do nosso ser chorou sobre o corpo do monstro. Sua morte o exalta e glorifica. Ontem e hoje [...], a essência - símbolo e sinal - do mito vivo."[57]

Quem teve um profundo interesse pelo Minotauro foi Georges Bataille (1897-1962)[58]. O escritor francês compreendeu-o como a animalidade própria ao ser humano, que é aprisionada pelo "método racional de organização progressiva"[59], pela "concepção idealista dos gregos"[60], ou, de modo mais abrangente, como tudo aquilo da nossa índole que é

57 SANTARCANGELI, Paolo. *Op. cit.*, p. 17. "*Ma, dopo la vittoria, torna ancora nel nostro cuore sensibile la pietà per quella morte, per ogni morte; e forse anche una nostalgia per le tenebre abbandonate, un oscuro sentimento di tenerezza per la vita mostruosa che abbiamo distrutto in noi e abbandonato. Nella notte in cui è stato celebrato quel sacrificio, il lato infernale del nostro essere piange sul corpo del mostro. La sua morte lo innalza e glorifica. Ieri, oggi: validità profonda che è come l'essenza - simbolo e segno - del mito vivente.*"

58 BATAILLE, Georges. "The Labyrinth". *In*: *Visions of Excess: Selected Writings, 1927-1939*. Minneapolis: University of Minnesota Press, 1985, pp. 171-7.

59 *Id.* "O cavalo acadêmico" (1929). *In*: *Documents*. Trad. João Camillo Penna e Marcelo Jacques de Moraes. Florianópolis: Cultura e Barbárie, 2018, p. 46.

60 *Ibid.*, p. 44.

obliterado quando "as formas dos corpos, assim como as formas sociais ou as formas do pensamento, tendem a uma espécie de perfeição ideal da qual todo valor procederia; como se a organização progressiva dessas formas buscasse satisfazer pouco a pouco à harmonia e à hierarquia imutáveis que a filosofia grega tendia a dar propriamente às *ideias*"[61]. Em outros termos, o Minotauro seria uma representação figurativa do nosso âmago animalesco reprimido pela filosofia ocidental. Sob tal prisma, o ser humano consistiria em uma estrutura simultaneamente biológica e cultural, bicho e intelecto. E Bataille não compreendia o *Homo sapiens* como uma espécie capaz de ser totalmente guiada pela razão, por mais que o idealismo clássico greco-romano, retomado no Renascimento, lapidado por iluministas e sistematizado por métodos científicos modernos, ambicionasse suprimir nossa bestialidade intrínseca. Assim, o Minotauro não foi somente uma das figuras evocadas pelo escritor francês para defender seu argumento. Como o professor Denis Hollier (1942) bem indicou, a inclinação de Bataille pela criatura estimulou uma inversão da interpretação hegemônica do mito do Labirinto de Creta: Bataille "não quer sair do labirinto (pelo contrário, quer configurá-lo como *locus* de um *excesso sem problema*); o desejo que ele põe em jogo não é o desejo de retornar, ou de achar a saída, mas especificamente o desejo do Minotauro e, por conseguinte, o desejo de libertar a animalidade do homem, de redescobrir as monstruosas metamorfoses reprimidas pela prisão dos projetos"[62].

O próprio Hollier recorda que o mito também tem um âmbito de disputa regional grega: Teseu, o herói de Atenas, elimina o Minotauro, a fera de Creta que simbolizava o passado arcaico - ou, nas palavras do professor: "O homem (e o humanismo ateniense) afirmou-se negando toda participação na animalidade."[63] Tal leitura está em concordância com a análise do professor Karl Erik Schøllhammer: "Se, na tradição

61 *Ibid.*, pp. 43-4.

62 HOLLIER, Denis. *Against Architecture: The Writings of Georges Bataille*. Cambridge/Londres: MIT Press, 1992, pp. 61-2. "*just as he does not want to leave the labyrinth (on the contrary, he wants to set it up as the locus of an excess without issue), the desire he brings into play is not the desire to return, or to get out, but specifically the Minotaur's desire, consequently the desire to set free man's animality, to rediscover the monstrous metamorphoses repressed by the prison of projects*".

63 *Ibid.*, p. 61. "Man (and Athenian humanism) asserted himself by denying all participation in animality."

grega, este mito significava a liberação da civilização helênica de seu passado bárbaro e de suas tentações animais, Bataille distingue na figura do Minotauro uma expressão de busca humana pela redescoberta do aspecto 'animal' no labirinto da sensualidade corporal."[64]

Se o mito "significava a liberação da civilização helênica", o Minotauro seria vestígio de uma civilização superada - isto é, a civilização minoica (*c.* 3000-1200 a.C.) - e muito anterior ao período helenístico (323-30 a.C.)[65], no qual os gregos não mais cultivavam divindades com partes do corpo de animais. Diferindo dos egípcios, a mitologia grega é totalmente antropomórfica: os deuses têm corpos semelhantes aos da espécie humana, porém suas características são ideais e, portanto, sobre-humanas. O Minotauro pertenceria à mesma categoria de centauros, esfinges e sereias, ou seja, das aberrações miscigenadas e misteriosas que os heróis gregos encontravam e confrontavam em suas desafiantes jornadas[66]. Um centauro era um quadrúpede com pernas e tronco de cavalo sob o torso, braços e cabeça de homem. As esfinges gregas tinham corpos de leão, asas de águia e faces de mulher, sendo seres malévolos e traiçoeiros que devoravam os seres humanos incapazes de responder às suas perguntas enigmáticas. As sereias da mitologia helênica eram aves com cabeça de mulher cujos cantos distraíam marinheiros, causando naufrágios no Mediterrâneo. Entre essas criaturas, o Minotauro é o único que não tem uma cabeça humana. Detendo uma cabeça de touro e corpo de humano, o filho de Pasífae tem uma constituição física inversa à dos centauros, esfinges e sereias, o que sugere ser o mais primitivo entre esses seres híbridos. Diferentemente de um centauro, o Minotauro não consegue dialogar. Diferentemente de uma esfinge, o Minotauro não está apto a questionar. Diferentemente de uma sereia, o Minotauro não é capaz de cantar ou seduzir. O Minotauro não verbaliza uma única palavra em língua alguma. O Minotauro sabe apenas mugir. Não é possível inferir se elabora qualquer raciocínio: talvez o Minotauro seja puramente instintivo.

64 SCHØLLHAMMER, Karl Erik. *Além do visível: o olhar da literatura*. Rio de Janeiro: 7 Letras, 2007, p. 87.

65 GREEN, Peter. *Alexandre, o Grande, e o período helenístico*. Rio de Janeiro: Objetiva, 2007, p. 13.

66 NOITES GREGAS. *Op. cit.*

Essas diferenças de capacidades cognitivas reapareceram, de certo modo, no canto XII do *Inferno*, em *A divina comédia*, de Dante Alighieri (1265-1321). No primeiro giro do sétimo círculo infernal[67], o personagem Dante e seu mentor, Virgílio, deparam com o Minotauro como guarda do anel onde ficavam aqueles que haviam praticado cruéis violências contra outras pessoas - por exemplo, naquele ambiente do Inferno se encontrava Alexandre, o Grande (356-323 a.C.), cujo reinado marca exatamente o início do período helenístico da Grécia Antiga. O Minotauro é identificado, no texto original, como "*l'infamia di Creti*" ou, na tradução para português, "o desdouro de Creta". A criatura aparece mordendo as próprias mãos, como se sua fúria interior o agonizasse. Sem insinuar nenhum tipo de resposta, o Minotauro escuta o simulacro do antigo poeta romano, que o provoca com pesarosas memórias de sua vida terrena:

> [...]
> nossa descida assim se apresentava.
> À beira do talude derruído
> o desdouro de Creta se estirava
>
> que foi na falsa vaca concebido.
> Quando nos viu, suas próprias mãos mordia
> como quem pela raiva é sucumbido.
>
> Gritou-lhe o Mestre: "É vã essa tua fobia;
> crês que aqui esteja o príncipe de Atenas
> que te deu morte na outra moradia?
> Vai embora, besta, que este veio apenas
> (e tua irmã não é quem o mentoreia)
> pra conhecer aqui as vossas penas".
>
> Como o touro que enfim se desenleia
> após o golpe mortal o colher,
> e tentando escapar só cambaleia

67 ALIGHIERI, Dante. *A divina comédia* (*Inferno*). Trad. Italo Eugenio Mauro. São Paulo: Editora 34, 2008, pp. 91-6.

assim o Minotauro eu vi fazer.
E o Mestre a mim: "Te adianta, que furioso
como ele está nos convém já descer".[68]

O Minotauro escuta as alusões a seu algoz, Teseu, e à traição de sua irmã Ariadne, mas é incapaz de retrucar. O cicerone o desafia verbalmente e nota a fúria da besta, que até amedronta, mas não o suficiente para mudar o ritmo dos passos de Virgílio e Dante. Eles seguem em frente e encontram a ala dos centauros naquele mesmo giro do sétimo círculo – o lugar do Inferno que é atravessado pelo rio Flegetonte, composto de sangue fervente. Ao contrário do Minotauro, os centauros conversam com os poetas e até os ajudam na travessia da nau sobre o afluxo caudaloso e escarlate. Por sua vez, Dante consolida a noção oriunda da Grécia Antiga: existiram vários centauros, mas houve somente um Minotauro.

Outra leitura possível a respeito da híbrida criatura é vê-la, sobretudo, como mérito de Dédalo: "O Minotauro era um símbolo tanto da capacidade técnica do arquiteto quanto desse poder de subverter a ordem do mundo", afirmou o historiador de arquitetura Alberto Pérez-Gómez (1949), "metade touro e metade humano, ele teve de ser escondido, mas também deve ser encontrado."[69] Enquanto o Labirinto é puro engenho humano, o Minotauro seria a fusão urdida por Dédalo entre os domínios da natureza e o que é da ordem da fabricação[70]. Dédalo é, portanto, interpretado como precursor da biotecnologia. O que era do âmbito natural e inalterado foi metamorfoseado. O que era orgânico passou a ser atravessado por um projeto (pré-científico). Por ter sido concebido no interior da dedálea engenhoca que simulava uma vaca, o Minotauro seria um amálgama da natureza com a técnica. E isso causa temor: o Minotauro é uma criatura amedrontadora. Com base nisso, Nicolai e Wenzel concluíram: "O medo da fusão da natureza com a máquina remonta a 3 mil anos. O labirinto dramatiza esse conflito,

68 *Ibid.*, pp. 91-2.

69 PÉREZ-GÓMEZ, Alberto. "The myth of Daedalus". *AA Files*, n. 10. Londres: Architectural Association School of Architecture, outono 1985, p. 51. "*The Minotaur was a symbol of both the architect's technical ability and this power to subvert the order of the world; half bull and half human, had to be hidden but also must be found.*"

70 NICOLAI, Olaf; WENZEL, Jan. *Op. cit.*, p. 248.

Mestre minoico

Figura humana e taurina em entalhe em pedra, 1450-1350 a.C.
British Museum, Londres

proporcionando um palco no qual isso pode ser encenado e retratado."[71] Segundo tal linha de raciocínio, o Minotauro não seria arcaico, mas produto da combinação entre as possibilidades naturais e a intencionalidade humana, o que é uma aliança profundamente sofisticada.

Em meio à miríade de significados que podem ser atribuídos ao Minotauro, muitos vestígios arqueológicos revelam que o culto ao touro na ilha de Creta advém do período pré-histórico e converte-se em mitologia na Antiguidade Clássica. Entretanto, é fundamental distinguir esses objetos milenares em, no mínimo, dois agrupamentos temporais.

71 *Ibid.*, p. 263. "*The fear of the fusion of nature and machine goes back 3,000 years. The labyrinth dramatizes this conflict, providing a stage on which it can be played out and portrayed.*"

O primeiro conjunto consiste em moedas cretenses datadas dos séculos VI a I a.C., uma época em que a ilha era segmentada em dezenas de cidades-Estado. Cada uma dessas urbes autônomas cunhava suas próprias peças metálicas com figuras mitológicas que melhor simbolizavam a localidade. A iconografia majoritária em Gortina derivava do mito do rapto da princesa Europa por Zeus em forma bovina: essas moedas de prata têm, frequentemente, representações da donzela de um lado e do divino touro do outro. Assim, simbolizavam a narrativa mítica da fundação daquela sociedade cretense. Esses registros numismáticos foram coletados aos milhares em sítios arqueológicos da ilha.

O segundo grupo de objetos é ainda mais antigo - anterior a Homero. Advém da sociedade cujos resquícios físicos foram perdidos por milênios e as parcas lembranças oralmente transmitidas foram convertidas em mitos. Durante a Idade do Bronze do período pré-histórico em Creta, a ilha foi o lugar da civilização minoica. Considerada a primeira civilização a se desenvolver no continente europeu, certos fragmentos de sua existência foram "redescobertos" - isto é, coletados, sistematizados e amplamente divulgados - em escavações arqueológicas da virada do século XIX para o XX, entre as quais se destacam aquelas conduzidas pelo britânico Arthur Evans (1851-1941). O touro é uma figura iconográfica presente em cerâmicas, afrescos, estatuetas, brincos e colares metálicos feitos pelos minoicos. Várias hipóteses foram elaboradas a respeito da veneração ao touro - um símbolo de fertilidade, a representação de uma divindade, a insígnia de algum governante - e nenhuma é conclusiva. Os artefatos minoicos mais sugestivos são aqueles que contêm referências visuais à taurocatapsia (em grego, ταυροκαθάψια ou *taurokathapsia*), uma atividade que, em síntese, consistia em pessoas dando saltos acrobáticos por cima de touros. Perigosa e visualmente espetacular, talvez fosse um ritual religioso, eventualmente uma prática recreativa. Por meio de esculturas e murais minoicos, deduz-se que o movimento da taurocatapsia tinha início com o saltador segurando os chifres do animal, cujo revide instintivo era empurrar o ser humano de baixo para cima com sua cabeça bovina e seus cornos, o que dava impulso para a acrobacia, a qual se concluía com a pessoa aterrissando no chão. As ilustrações da taurocatapsia estimularam especialistas do século XX a conjecturar a associação dessa atividade à origem do mito do Minotauro.

Há, todavia, outras descobertas arqueológicas relativamente recentes que lançam possibilidades mais funestas acerca da proveniência da criatura híbrida. Na região central de Creta encontra-se o sítio arqueológico do santuário minoico de Anemospília. Sua escavação foi iniciada em 1979 pelo arqueólogo grego Yannis Sakellarakis (1936-2010)[72]. As ruínas revelaram que a edificação consistia em um trio de recintos retangulares e paralelos entre si, com uma antecâmara à frente dando acesso aos três ambientes. Nesse vestíbulo, que de tão estreito mais parece um corredor de entrada, foram encontrados os ossos de uma pessoa que possivelmente segurava um vaso de cerâmica cujos fragmentos estavam ao seu lado. O esqueleto estava esmagado de tal modo que não foi possível saber o gênero do indivíduo, mas a disposição da ossatura permitiu conjecturar que a pessoa corria em fuga da edificação que estava a desabar, provavelmente motivada por um terremoto, visto que abalos sísmicos são recorrentes na ilha. Acredita-se que esse desastre natural tenha ocorrido no século XVII a.C. Na sala central do pequeno templo de Anemospília havia um altar entalhado na rocha. Sobre essa solene mesa, encontraram-se resquícios de uma base de argila e madeira queimada que, possivelmente, havia sido um Xoanon, um ícone de culto comum nas ilhas gregas no período pré-homérico. No mesmo recinto foram encontrados centenas de pedaços de vasos de cerâmica. Na câmera oriental do santuário minoico, mais um altar sobre o qual havia oferendas e, no chão, alguns recipientes de cerâmica continham traços de alimentos como grãos, leite, mel e ervilhas. As descobertas mais espantosas e estarrecedoras de Sakellarakis estavam nesse mesmo ambiente de Anemospília: nele foram encontrados três corpos. No chão, junto ao canto sudoeste da sala, estavam os restos mortais de uma mulher cujas análises genéticas indicaram ter por volta de 28 anos ao morrer - pode ter sido uma sacerdotisa. Um segundo esqueleto era de um homem com 1,83 metro de altura e trinta e muitos anos de idade: ele se distinguia por portar em seu dedo

72 SAKELLARAKIS, Yannis; SAPOUNA-SAKELLARAKI, Efi. *Archanes: Minoan Crete in a new light.* Atenas: Ammos Publications, 1997.

Mestre minoico

Taurocatapsia representada em restauro de afresco encontrado no Palácio de Cnossos, 1450-1400 a.C.
Museu Arqueológico de Heracliião, Creta

mindinho um anel feito de ferro e prata, metais muito raros e preciosos na época, denotando que se tratava de uma pessoa poderosa. O terceiro corpo estava sobre o altar do recinto: uma figura masculina de cerca de dezoito anos em posição fetal, com os calcanhares tocando as coxas – uma indicação de que seus pés estavam amarrados. Em meio aos seus ossos havia uma faca de quarenta centímetros, quatrocentos gramas e ricamente ornamentada com a representação de uma cabeça com focinho e presas de javali, orelhas semelhantes a asas de borboleta e olhos oblíquos como os de uma raposa. Tais indícios sustentam a tese de que ali ocorria um rito sacrificial, no qual o sangue do jovem estava sendo drenado para consumo das outras duas pessoas da sala, até a interrupção pelo terremoto[73].

Esse não é o único indício de antropofagia em Creta: marcas de talhos em ossos de crianças mortas nos séculos XIII e XII a.C. – ou seja, no crepúsculo da civilização minoica – indicam a retirada de carne humana, quer por motivos ritualísticos, quer por fome da população, em um período de catastrófico declínio[74].

No santuário de Anemospília e em ossários humanos localizados em outros sítios arqueológicos de Creta há registros de canibalismo praticado pelos minoicos. É um tanto perturbadora a dedução de que a civilização considerada a origem do Ocidente, que produziu artefatos requintados, representações artísticas belas e edificações impressionantes para a Pré-História, também possuía costumes antropófagos.

O que é abjeto para um cidadão do século XXI não era surpreendente para um ateniense da Antiguidade. Afinal, reza o mito que sete moças e sete rapazes de Atenas, a cada nove anos, eram conduzidos até a ilha de Creta para serem devorados pela criatura de "dupla natureza": o Minotauro seria um canibal. Embora o touro seja um animal ruminante que se alimenta somente de vegetação, o cretense Minotauro se alimentaria exclusivamente de carne humana. Assim, é provável que o Minotauro seja uma alegoria criada pelos gregos, após

73 FITTON, Josephine Lesley. *Minoans*. Col. People of the Past. Londres: British Museum Press, 2002, pp. 104-5.

74 THE MINOTAUR'S Island, episódio 2: "A Troubled Island" (vídeo). Dir. Tim Kirby. Apres. Bettany Hughes. Londres, 2005. Publicado pelo canal Odyssey – Ancient History Documentaries. Disponível em: youtube.com/watch?v=ysnzl5fdtMI&t=77s. Acesso em: 21 jun. 2023.

Homero, sobre os minoicos. Teseu seria, portanto, um personagem helênico que personificaria o enfrentamento civilizatório contra um passado antropófago, cruel, repugnante. Quando ainda não havia sido inventada a história enquanto ciência, o mito servia como a única recordação de uma civilização que fora extinta - diga-se de passagem, extinta heroicamente aos olhos de Atenas, fundadora da filosofia e da civilidade europeia. Mais uma vez, o Minotauro é ambivalente: simultaneamente cultuado e rejeitado, o híbrido ser é um lembrete e um alerta sobre o caráter indômito da natureza humana.

CAPÍTULO 2 O perpétuo vaivém do labirinto na filosofia, na arqueologia, na história e na literatura

O alerta a respeito do risco de estudar o labirinto veio de Platão: "como que caindo num labirinto, quando acreditávamos já estar no fim, ficou evidente que, tendo retornado sobre nossos passos, estávamos, de novo, como que no início da pesquisa, e carentes igualmente de quanto [carecíamos] quando pesquisávamos no começo"[1].

Mesmo ciente desse perigo, vale prosseguir com a indagação: existiu ou não um Labirinto em Creta? Desconhece-se a localização exata da obra-prima arquitetônica de Dédalo. De acordo com algumas interpretações, o Labirinto teria sido, na verdade, um grandioso palácio em Cnossos. Outros textos dão a entender que se tratava de uma edificação subterrânea. Sófocles (*c.* 497-406 a.C.), por sua vez, sugeriu que o Labirinto não tinha teto e, portanto, era composto de corredores ao ar livre[2]. O historiador belga Marcel Detienne (1935-2019) fez uma constatação mais abrangente e plausível: "o labirinto é *cosa mentale*, um espaço que nenhuma construção obstrui"[3].

1 PLATÃO. *Eutidemo*. Trad. Maura Iglésias. Rio de Janeiro: Loyola/Editora PUC-Rio, 2011, p. 89.

2 DETIENNE, Marcel. *A escrita de Orfeu*. Trad. Mário da Gama Kury. Rio de Janeiro: Zahar, 1991, p. 21.

3 *Id.*, p. 22.

Para prosseguir na ideia do labirinto enquanto "coisa mental", é preciso retornar à análise da gênese dos mitos. Mitos eram histórias que mesclavam dimensões religiosas e poéticas. Eram fábulas populares transmitidas oralmente e, no caso da Grécia Antiga, convertidas em textos clássicos por grandes autores e seus aprendizes. Assim, é sempre válido reiterar: a mitologia grega não é factual. Também não é composta de narrativas unívocas, mas de uma polifonia de racontos e interpretações. Ademais, essas análises não se cristalizaram na Antiguidade; elas seguem adquirindo novas perspectivas. O historiador francês Jean-Pierre Vernant (1914-2007) elaborou uma didática explanação de como ocorreu a invenção, a organização e a disseminação dos mitos gregos:

> No século V [a.C.] se inicia um trabalho que desde então é sistematicamente continuado e essencialmente toma duas direções. Primeiro, a coleta e a recensão de todas as tradições lendárias orais, próprias de uma cidade ou de um santuário; tal é a tarefa dos cronistas que, à maneira dos atidógrafos no caso de Atenas, pretendem fixar por escrito a história de uma aglomeração urbana e de um povo, desde as origens mais longínquas, remontando aos tempos fabulosos em que os deuses, misturados aos homens, intervinham diretamente nos assuntos destes para fundar cidades e gerar as linhagens das primeiras dinastias reinantes. Assim é possível, a partir da época helenística, a compilação realizada por eruditos que resultará na redação de verdadeiros repertórios mitológicos: *Biblioteca* do Pseudo-Apolodoro, *Fábulas e astronômicas* de Higino, livro IV das *Histórias* de Diodoro, *Metamorfoses* de Antoninus Liberalis, coletânea dos *Mitógrafos do Vaticano*.[4]

Segundo o historiador, o registro e a sistematização dos mitos começaram no século V a.C. Por sua vez, a era de Minos, que corresponde ao período do Labirinto de Creta, compreende do século XXX ao XII a.C. Logo, há uma diferença de, no mínimo, sete centenas de anos entre as partes constitutivas da narrativa e a época da compilação desse mito.

4 VERNANT, Jean-Pierre. *Mito e religião na Grécia Antiga*. Trad. Joana Angélica d'Avila Melo. São Paulo: WMF Martins Fontes, 2009, pp. 18-9.

Na reconstituição dos personagens mitológicos empreendida no capítulo anterior, apoiei-me em escritores gregos citados pelo francês, como Apolodoro, Higino e Diodoro, tanto quanto em autores clássicos de origem romana, como Ovídio e Virgílio, o que encaminha a outro aspecto importante tangenciado por Vernant: a mitologia grega, tal como a conhecemos, foi formulada em séculos de domínio da cidade de Atenas e posteriormente apropriada por Roma. Entretanto, o mito do Labirinto é esteado em elementos e personagens da ilha de Creta. Há de concluir, portanto, que se trata de uma história formulada pela perspectiva do estrangeiro. O mito do Labirinto de Creta não é oriundo de uma mitologia cretense, tampouco de uma mitologia da civilização minoica, a qual cultivava outros deuses e uma cosmogonia diversa daquela dos helênicos.

O olhar do estrangeiro é o cerne da hipótese lançada pelo historiador alemão de arquitetura Jan Pieper (1944): o Labirinto como representação alegórica do surgimento da primeira cidade do Ocidente[5]. No livro *Das Labyrinthische: Über die Idee des Verborgenen, Rätselhaften, Schwierigen in der Geschichte der Architektur* [O labirinto: Sobre a ideia de dissimulação (ou ocultação), enigma e complexidade na história da arquitetura], Pieper defende a concepção de que a primeira cidade da Europa foi estabelecida exatamente na ilha de Creta há mais de 3 mil anos. Cnossos, essa primitiva aglomeração urbana, que arqueólogos acreditam ter sido moradia para cerca de 100 mil habitantes, concentrava cretenses e marinheiros que navegavam pelo Mediterrâneo fazendo as trocas mercantis entre o Oriente Médio, a África Setentrional - em especial, o Egito - e o continente europeu. Até então, as atividades rurais eram majoritárias na Grécia continental. As primeiras urbes e palácios minoicos devem ter causado assombro e fascínio aos povos indo-europeus que ocupavam a Ática[6] e a península do Peloponeso, ainda restritos a práticas pastoris, organizações coletivas tribais e vida seminômade no período pré-homérico. Na interpretação de Pieper, o mito do Labirinto de Creta seria uma indicação de que o advento

5 PIEPER, Jan. *Das Labyrinthische: Über die Idee des Verborgenen, Rätselhaften, Schwierigen in der Geschichte der Architektur*. Brunswick: Vieweg, 1987.

6 A região grega onde a cidade de Atenas está localizada.

da cidade na Europa antecedeu a formação da pólis[7]. Esses gregos da Idade do Bronze deparavam com coisas inteiramente inéditas para eles, como ruas lineares de pedras, casas de sólidas paredes, escadas sobre encostas e até mesmo sistemas de distribuição de água e recolhimento de esgoto com tubos em terracota - ou seja, um grande conjunto de escala inapreensível a um só olhar e de difícil representação e mapeamento, sendo, assim, "labiríntico".

O misto de estranhamento e encantamento no primeiro encontro dos gregos com uma cidade pode não ser tão distinto do que hoje experimentamos ao conhecer uma interessante metrópole ou um sedutor vilarejo - há milênios, seres humanos têm essa experiência urbana. A cidade é um lugar em contínuo movimento, complexo, diverso, de rotina variável, de futuro incontrolável, algo que pode parecer monstruoso, tal como o Minotauro. De acordo com essa leitura, a criatura híbrida seria a caracterização da essência indomável da aglomeração de homens e mulheres, esse acontecimento tão grandioso que teria algo de misterioso, quiçá divino, sendo, portanto, palco para figuras míticas, como Minos, Pasífae, Ariadne e Teseu. O fascínio pelas cosmopolitas cidades de Creta já aparecia em uma passagem da *Odisseia*, na qual Homero descreveu:

> Há uma terra, Creta, no meio do mar vinoso,
> bela e fértil, banhada por correntes; nela há muitos
> homens, sem-fim, e noventa cidades.
> Todas falam outras línguas, mescladas; numa, aqueus,
> noutra, vero-cretenses enérgicos, noutra, cidônios,
> dórios triplo-tronco e pelasgos divinos.
> Entre elas há Cnossos, grande cidade, onde
> por nove anos reinava Minos, íntimo do grande Zeus.[8]

Outra linha de estudos especula que o Labirinto foi um monumental projeto arquitetônico: o palácio de Cnossos. Este teria sido a

7 A pólis era a cidade-Estado da Grécia Antiga. Uma pólis era autossuficiente e autônoma, tendo um modelo político baseado na isonomia entre os cidadãos. Surgiram diversas pólis pela Grécia a partir do século VIII a.C. até seu declínio, com o domínio dos romanos.

8 HOMERO. *Odisseia*. *Op. cit.*, p. 497.

maior das edificações pré-homéricas, composto de dezenas de aposentos em diferentes andares conectados por incontáveis metros de corredores e muitas escadas. O mais veemente defensor da teoria do Labirinto como o equivalente a um palácio foi o arqueólogo Arthur Evans, que, em 1900, afirmou:

> Só pode haver pouquíssima dúvida sobre se esse enorme prédio, com seus corredores labirínticos e passagens tortuosas, sua miscelânea de pequenos cômodos, sua longa sucessão de compartimentos sem saída, for de fato o Labirinto de antiga tradição que forneceu uma habitação local para o Minotauro de horrenda fama.[9]

Sir Arthur Evans obteve a reputação de descobridor do suposto palácio do rei Minos; contudo, ele foi apenas um entre vários que se empenharam numa corrida arqueológica no solo cretense. Ainda no final do século XIX, historiadores, empresários e arqueólogos como o norte-americano William James Stillman (1828-1901), o cretense Minos Kalokairinos (1843-1907), o francês Bernard Haussoullier (1853-1926) e o italiano Federico Halbherr (1857-1930) foram pioneiros no estabelecimento de sítios arqueológicos na ilha de Creta. Eles buscavam o Labirinto narrado desde a Antiguidade, além de registros de uma civilização cujas informações ainda eram escassas. A título de exemplo, Kalokairinos e uma equipe de 22 trabalhadores fizeram escavações por três semanas de abril de 1879 na então localidade de Kephala, o mesmo sítio que, décadas depois, Evans veio a explorar e decretar como palácio de Cnossos. Naquele final dos anos 1870, Kalokairinos encontrou as ruínas do que identificou como "*le Palais Royale du Roi Minos*", isto é, o palácio real do rei Minos, que seria composto de uma sala circular de doze metros de diâmetro com três assentos – ou tronos – para uma suposta corte de justiça, somada a uma escavação, feita na pedra, de mil metros lineares, que, na imaginação do arqueólogo, seria o corredor por onde os atenienses teriam passado antes do sacrifício – ou seja, parte de um labirinto subterrâneo. Kalokairinos compartilhou

9 EVANS, Arthur. *Apud* MACGILLIVRAY, Joseph Alexander. *Minotauro: Sir Arthur Evans e a arqueologia de um mito.* Trad. Luiz Antonio Aguiar. Rio de Janeiro: Record, 2002, p. 233.

sua descoberta com vários visitantes, tal como Stillman, que produziu um relatório em 1881 para o Instituto Arqueológico [dos Estados Unidos] da América comunicando o descobrimento em Cnossos de "vestígios de muros antigos. O que resta desses muros tem cerca de apenas dois metros de altura, e [eles] são de grande interesse, tendo sido construídos com enormes blocos de pedra áspera, gesso e arenito, e a pequeníssima parte à vista mostra uma estreita passagem que me dá a impressão de uma entrada para a cidade"[10]. O norte-americano também listou a existência de recipientes de cerâmica para armazenamento de óleo e de gravações nas pedras com ícones de estrelas e machados de dupla lâmina. Stillman finalizou seu relatório assegurando que aquela escavação - iniciada, porém interrompida - revelava o Labirinto de Creta. Em 1900, Arthur Evans beneficiou-se de uma condição político-econômica muito favorável para prosseguir com as operações no sítio arqueológico de Cnossos: o britânico adquiriu a posse do terreno, tendo por trás um fundo de financiamento com participação de instituições governamentais, empresas privadas e mecenas do Reino Unido; também obteve as licenças de trabalho e de retirada de itens milenares, pois a conjuntura local havia mudado com a emancipação da ilha, em 1898, após longo período de submissão ao Império Otomano, o que deu início aos quinze anos durante os quais Creta foi um país independente e desejoso de registrar suas origens culturais escondidas sob seu solo. Evans conduziu uma equipe de trabalho que variava entre oitenta e 150 integrantes ao longo das duas primeiras décadas do século XX. O palácio escavado pelo explorador britânico tinha alguns pavimentos, muitas escadas, um grandioso pátio central, no qual até hoje não se sabe ao certo quais atividades ocorriam, além de um sistema de drenagem da água, tubulação subterrânea e um recinto que Evans disse "parecer ser a sala de banho da mulher, e o trono isolado parece mostrar que era o da rainha - o banheiro de Ariadne"[11]. Tais textos demonstram que o trabalho do arqueólogo inglês não se limitava a descrições científicas das construções e dos itens descobertos, mas continha muitas suposições heterodoxas e interpretações bastante livres - até porque,

10 STILLMAN, William James. *Apud ibid.*, p. 121.

11 EVANS, Arthur. *Apud ibid.*, p. 220.

mesmo na mitologia, Ariadne nunca teria sido rainha de Creta, tampouco habitava o interior do Labirinto. Na edificação imersa no terreno, a tropa de Evans desenterrou diversas urnas e vasos de cerâmica com diferentes formatos e padrões decorativos, estatuetas femininas de devoção religiosa, afrescos e baixos-relevos nas paredes, joias de metal, centenas de tabletes de argila cujas inscrições indicavam contagens de animais - como ovelhas de pastores -, de grãos e de frutas, além de uma cadeira talhada na pedra, que ele chamou de "Trono de Minos" e alegava ser o mais antigo trono da Europa. Diferentes estudiosos defenderam a hipótese de que Minos não era o nome de uma única pessoa, mas o título da principal posição monárquica cretense, tal como eram "faraó", no Egito, e "césar", na Roma imperial. Fato é que, com a descoberta desses artefatos com estética e ícones muito diferentes daqueles antes encontrados na Grécia continental e em outras ilhas do mar Egeu, o inglês anunciou amplamente em meios acadêmicos e para a grande imprensa que uma sociedade pré-histórica ali se revelava: Evans assim cunhou a designação "civilização minoica".

Nas paredes dos aposentos e dos corredores do palácio desenterrado, a equipe de Evans deparou com esculturas e pinturas retratando touros, uma padronagem composta de meândricas linhas e, sobretudo, uma profusão de representações simbólicas do machado de dupla lâmina, que parecia consistir numa espécie de emblema da realeza ou da própria sociedade. O nome grego de tal objeto é a palavra-chave para uma convincente hipótese a respeito da origem etimológica do vocábulo "labirinto": o machado de lâmina dupla era conhecido como *lábrys* (λάβρυς no alfabeto grego, e adaptado para o português como "lábris"), termo do qual provavelmente derivou a palavra *labyrinthos* (λαβύρινθος).

Da etimologia emanava uma alternativa recorrente em dicionários até o século XIX, mas atualmente muito contestada: em línguas pré-helênicas, o vocábulo *laura* significaria "pedreira" ou "pedra extraída". Tal suposta procedência teria sido uma das motivações para a interpretação do Labirinto de Creta como uma caverna natural ou uma edificação subterrânea feita a partir da remoção de rochas e terra. Em alguma medida, essa suposição era fortalecida a cada sucessiva descoberta de oferendas votivas a divindades pagãs anteriores à mitologia grega nas imensas grutas de Creta: um notório episódio foi o saque à dita Caverna de Zeus, sob o monte Ida, em 1884, em que se recolheram estatuetas, armaduras e armas que guerreiros antigos haviam deixado naquela grande cavidade natural em adoração e prece aos deuses da guerra nas crenças arcaicas. A conjectura do Labirinto como gruta natural ou produto da extração de rochas pelos antigos foi hegemônica durante os séculos nos quais a ilha de Creta esteve sob domínio colonial da Sereníssima República de Veneza (mais especificamente, de 1204 a 1669): diferentes mapas foram produzidos por venezianos indicando presumidos endereços do Labirinto, que eram, na verdade, as localizações de cavernas e pedreiras, as quais se tornaram a destinação de magistrados e diplomatas em viagens oficiais. No concerto das nações europeias do fim do Medievo à Renascença, o extinto país apresentava as meândricas galerias subterrâneas de Creta para se gabar da posse da mítica estrutura dedálea da Antiguidade.

Plínio, o Velho (23-79 d.C.), dedicou aos labirintos o 19º capítulo do 36º livro de seu enciclopédico compêndio *História natural*. A primeira frase escrita pelo romano a respeito foi: "Devemos falar também dos Labirintos, a mais portentosa das obras humanas, a qual não tinha, como se poderia supor, propósitos quiméricos."[12] Plínio descreve quatro labirintos: o mais antigo teria sido erguido no Egito, o segundo seria o cretense, o terceiro estaria na ilha grega de Lemnos, e o quarto, na península Itálica, edificado pelos etruscos. Portanto, o naturalista latino contesta a ideia de que Dédalo seja o inventor do labirinto como arquétipo arquitetônico.

Segundo Plínio, o labirinto egípcio ainda existia em seu tempo, tendo sido construído ao longo de doze reinados, cerca de 3.600 anos antes de Cristo – para transmitir tal informação, cita o historiador e geógrafo grego Heródoto (*c.* 484-425 a.C.). Localizava-se no distrito administrativo do Antigo Egito denominado em latim de *Heracleopolite*. Sua população, porém, abominava tal construção. A escala do labirinto egípcio era mais urbana que arquitetônica: por ser imenso, dividia-se

12 PLÍNIO. *História natural*, livro XXXVI, cap. 19. Roma, 77-79 d.C. "*Dicamus et labyrinthos, vel portentosissimum humani inpendii opus, sed non, ut existimari potest, falsum.*" / "*We must speak also of the Labyrinths, the most stupendous works, perhaps, on which mankind has expended its labours; and not for chimerical purposes, merely, as might possibly be supposed.*"

em trinta regiões, cada qual com seu respectivo nome e palácio. Tais residências reais eram tão peculiares que, quando seus portões se abriam, emanavam sons penetrantes que reverberavam por dentro dos suntuosos edifícios, os quais só podiam ser percorridos sob a total escuridão. O labirinto do Egito tinha passagens escavadas que conduziam a outros palácios subterrâneos. Na pormenorizada descrição de Plínio, o labirinto continha dentro de si vários templos e santuários dedicados aos deuses egípcios, muitas pirâmides de quarenta metros de altura, quarenta estátuas da divindade em forma de grifo chamada Nêmesis, efígies de monstros horríveis, esculturas de reis, além de salas de banquetes no topo de subidas íngremes e pórticos dos quais se desciam noventa degraus. Sobre aqueles que se aventuravam a uma visita, Plínio alertava: "Cansados à medida que avançam, erram inexplicavelmente nos caminhos."[13] Edificado em mármore e com colunas e teto de outras pedras, o labirinto egípcio teria se mostrado tão sólido que tanto a entropia do tempo quanto as revoltas do povo haviam sido incapazes de destruí-lo até então.

O grego Dédalo foi rebaixado pelo romano Plínio: para este, o Labirinto cretense seria fruto do intercâmbio entre mercadores e arquitetos do Mediterrâneo Oriental, tendo a mítica edificação de Creta sido feita a partir do modelo egípcio, reproduzindo as passagens tortuosas e a sinuosidade das galerias. Há mais uma adversativa em *História natural*: o Labirinto cretense teria tido apenas um centésimo do tamanho do meândrico complexo do Egito. Para o naturalista, até o labirinto da ilha de Lemnos, com suas 150 colunas, fora mais imponente que a obra de Dédalo.

O quarto labirinto mencionado por Plínio é o mausoléu do rei etrusco Lars Porsena, sob a antiga cidade de Clúsio. No século V a.C., o vaidoso monarca teria ordenado a construção do monumento onde seria sepultado. As dimensões imoderadas de sua encomenda esgotaram os recursos de seu reino. A faustuosa tumba teria um embasamento de planta quadrada com 91,5 metros de lado e quinze metros de altura. Acima desse promontório existiriam cinco pirâmides, uma em cada

13 *Ibid. "fessi iam eundo perveniunt ad viarum illum inexplicabilem errorem"./"Fatigued with wandering to and fro, the visitor is sure to arrive at some inextricable crossing or other of the galleries."*

canto e a quinta bem no meio, cada qual com 23 metros de comprimento lateral da base e 115 metros de altura. No topo das pirâmides estariam pousados globos de bronze que girariam ao sabor do vento e moveriam as correntes e sinos acoplados à esfera. O labirinto em si seria formado pelos túneis subterrâneos dessa pomposa obra arquitetônica etrusca e, tal como um fio de Ariadne, "se alguém entrasse sem um pedaço de linha, nunca conseguiria encontrar a saída"[14], afirmou o autor romano. Do mausoléu etrusco de Lars Porsena, nenhum vestígio físico restara quando *História natural* foi escrito. Plínio acreditava na existência da obra arquitetônica de Dédalo - e a menosprezava -, mas afirmou peremptoriamente em sua enciclopédia que o Labirinto de Creta já não mais existia.

Há também os que acreditam na conversão do Labirinto em um ritual, mais especificamente, numa dança. Tal possibilidade baseia-se em uma passagem da vida de Teseu descrita por Plutarco:

> Deixando Creta, Teseu rumou até Delos. Aí, depois de oferecer sacrifícios ao deus e lhe dedicar a estátua de Afrodite que Ariadne lhe havia oferecido, executou com os jovens uma dança que, ao que se diz, os habitantes de Delos ainda hoje praticam. Ela imita, pelas suas figuras, as voltas e reviravoltas do Labirinto, num ritmo marcado por movimentos circulares alternados. Este tipo de dança é conhecido, entre os délios, pelo nome de "grua", como atesta Dicearco. Teseu executou-a à volta do Quératon, altar formado por cornos de toda espécie, provenientes do lado esquerdo da cabeça dos animais.[15]

Tal dança, ainda praticada pelos moradores da ilha de Delos na virada do século I para o II d.C., quando Plutarco escrevia suas obras biográficas, é chamada de *geranos*[16]. Há de atentar para o fato de que a coreografia sucede o ato de oferta aos deuses, pelo herói ateniense, de sua última lembrança material - uma estatueta votiva de madeira

14 *Ibid. "si quis introierit sine glomere lini, exitum invenire nequeat"./"if any one entered without a clew of thread, he could never find his way out."*

15 PLUTARCO. *Op. cit.*, p. 66.

16 DAMISCH, Hubert. *Op. cit.*, p. 372.

verossimilhante ao corpo humano[17] - da princesa cretense. Vale recordar a pista de dança projetada por Dédalo a fim de agradar a Ariadne, que Homero transformou em versos na *Ilíada*[18]. Talvez o herdeiro ao trono de Atenas lá tivesse participado de um baile antes de adentrar o Labirinto. Em "A dança de Teseu", Hubert Damisch elaborou uma interessante conclusão a respeito: *Geranos* "recolocava simbolicamente o vencedor do Minotauro junto ao convívio do monstro e lhe ordenava celebrar o Labirinto por meio da metáfora de uma dança em todos os sentidos parecida com a que ele havia visto sendo encenada em Cnossos, em um baixo-relevo executado pelo mesmo Dédalo para Ariadne, do qual Homero nos deixou a descrição precisa"[19]. Assim, uma memória pessoal do confronto com a criatura híbrida teria sido convertida em uma festiva cerimônia ritualística. Ainda a respeito da coreografia, Damisch escreveu: "não reproduzia o caminho do herói, mas, antes, reproduzia o próprio Labirinto, através das voltas de uma dança que colocava em movimento todos os membros dos corpos, levando-os a uma corrida cuja única finalidade era a do entorpecimento ou da leve embriaguez que se apoderava dos dançarinos entregues aos seus rodopios"[20]. De acordo com esse argumento, os helênicos da Idade do Bronze não teriam retratado o Labirinto como um desenho inerte, mas sim como um bailado efêmero, no qual pessoas cerram os braços entre si formando uma corrente humana. Em melhores termos, esses dançarinos entrelaçariam seus corpos em movimento de modo que se perfilassem tal como o fio presenteado por Ariadne. O historiador de arquitetura Alberto Pérez-Gómez foi assertivo a respeito da correspondência: "Em tempos arcaicos, a dança *era* a arquitetura. O espaço da arquitetura era o espaço do ritual e não uma entidade geométrica objetiva. A conexão entre a ideia do labirinto e a dança ritualística foi posteriormente enfatizada no mito."[21]

17 *Ibid.*, pp. 372-3.

18 HOMERO. *Ilíada*. *Op. cit.*, pp. 435-6.

19 DAMISCH, Hubert. *Op. cit.*, p. 373.

20 *Ibid.*

21 PÉREZ-GÓMEZ, Alberto. *Op. cit.*, p. 52. "*In archaic times, the dance* was *the architecture. The space of architecture was the space of ritual and not an objective, geometrical entity. The connection between the idea of the labyrinth and the ritual dance was further emphasized in the myth.*"

É interessante notar que existem somente duas alusões ao Labirinto de Creta na *Eneida*, de Virgílio, e uma delas associa a obra-prima de Dédalo a uma prática recreativa da Roma Antiga: o *Ludus Troiae*, ou Jogo de Troia, que consistia em uma espécie de torneio no qual os participantes faziam exercícios equestres que demandavam grande perícia. Ou seja, não era uma dança propriamente dita, mas uma atividade que envolvia movimento de pessoas e animais. As exatas palavras do poeta romano foram:

> Assim, outrora, na soberba Creta, o Labirinto, dizem, oferecia entre paredes cegas seu caminho entrelaçado e o artifício ambíguo de seus mil desvios, onde o extraviado não podia corrigir o erro voltando para trás; assim os filhos dos teucros cruzam seus trajetos a galope e confundem no jogo as fugas e as batalhas, semelhantes aos delfins, que, nadando, cortam os mares dos Cárpatos ou da Líbia e brincam entre as ondas.[22]

Na filosofia, na arqueologia, na história, percebe-se aqui que muitos autores elaboraram hipóteses e versões para o Labirinto de Creta. Estudiosos em diferentes áreas do conhecimento seguem se perguntando se tal Labirinto existiu ou não. Continuam indagando: qual teria sido a conformação original do que veio a ser chamado de Labirinto? Outros prosseguirão arguindo uma questão paralela: por quais motivos os helênicos formularam e transmitiam esse mito? Neste momento do livro, já é possível atestar que o Labirinto de Creta não é uma narrativa pacificada. Tudo que provém da mitologia não se pode corporificar em algo uníssono, homogêneo, inequívoco e imutável. Tampouco encontra ou encontrará sua estabilidade. Não haverá condição final para a meândrica concepção de Dédalo. Não há a verdade absoluta a respeito do Labirinto cretense. Ninguém conseguirá fazer o estudo definitivo acerca da dedálea estrutura. A cada ocasião que o mito é contado, o Labirinto de Creta se reconfigura. E isso seguirá ocorrendo perpetuamente. Afinal, é um mito vivo.

22 VIRGÍLIO. *Op. cit.*, p. 154.

Na última centena de anos, a literatura proporcionou interpretações novas e insuspeitas acerca dos personagens da mitologia grega que envolvem o Labirinto cretense. Incontáveis escritores se debruçaram sobre tal desafio. Começo pelo escritor cretense Níkos Kazantzákis (1883-1957), que, em 1949, escreveu uma tragédia grega em três atos intitulada *Curos (Teseu)* (*Κούρος ή Θησέας*)[23]. Nessa narrativa ímpar, o Minotauro é uma divindade que habita as "entranhas da Terra" e mantém aquela sociedade minoica unida com seu forte mugido a impor o temor sobre o povo de Creta. Essa versão do ente híbrido não descende de Pasífae; é, na verdade, fruto de um esforço épico do rei Minos: o monarca pegara um touro, animal que correspondia a um deus para os primitivos cretenses, e empenhara-se em convertê-lo em um ser divino semelhante a si. Isto é, objetivou conferir uma feição humana à criatura sacra e bestial. No entanto, o soberano não tivera energia suficiente para concluir sua obra: transfigurara pés e pernas, mãos e braços, ventre e torso, mas a cabeça permanecera bovina. Portanto, na interpretação de Kazantzákis, o Minotauro seria o estágio intermediário da transição do zoomorfismo - o culto religioso a formas animais - ao antropomorfismo - as divindades com corpos e atributos comportamentais humanos.

Kazantzákis, que nascera quando a ilha estava sob o jugo otomano e falecera com sua terra como parte da Grécia moderna, discerniu claramente o povo de Creta e os nativos de Atenas em seu texto. Os antigos cretenses são descritos como homens morenos de cintura delgada, cabelos negros e anelados. As mulheres de Creta têm suas bocas pintadas, enfeitam-se com ornamentos dourados, usam aprazíveis perfumes e, nas palavras de Teseu, são "hábeis artífices de múltiplos conhecimentos, que ensinarão nossas mulheres [as atenienses] a se vestirem e despirem, beijarem e conversarem!". Todos os cretenses são vistos como "fidalgos requintados" com livre acesso a palácios e jardins. Por sua vez, as pessoas de Atenas são retratadas como pobres e iletradas, mas vigorosas. Seriam jovens pastores (isto é, nômades) de cabelos loiros e olhos azuis. Teseu caracteriza a si mesmo e sua gente como

23 KAZANTZÁKIS, Níkos. *Curos (Teseu)*. Trad. Silvia Ricardino. São Paulo, 2020. Disponível em: it.scribd.com/document/463427093/KAZANTZAKIS-KUROS-TESEU-TRADUCAO-pdf. Acesso em: 20 nov. 2023.

bárbaros, prosseguindo: "Minha terra é agreste, seca, cheia de pedras, não te convém. Somos rústicos, vestimos peles de carneiro, dormimos no chão, comemos com as mãos."

Em *Curos (Teseu)*, Ariadne não se subjuga ao papel de mulher submissa. A audaz princesa é uma habilidosa praticante de taurocatapsia. Ela demonstra seu brio no instante em que é apresentada a Teseu:

> Não cais por terra para me reverenciar? Sou a filha primogênita de Minos, a jovem que luta com touros, filha de Pasífae amada por um deus e irmã do antropófago deus Minotauro: sou a princesa Ariadne! (*Silêncio.*) Como ousas ainda erguer a cabeça e pousar teus olhos sobre o meu rosto? Inclina a cabeça, abaixa os olhos! Quem és?

Ela recebera a missão de seu pai, o rei Minos, de seduzir e conquistar o amor do nobre visitante. O que sucede não são flertes e galanteios, mas uma intensa altercação. A postura de Ariadne é altiva e confiante: ela afronta Teseu ao verbalizar os desejos carnais e prenunciar as aspirações mais íntimas dele, como raptá-la e retornar com velas negras no navio para precipitar a morte do rei Egeu e a sucessão ao trono ateniense. O que mais impressiona nesta Ariadne é o atributo de ela própria ser o fio a conduzir por meio do labirinto: "Esse novelo é o meu cérebro, não creias em fábulas, é o meu cérebro, Teseu. Eu o desenrolo e encontro o caminho."

Kazantzákis seguramente tinha grande apreço pela figura de Minos e pelo que ele representava: o rei cretense é retratado como um sábio ancião que, a cada nove anos, subia solitariamente ao cume das montanhas de Creta para conversar com os deuses, lá decidindo como governar seu povo e formular suas leis, as quais eram registradas em tábuas de argila tão logo a majestade retornava ao seu palácio. Teseu tinha por Minos um imenso respeito, que, em alguma medida, era recíproco: em uma significativa reviravolta com relação ao mito original, nessa peça do século XX o rei de Creta percebe que o herói ateniense era a pessoa colocada pelo destino para concluir sua principal obra – a conversão do corpo taurino da divindade cretense em uma figura humana. Portanto, o soberano vê o jovem estrangeiro como seu herdeiro. E o herói ateniense passa a enxergar o velho monarca como pai.

A partir de então, Minos orienta Teseu a respeito do que fazer no momento do encontro com o Minotauro. O ato inicial seria inclinar-se e saudar o deus cretense. Em seguida, três opções se apresentariam. A primeira seria assassinar a criatura, mas, de pronto, o rei reprova tal alternativa, demonstrando que ela nada solucionaria: "Juventude desmiolada!" - afirma Minos - "Supões, infeliz de ti, que o assassino, no instante em que mata, não é morto também?!" Outra possibilidade seria a morte de Teseu. Por fim, Minos apresenta a melhor saída:

Minos - Existe ainda um terceiro caminho, muito estreito e difícil.
Teseu - Não matar e não ser morto?
Minos - Sim, não matar e não ser morto. E vencer.

A versão do mito apresentada por Kazantzákis é uma franca apologia à diplomacia bem própria ao período em que o texto foi redigido: os anos após a Segunda Guerra Mundial, nos quais novas instituições internacionais eram fundadas no desejo de estabelecer uma harmonia pacífica entre as nações. Na sequência da fábula, Minos abre a Teseu a porta do Labirinto com as chaves que guardava consigo e ordena à sua filha Ariadne que tome o ateniense pela mão e o guie pelo interior do dédalo.

Durante o período em que os príncipes de Atenas e Creta estão perante o Minotauro, as colunas e os muros do palácio cretense racham com o terremoto oriundo dos acontecimentos que se sucedem no labirinto subterrâneo. Com o desmantelamento de portas e janelas da residência real, aqueles jovens atenienses que foram conduzidos à ilha para serem sacrificados passam a brincar imaturamente com máscaras de touro pelos aposentos arruinados.

Momentos depois, Teseu e Ariadne saem do labirinto, e o ateniense, exausto, afirma: "Eu não o venci, não blasfemes. Tu não estavas lá? Não viste? Nós não lutamos, nós nos abraçamos." Ele segue explicando confusamente e vê-se sem vocabulário para discorrer sobre o que havia ocorrido no labirinto. A Teseu também falta o verbo para, em uma passagem semelhante à primeira metamorfose de *Fausto*, de Goethe (1749-1832), elaborar o campo de possibilidades do novo mundo que se prenunciava: "Bárbaro eu entrei no retorcido suplício do Grande Lutador e saí... Não sei como dizer... Preciso criar palavras novas, Ariadne, que abarquem a nova esperança e a nova virtude do ser humano." Após a sequência de falas desencontradas do herói ateniense, a princesa cretense descreve o clímax da narrativa mitológica a seu pai:

> Ao se avistarem, os dois agarraram-se furiosos, bufavam, mordiam, bramiam e por um momento notei, graças ao brilho lançado pelas alvas dos olhos, que haviam brotado grandes chifres retorcidos também da loura cabeça de Teseu! Mas, enquanto lutavam e bramiam, subitamente ouvi um profundo suspiro, muito terno e cheio de compadecimento [...] Tomei coragem, peguei a flauta e comecei a tocar a melodia mágica que acalma os touros. E o combate pouco a pouco se abrandou, os dois suspiravam docemente, e por um momento me pareceu que começaram a chorar [...] Logo ambos jaziam, um ao lado do outro, e se acariciavam, sussurravam, riam e choravam [...] Eu não via mais, na escuridão, chifres e bocas de touro: eram duas luminosas faces humanas que refulgiam, alegres, dentro da gruta selvagem. E creio que, devido à grande alegria, não sabiam o que diziam [...] Murmuravam, arrulhavam e deliravam [...]

Kazantzákis é um dos autores mais minuciosos no relato do ápice da história, isto é, a respeito do que ocorrera no centro do labirinto. O escritor cretense cita o início da batalha, cuja violência transformava o próprio Teseu em touro. Mais uma vez, o autor atribui ao espírito da mulher – a astuta Ariadne – a solução do problema: por meio da música, o agressivo duelo converte-se em confraternização emotiva. A proximidade física deixa de ser geratriz de ferimentos para se tornar um manancial de afeto. Quando o Minotauro e Teseu alcançam uma silenciosa cumplicidade, a face bovina cai, revelando uma fisionomia idêntica à do ateniense. O touro transfigura-se em homem. O rei Minos compreende que sua obra está completa e anuncia que Teseu é o novo príncipe de Creta. A aclamação é interrompida porque, embora Minos também tivesse concedido a mão da filha ao ateniense, Teseu rejeita levar Ariadne consigo na embarcação que zarparia da ilha. A recusa ao matrimônio é justificada em nome do deus de Atenas: com tal gesto, Kazantzákis marca o fim da era dos ídolos minoicos e o início das divindades helênicas do Olimpo. O velho e o novo mundo não podiam enlaçar-se: um precisava deixar de existir para que o outro florescesse.

Rejeitada, Ariadne reclama o poder de Creta para si, esforça-se em voz alta para reafirmar que a ilha seguia sendo a grande potência do mar Mediterrâneo e pede ao pai que ordene a morte de Teseu. O rei Minos, contudo, sabe que não há salvação e, quando tenta agir para protelar o fim de seu reino, assiste à queda de um raio e ao desabamento da porta do labirinto: do escuro corredor sai aquele que havia sido o Minotauro e agora tem o rosto igual ao de Teseu. O velho soberano cretense percebe se tratar de um momento solene e sagrado: o parto de Curos, o "Libertador".

Ariadne - Quem é?

Minos - O Libertador: cala-te!

Ariadne - E o que ele segura na mão? Não consigo distinguir.

Minos - Segura a máscara do touro. Foi libertado. Agora foi libertado por inteiro, dos pés ao alto da cabeça.

Teseu - Companheiro, bem-vindo!

Ariadne - Estamos perdidos, pai. Ele está estendendo o braço direito, como para tomar posse do mundo!

Minos - Ele está tomando posse do mundo, filha.

Ariadne - Oh, jogou por terra a máscara do touro, com desdém!

Minos - Foi libertado, desafogou-se. Agora caminhará na luz. Afasto-me para que ele passe.

Ariadne - Virou-se, viu-nos e sorriu! Está acelerando o passo, está chegando!

Minos - Curva-te para reverenciá-lo, filha!

Kazantzákis, em sua fictícia tragédia de três atos, modifica certas características dos personagens mitológicos e altera alguns acontecimentos da trama, mas o faz para reafirmar algo contido na essência helênica do mito: aquilo que na Antiguidade se enunciava ser a passagem dos poderes terrenos e divinos de Creta para Atenas e que hoje podemos compreender como a transferência do domínio político, econômico, cultural, filosófico e religioso da grande ilha do Mediterrâneo para a área continental da Europa.

No livro *No palácio do rei Minos*[24], publicado postumamente em 1981, Kazantzákis foi menos intervencionista e mais didático, pois tinha crianças e adolescentes como público-alvo. Nesse romance, Creta é inicialmente retratada como uma ilha riquíssima, com seu colorido e decorado palácio de Cnossos, onde ocorrem feéricas festas. Atenas é apenas uma aldeia submissa aos cretenses. O Minotauro é um monstro esverdeado e doentio. Teseu tem seu amor disputado pelas irmãs Ariadne e Fedra. Ícaro aparece como um aventureiro buscando sair do palácio. E, ao fim, o herói ateniense mata a criatura e incendeia Cnossos, assim inserindo uma moral da história aos jovens: tal cidade representaria, segundo Kazantzákis, uma civilização excessivamente luxuosa e hedonista, o que a levara à corrupção e à decadência, estando pronta a ruir.

O público infantojuvenil brasileiro teve sua transposição da mitologia grega com o apoio dos personagens do *Sítio do Picapau Amarelo* no livro *O Minotauro*[25] (1939), de Monteiro Lobato (1882-1948). Nessa versão, tia Nastácia é raptada pelo Minotauro enquanto assa faisões na grande festa de casamento de Branca de Neve com o príncipe Codadade. O "homem gigante com cabeça de touro" a leva para o Labirinto de Creta e a deixa na cozinha - de todas as variantes analisadas neste livro, o labirinto de Monteiro Lobato é o único a possuir uma cozinha. Tia Nastácia fica aterrorizada com a possibilidade de ser devorada. No ambiente em que está aprisionada, ela vê um fogão e muita farinha e resolve fazer bolinhos para passar o tempo. Eis o relato da cozinheira:

> De repente, quem vinha entrando? O monstro! A fome apertou e ele vinha vindo, lambendo os beiços. "Minha hora chegou", pensei comigo e caí no chão de joelhos, rezando para Nossa Senhora. Mas aconteceu um milagre. O monstro viu a peneira com os bolinhos e tirou um. Provou. Ah, que cara ele fez!
>
> Aqueles olhos de coisa-ruim brilharam. Pegou outro, e outro e outro, e comeu a peneirada inteira. Depois apontou para o fogão num gesto que

24 KAZANTZÁKIS, Níkos. *No palácio do rei Minos*. São Paulo: Marco Zero, 1986.

25 LOBATO, Monteiro. *O Minotauro*. São Paulo: Globo, 2017.

entendi que era pra fazer mais. E desde esse dia não parei um instante de fazer bolinhos. O apetite desse homem-boi não tem fim.[26]

O Minotauro brasileiro é o "monstro", o "coisa-ruim", o "homem-boi". Essa criatura engorda muito por empanturrar-se dos bolinhos de tia Nastácia. Tanto que nem mais consegue sair de seu trono – para o autor paulista, o ser híbrido tinha um trono no labirinto. O Minotauro, de tão obeso, "acabou completamente manso. Esqueceu até a mania de comer gente".

Tia Nastácia, por sua vez, é resgatada por Emília, Pedrinho e o Visconde de Sabugosa, que viajam no tempo por diferentes séculos da Antiguidade à sua procura. Ao chegarem à ilha de Creta, descobrem o Labirinto, descrito pelo autor como "um palácio imenso, com mil corredores dispostos de tal maneira que quem entrava nunca mais conseguia sair – e acabava devorado pelo monstro"[27]. A boneca Emília levara consigo três carretéis. Quando eles estão ficando sem linha para traçar o caminho, sentem o familiar cheiro que emana do tacho de fritura de bolinhos de tia Nastácia. O último fio de Ariadne de Monteiro Lobato é o delicioso aroma da comida da cozinheira do *Sítio do Picapau Amarelo*.

Entre as alternativas de fios de Ariadne fabuladas na literatura infantil, igualmente célebres são as migalhas de pão que *João e Maria* (1812), dos irmãos Grimm, jogam pelo chão da floresta para demarcar o caminho para casa[28].

O escritor argentino Julio Cortázar (1914-1984), na peça teatral *Os reis* (1949)[29], promove a inversão das personalidades das figuras envolvidas no mito. Não são modificadas as ações capitais da narrativa milenar, tampouco o desfecho de cada um dos participantes, mas as índoles e as aspirações dos protagonistas e dos coadjuvantes tornam-se mais complexas pelas mãos do autor latino-americano.

O rei Minos define o Minotauro como a "tortura de minhas noites"[30]. O monarca cretense inverte os papéis de quem se sente livre e de

26 *Ibid.*, p. 138.

27 *Ibid.*, p. 136.

28 GRIMM, Jacob; GRIMM, Wilhelm. *João e Maria*. São Paulo: Cosac Naify, 2010.

29 CORTÁZAR, Julio. *Os reis*. Trad. Ari Roitman e Paulina Wacht. Rio de Janeiro: Civilização Brasileira, 2015.

30 *Ibid.*, p. 19.

quem se julga encarcerado quando afirma: "eu tinha que encerrá-lo. Sou seu prisioneiro, a ti [Teseu] posso dizer isto. Ele se deixou levar tão docilmente! Naquela manhã soube que [o Minotauro] ia rumo a uma espantosa liberdade, enquanto Cnossos me transformava nesta dura cela"[31]. E a majestade de Creta prossegue: "Parecia tão difícil ocultá-lo para sempre. Como vês, todos os artifícios de Dédalo se voltam horrivelmente contra mim."[32] Eis um momento de concordância entre Cortázar e Kazantzákis a respeito das consequências do homicídio: quando Teseu aparece em *Os reis* e se dispõe a matar o Minotauro, tanto ele quanto Minos percebem que o sentido de prisão não se extinguiria com o assassinato da criatura.

> **Teseu** – Mas o problema persiste; sua morte me faz senhor de um cárcere. Se não voltar, como saberão em Atenas que matei o Minotauro ilustre?
> **Minos** – Tinhas que matá-lo?
> **Teseu** – Sim, pelo mesmo motivo que tu tinhas que encerrá-lo.[33]

A peça teatral intitula-se *Os reis* porque Teseu, mesmo ainda não entronizado, já se sente um soberano, e, quando se encontra com Minos, este o trata como tal. Isso fica claro na confiante fala do jovem ateniense: "Além do mais, sou rei. Egeu já está morto para mim. Atenas rapidamente encontrará o seu amo. Ao rei podes perguntar mais do que a Teseu. De súbito descubro em mim uma perigosa facilidade para encontrar palavras. O pior é que gosto de tecê-las."[34] Teseu trata seu pai e seus súditos com uma certa soberba, muito distante da atitude clássica de um herói. Na versão de Cortázar, não é Ariadne quem se apaixona pelo herdeiro ao trono ateniense; Teseu é quem já vem de sua cidade interessado pela bela jovem, com uma atração tão carnal quanto composta de interesses políticos: "Em Atenas me falaram de Ariadne. Desejei-a como o vento de popa e o perfil familiar das ilhas. Ela é o vértice que une nossas linhas reais"[35], diz ele a Minos.

31 *Ibid.*, p. 41.
32 *Ibid.*
33 *Ibid.*, p. 37.
34 *Ibid.*, p. 40.
35 *Ibid.*, p. 35.

A princesa Ariadne, nessa versão, demonstra afeto pelo Minotauro, a quem trata sempre com a palavra "irmão", mesmo quando trava um diálogo ríspido com seu pai:

> **Ariadne** – Por que tens medo dele? É meu irmão.
> **Minos** – Um monstro não tem irmãos.
> **Ariadne** – Ambos nos modelamos no seio de Pasífae. Ambos fizemos gritar e se esvair para lançar-nos à terra.
> **Minos** – As mães não contam. Tudo está no germe quente que as elege e as usa. Tu és filha de um rei, Ariadne, a muito temida, Ariadne, a pomba de ouro. Ele não é nosso, um artifício. Sabes de quem é irmão? Do labirinto. De seu próprio cárcere. Ó caracol horrendo![36]

Não sem antes apontar tanto a misoginia com que este Minos trata as mulheres quanto o rótulo de bastardo imposto pelo rei ao Minotauro, esse diálogo demonstra o senso de dignidade que Ariadne confere ao indivíduo de duas espécies. Primeiramente, os sentimentos de piedade e compaixão se revelam: "Ó irmão sozinho, monstro capaz de me exceder até na ausência, de revestir com medo minha primeira ternura!"[37] Conforme a peça se desenrola, percebe-se que a princesa nutre verdadeiro amor pelo Minotauro, algo tão intenso que se avizinha ao incesto:

> Dá lugar ao meu amor secreto! Vem, irmão, vem, amante final! Surge da profundidade que nunca ousei vencer, assoma da fundura que meu amor derrotou! Brota agarrado à linha que o insensato te leva! Nu e rubro, vestido de sangue, emerge e vem a mim, ó filho de Pasífae, vem à filha da rainha, sedenta de teus lábios rumorosos![38]

Assim, a motivação de Ariadne ao presentear Teseu com o novelo não é ajudar o suposto herói a registrar o caminho de volta, mas fazer o Minotauro encontrar a saída do labirinto por meio do notório fio.

36 *Ibid.*, pp. 21-2.
37 *Ibid.*, p. 28.
38 *Ibid.*, p. 55.

Tanto que a cretense pede ao ateniense: "Se falares com ele, diz-lhe que esta linha foi Ariadne quem te deu."[39] Para Cortázar, o objetivo de Ariadne é resgatar do labirinto o seu irmão. Ela vê em Teseu o homem valente capaz de conduzir o Minotauro à libertação.

Nesse ponto, depreende-se que a princesa é tão amorosa quanto ingênua, porque antes Teseu afirmara a Minos: "Tenho um problema: sair do labirinto. Como se esforçaram meus mestres propondo soluções para o enigma dedálico!"[40] Na visão do escritor argentino, o herói é ardiloso e maligno, pois, desde o início, em seu colóquio com o rei de Creta, assume não ver dificuldade em matar o Minotauro. E, se sua real adversidade é sair do labirinto, Ariadne o presenteia com a solução: o novelo.

O fio de *Os reis* não é composto de um material banal. Não é um barbante conduzido pela pessoa, mas um dispositivo que conduz: "Ao ficar sozinha em frente ao labirinto, somente o novelo se move no palco."[41] Esse singular fio de Ariadne determina o caminho pelo labirinto. Isso é diferente da ideia de operar como um rastro, contida na gênese do mito. Tal sutil transformação da função da notória linha é informada pela princesa cretense, que na peça teatral é apresentada como artífice de tal inovação: "alguém marcha contra ti [Minotauro] enquanto meu novelo decresce, vacila, salta como um cãozinho em minhas mãos e bole mansamente..."[42]. E também na frase "O novelo já está miúdo e gira velocíssimo"[43]. A descrição de Cortázar da cena da entrega do fio explicita a particularidade daquele artefato: "Com gesto leve, quase indiferente, o herói tem na mão a extremidade de uma linha brilhante. Ariadne deixa que o novelo brinque entre seus dedos curvados."[44] Tão logo Teseu e o Minotauro ficam frente a frente, o sentido último daquele fio é verbalizado:

> **Teseu** – Serei eu a regressar, enrolando a linha sutil, para aventar com meu nome o monte de cinzas em que o teu terá se calcinado.

39 *Ibid.*, p. 54.
40 *Ibid.*, p. 36.
41 *Ibid.*, p. 51.
42 *Ibid.*, p. 54.
43 *Ibid.*, p. 55.
44 *Ibid.*, p. 51.

Minotauro – Uma linha! Então podes sair daqui.

Teseu – Com minha espada vermelha.

Minotauro – Então quem matar o outro pode sair daqui.

Teseu – Isso mesmo.[45]

Na sequência da batalha verbal, o ateniense visa afetar psicologicamente a criatura ao afirmar, com falsidade, que Ariadne "Me deu esta linha para resgatar-me quando te houver matado."[46] Essa frase é um golpe baixo para o Minotauro e o desestabiliza completamente. O amor que Ariadne guarda pelo ser biforme é correspondido. Quando o homem-touro presume que a meia-irmã não lhe quer bem, ele perde sua razão de estar no mundo: "Para quê? Ariadne mesclou seus dedos com os teus para dar-te o fio. Vês, o fio de água seca como todos. Agora vejo um mar sem água, uma onda verde e curva inteiramente vazia de água. Agora vejo apenas o labirinto, de novo apenas o labirinto."[47] Quando não mais vislumbra um futuro diferente do seu presente, o Minotauro não vê sentido em sair do dédalo.

Os indícios prévios são suficientes para atestar que este Minotauro de Cortázar é capaz de falar, pensar, ponderar, refletir longamente, argumentar. Mais que um ser pensante, é um sábio. Quando Teseu o desafia – "Por que não lutas?" –, a criatura responde: "Como vês, custo a decidir."[48] Da sua boca taurina emanam prolixas declarações. É um mestre da dialética. Tais características incomodam Teseu, que reclama – "Como argumentas!"[49] – e anuncia uma vantagem que enxerga no assassinato: "Pelo menos estarás calado."[50] Também constata-se que tal Minotauro não pratica o canibalismo, nem sequer é carnívoro. Ariadne recorda que, em suas infâncias compartilhadas, o querido irmão alimentava-se de vegetais, embora os funcionários palacianos tivessem dificuldades de entendê-lo:

45 *Ibid.*, p. 62.

46 *Ibid.*, p. 63.

47 *Ibid.*, p. 64.

48 *Ibid.*, p. 65.

49 *Ibid.*, p. 67.

50 *Ibid.*, p. 66.

> Ó seus doloridos monólogos de palácio, que os guardas escutavam assombrados sem compreender. Seu profundo recitar de repetida marejada, seu gosto pelas nomenclaturas celestes e pelo catálogo das ervas. Ele as comia, pensativo, e depois nomeava com secreta delícia, como se o sabor dos caules lhe houvesse revelado o nome...[51]

Quando Teseu mata o Minotauro, ele não só demonstra irritação com a loquacidade de sua nêmesis como também, raivoso, sente a necessidade de vociferar: "Cala-te! Morre ao menos calado! Estou farto de palavras, cadelas sedentas! Os heróis odeiam as palavras!" Em sua derradeira réplica, o Minotauro é breve e categórico: "Exceto as do canto de louvor..."[52]

Ao longo de *Os reis*, Cortázar salpica interessantes definições do Labirinto de Creta. Em uma fala de Ariadne, o sentido da audição é ressaltado: "Do labirinto eleva-se uma sonoridade de poço, de tambores surdos. Passos, gritos, ecos de luta, tudo se confunde no murmúrio uniforme de mar espesso."[53] Por sua vez, o Minotauro descreve a estrutura a partir das carências e da aridez do lugar quando comparado ao palácio real onde nascera: "Haverá tanto sol nos pátios do palácio. Aqui o sol parece aderir à forma do meu encerro, tornar-se sinuoso e furtivo. E a água! Tenho tanta saudade da água, era a única que aceitava o beijo dos meus lábios. [...] Olha como isto é seco, como é branco e duro, que cantar de estátua."[54] Já o citarista que também reside no labirinto nomeia-o como "jardins sem chave"[55].

Aqui está outra peculiaridade da versão que Cortázar engendra para o mito: o Minotauro convive alegremente com os jovens atenienses levados ao labirinto, lá formando uma feliz comunidade. O rei Minos tem pesadelos ao imaginar tal cenário: "Às vezes me indago se não exercita sua vigília fazendo desses mancebos, aliados, dessas virgens, esposas, se não urde a teia de uma raça terrível para Creta."[56] O monarca teme que, no interior do labirinto, esteja sendo gestada a civilização que suplantará a

51 *Ibid.*, p. 53.
52 *Ibid.*, p. 70.
53 *Ibid.*, p. 55.
54 *Ibid.*, p. 63.
55 *Ibid.*, p. 72.
56 *Ibid.*, p. 42.

de seus súditos – o que é uma curiosa suposição para o fim dos minoicos. A cena final expõe o luto dos residentes do labirinto com o falecimento de seu morador mais ilustre. O citarista pergunta: "Como te esquecer?"[57] Em seu leito de morte, o Minotauro consola seus camaradas:

> Um dia Nydia sentirá a dança lhe crescendo pelas coxas, e para ti o mundo irá tornar-se som, e o ritmo matinal vos encontrará todos de cara ao sol e ao júbilo. Deste silêncio em que embarco descerão as águias. Mas não devo recordar. Não quero essa recordação. A lembrança, hábito insensato da carne. Eu me perpetuarei melhor.[58]

É digna de nota a compreensão que o Minotauro de Cortázar tem de sua morte. De certo modo, durante o longo embate verbal, Teseu admite a suspeita de que a força da criatura residia mais como ideia do que como sujeito corporalmente tangível: "Fala-se muito de ti que és como uma vasta nuvem de palavras, um jogo de espelhos, uma reiteração de fábula inapreensível."[59] O Minotauro compreende que seu falecimento o transforma em uma figura mais forte que um mártir. Ao ser assassinado, converte-se em ser mítico, enigmático e instigante a habitar o imaginário ocidental por milênios:

> **Minotauro** – Não compreendes que te estou pedindo que me mates, que te estou pedindo a vida?
> **Teseu** – Para isso vim. Para te matar e calar-me. [...] Serás apenas uma lembrança que morrerá com o cair do primeiro sol.
> **Minotauro** – Chegarei até Ariadne antes que tu. Estarei entre ela e o teu desejo. Erguido como uma lua rubra irei na proa da tua nau. Os homens do porto te aclamarão. Eu descerei para habitar os sonhos de suas noites, de seus filhos, do tempo inevitável da estirpe. Dali chifrarei o teu trono, o cetro inseguro de tua raça... Da minha liberdade final e ubíqua, meu labirinto diminuto e terrível em cada coração de homem.[60]

57 *Ibid.*, p. 76.
58 *Ibid.*
59 *Ibid.*, p. 61.
60 *Ibid.*, pp. 68-9.

No conto "Casa tomada" (1946)[61], o mesmo Cortázar não se reapropria dos personagens da narrativa mitológica, mas insere no texto uma série de referências indiretas a ela. Tal como em *Os reis*, o argentino ampara sua ficção numa relação fraterna, quase incestuosa, que seria um "simples e silencioso casamento de irmãos"[62]. O narrador é um homem com mais de quarenta anos cujo nome não é revelado. Sua irmã chama-se Irene e passa os dias tricotando para, imediatamente em seguida, descosturar a roupa tecida. Assim, ela vive numa sucessão entre o fazer e o desfazer, o tecer e o destecer tramas com fios – ou seja, é a Ariadne da ocasião. Os irmãos têm uma vida concomitantemente aristocrática e modesta: herdaram uma casa da família e vivem da renda de propriedades rurais; metade da rotina é ocupada pela limpeza diária da residência. A descrição do local é particularmente curiosa:

> Como não me lembrar da distribuição da casa. A sala de jantar, um aposento com gobelins, a biblioteca e três grandes quartos de dormir ficavam na parte mais recuada, a que dá para a Rodríguez Peña. Apenas um corredor, com sua porta maciça de carvalho, separava essa parte da ala dianteira, onde havia um banheiro, a cozinha, nossos quartos e o living central, com o qual se comunicavam os quartos e o corredor. Entrava-se na casa por um saguão com maiólica, e a porta de duas folhas dava para o living. De modo que a pessoa entrava pelo saguão, abria a porta de duas folhas e passava para o living; dos dois lados teria as portas de nossos quartos e à frente o corredor que levava à parte mais recuada; avançando pelo corredor se transpunha a porta de carvalho e depois dessa porta começava o outro lado da casa; também era possível dobrar para a esquerda logo antes da porta e seguir por um corredor mais estreito que ia até a cozinha e o banheiro. Quando a porta estava aberta, dava para perceber que a casa era muito grande; quando não estava, tinha-se a impressão de que era um desses apartamentos que se constroem hoje em dia que mal dão para a pessoa se mexer [...].[63]

61 *Id.* "Casa tomada". *In*: *Todos os contos*, vol. 1: *1945-1966*. Trad. Heloisa Jahn. São Paulo: Cia. das Letras, 2021, pp. 85-9.

62 *Ibid.*, p. 85.

63 *Ibid.*, p .86.

"Casa tomada" faz uso de uma artimanha própria ao mito do Labirinto de Creta: descreve-se cada ambiente residencial, mas é impossível converter o relato escrito em desenho. O posicionamento do *living* em relação aos quartos varia conforme a frase. A cozinha aparece e reaparece em pontos diferentes da edificação. Sejam maciças de carvalho, sejam de duas folhas, as portas multiplicam-se, e cada umbral atravessado parece reapresentar-se. O corredor replica-se: ao percorrê-lo, chega-se ao mesmo lugar. É uma experiência de repetições: a moradia transforma-se em um dédalo de passagens e aposentos que conduzem sempre ao espaço interno prévio - e assim sucessivamente. A descrição foi engendrada por Cortázar para desorientar o leitor: uma casa-labirinto.

Reforça-se a sensação labiríntica quando o narrador escuta estranhos barulhos sem enxergar de onde se originam, tal como os mugidos do Minotauro que ecoavam pelos corredores escuros da edificação de Creta. Isso se manifesta de modo claro em uma passagem do conto:

> Segui pelo corredor até diante da porta de carvalho entreaberta e ia virando para me dirigir à cozinha quando ouvi um barulho na sala de jantar ou na biblioteca. O barulho chegava impreciso e surdo, como uma cadeira que cai sobre o tapete ou um sussurro abafado de pessoas conversando.[64]

Por meio de murmúrios e ruídos, os irmãos notam invasões da casa por pessoas sem rosto nem identidade.

O perder-se do labirinto paulatinamente converte-se na perda da posse. A casa é tomada integralmente quando o emaranhado de linha de lã fica fora do alcance da irmã: "Tomaram o lado de cá - disse Irene. O pedaço tricotado pendia de suas mãos e os fios iam até a porta de folha dupla e desapareciam por baixo dela. Ao ver que os novelos haviam ficado do outro lado, ela soltou o tricô sem olhar para ele."[65] Sem o fio de Ariadne (ou de Irene), não se adentra o labirinto (ou essa casa).

O formato do livro *O jogo da amarelinha* (1963), também de Cortázar, remete igualmente a uma lógica dedálea por meio de suas duas

64 *Ibid.*, pp. 86-7.

65 *Ibid.*, p. 89.

alternativas de sequência de leitura, uma convencional e outra zigue-zagueando as páginas, em um ir e vir de capítulos[66].

É outro grande autor argentino que, com sua afeição ao Minotauro, mergulha no mito e o subverte: o Labirinto de Creta sendo, sobretudo, um lar. No conto "A casa de Astérion"[67], do livro *O Aleph* (1949), Jorge Luis Borges (1899-1986) chama a híbrida criatura pela denominação que ela recebeu ao nascer: Astério (ou, como no caso do escrito em questão, Astérion). A lembrança desse "nome de batismo" advém de uma passagem da *Biblioteca*, de Apolodoro (ou Pseudo-Apolodoro), reproduzida na epígrafe do conto. Aliás, em nenhum trecho do texto, Astérion é identificado pelo termo "Minotauro". Na ficção de Borges, a ambivalente figura não é puramente instintiva: ela é capaz de raciocinar; compreende e tem orgulho de sua linhagem real; sonha em interagir com algumas pessoas; nutre a expectativa pela redenção. Portanto, o escritor latino-americano confere um caráter humano ao seu Minotauro – tão humano que o conto é narrado em primeira pessoa pelo próprio Astérion.

De pronto, o Minotauro borgiano rejeita a caracterização de sua casa como um cárcere. Embora assuma que não saia muito de sua residência, o peculiaríssimo indivíduo esclarece que sua moradia tem infinitas portas, as quais não possuem fechaduras e permanecem sempre "abertas dia e noite para os homens e também para os animais", e acrescenta em tom quase de convite: "Que entre quem quiser."[68] Ele igualmente refuta a hipótese de que sua casa seja um palácio, uma vez que habita ambientes austeros onde nem mesmo se dispõe de um único móvel, muito menos do que chama de "bizarro aparato" palaciano[69]. Segundo Astérion, em seu lar encontram-se somente "a quietude e a solidão"[70]. Considera mentirosos aqueles, como Plínio, que dizem existir no Egito uma estrutura parecida com sua moradia: ele julga viver

66 *Id. O jogo da amarelinha*. Trad. Eric Nepomuceno. São Paulo: Cia. das Letras, 2019.

67 BORGES, Jorge Luis. "A casa de Astérion". *In*: *O Aleph*. Trad. Davi Arrigucci Jr. São Paulo: Cia. das Letras, 2008, pp. 60-3.

68 *Ibid.*, p. 60.

69 *Ibid.*

70 *Ibid.*

em "uma casa como não há outra na face da Terra"[71]. Na descrição de seu domicílio, um vocábulo é omitido: "labirinto". Como a intertextualidade pode ser considerada uma característica própria dos livros de Borges, ele mesmo elucida a questão ao assinalar, no conto "O jardim de veredas que se bifurcam" - publicado em *Ficções* (1941) -, que a ausência de um termo não é algo fortuito para grandes autores: "Omitir *sempre* uma palavra, recorrer a metáforas ineptas e a perífrases evidentes, é talvez o modo mais enfático de indicá-la."[72] Eis então um poderoso modo de enfatizar o labirinto ao não explicitar o substantivo em si, mas povoando o texto com alusões à obra-prima de Dédalo. Entre essas referências indiretas em "A casa de Astérion", merece destaque o trecho: "Todas as partes da casa se repetem muitas vezes; todo lugar é outro lugar. Não há uma cisterna, um pátio, um bebedouro, uma manjedoura; são catorze [são infinitos] as manjedouras, bebedouros, pátios, cisternas."[73] Para qualificar um labirinto, Borges ampara-se na mesma lógica da reiteração de que Cortázar fez uso pouco tempo depois.

Um trecho particularmente relevante no conto de Borges diz respeito à ocasião em que Astérion faz um passeio fora de sua casa. A criatura escolhe sair ao entardecer, mas retorna ao seu endereço antes que a noite se efetive porque teme que a confundam com, em suas palavras, a "plebe" de "rostos desbotados e achatados"[74]. Singular por ter cabeça de touro, ela tem ciência de sua diferença e não se desmerece por isso. Pelo contrário: "não posso me confundir com o vulgo", afirma o Minotauro borgiano, que se refere a Pasífae como "minha mãe rainha"[75]. A realeza cretense faz parte de seu imaginário. Ele sonha que brinca pelos corredores de casa com o "outro Astérion", seu avô postiço - afinal, se o rei Minos não era o pai biológico do Minotauro, tampouco tinha laços consanguíneos com o soberano Astério que o precedeu. Borges escreve uma sintética frase que, em princípio, demonstra a autoconfiança pelo pertencimento ao clã real: "O fato é que

71 *Ibid.*

72 *Id.* "O jardim de veredas que se bifurcam". *In*: *Ficções*. Trad. Davi Arrigucci Jr. São Paulo: Cia. das Letras, 2007, p. 91.

73 *Id.* "A casa de Astérion". *Op. cit.*, p. 62.

74 *Ibid.*, p. 60.

75 *Ibid.*, p. 61.

sou único."[76] Nessa sentença, o escritor argentino concorda com um aspecto já mencionado por Dante Alighieri em sua *A divina comédia* e em consonância com a mitologia dos helênicos: há muitos seres com corpos humanos mesclados a partes de outros animais, tais como centauros, sereias e esfinges, mas apenas um Minotauro.

A relação de Astérion com os seres humanos contém, por parte da criatura, um certo grau de indiferença misturada com incompreensão e misantropia. Em seu giro pelas ruas de Creta, ele percebe que um menino chora ao vê-lo, outro mergulha no mar para se esconder, além dos populares que lamentam ou rezam ou fogem ou empunham pedras, mas nada disso parece afetar o biforme sujeito. Quando, a cada nove anos, jovens anônimos adentram sua meândrica casa, Astérion corre atrás deles "alegremente" com o intuito de que "os livre de todo mal"[77]. Ele chama tais atos de cerimônias, as quais são breves, embora uma tenha-o marcado em específico: antes de morrer, um ateniense teria dito que chegaria o dia em que uma pessoa iria redimir o morador. "Desde aquele momento não sofro com a solidão, porque sei que meu redentor existe"[78], conclui o Minotauro, que então revela seus sentimentos mais íntimos – o que o fazia padecer era o isolamento. Ele passa a viver com uma expectativa de mudança para uma nova casa: "Oxalá me leve para um lugar com menos galerias e menos portas."[79] Astérion anseia por sair do labirinto. Esperando misericórdia, imagina como deve ser a criatura que irá salvá-lo: "Como será meu redentor?, pergunto-me. Será um touro ou um homem? Será talvez um touro com rosto de homem? Ou será como eu?"[80] Assim revela sua espera não somente por alguém para reabilitá-lo, mas eventualmente até por um semelhante. Borges confere, desse modo, uma inédita idiossincrasia ao Minotauro: não mais um monstro bestial a representar o lado repulsivo do ser humano, mas uma criatura pensante e psicologicamente complexa. O fascínio intelectual despertado pelo Astérion borgiano é diverso da fascinação pela alteridade e deformidade mais comum ao mito grego.

76 *Ibid.*

77 *Ibid.*, p. 62.

78 *Ibid.*

79 *Ibid.*

80 *Ibid.*

O final de "A casa de Astérion" traz uma inversão em relação ao clímax da narrativa mítica e milenar: o Minotauro de Borges não luta contra Teseu. No penúltimo parágrafo do conto, muda-se o narrador:

> O sol da manhã reverberou na espada de bronze. Já não restava um só vestígio de sangue.
>
> – Será que acreditarás, Ariadne? – disse Teseu. – O Minotauro mal chegou a se defender.[81]

Na frase final de "A casa de Astérion", percebe-se que o Minotauro viu em Teseu seu redentor. Com a indeterminação própria à boa literatura, a criatura do conto talvez desejasse morrer, talvez tenha se surpreendido ao perceber que o herdeiro do trono ateniense era seu assassino. Certo é que, com esse desfecho triste e nada heroico, estimula-se no leitor o sentimento de piedade pelo indivíduo de duas espécies.

O Minotauro reaparece no conto "Aben Hakam, o Bokari, morto em seu labirinto"[82], também de *O Aleph*, como uma lembrança-chave para solucionar um mistério. Nessa história, ele não é identificado como Astérion, mas pela sua alcunha consagrada desde a Antiguidade. Borges indica a correlação entre as formas do labirinto e do inusual ser: "O que importa é a correspondência da casa monstruosa com o habitante monstruoso. O Minotauro justifica sobejamente a existência do labirinto."[83] É notável como a menção literária do autor argentino está em consonância com a análise acadêmica de Detienne: "labirinto, espaço polimorfo ele mesmo em perfeita harmonia com a natureza híbrida do monstro e seu ser duplo em que se confundem o homem e a besta"[84].

Aben Hakam, o Bokari, teria sido o comandante de uma tribo que ocupava as margens do rio Nilo. Ele ordenara a construção de um labirinto para se refugiar no centro da intrincada estrutura, protegendo-se da culpa de ter assassinado o primo Said. Mais uma vez,

81 *Ibid.*, p. 63.

82 *Id.* "Aben Hakam, o Bokari, morto em seu labirinto". In: *O Aleph*. *Op. cit.*, pp. 111-21.

83 *Ibid.*, p. 119.

84 DETIENNE, Marcel. *Op. cit.*, p. 17.

tal como também fizera Cortázar, Borges parte do princípio de que "a casa é um labirinto"[85].

Esse conto tem um tom mais depreciativo a respeito da dedálea edificação. Qualificando a forma e o tamanho da peculiar residência como um "espanto" e um "escândalo", o escritor arrola impressões tais como: "Parecia intolerável que uma casa tivesse apenas um cômodo e léguas e léguas de corredores."[86] Diferentemente do afeto nutrido por Astérion, a moradia de Aben Hakam traz de volta a percepção de uma prisão quando se descreve o centro do labirinto: "O aposento, embora espaçoso, tinha muito de cela carcerária."[87] A respeito da experiência espacial interna, Borges a compara a um asfixiante mergulho: "A casa parecia querer afogá-los, o teto era muito baixo."[88] O argentino estabelece uma analogia com um transtorno mental: "o absurdo labirinto era um símbolo e um claro testemunho dessa loucura"[89]. Na sequência de correlações, o autor confronta a efetividade do propósito do labirinto com as características próprias ao emaranhado viário de uma grande cidade: "Para quem verdadeiramente quer se esconder, Londres é um labirinto melhor que um mirante onde vão dar todos os corredores de um edifício." Por fim, ele questiona a pertinência do esforço de Dédalo: "Não precisa construir um labirinto, quando o universo já é um."[90]

Como se percebe, os labirintos tematizaram um considerável número de textos de Borges. Em sua dedicação (ou mesmo devoção) ao arquétipo, o argentino foi se afastando da mitologia grega e passando a se amparar em tradições do Oriente Médio e do Oriente distante – e também as subvertendo literariamente. Nesse deslocamento de referências geográficas e culturais, o labirinto adquire características não presentes no mito helênico.

Duas passagens a respeito do particular refúgio de Aben Hakam merecem uma especial ponderação: "no interior da casa havia muitas encruzilhadas", escreve o autor latino-americano, complementando

85 BORGES, Jorge Luis. "Aben Hakam, o Bokari, morto em seu labirinto". *Op. cit.*, p. 112.

86 *Ibid.*, p. 113.

87 *Ibid.*, p. 117.

88 *Ibid.*, p. 112.

89 *Ibid.*, p. 115.

90 *Ibid.*, p. 118.

linhas abaixo com a informação de que "o corredor se bifurcou noutros mais estreitos"[91]. Para uma pessoa do século XXI, parece inerente a um labirinto possuir encruzilhadas e bifurcações; entretanto, ao revisar atentamente as descrições dos labirintos feitas pelos autores greco-romanos da Antiguidade, constatam-se muitas referências a respeito de meandros, de galerias sinuosas e longas para se desorientar, de passagens estreitas e escuras para se perder, mas não se mencionam cruzamentos ou bívios. Embora o Labirinto cretense fosse imenso e tortuoso, o aventureiro que o adentrasse, segundo os registros ocidentais mais antigos, não ficaria diante de divisões dos caminhos. Não se encontraria uma multiplicidade de itinerários. Não existiriam ramificações internas na rota labiríntica. Por consequência, não haveria escolha para quem entrasse no Labirinto de Creta. Aquele que penetrasse a edificação não teria decisão alguma a tomar a respeito de qual rumo prosseguir: o ateniense invariavelmente ficaria defronte ao Minotauro. Os textos – e também as moedas, como veremos no próximo capítulo – da Era Clássica retratam o Labirinto de Creta como um labirinto unidirecional. Na diferenciação entre referências ocidentais e orientais em seus contos, Borges demonstra ter percebido que gregos e romanos escreveram reiteradamente a respeito dos meandros dos labirintos, mas não incorporaram encruzilhadas e bifurcações.

No conto "Os dois reis e os dois labirintos"[92], também publicado em *O Aleph*, Borges fabula um rei babilônico que reúne arquitetos e magos para edificar um labirinto adjetivado como "desconcertante e sutil". Quando recebe a visita de um imperador árabe, a majestade da Babilônia leva o nobre hóspede ao seu labirinto, que contém inúmeras galerias, escadas, portais e muros. Lá o visitante "perambulou ofendido e confuso" até que "implorou socorro divino e deu com a porta". O rei das Arábias vinga-se: ataca a Babilônia e rapta seu monarca. Nessa réplica, ele conduz o mesopotâmico soberano a um labirinto árabe, muito distinto por não ter paredes nem portas, apesar de ser vastíssimo: o deserto. Esse conto notabiliza-se quando sintetiza a contradição intrínseca ao labirinto em uma das mais belas definições já

91 *Ibid.*, p. 112.

92 *Id.* "Os dois reis e os dois labirintos". *In*: *O Aleph*. *Op. cit.*, pp. 122-3.

escritas a respeito: "Essa obra era um escândalo, porque a confusão e a maravilha são operações próprias de Deus, e não dos homens."

Tais ações mais sagradas que mundanas reaparecem no conto "A Biblioteca de Babel", de *Ficções*[93]. Ela seria uma estrutura abrangente, totalizante, universal: não existe nenhuma combinação de letras "que a divina Biblioteca não tenha previsto e que em alguma das línguas secretas não encerrem um sentido terrível". A descrição arquitetônica dessa biblioteca borgiana apropria-se de palavras antes empregadas na caracterização de labirintos:

> De qualquer hexágono, veem-se os andares inferiores e superiores: interminavelmente. A distribuição das galerias é invariável. Vinte prateleiras, em cinco longas estantes de cada lado, cobrem todos os lados menos dois; sua altura, que é a dos andares, excede apenas a de um bibliotecário normal. Uma das faces livres dá para um corredor apertado, que desemboca noutra galeria, idêntica à primeira e a todas. À esquerda e à direita do corredor há dois gabinetes minúsculos. Um permite dormir em pé; o outro, satisfazer as necessidades finais. Por aí passa a escada espiral, que se abisma e se eleva ao infinito. No corredor há um espelho, que fielmente duplica as aparências. Os homens costumam inferir desse espelho que a Biblioteca não é infinita (se o fosse realmente, para que essa duplicação ilusória?); eu prefiro sonhar que as superfícies polidas figuram e prometem o infinito...[94]

Tal como um labirinto, multiplicam-se os corredores, agora ladeados por estantes com livros, quase sempre "de natureza informe e caótica"[95]. Vocábulos da matemática e da geometria detalham uma estrutura universal e sem fim. Essa infinitude é calcada em repetições, o que é o fermento de Dédalo para se perder. Peregrinar pela biblioteca é uma sequência espacial do deparar com mais do mesmo. Contraditoriamente, nela não existem dois livros iguais: "cada exemplar é único, insubstituível"[96]. Mesmo viajando pelo interior da

93 *Id.* "A Biblioteca de Babel". *In*: *Ficções*. *Op. cit.*, pp. 69-79.

94 *Ibid.*, p. 69.

95 *Ibid.*, p. 71.

96 *Ibid.*, p. 75.

biblioteca por toda a vida, não se conheceriam todas as passagens, prateleiras, publicações.

Borges aprofunda a correspondência entre escrever um livro e projetar um labirinto no conto "O jardim de veredas que se bifurcam"[97], citado anteriormente. O argentino apoia-se em uma herança oriental. O Dédalo da vez tinha o nome Ts'ui Pên, nascera na província chinesa de Yunnan e morrera há mais de cem anos. Na história, quem dedica a vida a estudar o intrigante autor é um ocidental: o sinólogo inglês Stephen Albert, que apresenta Ts'ui Pên como um "governador de sua província natal, douto em astronomia, em astrologia e na interpretação incansável dos livros canônicos, enxadrista, poeta e calígrafo: abandonou tudo para compor um livro e um labirinto"[98]. Uma aura misteriosa passa a envolver o personagem centenário e sua obra: a publicação rara é descrita pelo bisneto do sábio chinês como "um acervo indeciso de rascunhos contraditórios", em cujo "terceiro capítulo morre o herói, no quarto está vivo"[99]. Por sua vez, o labirinto nunca havia sido visto. Cabe ao intelectual britânico desvendar o enigma: "Ts'ui Pên teria dito certa vez: 'Retiro-me para escrever um livro'. E outra: 'Retiro-me para escrever um labirinto'. Todos imaginaram duas obras; ninguém pensou que livro e labirinto eram um único objeto."[100] Borges, assim, introduz a ideia de um livro-labirinto de nome *O jardim de veredas que se bifurcam*.

Bifurcar é o pressuposto da organização interna desse livro-labirinto. Todavia, a ênfase dessa *sui generis* publicação não está na bipartição dos espaços. O interesse não reside na cisão dos corredores e na ramificação das vias emaranhadas. Segundo o autor argentino, a obra escrita de Ts'ui Pên fundamenta-se no procedimento de bifurcar o tempo.

Tal operação de repartir o tempo equivale à intenção de multiplicar futuros. A título de exemplo, quando uma pessoa se defronta com a necessidade de escolher entre duas opções, ela opta por uma e dispensa outra; em tal ato, um porvir se realiza e outro se desvanece.

97 *Id.* "O jardim de veredas que se bifurcam". *Op. cit.*, pp. 80-93.

98 *Ibid.*, p. 87.

99 *Ibid.*

100 *Ibid.*, p. 88.

O livro-labirinto de Ts'ui Pên apresentaria sempre o desígnio correspondente a cada alternativa. Isto é, havendo duas possibilidades de prosseguimento diferentes para determinado personagem, o texto chinês discorreria sobre ambas. É, portanto, uma narrativa labiríntica porque nela "todos os desenlaces acontecem"[101]. Stephen Albert explica assim, ao familiar do mestre asiático, tal concepção temporal e discursiva:

> *O jardim de veredas que se bifurcam* é uma imagem incompleta, mas não falsa, do universo tal como Ts'ui Pên o concebia. Diferentemente de Newton e de Schopenhauer, seu antepassado não acreditava num tempo uniforme, absoluto. Acreditava em infinitas séries de tempos, numa rede crescente e vertiginosa de tempos divergentes, convergentes e paralelos. Essa trama de tempos que se aproximam, se bifurcam, se cortam ou que secularmente se ignoram, abrange *todas* as possibilidades. Não existimos na maioria desses tempos; em alguns existe o senhor e não eu; noutros, eu, não o senhor; noutros, os dois.[102]

Na comparação entre mitologias, os gregos criaram meandros no labirinto para alongar os espaços lineares - e, por consequência, distender o tempo linear -; por sua vez, Borges e seu personagem oriental nos colocam bívios e encruzilhadas nos labirintos para transformar o tempo em um emaranhado de possibilidades, diversificando desenlaces e multiplicando desfechos.

Na frequente intertextualidade estabelecida por Borges em seus contos, o livro-labirinto *O jardim de veredas que se bifurcam* remete a uma edição mítica mencionada (mas nunca encontrada) em sua Biblioteca de Babel: "Em alguma prateleira de algum hexágono (pensaram os homens) deve existir um livro que seja a chave e o compêndio perfeito *de todos os demais*: algum bibliotecário o percorreu e é análogo a um deus."[103]

Jorge Luis Borges, portanto, inventou um autor oriental para idealizar o cruzamento entre o divino, o universal, as bifurcações, as

101 *Ibid.*, p. 90.

102 *Ibid.*, p. 92.

103 *Id.* "A Biblioteca de Babel". *Op. cit.*, p. 76.

encruzilhadas, as ramificações, o espaço e o tempo em um labirinto composto exclusivamente de palavras. Borges, Cortázar, Lobato e Kazantzákis amparam-se nos personagens oriundos de uma alegoria helênica da Creta minoica a fim de, posteriormente, liberar-se da narrativa original da mitologia grega. Os meandros da Antiguidade Clássica tornam-se mais complexos com as possibilidades proporcionadas pelas bifurcações acrescidas em períodos históricos mais recentes.

Por mais que arqueólogos e mitógrafos se esforcem, ninguém pode ter absoluta certeza das intenções dos antigos gregos quando imaginaram o labirinto e seu Dédalo de uma era pré-homérica. Certo é que tal fábula não se corporificou em uma construção estanque, rígida e una.

Existe uma certa autonomia entre a gênese do mito e as informações adicionadas por romanos como Plínio e Virgílio. Existe uma certa distância entre os princípios do mito e os vestígios encontrados por arqueólogos como Kalokairinos e Evans. Existe um certo descolamento entre o exórdio do mito e as hipóteses lançadas por historiadores como Detienne e Pieper. Existe uma certa divergência entre a concepção do mito e os desdobramentos fantasiados por escritores como Cortázar e Borges. Todavia, há algo de fundamental que se conserva: o Labirinto de Creta é constantemente uma *cosa mentale*.

Para esse Labirinto de Creta converge um conjunto de desejos, intenções, propósitos. Fazendo uso do léxico arquitetônico, ele é um receptáculo de partidos projetuais. No entanto, há uma grande ausência até então neste livro: falta um desenho de Dédalo. O Labirinto de Creta contém muitos desígnios, mas não possui desenho.

À mentalidade ocidental, séculos foram necessários entre a idealização intelectual do labirinto e a sua conversão em traçado, a sua expressão em uma forma, a sua transfiguração em imagem visualmente apreensível. Tais progressos ocorreram com o arquétipo do labirinto, mas não com o Labirinto de Creta, o qual permanece sendo uma etérea concepção a maravilhar nossas mentes a partir do momento em que somos educados.

CAPÍTULO 3 O verbo convertido em desenho: os labirintos em moedas, mosaicos, catedrais e mapas

Quem fez o primeiro desenho

do Labirinto de Creta não viu Dédalo o projetando, tampouco o construindo. A propósito, não existe registro documental ou arqueológico de representações gráficas feitas pelo mítico arquiteto durante a concepção de sua obra-prima. Os mais antigos traçados que conhecemos do Labirinto cretense foram feitos por incógnitos autores que certamente não tiveram o fio de Ariadne em suas mãos. Sejam quem forem os desenhistas originais, eles não conheceram pessoalmente o rei Minos, nem Teseu, muito menos o Minotauro. Afinal, por vários séculos, quiçá um milênio inteiro, o labirinto foi somente verbo.

Na Grécia Antiga, o Labirinto de Creta foi declamado por filósofos e atidógrafos, recitado por poetas e atores, registrado em prosa e verso; no entanto, representações gráficas do Labirinto em si são encontradas apenas em moedas de Cnossos cunhadas a partir de aproximadamente 500 até 67 a.C. Como os desenhos exordiais de labirintos foram realizados por gregos que não viram o Labirinto de Creta, vale recuperar uma passagem do seminal tratado *Il libro dell'arte* [O livro da arte], do pintor Cennino Cennini (*c.* 1370-1440): especificamente quando o autor faz referência à expulsão de Adão e Eva do Paraíso e lembra que o registro do episódio se deu por meio das pinturas feitas por descendentes que não conheceram pessoalmente o casal.

> E Adão, reconhecendo o erro que cometeu e sendo tão nobremente dotado por Deus como raiz, princípio e pai de todos nós, percebeu, pela sua ciência e pela necessidade, que era preciso agora encontrar um modo de viver manualmente. E assim começou com a enxada, e Eva com a fiação. Depois se seguiram muitas artes necessárias, diferenciadas umas da outras; e foram e são de maior ciência umas do que outras, pois todas não podiam ser iguais. Porque a mais digna é a ciência. Dela se segue uma descendente, à qual convém ter o fundamento daquela com habilidade manual: essa é uma arte que se chama pintar, à qual convém ter fantasia e habilidade manual, encontrar coisas não vistas (escondidas na sombra dos objetos naturais) e formar com a mão, demonstrando aquilo que não é, mas passa a ser.[1]

A operação de "encontrar coisas não vistas" foi relacionada por Cennini à pintura, mas não é diferente do ofício daqueles que cunharam moedas em Cnossos nos cinco séculos anteriores ao nascimento de Cristo. Os cretenses estavam acostumados com as míticas narrativas de longínquos antepassados, mas não sabiam qual seria a edificação conhecida como Labirinto nem como era precisamente sua configuração ou onde exatamente se localizava. Aquela civilização anônima - atualmente conhecida como civilização minoica - estava havia muito desaparecida e era vagamente recordada mediante fantásticos personagens, como o rei Minos, Pasífae, Ariadne e o Minotauro. Mesmo que nenhum helênico tivesse conhecido a fisionomia de tais personalidades pré-homéricas, era necessário dotá-las de formas em esculturas, pinturas e moedas para que os gregos dos períodos clássico e helenístico as visualizassem e o mito se perpetuasse. O desenho, portanto, passava a informar. Por isso, era uma operação da Antiguidade correlata à teoria renascentista de Cennini, "demonstrando aquilo que não é, mas passa a ser".

Os labirintos das moedas não contêm o mínimo traço de verossimilhança, porque não havia modelo preexistente para aquele traçado. Faltavam parâmetros visuais, mas, atentando a uma outra frase

1 CENNINI, Cennino. *Il libro dell'arte, o Trattato della pittura di Cennino Cennini*. Florença: Felice Le Monnier, 1859, pp. 1-2. [Trad. Daniela Kern, ligeiramente modificada.]

do tratado de Cennini, depreende-se que todo antigo morador de Cnossos conhecedor da mitologia possuía "*molto disegno entro la testa tua*"[2], ou seja, "muito desenho dentro de sua cabeça". Naquele momento, não se tratava de representação de uma edificação, mas de apresentação imagética de uma fábula oralmente proferida ou lavrada com palavras em papiros. O imaginário coletivo estava se convertendo e fixando-se como figura - eis o significado do verbo "configurar". Foi uma lenta passagem do léxico ao desenho, na qual se encontra a invenção das primeiras formas do labirinto.

Essas formas seminais afloraram na numismática. Os labirintos das moedas não provinham da intenção de ser um retrato fidedigno, mas sim um ícone. Cabe aqui uma breve digressão história: nos períodos clássico e helenístico da Grécia Antiga, a ilha de Creta era governamentalmente fragmentada em cidades-Estado, as quais viviam em constante conflito entre si e detinham seus próprios sistemas monetários. A representação do Labirinto de Creta não era cunhada em moedas de todos os diferentes governos existentes na ilha, mas somente em Cnossos - inclusive se encontra o nome da cidade lavrado em alguns exemplares numismáticos com meândricas ilustrações. Nunca se acharam labirintos em moedas antigas de outras cidades cretenses, como Gortina. Portanto, o dedáleo traçado era uma insígnia específica de Cnossos, isto é, um símbolo da identidade dessa cidade.

Nessas moedas de Cnossos, o Labirinto de Creta foi retratado em traços simples, bidimensionais e diagramáticos. Convencionaram-se duas formas: o labirinto quadrangular e o labirinto circular. O esquema do percurso interno é muito similar nos dois formatos. Esse dédalo numismático pode ser percorrido com a ponta do dedo: o caminho tem início com uma reta em direção ao centro, mas, antes de atingir seu núcleo, dobra-se à esquerda e se progride em um circuito paralelo ao contorno externo repleto de idas e vindas até alcançar o ponto central, o qual se configura como um "beco", isto é, uma extremidade em que nada se pode fazer além de mover-se no sentido contrário a fim de retornar à abertura, que opera tanto como entrada quanto como saída. Por mais voltas que os exíguos planos metálicos possam

2 *Ibid.*, p. 9.

Moedas cunhadas da cidade
de Cnossos, Creta, *c.* 500 a 67 a.C.
British Museum, Londres, Inglaterra

proporcionar, não existe moeda de Cnossos que apresente uma bifurcação. É possível encontrar exemplos erroneamente cunhados, contendo embaraços que obstruem qualquer sucessão lógica, mas nunca há bívios, tampouco encruzilhadas. Nos labirintos das moedas cretenses, ninguém se perde. Por não haver ramificações internas, não há escolhas a serem feitas ao longo do sinuoso caminho. É um labirinto sintético e esquemático.

Vale atentar para o fato de que os primeiros desenhos de dédalos são anteriores ao primordial tratado da geometria, *Os elementos*[3], formulado por Euclides por volta de 300 a.C. Essas moedas de Cnossos originaram o paradigma visual do labirinto: um procedimento gráfico de repetição de formas iguais, traçadas com tamanhos diferentes, porém equidistantes entre si, de modo a evocar a ideia de corredores e meandros. Esse arquétipo visual era cognitivamente reconhecível a todos os antigos gregos e segue válido no imaginário do Ocidente.

Analisando uma ampla variedade de exemplos na numismática, é possível constatar o processo evolutivo com relação a uma padronização do diagrama labiríntico. As primeiras representações não tinham a aspiração de traçar um labirinto propriamente dito: eram tão somente ilustrações de meandros ornamentais, isto é, linhas ziguezagueantes que emolduravam a cara de um touro ou efígies de personagens mitológicos gregos e deuses com fisionomias humanas. Não eram muito diferentes de elementos decorativos de paredes de templos e palácios da Grécia Antiga. Mito, numismática e arquitetura enlaçaram-se na origem da forma do labirinto. O professor Mário Henrique Simão d'Agostino (1963-2021) bem explora a dimensão gráfica que os une:

> *Arquitetura. aliança de reta e curva...* formas que simbolizam, para os gregos, domínios singulares da atividade artística: o volteio e a ação direta, sem desvios. Ao dirigir os indômitos cavalos do carro do Sol, Apolo traz aos homens a súpera manifestação da ordem regular. Mas a reta que este deus extrai da curva encanta, sobretudo, no poder de cálculo e precisão do arqueiro; a imprevisibilidade comparece aí como perturbadora de seu talento. A arte dedálea, ao contrário, define-se pelo imprevisível,

3 EUCLIDES. *Os elementos*. Trad. Irineu Bicudo. São Paulo: Editora Unesp, 2009.

centrando-se na possibilidade da reta súbito se revelar curva e esta, reta - enfim, do labirinto... fio de Ariadne. É no domínio dos "simulacros" e "artimanhas" que ela se configura.[4]

O vínculo entre linhas retas e curvas já estava presente no exórdio do labirinto nas moedas de Cnossos: nelas encontramos dédalos com círculos concêntricos e quadrângulos que se multiplicam um dentro do outro. D'Agostino resgata o significado contido na gênese cretense: as retas - revelando-se sinuosas - e as curvas - de grandes raios que dissimulam a linearidade - conformavam tanto os caminhos do labirinto de Dédalo quanto os contornos das ordens arquitetônicas, como as colunas jônicas, cujos fustes de caneluras aparentemente retilíneas findam em capitéis com volutas, ou as colunas coríntias, nas quais se conciliam geometrias regulares e simulacros orgânicos. O labirinto era, portanto, uma espécie de índice das linhas que vieram a conferir formas aos elementos arquitetônicos da Antiguidade Clássica.

Os séculos de distância entre o arquiteto Dédalo e o primeiro desenho de um dédalo também nos recolocam uma questão atemporal: durante a concepção de um projeto de arquitetura, quão afastadas estão a formulação mental e a solução gráfica? O labirinto foi uma espécie de partido arquitetônico gestado coletivamente desde o desaparecimento dos minoicos, em 1200 a.C. (ou antes), até adquirir, de fato, uma dimensão visual, por volta de 500 a.C. Veremos nas páginas subsequentes que ainda seria necessário mais de um milênio para passar de um delineamento diagramático para uma representação propriamente arquitetural. O filósofo norte-americano John Dewey (1859-1952) afirmou que os "arquitetos são obrigados a completar sua ideia antes que ocorra a transferência da mesma para um objeto completo de percepção"[5]. No fundo, o labirinto é um exemplo representativo da teoria de projeto arquitetônico: há um período de elaboração mental - o labirinto como verbo difundido na oralidade e na escrita - e um período de conversão em desenho - o labirinto como ícone na numismática.

4 D'AGOSTINO, Mário Henrique Simão. *Geometrias simbólicas da arquitetura: Espaço e ordem visual do Renascimento às Luzes*. São Paulo: Hucitec, 2006, p. 36.

5 DEWEY, John. *Experiência e natureza; Lógica: A teoria da investigação; A arte como experiência; Vida e educação; Teoria da vida moral*. São Paulo: Abril Cultural, 1980, p. 101. (Col. Os Pensadores).

Seria errado dizer que é preciso concluir um momento para iniciar o outro, como se houvesse uma divisão evidente demarcando as duas fases. Não se trata aqui de compreender integralmente e assim esgotar o que há de universal na concepção de um projeto arquitetônico. Entretanto, é possível reconhecer a diferença entre as reflexões na cabeça e as resoluções na mão. As intenções cerebrais contêm algo da labiríntica ordem da infinitude e da desmesura[6] - tal como o endereço do Minotauro e a Biblioteca de Babel de Borges -, enquanto o expediente gráfico possui uma inerente contenção e esquematismo - como visto nas moedas de Cnossos. A distinção entre o pensar e o traçar arquiteturais equipara-se, portanto, à diferença entre o informe e a forma.

Quando, em 67 a.C, a ilha de Creta caiu por completo sob o domínio da ainda República Romana, a cultura iconográfica dos labirintos na numismática foi interrompida. A Roma Antiga apropriou-se do Labirinto de Creta e o transfigurou em mosaicos. No 19º capítulo do 36º livro da enciclopédia *História natural*, de Plínio, o Velho, lê-se a passagem em latim *"ut in pavimentis puerorumve ludicris campestribus videmus"*[7], que faz menção aos labirintos em pavimentos e em bosques para a diversão das crianças. O modo como o naturalista romano formulou a frase revela que ele presumia a familiaridade do leitor com os labirintos em mosaicos de piso, o que insinua a disseminação e até a trivialidade do elemento no século I d.C. O crítico de arte alemão Hermann Kern (1941-1985) fez um abrangente levantamento no qual listou por volta de cinquenta mosaicos romanos representando labirintos que foram encontrados em escavações arqueológicas na África Setentrional e na Europa - nas penínsulas Itálica e Ibérica, além de Grã-Bretanha,

6 No que tange à desmesura do projeto arquitetônico no momento do raciocínio, vale registrar uma passagem do professor Mário Henrique Simão D'Agostino: "Retornando à arena minotáurica (e à dança [em] que aí evoluem, em cercos e desvios, caça e caçador), compete reaver a analogia entre música e arquitetura por um domínio da *graphé* distinto da metria coreográfica. Confundindo os limites, na própria esfera da forma, do belo, do acabado - do *Télos*, enfim - a 'potência do indefinido' manifesta o *ethos* da arte. Alcançando o *incomensurável* no cerne da *medida* demarca-se o abismo a separar Antiguidade e Renascença" (*op. cit.*, p. 38).

7 PLÍNIO. *Op. cit.*

França, Suíça e Áustria. Todavia, é inimaginável o número de mosaicos de dédalos que tenham existido no Império Romano; afinal, os casos de destruição e desaparecimento seguiram ocorrendo inclusive nos últimos dois séculos. O excerto de Plínio permite também que se depreenda o caráter lúdico incutido nesses ornamentos de piso de residências urbanas, *ville* campestres e termas romanas - sobretudo em salas conhecidas como *frigidarium*, destinadas a banhos de água fria. Entretanto, há de se notar que os caminhos traçados com pequenas e multicolores peças de mármore eram mais estreitos que a largura de um pé (mesmo de uma criança pequena). Isso sugere que tais coloridos e pétreos meandros não eram feitos para serem percorridos em um jogo de tortuosas passadas: eles tinham um propósito decorativo.

Nas escavações de Pompeia encontrou-se um mosaico que retrata um labirinto quadrado em cujo centro há uma representação de Teseu golpeando o Minotauro - não à toa, o endereço de tais meandros foi denominado *Casa del Labirinto*. A construção dessa residência remonta ao final do século II a.C., e sua reestruturação, ao final do século I d.C. Os trabalhos arqueológicos que desvelaram a antiga moradia tiveram início em 1831 e prosseguiram até 1835. O dédalo em si é uma forma abstrata e geométrica resultante de uma sequência de catorze fileiras pretas de largura uniforme intercaladas por linhas retas na cor branca. Tal calcetamento é de um tipo que os antigos romanos denominavam *pavimentum tessellatum*, composto de pequenas peças de mármore de formato quadrado e dimensões consideravelmente regulares entre si. No núcleo do labirinto está ilustrada a mítica cena da batalha entre Teseu e o Minotauro, tendo ao fundo um grupo de crianças e jovens (eventualmente Ariadne é uma delas) de pé e assustadas, além de esqueletos dos atenienses mortos espalhados pelo chão. Esse trecho figurativo do mosaico foi feito em *pavimentum vermiculatum*, uma outra tipologia executada com pedaços marmóreos menores e de uma maior variação de cores, a fim de retratar formas humanas, arquitetônicas e naturais. A conjugação de tipos pavimentares, tal como o trabalho que origina os mosaicos de labirinto, era chamada de *opus alexandrinum*.

A cidade de Pompeia tem outros labirintos e afrescos de parede ilustrando o mito helênico com o Minotauro. Existiu um mosaico de labirinto na *Villa di Diomede*, localizada nas franjas do notório sítio arqueológico, mas o exemplar foi perdido e o que temos atualmente são ilustrações dos pioneiros que trabalharam nas escavações dessa edificação ainda na década de 1770. Na *Casa dei mosaici geometrici* [Casa dos Mosaicos Geométricos], também na cidade devastada pela erupção do Vesúvio, há um dédalo de piso de traçado idêntico ao da *Casa del Labirinto*, diferenciando-se apenas pelo núcleo, que não é ocupado por uma representação figurativa do ápice do mito, mas por um padrão quadriculado em preto e branco, tal como um tabuleiro de xadrez. Por último, existia um labirinto toscamente talhado na superfície de um pilar de cor vermelha no peristilo da *Casa di Marco Lucrezio*, na Via Stabiana. Estava acompanhado pela inscrição LABYRINTHVS. HIC HABITAT MINOTAVRVS [Labirinto. Aqui habita o Minotauro]. Possivelmente se trata de uma pequena e jocosa depredação feita há mais de um milênio e meio por um morador ou um escravo daquela residência. De tão tênue, a gravação se perdeu após a abertura do sítio arqueológico a visitantes, restando como registro somente os desenhos executados no século XIX.

Em 1815, nos arredores da cidade austríaca de Salzburgo, foi descoberto quase intacto um mosaico romano de labirinto com ainda mais pormenores pictóricos. Conhecido como *Theseusmosaik* [Mosaico de Teseu] e atualmente conservado no Museu de História da Arte de Viena, esse pavimento decorativo é do século IV d.C., no Império Romano Tardio – portanto, bem posterior aos exemplares de Pompeia. Todavia, o *Theseusmosaik* reitera uma conciliação antes vista na *Casa del Labirinto*: a composição de uma representação abstrata dos meandros do dédalo com uma representação figurativa dos personagens do mito.

Com 4,20 por 4,10 metros de dimensões totais, o mosaico da Áustria foi elaborado com pequenas peças de mármore de cores mais variadas. O labirinto é quadrado e constituído por uma sucessão de faixas de pedrinhas brancas, negras e avermelhadas. Há outras recorrências encontradas no *Theseusmosaik* em relação ao exemplar de Pompeia: a primeira é a setorização do trajeto labiríntico em quatro quadrantes de igual dimensão; a segunda está no fato de que as linhas vão serpenteando em um prolífico vaivém sem bifurcações e entrecruzamentos – ou seja, o caminho interno é único e percorre toda a área do pétreo dédalo.

Anônimo romano

Theseusmosaik
[Mosaico de Teseu],
IV d.C.
Kunsthistorisches
Museum, Viena, Áustria

O núcleo do labirinto do *Theseusmosaik* também é ocupado pela cena de Teseu lutando contra o Minotauro, o que demonstra quão popular era o episódio durante o Império Romano. No mosaico conservado em Viena, porém, o herói ateniense aparece com uma postura mais proeminente, estando de pé com uma arma na mão direita e o braço elevado pronto a golpear a criatura, que está ajoelhada - nessa imagem, é evidente quem ganha e quem perde a batalha. Esse tipo de representação, de uma cena no interior de um mosaico de minúsculas pedras de mármore, era chamado, na Antiguidade, de *emblema*. A grande diferença entre os mosaicos da Áustria e de Pompeia é que o exemplo encontrado próximo aos Alpes contém mais de um emblema. O *Theseusmosaik* possui três representações figurativas além daquela central com o Minotauro: à esquerda do labirinto, Ariadne surge presenteando Teseu com o novelo; acima, está a imagem da embarcação com velas negras; à direita, a princesa cretense reaparece sentada, com um braço acomodado sobre uma perna e uma das mãos junto ao queixo, numa posição que permite conjecturar se tratar da cena de Ariadne abandonada na ilha de Naxos.

Nos interstícios entre o labirinto e os quatro emblemas, o *Theseusmosaik* é completado com coloridas representações de fios entrelaçados - um padrão conhecido pelo nome de *guilloché*, cuja aplicação ali, de certo modo, reitera a referência ao fio de Ariadne -, além de belas padronagens com formas geométricas de matrizes triangulares e quadrangulares. O perímetro do dédalo quadrado do mosaico tem uma solução estética particular: Hermann Kern apresentou a hipótese de que se tratasse de uma alusão a uma muralha, o que faria desse labirinto uma metáfora de uma cidade fortificada. A mesma analogia permite a interpretação de que o labirinto representaria a Cidade Eterna, como se o mosaico fosse uma solução facilmente exequível para uma localidade então periférica aludir reverencialmente à capital daquele Império Romano. Nesse âmbito, somado ao culto à figura masculina triunfante sobre a monstruosidade natural, estabelecia-se uma correspondência entre Teseu e Rômulo, lendária figura a quem se atribui a fundação de Roma. Trata-se de um entendimento de que o mosaico romano não seria pura ilustração do Labirinto de Creta. Tais conjecturas servem para rememorar que, muito provavelmente, camadas de significados foram incorporadas ao arquétipo no fim da Antiguidade. O que se pode fazer atualmente é rastrear esses substratos de acepções, mesmo que o esforço seja inconclusivo. O simbolismo e a significação dos labirintos passaram por muitas metamorfoses ao longo dos séculos.

O emblema do centro do *Theseusmosaik* tem pares quase idênticos nos mosaicos de labirintos encontrados nas cidades italianas de Cremona e Brindisi e no cantão suíço de Friburgo: mesmo em localidades tão distantes entre si, os quatro casos reproduzem o duelo padronizadamente, com Teseu de pé em uma postura de ataque, a arma na mão levantada, e o Minotauro de joelhos como se esperasse para receber o derradeiro golpe. Os dédalos de piso de Cremona, Brindisi e Friburgo são circunscritos com uma representação de muralha mais clara que o exemplo austríaco. Mais díspar é o mosaico romano descoberto em 1830 no pequeno vilarejo suíço de Cormérod, no cantão de Friburgo. Atualmente exposto na universidade local, seu labirinto é circular e setorizado em oito quadrantes.

Raros eram os labirintos de perímetro redondo em mosaicos romanos da Antiguidade: o mais notório e bem conservado desses foi encontrado em 1969 no que havia sido a cidade de Paphos, atualmente Parque Arqueológico de Kato Pafos, em Chipre. Com cerca de seis metros de diâmetro, o pavimento com dédalo circular estava em meio aos vestígios de uma imensa moradia com mais de cem aposentos, conhecida hoje como *Villa de Teseu*, que possivelmente fora a residência do procônsul romano que chefiava aquela província insular. Ao centro do enlace de curvas vias, reaparece a cena mítica de Teseu e o Minotauro: no meio do campo pictórico está o herói ateniense, com um aspecto magnificente e um porrete na mão direita, pronto para desferir o golpe na criatura; à esquerda, avista-se um ancião que personifica o próprio labirinto; por trás e acima, estão Ariadne e uma encarnação de Creta como uma bela rainha de nobre vestimenta, cabelos longos e coroa sobre a testa. Esse mosaico policromático foi originalmente feito no século III d.C. e, após um grande terremoto que arruinou aquela cidadela, provavelmente restaurado no final do século IV d.C., o que se constata por diferenças estilísticas sobretudo nas representações de Teseu e Creta, que seguem um estilo bizantino. Tal influência do Império Romano do Oriente também se nota nas peculiaridades dos meandros

ΑΡΙΑΔΝΗ
ΛΑΒΥ
ΘΗ
CΕΥC

Anônimo romano

Mosaico do labirinto
de Paphos, séculos 3-4 d.C.

Parque Arqueológico
de Kato Pafos, Chipre

Foto: Diego Delso ©
Wikimedia Commons

cipriotas: círculos concêntricos são a matriz para três tipos diferentes de linhas decorativas, o que é muito distinto da lógica binária da maioria dos labirintos em mosaicos romanos, usualmente amparada pelo contraste entre o preto e o branco. Entre as três opções dadas em Paphos, a única que se constitui no verdadeiro caminho entre o perímetro externo do dédalo e seu núcleo é aquela composta de um *guilloché*, isto é, a padronagem linear que se assemelha ao entrelaçamento de fios, numa clara alusão à Ariadne.

Em contraste com a geometria complexa e a execução primorosa do modelo de Chipre, encontrou-se em Portugal um mosaico austero: o pavimento com labirinto das ruínas da antiga cidade de Conímbriga, um povoado de origem imemorial que foi remodelado segundo os princípios urbanos da Roma Antiga durante o governo do imperador Augusto (63 a.C.-14 d.C.). O dedáleo mosaico está no peristilo de uma *domus* que recebeu a alcunha de *Casa dos Repuxos*. A particularidade desse mosaico está no seu centro, ocupado tão somente pela cara de um touro. Não há representação de Teseu, tampouco do corpo humano do Minotauro, o que permite supor que o culto ao touro na península Ibérica é anterior à ocupação romana.

O Império Romano também deixou interessantes mosaicos na África Setentrional, como na cidade de Susa, na Tunísia, onde um labirinto quadrado decorava a tumba de uma necrópole do século III d.C. Encontrado em 1860, porém desmantelado quase inteiramente nas décadas seguintes, o dédalo pavimentar tunisiano tinha junto ao começo do tortuoso circuito a seguinte inscrição: HIC INCLVSVS VITAM PERDIT [Aquele aqui aprisionado perderá sua vida].

É outro labirinto no continente africano que prenuncia uma colossal modificação do significado do arquétipo: sua origem ocidental está associada à mitologia grega e, portanto, intrinsecamente ligada ao paganismo; no entanto, o labirinto veio a ser utilizado pela primeira vez em uma igreja cristã por volta do ano de 324, no atual território da Argélia. O mosaico com labirinto foi encontrado nas ruínas da Basílica de Santa Reparata, que se localizava na cidade romana de Castellum Tingitanum, sobre a qual os colonizadores franceses, em 1843, fundaram Orléansville, cidade argelina hoje denominada Chlef. Tal como em exemplos listados anteriormente, os meandros eram setorizados em quatro quadrantes compostos de pedrinhas marmóreas pretas e brancas. A originalidade do dedáleo pavimento de Santa Reparata estava no seu centro: não era ocupado por personagens míticos como Teseu e o Minotauro, mas preenchido pelas letras da locução SANCTA ECLESIA [Santa Igreja], numa disposição de caracteres que remete à lógica de um caça-palavras, simbolizando que, após um tortuoso caminho, encontra-se uma profusão vocabular em meio à qual se pode decifrar o que ali se apresenta como verdade religiosa - a então nova igreja cristã. É mesmo uma apropriação da iconografia pagã pelo catolicismo. William Henry Matthews (1882-1948), autor britânico do célebre livro *Mazes & Labyrinths: Their History & Development* [Labirintos: Sua história e desenvolvimento] (1922), lançou a hipótese de que os construtores do templo podem ter se apropriado de uma relíquia romana preexistente, mantendo o vaivém de linhas e substituindo somente o centro do labirinto. Após uma série de furtos e do terremoto de 1954, a Basílica de Santa Reparata ficou em ruínas e o mosaico foi transferido para a Cathédrale du Sacré-Coeur [Catedral do Sagrado Coração], templo católico de arquitetura moderna construído na década de 1950 em Argel, capital do país do Magreb.

Esse mosaico-labirinto do norte da África foi um prenúncio muito adiantado. O dédalo de Santa Reparata parece ser um caso singular em sua época; afinal, não existem vestígios de um conjunto mais amplo de pavimentos congêneres em santuários paleocristãos dos últimos séculos do Império Romano. Demorou seiscentos anos para a popularização da construção de labirintos em pisos de naves de igrejas católicas. Esse é um fenômeno da Baixa Idade Média.

Entre os anos 1000 e 1300, as ziguezagueantes linhas dos labirintos adquiriram a conotação de uma vida árdua com as adversidades, os erros, os males, as dúvidas, os vícios, as traições e as intrigas pelas quais o ser humano passaria até a redenção das beatitudes do céu - não à toa, um dos nomes franceses à época empregados para designar o núcleo desses dédalos era *ciel*. Essa compreensão católica e medieval impunha aos meandros um sentido de penitência acarretada pelos pecados - ou de purgatório, pelo qual se deveria passar antes de alcançar o paraíso. Incorporou-se, também, um sentido de alerta, como uma simbolização da desordem e dos perigos mundanos. Em suma, o labirinto passou a abarcar uma dimensão moralizadora.

Fato é que existem (e existiram ainda outros tantos) dédalos em pisos de catedrais erguidas no Medievo na França. Quais seriam as razões para as confecções dos labirínticos pavimentos? Nunca foram encontrados textos religiosos do período que apontem peremptoriamente as motivações dos construtores da Idade Média. Os ritos católicos lá realizados foram, em grande medida, abandonados e mesmo esquecidos com o passar das gerações. O sentido original dos dedáleos pisos foi perdido. Contudo, diferentes indícios encaminham a hipóteses a respeito de três propósitos distintos – não complementares, tampouco excludentes, entre si.

O indício mais forte reside na expressão comumente usada para denominar tais labirintos cristãos, *Chemin de Jhérusalem* [Caminho de Jerusalém], sendo o centro intitulado somente *Jhérusalem*. Os séculos de difusão desses chãos de pedra com formas labirínticas no interior de igrejas coincidem com o período das nove Cruzadas, que partiram da Europa Ocidental em direção à Terra Santa. Os labirintos de piso seriam uma espécie de substitutivo para homens enfermos, mulheres e crianças que não podiam ser incorporados às fileiras das tropas cristãs nem tinham o destemor de fazer a então perigosa peregrinação na região que havia sido palco das passagens bíblicas. Assim, de pé ou ajoelhados, os fiéis poderiam percorrer os dédalos pavimentares que emulavam a tortuosa romaria em direção a Jerusalém.

Conjecturas análogas sugerem que os labirintos no interior dos santuários eram os traçados a guiar pequenas procissões – as quais seriam antigas cerimônias coletivas que caíram no esquecimento após o Medievo – e também que as idas e vindas do percurso remeteriam ao calvário de Cristo, a via-crúcis – portanto, cumprir o trajeto labiríntico seria um modo de encarnar o martírio de Jesus. Todavia, o arquiteto francês Eugène Viollet-le-Duc (1814-1879), em seu *Dictionnaire raisonné de l'architecture française du XIe au XVIe siècle* [Dicionário da arquitetura francesa dos *século*s XI a XVI], fez um contraponto: "Se esses meandros tivessem sido traçados para representar o trajeto de

Jesus da porta de Jerusalém ao calvário, deveriam existir sinais religiosos indicando as estações ou, pelo menos, a última; mas não notamos nada semelhante em nenhum dos labirintos ainda existentes ou naqueles cujos desenhos nos restaram."[8]

Outra evidência é a presença de figuras humanas no interior de alguns desses labirintos. Presume-se que sejam retratos dos responsáveis pelas obras das catedrais: arquitetos, eventualmente os clérigos que as encomendaram ou os mestres da corporação de ofício - guilda - responsável pela construção. Tal suposição é reforçada por algumas alcunhas esporadicamente utilizadas para identificar o elemento de piso: *daedale* [Dédalo], *domus daedali* e *Maison Dedalus* [Casa de Dédalo]. Logo, o labirinto seria uma insígnia para perpetrar a memória dos autores da construção. Como essa codificação gráfica não é plenamente compreensível aos pósteros, e sendo os grandiosos templos fruto de comunidades profundamente místicas, há de se cogitar que a identificação não fosse destinada aos humanos, mas a entidades divinas.

Por mais ou menos convincentes que sejam as hipóteses acerca das razões para as implantações dos labirintos em templos católicos medievais, não se pode assumir nenhuma delas como definitiva. Certo é que os *Chemins de Jhérusalem* eram pavimentos feitos com o arranjo de placas de mármore, granito ou ardósia de ao menos duas cores diferentes - usualmente a combinação entre uma pedra de tonalidade clara e outra de coloração escura -, originando labirintos planares de formas quadradas, ou circulares, ou hexagonais, ou octogonais, ou com outro número de lados, mas sempre apresentando uma forma geométrica regular e precisamente executada. Nenhum deles contém bifurcações e entrecruzamentos de rotas: os caminhos são oblíquos, mas sempre únicos. Qualquer pessoa que tivesse a tenacidade de percorrer as meândricas rotas nas igrejas, alcançaria o centro. Assim, são alegorias da chegada aos céus ou da peregrinação a Jerusalém - que demandavam, sobretudo, perseverança.

8 VIOLLET-LE-DUC, Eugène. *Dictionnaire raisonné de l'architecture française du XIe au XVIe siècle.*, t. 6. Paris: B. Bance, 1863, p. 153. "*Si ces méandres avaient été tracés pour représenter le trajet de Jésus de la porte de Jérusalem au Calvaire, il est à croire qu'un signe religieux aurait rappelé les stations, ou du moins la dernière; or on ne remarque rien de semblable sur aucun des labyrinthes encore existants ou sur ceux dont les dessins nous sont restés.*"

A Catedral de Chartres, na França, possui o maior labirinto ainda existente feito na Idade Média. É um dédalo redondo com cerca de 12,9 metros de diâmetro; visualmente, parece um círculo perfeito, mas o raio tem uma pequena variação, o que resulta em um perímetro ligeiramente elíptico. Tal desenho pavimentar ocupa a quase totalidade da largura da nave do santuário católico em estilo gótico. A catedral foi consagrada em 24 de outubro de 1260, embora a datação do labirinto seja bem anterior, sendo estipulada entre os anos de 1200 e 1220. O dédalo é constituído por onze círculos concêntricos de 34 centímetros de largura feitos de *pierre de Berchères* - um tipo de pedra calcária de tonalidade cinza-amarelada comum na região central da França, da mesma qualidade da rocha empregada em grande parte do pavimento daquele templo medieval. O delineamento do labirinto foi feito com linhas curvas de oito centímetros de largura compostas de um mármore escuro de aspecto azulado, provavelmente proveniente da região francesa das Ardenas. O comprimento total do percurso interno é de pouco mais de 260 metros. Por sua vez, o contorno do dédalo tem um peculiar tratamento denteado - mais especificamente, 114 cavidades. A entrada do labirinto está no eixo central da edificação e, portanto, alinhada ao portão de acesso da catedral, tornando sugestivo o direcionamento ao meândrico percurso. Vale informar que a nave principal da Catedral de Chartres não era ocupada por bancos até o século XIX - tal configuração proporcionava uma força visual ainda maior ao dédalo planar no piso. O diâmetro do núcleo do labirinto é de cerca de três metros: seu formato remete às rosáceas de vitrais, devido à configuração do centro, redondo e circundado por seis nichos semicirculares, tal como as pétalas de uma flor. Na *Monographie de la Cathédrale de Chartres* [Monografia da Catedral de Chartres], escrita pelo abade Marcel Joseph Bulteau, aponta-se que outrora um disco de cobre ocupava o *core* do labirinto: os fragmentos dessa placa metálica ainda existentes no século XIX

Jean-Baptiste Rigaud

Catedral de Chartres, *c.* 1750

Impressão em livro de

Marcel Joseph Bulteau, 1892

continham resquícios de um baixo-relevo cuja silhueta insinuava a presença de um quadrúpede circundado por pessoas em pé[9]. O próprio Bulteau oferece três hipóteses em seu livro: poderia ser a representação de um cavaleiro entrando na cidade de Jerusalém, de um patrono da construção da catedral ou até do Minotauro (apresentado erroneamente como um centauro) sendo combatido por Teseu - esta última alternativa é a mais curiosa, porque seria a demonstração da reminiscência da narrativa pagã no âmago de uma iconografia que estava sendo convertida ao cristianismo. Em Chartres, o nome mais comumente conferido ao labirinto no Medievo não era *Chemin de Jhérusalem*, mas sim *la lieue* [a liga], o que seria uma alusão etimológica a uma antiga medida gaulesa de nome *leuca, leuga* ou *leuva*, correspondente a cerca de 1.500 passos. Atualmente, os bancos são retirados para abrir espaço ao labirinto às sextas-feiras, das dez horas da manhã às 16h45 da tarde, no período entre o início da Quaresma (fevereiro ou março) e o Dia de Todos os Santos (1º de novembro).

Um labirinto circular como o de Chartres tem uma lógica similar à de um labirinto octogonal, como o da Catedral de Amiens, também na França. O octógono regular é uma figura geométrica cujos oito vértices se inscrevem equidistantemente em uma circunferência. Tal correspondência é uma chave para seu conteúdo teológico: o número oito era associado à ressureição, à busca por um renascimento espiritual e a novos começos, tanto que da forma octogonal derivaram as silhuetas de várias pias batismais e as plantas arquitetônicas de batistérios, como o Batistério Neoniano (séc. V d.C.), em Ravena, e o Batistério de São João (séc. IV-XII d.C.), em Florença, ambos na Itália.

O dédalo do piso da nave da Catedral de Amiens tem oito lados iguais medindo 5,2 metros, fazendo com que a distância entre suas laterais opostas seja de 12,1 metros. O dedáleo traçado data de 1288; no entanto, o pavimento original foi destruído no final da década de 1820, tendo sido reconstruído na mesma área do santuário entre 1894 e 1897, utilizando-se como base os registros do primeiro modelo.

9 BULTEAU, Marcel Joseph. *Monographie de la Cathédrale de Chartres*, t. 3. Chartres: Librairie R. Selleret, 1892, p. 49.

A jornada labiríntica até o núcleo é constituída por uma faixa ziguezagueante composta de pedras grandes e polidas de mármore azul-escuro. Tal linha contínua provém de uma matriz de doze octógonos intercalados por outros doze octógonos feitos de placas marmóreas brancas e também polidas. Assim se estabelece um revezamento de faixas de cores contrastantes e espessuras idênticas: o resultado é mais enigmático, pois lá não existe uma clara hierarquia visual para diferenciar a via (escuro) daquilo que a separa (claro).

A pedra central do labirinto de Amiens oferece uma série de informações: de contorno igualmente octogonal, o mármore quase negro é incrustado por uma cruz de cobre cujas pontas contêm adornos que remetem a emblemas monárquicos franceses. Em contiguidade às quatro extremidades da cruz, encontra-se um quarteto de anjos delineados em pedra alva. Os quadrantes conformados pela cruz são ocupados por quatro figuras humanas retratando o bispo Evrard de Fouilloy, responsável por comissionar a construção da catedral, e os arquitetos Robert de Luzarches, Thomas de Cormont e Regnaud de Cormont, incumbidos da obra ao longo do século XIII. Em uma cinta de cobre paralela ao perímetro da placa central estão gravados os nomes dos três autores da concepção arquitetônica, do clérigo que fez a encomenda inicial e as datas de abertura do canteiro de obras daquele templo católico (1220) e de término da feitura do labirinto de piso (1288). A placa octogonal original foi transferida para o Museu da Picardia, sediado também em Amiens, enquanto na catedral se encontra uma réplica. Logo, esse modelo de labirinto pavimentar mais se aproxima da denominação *Maison Dedalus* que de *Chemin de Jhérusalem*, visto que no âmago daquela estrutura se estabeleceu uma equiparação entre os responsáveis por erguê-la e o mítico Dédalo, o primeiro arquiteto. Para Hermann Kern, tal correspondência "lança uma significativa luz a respeito da maneira como os mestres

na página seguinte

Robert de Luzarches, Thomas de Cormont e Regnaud de Cormont

Labirinto da Catedral de Amiens, 1288

Catedral de Amiens, França

da arquitetura se viam no século XIII"[10]. Possivelmente, Dédalo era o único nome de arquiteto amplamente difundido no crepúsculo da Idade Média. Em algum grau, quando os responsáveis pela construção da Catedral de Amiens colocavam seus autorretratos no cerne do labirinto, era um ato de equiparação à imaginação, à inventividade, à destreza e à habilidade técnica de Dédalo. De uma perspectiva mais altruísta, talvez não fosse uma iniciativa visando ao reconhecimento personalista, mas pura identificação profissional: como se o labirinto retornasse a ser, substancialmente, um ícone, operando à maneira de um selo que chancelasse aquelas pessoas como dédalos, termo então sinônimo de ser arquiteto.

Um labirinto com muitas semelhanças existia na Catedral de Reims, no nordeste da França. Emprega-se o verbo no passado porque esse *Chemin de Jhérusalem* foi destruído em 1779 por ordem de um clérigo de nome Canon Jacquemart, irritado com o barulho feito pelas crianças que brincavam pelo circuito labiríntico do piso durante as cerimônias religiosas. O principal registro gráfico desse dédalo é um desenho realizado entre 1583 e 1587 por Jacques Cellier e publicado num livro de ilustrações produzidas em Reims no Cinquecento[11]. Na imagem se vê mais um labirinto de matriz octogonal; percebe-se, porém, que sua forma principal recebia quatro apêndices igualmente octogonais nas linhas do perímetro, diagonais ao eixo central da nave do santuário católico. Isso fez com que o dédalo medieval de Reims tivesse a particularidade de ser policêntrico. Em cada um dos cinco centros, encontravam-se as representações de corpo inteiro dos construtores da catedral: Bernard de Soissons, Jean d'Orbais, Jean-le-Loup e Gaucher de Reims, restando dúvidas sobre

10 KERN, Hermann. *Through the Labyrinth: Designs and Meanings over 5000 Years*. Nova York/Londres/Munique: Prestel, 2000, p. 150. *"If Regnaud de Cormont built the labyrinth and/or saw to it that he and his predecessors were immortalized in it, then this comparison to the father of architects, Daedalus, the legendary inventor of the labyrinth and other marvels,* throws significant light on the manner in which the masters of this profession viewed themselves in the 13th century."

11 A arquiteta Lina Bo Bardi utilizou esse desenho do labirinto de Reims, feito por Jacques Cellier, para ilustrar a capa de sua publicação "Contribuição propedêutica ao ensino da teoria da arquitetura", de 1957, escrita para o concurso de professor titular da Faculdade de Arquitetura e Urbanismo da Universidade de São Paulo. Ver PERROTTA-BOSCH, Francesco. *Lina, uma biografia*. São Paulo: Todavia, 2021, p. 198.

a figura humana no octógono central, retratada em maior tamanho, mas sem a cabeça: podia corresponder ao último responsável pela obra – Robert de Coucy – ou ao religioso que ordenou a edificação – o arcebispo Aubry de Humbert. Mais uma vez, parece concernir a uma operação de correlação dos arquitetos da época com a figura de origem da profissão segundo a mitologia grega. Deduz-se pela largura da nave que a dimensão total do labirinto de Reims era de cerca de 10 por 10 metros. Por sua vez, a datação é imprecisa, podendo variar entre o final do século XIII e as primeiras duas décadas do século XIV.

Corroborando a tese de que se tratava de um fenômeno difundido pela França durante a Baixa Idade Média, encontravam-se *Chemins de Jhérusalem* também em igrejas nas cidades de Arras e Saint-Quentin, com formas octogonais, além de Auxerre, Bayeux e Sens, com círculos concêntricos. Um caso, no entanto, salta aos olhos: o mais heterodoxo dos labirintos medievais franceses existiu na Abadia de Saint-Bertin, na cidadela de Saint-Omer. Seu perímetro quadrado não se rebatia em quadrângulos paralelos e proporcionalmente menores internamente. Pelo contrário, os meandros decorriam de linhas bastante variadas, mesmo díspares entre si, que resultavam em um conjunto de formas bastante irregulares, sem simetria nem o mínimo traço compositivo. O labirinto de Saint-Bertin foi concebido e executado em meados do século XIV, porém não mais existe em seu sítio original desde o século XVIII. Tudo leva a crer que sua remoção tenha sido motivada pelo mesmo desejo de outros párocos franceses, cansados pelo uso nada solene daqueles dédalos de piso por crianças. A própria abadia está em ruínas desde que foi confiscada na Revolução Francesa, e, também nos vestígios remanescentes da construção colapsada, não se vê o *Chemin de Jhérusalem*. No século XIX, seu traçado labiríntico foi reproduzido, proporcionalmente menor, no piso junto ao altar da Catedral de Saint-Omer.

Labirintos também são encontrados nos pavimentos de igrejas católicas na península Itálica. Lá tinham uma constituição física mais próxima aos mosaicos romanos e bizantinos – arranjos de pedras muito pequenas – do que aos modelos medievais franceses – uso de placas marmóreas maiores. A maior parte desses exemplos italianos desapareceu, tal como os dédalos circulares na Basílica de Santa Maria, no Trastevere, e na Igreja de Santa Maria, em Aquiro, ambas em Roma e destruídas no Ottocento.

O maior e mais íntegro labirinto em igreja italiana não está em uma edificação medieval, tampouco pertence a um pavimento feito na Idade Média. A Basílica de San Vitale, em Ravena, é uma arquitetura paleocristã recoberta com mosaicos bizantinos, cuja construção foi iniciada em 525, tendo sua consagração ocorrido em 547 ou 548. Todo o seu pavimento foi refeito entre os anos de 1538 e 1545 com o intuito de elevar o rés do chão em oitenta centímetros para evitar alagamentos. Nessa intervenção *cinquecentesca* foi feito o mosaico do piso com labirinto. Como se reutilizaram pequenas e multicolores pedras de mármore da decoração pavimentar prévia, não se pode excluir a possibilidade da preexistência de um dédalo no chão da basílica. O labirinto de San Vitale é proveniente de sete círculos concêntricos, cujo maior diâmetro é de 3,40 metros: pela dimensão, certamente não se trata de um *Chemin de Jhérusalem*, pois é estreito demais para ser percorrido de joelhos – a única sequência de passos possível seria alinhando os pés. O percurso interno é constituído por uma linha de fragmentos de mármore escuro – ora avermelhado, ora esverdeado – intercalados por peças marmóreas brancas com a forma de triângulos isósceles, os quais, de certo modo, indicam uma direção: o ponto de partida está no centro do dédalo e o término é externo à área circular, apontando a representação de uma concha – caso se entenda sua presença como uma reminiscência da iconografia pagã, recorda-se que, segundo a mitologia romana, Vênus nasceu de uma concha. Assim, o labirinto da Basílica de San Vitale não indica a condução ao seu núcleo, mas o inverso: a partir do seu âmago, cumpre-se o ziguezagueante trajeto até a saída do dédalo e a chegada a um signo que simboliza o início da vida – mantida a analogia com a deusa romana, seria uma vida de beleza e amor.

Na Basílica de San Savino, em Piacenza, não somente teria existido um dedáleo mosaico do ano 903 até pelo menos 1651 como nele se encontraria uma representação do mítico monstro de Creta. Sabe-se isso graças ao livro *Dell'historia ecclesiastica di Piacenza* [Sobre a história eclesiástica de Piacenza] (1651), de Pietro [Pier] Maria Campi (1569-1649), onde se lê: "um labirinto com o Minotauro dentro, e sob o labirinto, em direção à porta do Templo, foram colocados estes quatro versos"[12]:

> HVNC MVNDVM TIPICE LABERINTHVS DENOTAT ISTE,
> INTRANTI LARGVS, REDEVNTI SET NIMIS ARTVS.
> SIC MVNDO CAPTVS, VICIORVM MOLLE GRAVATVS,
> VIX VALET AD VITE DOCTRINAM QVISQVE REDIRE.[13]

Uma possível tradução para essa estrofe seria: "Este mundo é caracterizado como um típico labirinto,/ largo na entrada, muito estreito no retorno./ Assim, cativo mundo, oprimindo por meio da suavidade dos vícios,/ é difícil retornar à doutrina da vida em todo lugar." Tal quadra bem ilustra o imaginário cristão medieval, no qual o dédalo seria a ilustração de um caminho de perdições e pecados.

Outro santuário católico onde se situava um labirinto com referências visuais dos personagens mitológicos helênicos é a Basílica de San Michele Maggiore, na cidade de Pavia. Sobreviveu até os dias atuais apenas um pedaço do dédalo realizado no começo do século XII de acordo com a antiga técnica romana de mosaico conhecida como *pavimentum vermiculatum*. Pela fração ainda existente, nota-se que é um labirinto de círculos concêntricos; seu *core*, porém, não mais existe. Conhece-se a representação que existia nesse centro devido a uma ilustração contida no livro *Vetera monimenta*, do polímata Giovanni Giustino Ciampini (1633-1698), publicado postumamente em 1699. No desenho verifica-se a luta de Teseu contra o Minotauro, tal como nos mosaicos pagãos da Roma Antiga. Nessa ilustração de Pavia, há uma alteração nada incomum em representações da Idade Média: a criatura híbrida de Creta é retratada à semelhança de um centauro, ou seja, com corpo de cavalo e cabeça de homem. Acompanhando o perímetro circular do núcleo do labirinto, havia a inscrição TESEVS INTRAVIT MONSTRVMQVE BIFORME NECAVIT [Teseu adentrou e matou o monstro biforme].

12 CAMPI, Pietro Maria. *Dell'historia ecclesiastica di Piacenza*. Piacenza: Giovanni Bazachi Stampatore Camerale, 1651, p. 241. "*un laberinto con dentro il Minotauro, e sotto il laberinto verso la porta del Tempio vi fece porre questi quattro versi.*"

13 *Ibid.*

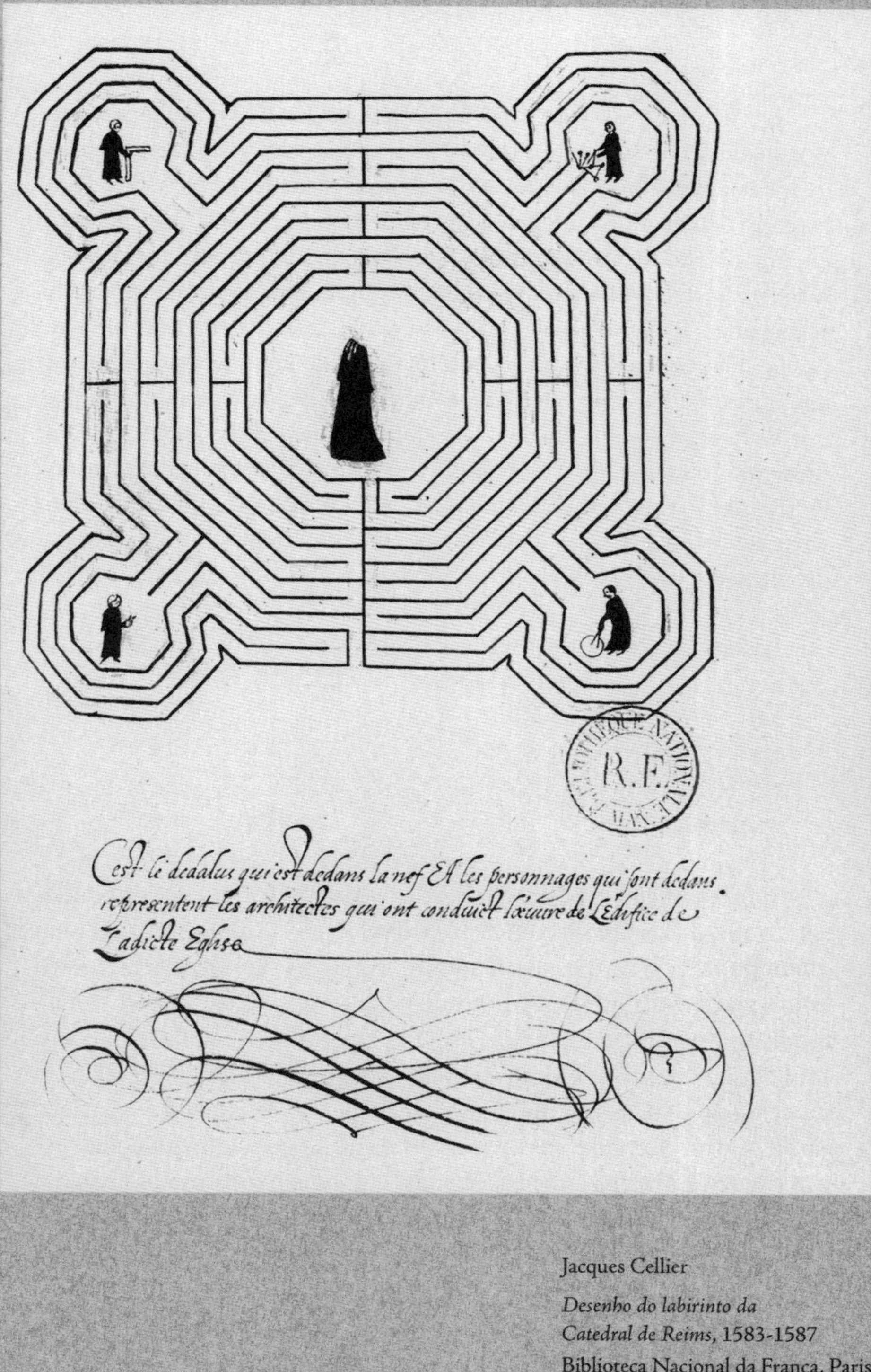

Jacques Cellier

Desenho do labirinto da
Catedral de Reims, 1583-1587
Biblioteca Nacional da França, Paris

Por fim, a Catedral de San Martino, na cidade de Lucca, possui um singular labirinto vertical, a ser percorrido com os dedos da mão, em uma pedra esculpida em baixo-relevo. Embora a placa marmórea cinzelada com um dédalo tenha sido fixada na edificação da igreja, ela se encontra em um pilar do nártex, colada à parede do campanário; portanto, está do lado de fora da porta de acesso à nave do templo, em uma área visualmente reconhecida como espaço público. Outra vez se trata de um labirinto de círculos concêntricos; agora, porém, ele é bem pequeno: seu diâmetro tem aproximadamente cinquenta centímetros. Reza a lenda que outrora existira uma representação do duelo entre Teseu e o Minotauro no centro desse diminuto dédalo feito no final do século XII ou no início do século XIII, mas o desgaste da entropia na pedra impede o reconhecimento de qualquer imagem que ali tenha sido entalhada. Mais certeza reside na inscrição que pode ser lida próxima ao meândrico e curvilíneo circuito:

> HIC QVEM CRETICVS EDIT
> DAEDALVS EST LABERINTHVS
> DE QVO NVLLVS VADERE
> QVIVIT QVI FVIT INTVS,
> NI THESEVS GRATIS ADRIANE
> STAMINE JVTVS.[14]

Uma tradução livre para essas frases gravadas em Lucca poderia ser: "Aqui se alimenta o cretense/ Dédalo é um labirinto/ ao qual ninguém pode ir/ Quem estava lá dentro, ficou em silêncio,/ nem Teseu com a graça de Ariadne/ da urdidura de juta." Apesar de estar no domínio físico e espiritual da Igreja Católica, a placa é uma menção direta e explícita ao mito do Labirinto de Creta. O texto confirma a interpretação da figura de Dédalo – o arquiteto – como a personificação da edificação do labirinto – a arquitetura. Tal como as insígnias ao centro das dedáleas estruturas de Amiens e Reims, eis mais um indício de como os cristãos construtores do Medievo eram devotos do mais notável artífice da pagã mitologia da Grécia Antiga.

14 MATTHEWS, William Henry. *Mazes & Labyrinths: Their History & Development*. Nova York: Dover, 1970; p. 56. SANTARCANGELI, Paolo. *Op. cit.*, p. 259.

Os mosaicos de labirintos das basílicas de Piacenza e de Pavia e da catedral de Lucca comprovam que, ao longo da Idade Média, na região norte da península Itálica, conservaram-se as referências temáticas da mitologia pré-cristã e as técnicas construtivas da Antiguidade. Esse fato joga por terra certas caracterizações simplistas do Medievo como "Idade das Trevas": afinal, os dédalos comprovam que não houve um completo desaparecimento de *expertises* antigas, como a prática arquitetônica, tampouco ocorreu um total esquecimento de fundamentos culturais ocidentais, isto é, do conhecimento greco-romano. Sendo não mais que modestos vestígios, os labirintos foram um "fio de Ariadne" para ligar a Antiguidade à Renascença.

Outro elo entre a Era Clássica e a Idade Moderna está presente em cartografias venezianas que apresentam pequenos símbolos esquemáticos do Labirinto em mapas de Creta feitos durante o período no qual a ilha foi uma colônia da Sereníssima República de Veneza. Essa nação existiu por onze séculos - segundo a tradição, entre 697 e a queda para as tropas francesas de Napoleão Bonaparte (1769-1821), em 1797. Durante sua existência, a República dos Doges requeria para si o papel de herdeira maior da cultura e do pensamento greco-romano. No comércio, nas artes, nas guerras, Veneza almejava a hegemonia nas relações entre Ocidente e Oriente. E essa desejada (e por muitas décadas obtida) primazia passava pelos mares Adriático, Mediterrâneo e Egeu. Coletar e preservar elementos materiais e filosóficos da Antiguidade Clássica foi uma pedra de toque da ação política veneziana. De manuscritos a estátuas, foram salvos diversos mitos e registros da Idade Antiga.

A ilha de Creta foi dominada pela Sereníssima República de Veneza entre 1204 e 1669. Antes pertencera ao Império Bizantino, durante um período iniciado com a cisão do Império Romano, no ano de 395, tendo estado sob ocupação árabe no intervalo de 827 a 961. Nos séculos em que foram parte do Império Romano do Oriente, os cretenses desfrutavam de relativa autonomia em relação aos governantes e à aplicação das leis de Constantinopla. Creta era uma base para a frota marítima bizantina e, no período árabe, chegou a ser um notório polo de piratas.

Com o Cerco de Constantinopla, em 1204, etapa final da Quarta Cruzada, a capital do Império Bizantino foi capturada, e os territórios imperiais, divididos: nessa partilha, Creta foi entregue a Bonifácio I de Monferrato, comandante dessa Cruzada e que veio a se tornar rei de Salonica (ou Tessalônica). No mesmo ano, ele cedeu a posse da ilha aos venezianos. Entretanto, durante a decadência bizantina, quem detinha o controle de fato sobre a ilha eram seus moradores, com o apoio dos genoveses, então arquirrivais dos venezianos nas disputas mercantis pelo Mediterrâneo Oriental. Veneza compreendia que aquele era um lugar geograficamente estratégico para suas ambições marítimas de ampliação e comando dos negócios entre o mar Adriático e o Levante. Foram necessários anos de conflitos bélicos em Creta até que, em 1212, estabeleceu-se o Ducado de Cândia, uma espécie de reino fantoche que dividiu a ilha em meia dúzia de feudos, cada qual comandado por uma nobre família veneziana. Creta, na sua integridade insular, passou a ser chamada pelo nome italiano de Cândia, que era a principal cidade da ilha, hoje conhecida em português como Heracliião (ou Iráclio).

Nos séculos de domínio veneziano, muitos viajantes a caminho de Alexandria, Jerusalém e Palestina pararam em Cândia. Navios de todo o mundo lá negociavam o renomado vinho cretense, então muito apreciado por toda a Europa, Oriente Médio e África Setentrional. Vendiam-se também queijo e frutas - como romã, limão, figo, uva, melão e melancia - cultivadas na ilha, que, com tal comércio, passou a ter certa prosperidade econômica. Relatos escritos sobre as visitas de estrangeiros a Creta multiplicaram-se com o passar das décadas; contudo, nos textos dos séculos XIII e XIV, era constante uma omissão: o Labirinto.

Um exemplo desse esquecimento vem do frade franciscano Symon Semeonis, que, em 1323, acompanhado do clérigo Hugo Illuminator, fez uma peregrinação detalhadamente descrita desde seu país natal, a Irlanda, passando pela Grã-Bretanha, França, norte da Itália, Veneza, Dalmácia, Peloponeso, Creta, Alexandria, Cairo e outras vilas egípcias até chegar a Jerusalém. Semeonis declara que esteve na cidade de Cândia por alguns dias até 10 de outubro daquele ano. Ele descreve a ilha de Creta em duas páginas. Nesse relato se encontra a afirmação de que a ilha era "habitada por latinos, gregos e pérfidos judeus, sob a tutela de um governador que responde ao doge de Veneza"[15]. O frade retrata as esposas dos venezianos adornadas com pérolas douradas e outras gemas brilhantes. Por sua vez, as viúvas prescindiam de joias e usavam um véu negro. As gregas e as judias usavam uma indumentária local composta de mantos bordados com fios dourados, e seus cabelos não ficavam cobertos por tecido algum. Semeonis conta que a cidade de Cândia era circundada por fortificações e uma grande muralha com torres. Visto do mar, o burgo tinha uma bela aparência, mas suas ruas eram "desagradáveis, sujas, estreitas, tortuosas e não pavimentadas"[16], Sobre a paisagem natural, ele informa ter visto montanhas muito altas, mas não faz nenhuma menção a edificações da Idade Antiga – possivelmente nem as vira.

Por outro lado, gregos bizantinos mencionavam o Labirinto. Nos comentários tecidos no século XII (ou seja, antes do domínio veneziano em Creta) sobre a *Ilíada*, de Homero, o arcebispo ortodoxo Eustácio de Tessalônica (*c.* 1115-*c.* 1194) afirmou que muitas pessoas do seu tempo, em especial marinheiros, visitavam o labirinto. O historiador bizantino Nicéforo Gregoras (*c.* 1295-*c.* 1360) declarou ter visitado o labirinto em companhia de cretenses, que utilizavam tochas para iluminar o caminho. No livro *Travellers to Greece and Constantinople* [Viajantes na Grécia e em Constantinopla] (1980), o acadêmico holandês J. P. A. van der Vin defendeu a hipótese de que, nos séculos XIII e XIV, a tradição proveniente da Antiguidade era ainda pouco conhecida pelos venezianos da ilha de Creta, mas preservada oralmente pela população de origem grega.

Há um episódio histórico que permite uma conjectura sobre o momento em que venezianos passaram a ter maior interesse pelo Labirinto. O fato é a Revolta de São Tito, entre 1363 e 1366. Contra o aumento de impostos determinado pelas autoridades na Praça São Marcos sobre os moradores do Ducado de Cândia, gregos cretenses e colonos venezianos

15 SEMEONIS, Symon. *The Journey of Symon Semeonis from Ireland to the Holy Land*. Cork: Corpus of Electronic Texts (Celt), University College Cork, 2017, p. 43. "*It is inhabited by Latins, Greeks, and perfidious Jews, under the sway of a governor who is responsible to the Doge of Venice.*" Disponível em: celt.ucc.ie/published/T300002-001.html. Acesso em: 15 nov. 2022.

16 *Ibid.* "*To those at sea it presents a beautiful appearance, but it has nasty, dirty, narrow, tortuous, and unpaved streets.*"

uniram-se pela primeira vez. Almejavam a independência de Creta e a fundação da República de São Tito. A rebelião foi debelada pelo exército da Sereníssima; no entanto, a consequência daquela aliança foi a convivência mais harmônica entre gregos e venezianos estabelecidos na ilha. Esse frustrado evento revolucionário coincidiu com a popularização da visita a um conjunto de cavernas e túneis naturais sob o monte Ida, ao sul da cidade de Cândia. Era sugestivo o nome que os cretenses deram ao lugar: Labirinto. É fundamental ressaltar: não se conhece nenhum texto da Antiguidade a afirmar que a obra de Dédalo se tratava de uma rede de grutas e galerias subterrâneas. Tão comum no presente, a correlação entre labirinto e caverna é fruto do imaginário popular dos cretenses no período medieval. A equiparação do labirinto a uma caverna foi, em grande medida, estabelecida e difundida por esse equívoco interpretativo durante o período de Creta como colônia veneziana.

Fato é que, depois disso, oficiais venezianos em serviço na sua Cândia passaram a visitar regularmente esse suposto labirinto. Os ilustres visitantes eram conduzidos pelos guias locais por meio das escuras passagens, sobretudo para que lhes fosse indicada a saída. Um dos mais antigos registros que mencionam essas excursões governamentalmente organizadas encontra-se no tratado *De orthographia*, de Gasperino Barzizza (*c.* 1360-1431), professor de retórica e filosofia moral na Universidade de Pádua entre 1407 e 1421.

> *Laberinthus*, uma prisão, como imaginavam os poetas, no percurso emaranhado dos caminhos. Também em Creta encontrava-se um labirinto natural. Não feito com as mãos: sob o monte, algo incrível, estradas sinuosas, entrelaçadas. Os novos funcionários enviados pelo Senado do Vêneto àquela ilha, conduzidos por líderes judeus, acenderam lanternas até a estrada por onde os nativos sempre passaram desde que chegaram à ilha.[17]

17 BARZIZZA, Gasperino. *De orthographia*. *Apud* WOODWARD, Arthur Maurice. "The Gortyn 'Labyrinth' and Its Visitors in the Fifteenth Century". *Annual of the British School at Athens*, vol. 44, Atenas: British School at Athens, nov. 1949, p. 324. "*Laberinthus per - th - carcer ut a poetis fingitur discrimine uiarum implicitus. Reperitur etiam laberinthus in Creta naturalis. non manu factus sub monte quodam incredibili ambage uiarum implicitus. quem noui magistratus a Senatu Veneto in eam insulam missi hebreis ducibus accensis funalibus usque quo iter est peruium Inni sunt semper cum primum insulam attigerunt.*"

O trecho explicita que a autorização aos visitantes para a viagem ao labirinto provinha do próprio Palazzo Ducale veneziano. Os guias eram judeus que moravam na ilha. E já se deduzia que esse labirinto não provinha de obra humana. Tal emaranhado de vias tortuosas era subterrâneo, o que demandava o uso de tochas com fogo para iluminar os passos em meio ao breu. Esse registro comprova que as autoridades venezianas orgulhosamente passaram a organizar excursões com viajantes notáveis de todo o continente europeu até o suposto "labirinto original". Era uma ação política da Sereníssima República de Veneza de reivindicação da posse do "verdadeiro labirinto" - isto é, de uma parte importante do mítico passado da Antiguidade Clássica.

O primeiro registro textual minucioso de um visitante desse suposto labirinto cretense é de autoria do monge florentino Cristoforo Buondelmonti (1386-*c.* 1430), em *Descriptio insule Crete* [Descrição da Ilha de Creta], uma seleta dedicada ao literato e humanista florentino Niccolò Niccoli (1365-1437) com registros de suas viagens a Creta de 1415 a 1417. Buondelmonti narra com vívidos detalhes a experiência de caminhar dentro desse labirinto:

> Ao norte, duas milhas acima da outrora nobre cidade de Gortina, está o que hoje se diz ser o Labirinto. A entrada é de difícil acesso, depois se alarga. Há, a leste, um primeiro corredor de duzentos passos. Outro, em direção ao norte, parece não ter fim - ou assim dizem os nativos -, pelo qual são vistas muitas galerias emaranhadas, que retornam ao ponto de partida. A 1.500 passos da entrada, avista-se uma nascente, junto à qual encontramos um pequeno pântano coberto de junco, com um enorme bloco de pedra à esquerda. Além da fonte d'água, há um longo caminho; contudo, poucas pessoas, ou, por assim dizer, ninguém se atreve a percorrê-lo inteiramente ou mesmo a caminhar por ali. Brasões e nomes dos visitantes estão gravados em todos os lugares, e uma infinidade de invernos[18] é vista por toda parte. É muito perigoso seguir esse caminho, porque às vezes enormes blocos, suspensos ao longo de toda a galeria, desprendem-se do teto e obstruem a passagem. Você, que tudo sabe, meu caro Niccolò, pode julgar que este não é o que os homens consideram

18 Metonímia para referir-se a anos.

ser o labirinto; afinal, é pedra que se extrai dessa montanha e se assemelha à da cidade antiga. Em vários locais da ilha existem cavernas e galerias subterrâneas desse tipo, em número infinito. Em todos os lugares, por amor a você, meu caro Niccolò, perguntei sobre um Labirinto feito pela mão do homem, sem encontrá-lo em lugar algum. Saímos da entrada desse pretenso Labirinto e vemos Castrum Novum, além de um vale [...].[19]

O monge inicia localizando geograficamente a rede de galerias subterrâneas que adentrou: era próxima à cidade de Gortina, o que por si insinua um erro de endereço, uma vez que a numismática revela que o mito do Labirinto estava associado a outra cidade cretense - Cnossos. Ele afirma que o acesso ao suposto labirinto era complicado, tampouco era tarefa simples se embrenhar pelas vias que se ramificam a perder de vista abaixo da montanha. Relata a presença de água e de túneis intransitáveis pelo iminente risco de desabamento. Ao mencionar a existência de insígnias e datas riscadas nas paredes de pedra, atesta que muitas pessoas adentraram esse labirinto antes dele. Na entusiasmada descrição de Buondelmonti, transparece tanto seu fascínio pelo sítio quanto seu ceticismo a respeito das informações oficiais de que aquele era o labirinto da mitologia grega. Ele indaga se aquelas

19 BUONDELMONTI, Cristoforo. *Descriptio insule Crete et Liber insularum, cap. XI: Creta*. Ed. crít. Marie-Anne van Spitael. Heraclião: Syllogos Politistikes Anaptyxeos Herakleiou, 1981, pp. 176-8. "*A latere septentrionali prope nobilissimam olim predictam Gortinam per duo miliaria in altum, ut fertur, est laberinthus. Est enim os suum arduum deinde in amplitudinem deuenit. Via una uersus orientem ducentorum passuum est; altera uero, uersus septentrionem, nullam ut dicitur habet finem; per quam multe uie circunflexe uidentur et in istam reuertuntur principalem. Ab ostio per mille et quingentos passus fons cernitur iuxta quem paludem paruulam arundinibus cohopertam comperimus una cum huiusmodi de lapide pila a sinistra. Uitra hanc aquam longa manifestatur uia, quam nullus aut pauci ingredi currant uel transitum agree per eamdem. Arma uero intrantium atque nomina designata per omnia errant et uespertilionum multitudo ubique uidetur. Ualde per eum ambulare periculosum est, quia aliquando immensurati lapides ab alto per uenas pendentes cadunt et totum sepe obturant transitum. Tu qui cuncta noscis, mi Nicolae, non esse hunc quem homines tenent laberinthum bene existimare posses, quia lapis ab isto isto monte extractus lapidi antique ciuitatis simulatur. Et sic per diuersas partes huius insule antra huiusmodique lapidum uene subterranee reperiuntur infinita. Per totam hanc insulam artificiosum atque nominatum laberinthum ob amorem tui, mi Nicolae, quesiui, quem nunquam alibi potui reperire. De ostio tandem dicti laberinthi recedimus et Castrum Nouum, parua ualle peracta [...].*" [Trad. a partir do latim e do francês.]

sombrias galerias provinham de projeto executado à mão - no caso, por Dédalo - ou se seriam um fenômeno geológico - isto é, cavernas - utilizado como pedreira para extrair a pedra de mármore, que, em suas palavras, "se assemelha à da cidade antiga". Portanto, Buondelmonti já questionava se o labirinto, por ele adjetivado como "pretenso", não seria tão somente fruto da apropriação da literatura clássica pela imaginação popular para designar grutas e cavidades naturais de um monte da paisagem cretense.

Vale ressaltar que os antigos manuscritos de *Descriptio insule Crete* contêm ilustrações das intrincadas passagens do labirinto sob a montanha. A segunda obra literária de Buondelmonti, *Liber insularum archipelagi* [Livro das ilhas do arquipélago], datada de 1420, deu origem a mapas de Creta que transcrevem cartograficamente o que foi descrito pelo autor florentino.

Descriptio insule Crete permaneceu relativamente desconhecida por séculos, tendo pouca ou nenhuma influência sobre autores posteriores. Um desses foi o viajante e escritor castelhano Pero Tafur (*c.* 1410-*c.* 1484), que inicia o relato sobre a ilha, na qual esteve na década de 1430, com a seguinte justificativa: "como os latinos de Creta conheciam somente a cidade de Cândia, eles chamaram todo o reino com esse nome"[20]. Tafur prossegue, contando que lá se falava "grego e o governo era de Veneza"[21]. E localiza onde ficava o labirinto em relação à capital: "A cidade de Cândia é muito grande, com muitos prédios imponentes. Dizem que a três milhas de distância está aquele Labirinto, feito por Dédalo, com muitas outras antiguidades."[22] Por sua vez, o marinheiro veneziano Bartolomeo dalli Sonetti é autor de *Isolario* (1485), um livro composto de 56 folhas que intercalam mapas das ilhas do mar Egeu e breves poemas a respeito. Sobre o Labirinto de Creta, há uma síntese do mito mesclada com sua experiência pessoal:

20 TAFUR, Pero. *Travels and Adventures - 1435-1439*. Abingdon: Routledge, 2005, p. 50. "*because the Latins of Crete know only the city of Candia they call the whole kingdom by that name.*"

21 *Ibid.* "*The language is Greek, and the government is from Venice.*"

22 *Ibid.*, p. 51. "*The city of Candia is very large, with many great buildings. They say that three miles away is that Labyrinth, made by Daedalus, with many other antiquities.*"

Não longe daqui eu vi
os lugares, a montanha com o labirinto
onde o Minotauro, assassinado
pelo filho de Egeu, foi mantido.[23]

O cartógrafo e geógrafo patavino Benedetto Bordone (1450-1530) produziu o primeiro mapa de Creta com o labirinto nominalmente indicado[24]. Na página 51 de seu livro, há a carta geográfica do Ducado de Cândia. Ao centro da ilha, bem na costura entre as duas folhas, lê-se "labyrinto". Ao lado dessa palavra, há um desenho esquemático de uma colina com a boca de entrada de uma caverna. A posição do dédalo, relativamente próximo à cidade fortificada de Cândia, corresponde aos relatos escritos pelos viajantes.

A representação do labirinto em mapas de Creta é um fenômeno que se multiplica em desenhos cartográficos feitos em Veneza no século XVI. Entretanto, há uma mudança crucial: nas últimas três décadas do Cinquecento, o labirinto deixa de ser retratado como um elemento na paisagem e passa a ser simbolizado com um diagrama circular. Deixa-se de ilustrá-lo como uma caverna, de esboçar sua entrada aos pés de uma montanha ou mesmo de especificar que era constituído por caminhos subterrâneos. Os cartógrafos, de certo modo, passam a esconder a caracterização do labirinto como fenômeno natural. Nesses mapas, ele volta a ser um ícone geométrico, um artefato humano, uma alegoria mítica.

Não há padronização precisa nessas representações do labirinto em mapas do Ducado de Cândia do fim do século XVI. Não são desenhos idênticos; contudo, são sempre diagramas compostos de círculos concêntricos e paralelos. Depreendia-se, então, a existência de um lugar constituído por vias internas curvas e uma estrutura geral precisamente redonda. Em alguns mapas, as pequenas figuras do labirinto circular

23 SONETTI, Bartolomeo dalli. *Isolario*. *Apud* HEINRICHS, Johanna D. "The Topography of Antiquity in Descriptions of Venetian Crete". *In*: AVCIOĞLU, Nebahat; JONES, Emma (orgs.). *Architecture, Art and Identity in Venice and its Territories, 1450-1750*. Farnham: Ashgate Publishing, 2013, p. 211. "*Not far from here I have seen/ The places, the mountain with the labyrinth,/ where the Minotaur, slain/ by the son of Aegeas, was kept.*"

24 BORDONE, Benedetto. *Libro di Benedetto Bordone nel qual si ragiona de tutte l'isole del mondo, con li lor nomi antichi & moderni, historie, fauole, & modi del loro uiuere, & in qual parte del mare stanno, & in qual parallelo & clima giacciono*. Veneza: Nicolo d'Aristotile, dito Zoppino, 1528.

tinham um tratamento gráfico em perspectiva, isto é, com uma volumetria construída – é interessante atentar para o fato de que, nessas mesmas cartas, a solução gráfica dada aos centros urbanos da ilha também se realiza por meio de perspectivações. Essa equiparação dos recursos de representação visual almeja a transmissão da ideia de que, tal como as cidades, o labirinto é uma construção humana.

A Sereníssima República de Veneza era um grande polo de desenvolvimento das cartas náuticas no Cinquecento. Estamos falando da geração seguinte ao editor e tipógrafo Aldo Manuzio (*c.* 1450-1515), fundador da primeira editora, no sentido moderno de estabelecimento que publica obras impressas. Naquele momento histórico, Veneza era um importante centro difusor de publicações na Europa e no Mediterrâneo. Embora estejamos analisando um período humanista, o analfabetismo ainda era comum para considerável parcela da população, sem contar as dificuldades de compreensão causadas pela miríade de línguas oficiais e vulgares, além de dialetos. Logo, não se pode ser ingênuo a ponto de achar que se tratava de uma solução de puro esquematismo técnico de cartógrafos. A adulteração gráfica não era fortuita. Ao desenharem vários mapas que representavam um diagrama circular denotando uma construção humana, os venezianos acabavam por confundir uma determinada concepção do Labirinto. Afinal, o mito de Dédalo não poderia ser desacreditado.

Ao mesmo tempo que Veneza difunde a imagem do labirinto no Cinquecento, a Sereníssima República deturpa o que de fato se encontrava em Creta. Aos venezianos em postos de comando no Palazzo Ducale e na então recém-construída Procuratie Vecchie [Procuradoria Velha] não convinha ratificar a versão dos visitantes que descreveram o lugar como uma caverna natural expandida para exploração de mármore. O imaginário do labirinto precisava ser preservado, pois ele era o vínculo dos venezianos com Dédalo, o grande inventor que vivera na Idade Antiga. Era o elo da geração de Andrea Palladio (1508-1580) e Jacopo Sansovino (1486-1570) com a origem da arquitetura. Era o fundamento para a ambição de Veneza de ser a labiríntica cidade das construções complexas, impressionantes, enigmáticas, assombrosas, fantasiosas e fantásticas – e, convenhamos, os venezianos foram muito bem-sucedidos nesses princípios em sua urbe.

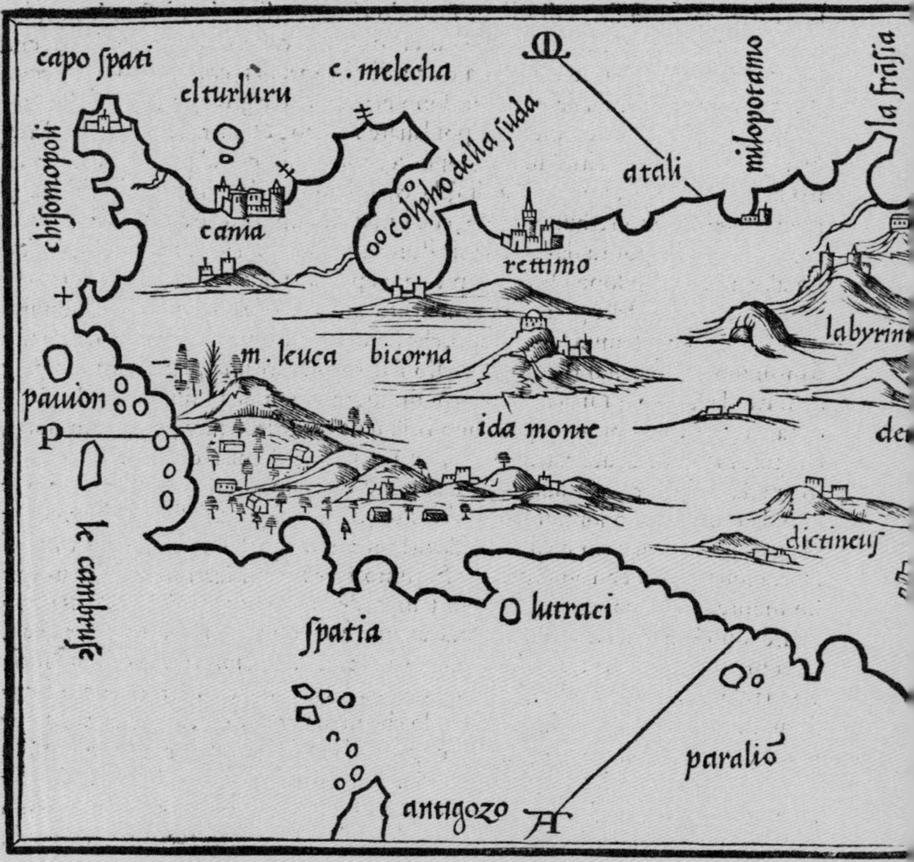

ALLA quarta di greco uer tramontana di candia è lisola de carpanto posta,che al presente scarpanto è nominata,& da quella per miglia cinquanta se dilunga, & q̃sto nome,dalla quãtita di frutti che qui nascono ageuolmẽte hauer cõsegui to potrebbe.Questa isola è molto alta,& il nome de carpatio al mare doue ella siede,gli dette,nella quale Palane de Titan figliuolo,hebbe sua habitatione,dal cui nome Palane ne fu anchora detta,& etiandio,quiui la dea Pala,fu nutrita. Et per lo adietro hebbe sei castella,de quali tre rimasti ui sono al presente,& so-

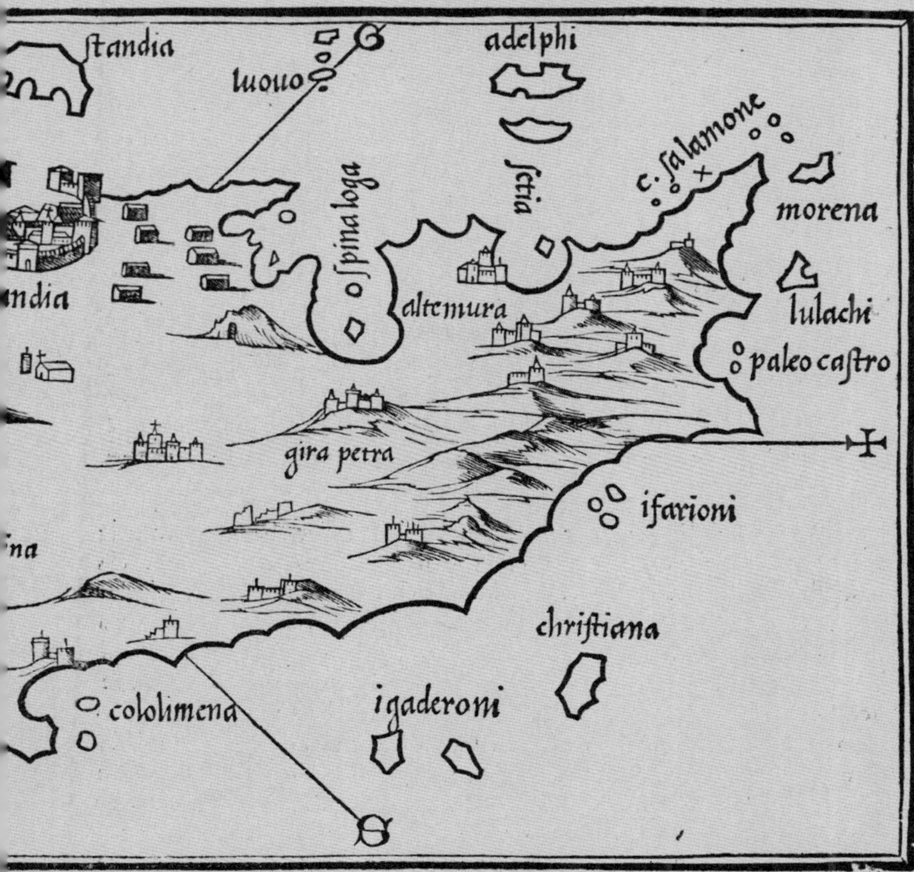

pra posti a monti,a leuante,ha porto tristano,il quale, da uno scoglio (faria nominato) è fatto,& a ponente,porto gratto tiene,doue per il tempo passato furono,due castella,& presso al mõte gomello altresi due,luno corezi detto.Questa isola circuisse miglia settanta,& da garbino ha una isola caso,nominata,& alcun'altri scogli che cani se appellano,gli quali, hãno,de circoito miglio uno, & sono del quarto clima nel principio,& al nono parallelo, & il suo piu lungo giorno è di hore quatordeci & uno quarto.

nas páginas anteriores

Mapa da ilha de Creta, 1528, reproduzido no livro de Benedetto Bordone

Giuseppe Rosaccio

Mapa do Ducado de Cândia, Creta, 1590

Museo Civico Correr, Veneza, Itália

DA VENETIA

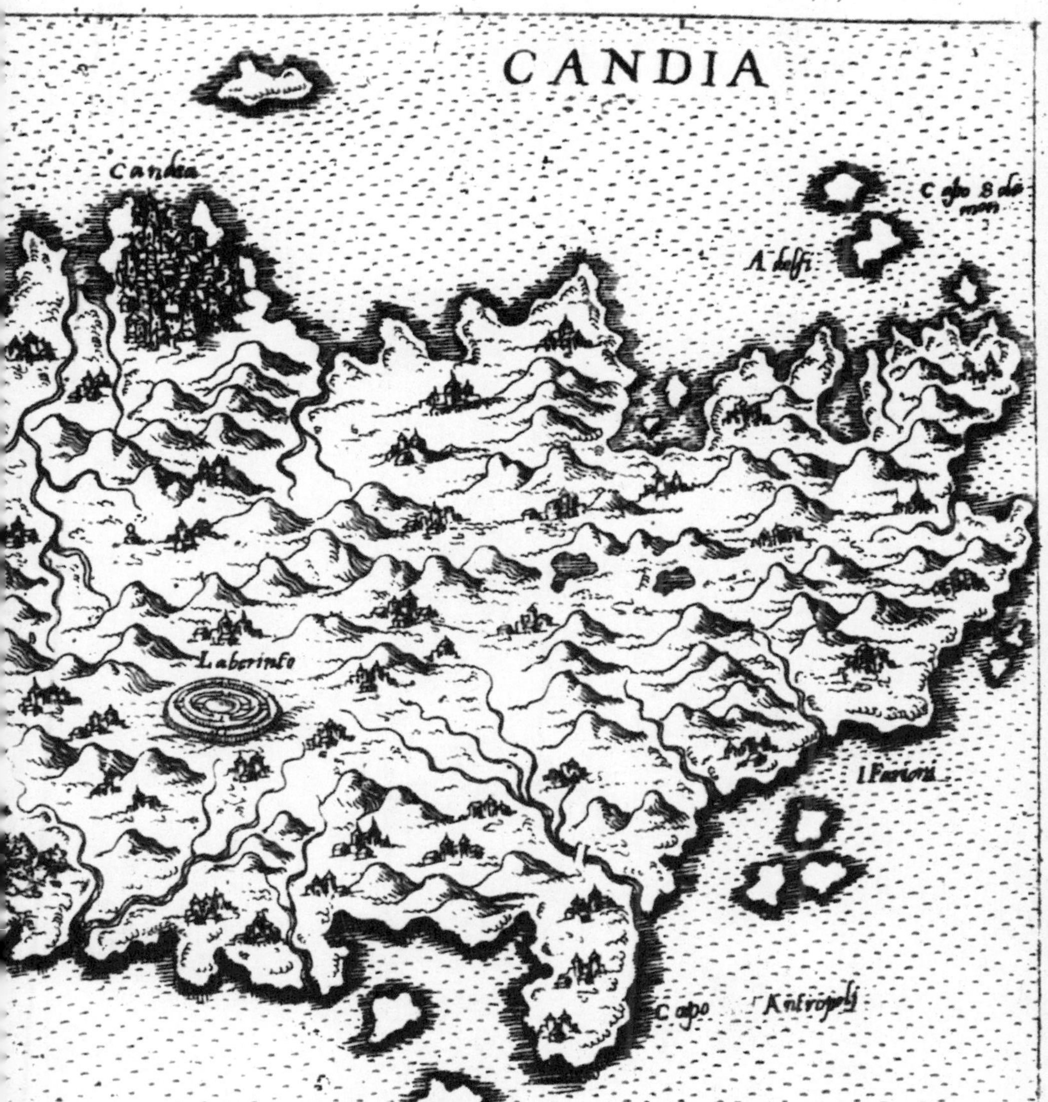

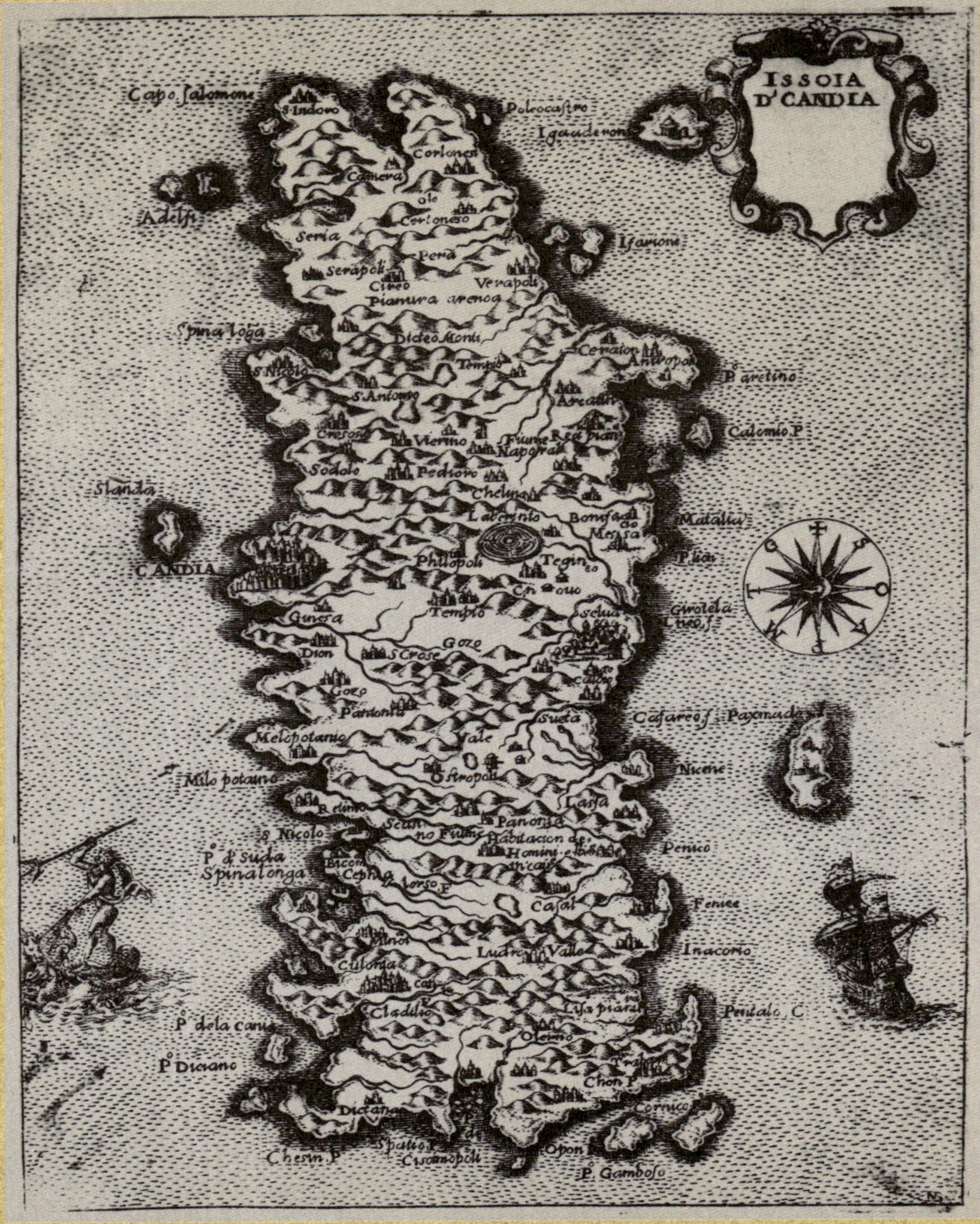

Donato Bertelli

Mapa Isola d'Candia, Creta, 1574

Biblioteca Nazionale Marciana, Veneza, Itália

Os mitos de Creta tornavam-se os alicerces da Sereníssima República e, como tal, deveriam ser celebrados. Portanto, manifestando-se como um ícone geométrico claramente cognoscível, o Labirinto de Dédalo legitimava-se nos mapas do veneziano Ducado de Cândia.

A Sereníssima República almejava essas referências mitológicas da Antiguidade porque era isso que historicamente lhe faltava. A fundação da cidade de Veneza é datada do ano de 421; por conseguinte, não há ruínas da Antiguidade na laguna *veneta*. As construções e canais venezianos não estão assentados sobre um passado greco-romano. Veneza é jovem em comparação a Roma, Milão, Nápoles, Ravena e tantas outras urbes italianas. A então ilha de Cândia era, assim, muito relevante à narrativa cultural lavrada pelos doges e magistrados venezianos, tanto para fazer frente aos principados e ducados vizinhos - concorrentes comerciais e frequentemente inimigos na delimitação das linhas territoriais - quanto para forjar a identidade do próprio país. O que a posse do Labirinto de Creta proporcionava à Sereníssima República? Ofertava à Veneza uma parte mítica e importante da Antiguidade. Creta oferecia à Veneza o papel de heroína a resgatar os princípios, os vestígios, as bases da filosofia e da humanidade ocidental.

Um pesquisador intransigente poderia tachar de ardiloso o erro de atribuição, pelos venezianos, do sistema de galerias abaixo do monte Ida a Dédalo, como se se tratasse de sua obra-prima; no entanto, isso ignoraria uma questão fundamental: os mapas também foram responsáveis por manter vivo no imaginário ocidental o mito do Labirinto. Há mais de duzentos anos se extinguiu o país governado por doges e que, por séculos, monopolizou as trocas econômicas e culturais entre Ocidente e Oriente; no entanto, toda vez que alguém descreve o labirinto como um sistema de cavernas, comprova-se que a extinta nação e os viajantes desse período colonial de Creta ainda influenciam nas interpretações e reinterpretações contemporâneas a respeito do lugar onde o Minotauro foi assassinado. Devemos reconhecer que o modo como hoje escutamos e transmitimos o mito do Labirinto de Creta sofreu a interferência do desvio narrativo lavrado por séculos em Veneza.

Outra conclusão deve ser depreendida: a genealogia dos labirintos não é uma marcha de evolução contínua que deixou para trás o dédalo como ícone. Por meio de mapas de Creta impressos na Sereníssima República, o labirinto retorna à sua condição diagramática de repetição de formas circulares iguais, paralelas e concêntricas - ou seja, as cartografias venezianas remetem às moedas de Cnossos. O labirinto volta a ser um esquema geométrico simplificado a representar uma alegoria mítica. Com isso, a dimensão espacial obtida nas catedrais do Medievo é suspensa.

Compostos de placas maiores de pedra, com um menor número de ornamentos e mais precisão na execução das formas geométricas, os labirintos medievais não eram pura ilustração da narrativa mítica e tornaram-se estruturas planares a serem percorridas. As pessoas podiam andar pelos caminhos dos dédalos das catedrais góticas. É preciso reconhecer que esse foi um estágio fundamental na conversão do labirinto de ícone em planta arquitetônica - e, nesse sentido, os venezianos, com seus mapas, retornaram um passo na linha evolutiva.

Os construtores medievais fiavam-se no entalhe de pedras a partir "de um plano de projeção diretamente sobre o solo"[25]. Isto é, sob a lógica das corporações de ofício, mestres e aprendizes manipulavam diretamente os materiais com ferramentas específicas, lançando no chão as geometrias do edifício, tanto das partes como do todo. Assim, prescindia-se de desenhos com transposições gráficas entre diferentes escalas. Não se valorizavam sistemas apriorísticos de representação visual da edificação. Tampouco existem documentos que apontem a produção de desenhos para instruir os diferentes envolvidos na construção. Nesse modelo de trabalho, toda operação era pensada no canteiro de obras. Não havia projeções dos volumes no espaço. Era uma geometria prática.

Os labirintos das catedrais não se projetavam volumetricamente no espaço; contudo, ofereciam uma experiência espacial. Mesmo sem paredes e divisórias verticais, o labirinto do Medievo possui um dentro e um fora. Pode-se caminhar em seu interior. É uma estrutura com

25 DELEUZE, Gilles; GUATTARI, Félix. *Mil platôs: Capitalismo e esquizofrenia 2*, vol. 5. Trad. Peter Pál Pelbart e Janice Caiafa. São Paulo: Editora 34, 1997, p. 30.

elementos suficientes para se fixar individual ou comunitariamente, mesmo que de modo temporário durante um ritual. Assim, o caráter simbólico do labirinto se manteve, mas os *Chemins de Jhérusalem* podiam ser vivenciados: os pagãos acreditavam que os últimos a vivenciarem um labirinto teriam sido o Minotauro, Teseu, Dédalo e Ícaro; por sua vez, os católicos mudaram o significado para que eles próprios pudessem vivenciar os meandros. Ao se experienciar a desorientação do vaivém dos meandros das naves de igrejas, as potencialidades arquitetônicas dos labirintos foram, em alguma medida, redescobertas.

Desse modo, os dédalos das catedrais da Idade Média tornaram-se os primeiros parâmetros gráficos para desenhos em tratados arquitetônicos e livros de jardinagem na Idade Moderna. A transposição em escala dos traçados labirínticos não é uma manifestação particular, mas sim o indício de um fenômeno bem mais amplo de normatização visual da cultura arquitetônica, que ocorre a partir do Quattrocento. Como se verá mais detidamente nos capítulos subsequentes, trata-se de um período histórico de estabelecimento de sistemas gráficos de representação arquitetônica, observados em publicações como as de Filarete e Serlio, nas quais o labirinto é um arquétipo presente. Nessa passagem da geometria prática da Idade Média à geometria teórica do Renascimento, emergiu a noção contemporânea de projeto: a possibilidade de antever a forma da edificação e o processo de construção.

CAPÍTULO 4 De Boccaccio a Bach: o inventário e os significados dos *labirintos do amor* nos jardins e na cultura do Trezentos ao Setecentos

Deixaram-se de traçar

Chemins de Jhérusalem e passaram-se a cultivar *labirintos do amor*. A conotação de penitência, devoção e redenção católica dos desenhos labirínticos nos pisos das catedrais góticas foi ultrapassada pelo senso recreativo, profano e erótico de labirintos de cercas vivas dos jardins das delícias de aristocratas. Parece um absoluto e revolucionário contraste. No entanto, o escritor alemão Gustav René Hocke (1908-1985), no livro *Maneirismo: O mundo como labirinto*, de 1957, apresenta-nos um insuspeito vínculo entre os pétreos labirintos do mundo medieval e os verdes labirintos da Idade Moderna: "Quem ama e constrói labirintos terá sempre a nostalgia do 'prazer' de ser libertado e, portanto, a nostalgia de uma experiência, no fundo, ainda 'simples': de uma clara e unívoca liberação da insensatez das 'reviravoltas enganosas'."[1]

1 HOCKE, Gustav René. *Die Welt als Labyrinth. Manier und Manie in der europäischen Kunst. Beiträge zur Ikonographie und Formgeschichte der europäischen Kunst von 1520 bis 1650 und der Gegenwart. Apud* SANTARCANGELI, Paolo. *Op. cit.*, p. 272. "*Chi ama e costruisce labirinti avrà sempre la nostalgia del 'piacere' di essere liberato, e quindi la nostalgia di un'esperienza, in fondo, ancora 'semplice': di una chiara e univoca liberazione dalla insensatezza degli 'ingannevoli rigiri'* (*vom Irr-Sinn der Irr-Wege*)."

Labirintos anteriores e posteriores à Renascença têm profundas diferenças de significado. Que não se estabeleça, porém, um fácil antagonismo, pois a passagem dos labirintos nas igrejas para os labirintos nos jardins não se fez por uma ruptura, mas por uma paulatina transição em que características dos primeiros sobreviveram nos segundos. Hocke aponta um raro e tênue fio que aproximava as motivações do homem da Idade Média às do homem do Cinquecento: ambos se fascinavam e edificavam labirintos porque objetivavam percorrê-los em busca da satisfação na liberação das agruras terrenas.

Paolo Santarcangeli, em *Il libro dei labirinti*, elucida:

> Entende-se que, em meio a tanta festa e a tanta riqueza, a partir do Cinquecento o labirinto parece "dessacralizado", no sentido de que desaparece qualquer ligação direta dele com a religião ativa. Transforma-se em "puro" jogo; todavia, abaixo da superfície mantém aqueles conteúdos mais ou menos "sacros" que, como sabemos, cada atividade lúdica esconde sob sua aparência sorridente.[2]

Ou seja, conservam-se centelhas do transcendente e do sagrado nos mais mundanos passatempos e folias. Os católicos labirintos e os jardins-labirintos compartilham da mesma "nostalgia do paraíso"[3], isto é, do desejo de restabelecer a condição do Éden antes de Adão e Eva terem deparado com o fruto proibido. Pertinente aqui é a notória frase de Marcel Proust: "Os verdadeiros paraísos são os paraísos que perdemos."

"Labirinto do amor" é um termo usado para identificar boa parte dos labirintos compostos de espécies vegetais que foram uma moda arrebatadora nos projetos de paisagismo para castelos e *ville* europeus na Idade Moderna. Aristocratas ambicionavam ter, em seu jardim, um labirinto: o lugar para as brincadeiras de adultos, para os encontros e para as fugas, onde enamorados corriam um atrás do outro, provocando-se,

2 SANTARCANGELI, Paolo. *Op. cit.*, p. 272. "*S'intende che, in mezzo a tanta festa e tanta ricchezza, dal '500 in poi, il labirinto appare 'desacrato': nel senso che scompare qualsiasi collegamento diretto di esso com la religione ativa. Diventa 'puro' giuoco, mantenendo tuttavia, sotto la superfície, quei contenuti più o meno 'sacrali' che, come sappiamo, ogni attività ludica nasconde sotto il suo esterno sorridente.*"

3 *Ibid.*, p. 291.

aproximando-se e separando-se, tocando-se e afastando-se. Em tantos aspectos, era uma metáfora dos relacionamentos amorosos: algo simultaneamente divertido e difícil. A arquiteta Lucia Impelluso (1965), especialista em iconografia, descreve o *labirinto do amor* como "um complexo fenômeno cultural que deriva da necessidade do cliente de obter prazer das alusões culturais eruditas, bem como de se expor ao presumido perigo do perder-se ou das convenções amorosas que a própria conformação do artefato sugere"[4].

Antes de prosseguir na análise dos significados e do contexto da época, é preciso distinguir três tipos desses labirintos: o primeiro é composto de canteiros de flores e ervas traçando um desenho rente ao solo; o segundo consiste em arbustos de altura incapaz de encobrir o tronco de um adulto; o terceiro é formado por cercas vivas, frequentemente da espécie *Buxus sempervirens* (vulgo buxo), que erguem muros vegetais mais altos que as pessoas, constituindo um conjunto de corredores a serem percorridos sequencialmente a partir de uma única entrada e em direção ao centro ou à saída. A maior parte dos subsequentes estudos de caso corresponde à última tipologia descrita.

Outra classificação prévia a ser estabelecida diz respeito à quantidade de caminhos possíveis no interior de um labirinto. Nesse sentido, as línguas inglesa e alemã apresentam uma nuance ausente na semântica da língua portuguesa: os dicionários anglo-saxões e germânicos distinguem as acepções da palavra *labyrinth* dos termos *maze* (inglês) e *Irrgarten*[5] (alemão). No dia a dia, tais palavras são comumente percebidas como plenos sinônimos, mas linguistas estabelecem a distinção desde o começo do século XX. *Labyrinth* diz respeito ao labirinto sempre composto de um único caminho interno, independentemente do número de meandros, isto é: não há bifurcações; não há escolhas a serem feitas ao longo do trajeto; o percurso

4 IMPELLUSO, Lucia. *Giardini, orti e labirinti.* Milão: Electa, 2005, p. 163. "*un complesso fenomeno culturale che deriva dal bisogno del committente di trarre piacere dalle dotte allusioni culturali, nonché dall'esporsi al presunto pericolo di smarrirsi o dai convegni amorosi che la stessa conformazione del manufatto suggerisce.*"

5 Na língua alemã, o prefixo *irr* é associado à acepção de "errar" ou "perder-se". Por exemplo, *irrsinnig* significa "louco" ou "insano". Por sua vez, *verirrt* equivale a "estar perdido".

inevitavelmente direciona-se ao núcleo; esse centro acaba sendo o singular beco daquela estrutura labiríntica; para sair, é preciso refazer a mesma trajetória, mas no sentido inverso. Por sua vez, *maze* e *Irrgarten* referem-se a labirintos com bifurcações e ramificações que originam diferentes trajetos e direções, sem necessariamente encaminhar o transeunte ao núcleo ou à saída.

O percurso de um *labyrinth* pode ser tortuoso e complicado, mas seguramente o caminhante terá êxito. Já em um *maze* ou *Irrgarten*, perder-se é possível e provável. O historiador de arquitetura Paolo Carpeggiani depreende: "o *Irrgarten* representa a exaltação da irracionalidade, invertendo aquele conceito da 'virtude que vence a sorte', que constituía um dos dogmas da cultura humanística"[6]. Pela diferença de definição dessas palavras, deduziria-se que o Minotauro foi aprisionado em um *maze/Irrgarten*. Contudo, as representações gráficas do mito em moedas da Grécia Antiga e em mosaicos da Roma imperial apresentavam exclusivamente *labyrinths*. Somente na Idade Moderna é que se difundiram modelos de labirintos com vários percursos internos a se interseccionar e inúmeros corredores que dão em becos, desorientando e induzindo o andante a ser errático. Carpeggiani ratifica: "É no Cinquecento que o *Irrgarten* se afirma: a casualidade da escolha do percurso ante uma variedade de opções e o desafio contínuo envolvendo a sorte tornam-se os ingredientes de um jogo no clima hedonístico e folião das cortes, as quais encontram o próprio teatro ideal."[7]

Mesmo que o desejo seja vagar sem objetivo por intrincados corredores na mais alegre esbórnia, não se pode ignorar a destinação: afinal, todo labirinto tem seu centro. No núcleo do *labirinto do amor* encontra-se literal ou simbolicamente uma árvore: *albero di maggio* em italiano, *maypole* em inglês, ou, traduzindo para o português, "árvore de maio". Impelluso explica que "um *albero di maggio* evoca toda uma série de

6 CARPEGGIANI, Paolo. "I labirinti nella cultura del tardo Rinascimento". *In*: MOSSER, Monique; TEYSSOT, Georges (orgs.). *L'architettura dei Giardini d'Occidente: Dal Rinascimento al Novecento*. Milão: Electa, 1990, p. 80. *"l'Irrgarten rappresenta l'esaltazione dell'irrazionalità ribalta quel concetto di 'virtù che vince fortuna' che costituiva uno dei dogmi della cultura umanistica."*

7 *Ibid. "È nel Cinquecento che l'Irrgarten si afferma: la casualità nella scelta del percorso di fronte a un'iterata pluralità di opzioni, la sfida continua con la fortuna diventano gli ingredienti di un gioco che nel clima edonistico e gaudente delle corti trova il proprio ideale teatro."*

celebrações e ritos pagãos ligados ao renascimento cíclico da natureza e, como tal, é uma imagem da fertilidade, portanto dotada de uma forte alusão erótica"[8]. A árvore de maio se origina de uma antiga festa pagã de comemoração do começo do que se considerava o verão - não havia a precisão da data do solstício, mas apenas um marco da chegada dos meses de calor no ano. Na Inglaterra, o nome de tal festival é *Whitsun*, mantendo, assim, registros do paganismo. Em países onde o catolicismo predomina, converteu-se na celebração de Pentecostes, que, no Brasil, encerra-se com a Festa do Divino Espírito Santo. Em ritos pagãos, aldeões faziam danças de roda em volta do *maypole*, o qual era frequentemente um mastro erguido no dia 1º de maio, decorado com uma coroa de flores, guirlandas, grinaldas, e envolvido por uma casca (ou fitas) a ser retirada em espiral, pois acreditava-se que, assim, bruxas e maus espíritos não agarrariam esse ícone da fecundidade da natureza primaveril e da virilidade dos homens. Nos *labirintos do amor*, a árvore de maio poderia ser tanto uma árvore propriamente dita quanto metaforicamente representada por um caramanchão ou pequeno pavilhão arquitetônico.

Há uma segunda leitura possível, exposta pela própria Impelluso: "Ao mesmo tempo, a árvore no centro do labirinto foi interpretada como a árvore da vida no jardim do Éden."[9] Retorna-se, portanto, ao entendimento do labirinto como percurso de idas e vindas para os casais reencontrarem a bela e idílica condição originária do mundo: a *árvore da vida* emerge, ao centro, como representação do paraíso perdido.

Não faltam registros gráficos de árvores de maio ou árvores da vida. Alfonso Piccolomini (1499-1559), duque de Amalfi, para identificar seus documentos e posses, detinha o que se chamava de *impresa* - uma espécie de emblema pessoal que conjugava uma imagem com um breve mote -, composta de um pictograma de um labirinto circular com uma alta árvore no meio e a sugestiva frase NON VEGO UNDE ESCA [Não vejo onde sai]. Não há registros documentais que

8 IMPELLUSO, Lucia. *Op. cit.*, p. 163. "*un albero di maggio che richiama tutta una serie di celebrazioni e riti pagani legati alla ciclica rinascita della natura e come tali immagini di fecondità, quindi dotati di una forte allusione erotica.*"

9 *Ibid.* "*Nel medesimo tempo, però, l'albero al centro del labirinto è stato interpretato come l'albero della vita del giardino dell'Eden.*"

Impresa de Alfonso
Piccolomini, impresso em livro
de Jacobus Typotius, 1601-03

Impresa de Ascanio Bolgarini,
impresso em livro de Giovanni
Ferro, 1623

esclareçam a motivação específica para o uso do labirinto como símbolo e do mistério como *motto*. Inclusive, tal *impresa* sobreviveu aos séculos somente devido à sua publicação na página 125 do terceiro volume do livro *Symbola divina et humana pontificum imperatorum regum* [Símbolos divinos e humanos de pontífices, imperadores e reis] (Praga, 1601-1603), que reproduzia a coleção de emblemas e *imprese* do humanista flamengo Jacobus Typotius (1540-1601).

Outra interessante *impresa* pertenceu ao ignoto senhor de nome Ascanio Bolgarini. É constituída pela representação esquemática de uma edificação labiríntica - aliás, com um percurso incorretamente desenhado - com uma árvore ao centro e a saída retratada como uma porta, da qual desponta uma corda. Deduz-se que é uma alusão ao fio de Ariadne, o que em alguma medida é corroborado pela frase complementar ao desenho: DUCIT IDEM DEDUCITQUE [Aquilo que guia também engana][10].

Duas pinturas do Cinquecento são particularmente didáticas na apresentação dos significados contidos nos *labirintos do amor*. O pintor flamengo Lucas van Valckenborch (*c.* 1535-1597) fez uma série de quadros retratando panoramas campesinos de sua região nas quatro estações do ano. *Paisagem primaveril* apresenta uma perspectiva com diferentes cenas festivas. Em primeiro plano, observam-se mais de duas dúzias de nobres ricamente vestidos, algumas cortesãs com flores no colo enquanto são cortejadas por fidalgos cavalheiros, um piquenique com bolo, músicos tocando instrumentos de sopro, um casal dançando. É a imagem do pleno divertimento de aristocratas, sem traço algum de culpa católica. No centro da tela, vemos ao longe uma cidade - provavelmente Bruxelas. Entre a urbe e o monte onde ocorre um evento popular com corrida de cavalos e grande público presente, além de um jardim fechado - tal como um *hortus conclusus* medieval - com uma fonte centralizada, figuram enamorados galanteando-se, mães e filhos passeando. À esquerda, o caudaloso e ondulante rio tem uma peculiar ilha totalmente ocupada por um labirinto verde composto de seis círculos concêntricos. Entre os curvos corredores de cercas vivas é possível

10 CHIARI, Sophie. *L'image du labyrinthe à la Renaissance: Détours et arabesques au temps de Shakespeare*. Paris: Honoré Champion, 2010.

Lucas van Valckenborch

Paisagem primaveril, 1587
Óleo sobre tela, 116 x 198 cm
Kunsthistorisches Museum,
Viena, Áustria

entrever dois casais. No meio do labirinto, há um caramanchão, cujas pérgolas foram tomadas pela vegetação; ali desponta o *albero de maggio*, o *maypole*, a árvore de maio. Sendo uma *Paisagem primaveril* do hemisfério norte, tudo leva a crer que se trata dos festejos do mês de maio. Sob essa estrutura arquitetônico-vegetal, enxergam-se mais dois amantes. Cabe reiterar a natureza insular desse labirinto, o que de certo modo induz a uma associação cognitiva com Creta ou com Citera, conhecida pelos gregos como "ilha do amor", lugar de nascimento da deusa Afrodite e onde foi erigido seu principal templo de culto.

Encontra-se uma outra ilha-labirinto no quadro *Jardim do prazer com um labirinto* (*c.* 1580), do pintor flamengo Lodewijk Toeput (*c.* 1550-1605), naturalizado veneziano - por isso, igualmente conhecido pelo nome italianizado Ludovico Pozzoserrato. A tela é povoada por uma profusão de enamorados em aparente harmonia com a natureza paradisíaca formada pela exuberante vegetação e pela miríade de animais, como um par de cisnes em primeiro plano, emas, flamingos, cervos, entre outros. O labirinto em si é constituído por seis círculos concêntricos de sebes ocupando praticamente toda a ilhota central. São os acontecimentos ao redor que fornecem indícios do que se trata aquele lugar.

Todas as pessoas da imagem estão em vestes aristocráticas e singularizam-se pela expressividade de seus movimentos joviais: algumas correm, outras se abraçam, muitas se encaram em conversas, em flertes. Tudo ali parece divertido e, *a priori*, distante dos cânones cristãos que atravessaram o labirinto medieval - o próprio título não deixa dúvidas de que se trata de um jardim dos prazeres.

Em primeiro plano, à direita, observa-se um casal deitado na relva às margens do rio; outro, de mãos dadas, aponta para algo à beira d'água; um terceiro par composto de um homem de negras vestes e uma donzela de clara tez e louros fios de cabelos cuidadosamente trançados está chegando ao local; na grama foram deixados uma cesta de vime, uma jarra branca, uma toalha amarfanhada, pratos e um barril caído, ou seja, objetos de um piquenique que se encerrou; por fim, um banquete com três damas e um cavalheiro ocorre numa mesa; ao lado dela, um criado porta uma travessa de comida.

Tal cena, na parte inferior da tela, está em perfeita concordância com o que envolve a ilha-labirinto. Embora todos os quadros sejam, por óbvio, capturas de estáticos instantes por meio de pinceladas, a dinâmica e a vibração de todas as figuras retratadas no jardim de Pozzoserrato são patentes. Alguns parecem entretidos em meio a jogos; outros movem as águas; tudo contém uma energia coletivamente compartilhada. Mas há duas exceções nesse campo pictórico: a torre circular ao fundo – talvez uma representação da Torre de Babel dos mundanos seres humanos – e a grande e linear cerca de rosas que divide horizontalmente a tela. Nota-se que o verde muro é interrompido por um riacho, mas tal brecha é gradeada, o que reitera o sentido de delimitação contido ali: abaixo dessa linha, tudo tem aspecto terno e encantador; por outro lado, o que está acima é um tanto confuso, pois vemos homens montados em cavalos galopantes, uma buliçosa matilha de cachorros, quatro pessoas a uma distância que remete mais a conflitos do que a lisonjas. O verde muro é, portanto, a fronteira entre o paraíso – isto é, o jardim das delícias – e o mundo terreno – ou o purgatório.

Voltando ao primeiro plano do quadro, há, à esquerda, uma embarcação com uma estrutura dourada que emula um palacete de três pisos, com arcos sob frisos ricamente ornamentados, balaustradas compostas de figuras míticas e flores-de-lis, tendo esse conjunto sido coberto pela decoração com grinaldas. Um quarteto de músicos toca no nível superior. Homens e mulheres conversam no andar intermediário e no convés. Esse barco, de arcabouço mais arquitetônico que náutico, é bastante semelhante àqueles utilizados nas comemorações pelo Canal Grande e pela laguna de Veneza. A referência à cidade não é fortuita: Pozzoserrato morou por muitos anos na capital da Sereníssima República, antes de passar as últimas décadas da vida na vizinha Treviso. Sua inspiração nos traços de Tintoretto é tão evidente que,

nas páginas seguintes

Lodewijk Toeput
(Ludovico Pozzoserrato)

Jardim do prazer com um labirinto, c. 1580
Óleo sobre tela, 147,4 x 200 cm
Hampton Court Palace, Londres, Inglaterra

por muito tempo, o quadro foi atribuído ao ateliê do célebre artista. Sobretudo, é preciso notar que no canto superior direito do painel, entre duas falésias, sob uma ponte e por trás de uma caravela, avista-se a Piazzetta di San Marco, na qual se identificam claramente o campanário, um trecho da fachada lateral da basílica, a arcada térrea do Palazzo Ducale e a Torre do Relógio ao fundo. Veneza é, portanto, uma nesga do mundo real que não faz parte do paraíso - esse microcosmo bucólico e fantasioso com um labirinto ao centro.

Na ilha do labirinto aporta outro barco, de menor porte, semelhante a um *traghetto* veneziano. Quatro casais desembarcam e se dirigem ao portal ornado com festões e grinaldas a sinalizar a entrada no labirinto. Curiosamente, para o mesmo acesso também se direcionam um apressado coelho - animal conhecido pela fertilidade - e um representante bovino - claramente remetendo ao Minotauro, mesmo que o ruminante da ocasião ainda esteja do lado de fora do labirinto. Três pares de amantes percorrem corredores por entre as sebes: dois duos abraçam-se, ao passo que um rapaz de hábito azul corre atrás de uma moça de vestido mostarda numa lépida e chistosa perseguição amorosa. Entretanto, esse labirinto pintado por Pozzoserrato tem uma peculiaridade em relação aos outros exemplos de *labirintos do amor*: em seu núcleo, não há uma árvore, tampouco uma estrutura arquitetônica. Deparamos com uma larga mesa atrás da qual quatro fidalgas pessoas sentadas encaram um casal que, de mãos dadas e em pé, parece estar expressando algum argumento, enquanto outro par aguarda e observa por trás de uma linha linear de arbustos. Não está claro do que se trata: é um momento cerimonioso como um tribunal de julgamento dos amores ou celebração de matrimônios.

Aqui reside a ambivalência dos significados do labirinto de verdes sebes do Cinquecento ao Settecento italiano e de todo o continente europeu. O fim do sinuoso percurso profano guarda semelhanças com o fim do tortuoso caminho católico. Ao término das delícias, há o compromisso. O desenlace da algazarra é solene. Lembra-nos de que, por princípio, o Juízo Final é inescapável.

Isso é confirmado por Gustav René Hocke: "A arte e a religião, ainda que esta, muitas vezes, se revele gnóstica e herética, não andavam separadas nos séculos XVI e XVII."[11] Sigo com o autor alemão, retornando à passagem que iniciou este capítulo. Contudo, enquanto aquelas primeiras aspas foram extraídas de uma versão em italiano contida em *Il libro dei labirinti*, de Paolo Santarcangeli, apresento, na sequência, o mesmo trecho na tradução feita para a língua portuguesa por Clemente Raphael Mahl, em 1974.

> Quem inventa labirintos e quem os ama também há de sentir-se aliviado ao sair dos becos sem saída. A melancolia sibilina da maioria dos maneiristas explica-se pelo seu "constrangimento" de serem complicados. Também eles têm ânsia em alcançar novamente o mundo da "naturalidade" e da "simplicidade". Embora à sua maneira, também eles procuram a saída do labirinto. Mas eles fracassam, mesmo quando o amor lhes põe nas mãos o fio de Ariadne, pois eles são, sem dúvida, os filhos mais autênticos do pecado original "ainda não redimido". Eles consideram não existir nenhum caminho "simples" que os conduza à salvação. Ou melhor: para eles, simplesmente não existe nenhum caminho de saída. Eles estão sujeitos à maldição de Caim. O "labirinto" (confusão) opõe-se à "harmonia" (ordem).[12]

Como se nota, há certa diferença entre as versões: "*la nostalgia del 'piacere' di essere liberato*" [a nostalgia do "prazer" de ser libertado] tornou-se, em português, o alívio de "sair dos becos sem saída". O prazer, que remete à sensação de satisfação sexual, foi aqui associado ao alívio, isto é, a um sentimento de atenuação de uma dor. O contraste entre as traduções é consequência da ambiguidade própria dos labirintos. Afinal, estamos lidando com uma estrutura sincronicamente erótica e patológica. Um lugar de simultâneos júbilo e padecimento. É ao mesmo tempo um deleite e um sofrimento.

Converter as ziguezagueantes linhas do labirinto em um conjunto de corredores entre cercas vivas foi uma tentativa de retomar a condição "natural" e "simples" da origem do mundo, como indiretamente indica Hocke. Entretanto, o próprio autor observa que tal esforço não

11 HOCKE, Gustav René. *Maneirismo: O mundo como labirinto*. Trad. Clemente Raphael Mahl. São Paulo: Perspectiva/Edusp, 1974, p. 165.

12 *Ibid.*, p. 304.

foi bem-sucedido. De novo, a diferença entre as versões é significativa: na tradução de Santarcangeli, ir embora do labirinto é ato de libertação; na edição brasileira, há o paradoxo "sair dos becos sem saída". Ora, como se libertar de algo que não tem saída?

Aos que inventam, constroem, amam - três verbos utilizados nas traduções - labirintos, permanece o desacordo das definições imprecisas na frase de Hocke, na pintura de Pozzoserrato, na *impresa* de Piccolomini. Todavia, um singular acordo foi encontrado e está gravado na escadaria da Villa Barbarigo, em Valsanzibio, *comune* de Pádua, onde sobrevive o maior labirinto de cercas vivas da Itália. Na pedra está inscrita a frase "*Quivi* è *l'inferno, e quivi il Paradiso*" [Aqui é o inferno, e aqui é o paraíso].

Vamos prosseguir com uma genealogia da expressão *labirinto do amor*. Na sua gênese, encontraremos o escritor florentino Giovanni Boccaccio (1313-1375). Após o término das cem novelas que compõem sua obra-prima *Decameron*, em 1355, o autor escreveu o livro em prosa *Il corbaccio* [O corvo], cuja datação, devido à falta de provas documentais peremptórias, varia entre meados das décadas de 1350 e 1360. Ao longo dos séculos, a obra foi publicada com títulos diferentes. No entanto, sua primeira versão impressa, que saiu das prensas de Bartolomeo di Libri, em Florença, no ano de 1487, já contém a designação pela qual se tornou conhecida: *Invectiva di Messer Giovanni Boccaccio contra una malvagia donna: decto Laberinto d'Amore et altrimenti il Corbaccio* [Invectiva do senhor Giovanni Boccaccio contra uma mulher maldosa: dito Labirinto do Amor ou, de outra forma, o *Corbaccio*].

Narrado em primeira pessoa, o livro é a história do amor não correspondido do protagonista por uma viúva. Ainda no prólogo, o autor declara que sua obra serve de consolação aos homens que se sentem vítimas das rejeições femininas, o que, de certa maneira, evidencia a postura misógina perceptível nas pejorativas descrições físicas ou psicológicas feitas sobre a antagonista. Isso fundamenta a hipótese de alguns especialistas em Boccaccio de que essa fábula medieval contém aspectos de sua própria história pessoal - isto é, o ressentimento de um homem mais velho.

No livro, o personagem principal suplica pela morte, porém adormece e sonha com o finado marido da amada. Começa ali uma etérea interlocução. O defunto afirma aparecer por obra da intervenção divina da Virgem Maria - além de evidenciar a devoção mariana de Boccaccio, aqui se identifica a moral católica da época, que permeia as entrelinhas do texto. O protagonista atormentado relata ao morto sua paixão pela viúva. Em resposta, é aconselhado a tomar cuidado com a luxúria estimulada pelas mulheres. Nessa advertência é que aparece a expressão *labirinto do amor*:

> Esse lugar recebe diversos nomes por diferentes pessoas, e todos estão corretos: alguns o chamam de "o labirinto do Amor", outros de "o vale encantado", muitos o denominam de "o chiqueiro de Vênus", e vários de "o vale dos suspiros e da miséria"; ainda há aqueles que, de um modo ou de outro, chamam-no como lhes convém.[13]

Ou seja, Boccaccio associa o *labirinto do amor* tanto a um local mágico como ao recinto dos porcos. Simultaneamente um lugar de anseios eróticos e de mendicância das almas. Eis a supramencionada ambivalência do *labirinto do amor* já presente no seu mais antigo registro literário.

A conversa prossegue com o espírito contando sobre sua experiência em vida com a esposa, descrevendo-a como simples receptáculo de comidas gordurosas e vinho, além de considerá-la um ser de voracidade sexual impossível de saciar. Por fim, incita o melindrado protagonista a uma vingança: ao acordar, que escreva um livro sobre a "verdadeira" e "malévola" natureza das mulheres. Diferentemente do sarcasmo e do erotismo dos contos de *Decameron*, o texto do idoso Boccaccio foi redigido sob a égide de uma tradição misógina medieval, que pretendia defender a autoridade do homem sobre a mulher em todo e qualquer âmbito. Em suma, *Il corbaccio* não é uma obra otimista, nem lírica. É uma diatribe rancorosa e moralista.

13 BOCCACCIO, Giovanni. *Il corbaccio*. Turim: Einaudi, 1977, p. 11. "*Questo luogo è da vari variamente chiamato; e ciascuno il chiama bene: alcuni il chiamano 'il laberinto d'Amore,' e altri 'la valle incantata' e assai 'il porcile di Venere' e molti 'la valle de' sospiri e della miseria'; e, oltre a questi, chi in uno modo e chi in uno altro il chiamano, come meglio a ciascun pare.*"

Naquele período tardomedieval, mais especificamente em meados do século XIV, o *labirinto do amor* germina, em Boccaccio, como metáfora da perdição humana; portanto, está em consonância com a acepção penitencial dos meandros dos *Chemins de Jhérusalem* nas naves das catedrais góticas.

O seminal caso de Boccaccio evidencia como os labirintos nos jardins foram produto de uma mistura de significados, justificativas e origens. Os verdes dédalos emergiram de uma infinidade de referências metafóricas e alegóricas. Não raros foram os casos em que passagens mitológicas e divindades pagãs veneradas por antigos gregos e romanos eram evocadas por autores absolutamente cristãos. Também recorrente era o labirinto representando metaforicamente o mundo: uma estrutura apartada da vida cotidiana que simbolizava (e miniaturizava) a totalidade das virtudes e problemas terrenos, tal como um microcosmo paralelo.

Existe um caso de correlação entre labirinto e relacionamentos amorosos ainda mais antigo que o de Boccaccio. É a história de Fair Rosamund. Aqui estamos mais no âmbito do folclore britânico que da história propriamente dita - faltam registros documentais e arqueológicos que corroborem essa narrativa do século XII. Fair Rosamund nasceu Rosamund Clifford (*c.* 1140-1176), jovem cujo nome tinha origem em sua rara beleza - do latim *rosa mundi*, rosa do mundo - e que era notória na corte inglesa da época. Seu vínculo com a nobreza provinha de seu pai, um lorde cujo castelo ficava próximo à fronteira com o País de Gales, então palco de frequentes e sangrentas disputas territoriais. De acordo com a fábula medieval, quem se encantou pela bela moça foi o rei Henrique II da Inglaterra (1133-1189), fazendo dela sua principal amante. Um raro registro da época foi escrito por John Brompton, clérigo da Abadia de Jervaulx, no norte da Inglaterra. Em sua crônica, lê-se: "Para essa moça muito estimada [Fair Rosamund], o rei ordenara a construção, em Woodstock, de uma maravilhosa obra arquitetônica semelhante à realização de Dédalo para que talvez ela não fosse facilmente descoberta pela rainha."[14]

14 BROMPTON, John. *Chronicon. Apud* MATTHEWS, William Henry. *Op. cit.*, p. 165. "*Huic nempe puellae spectatissimae fecerat rex apud Wodestoke mirabilis architecturae cameram operi Daedalino similem, ne forsan a regina facile deprehenderetur.*"

A esposa do rei era Leonor da Aquitânia (*c.* 1122-1204), uma das mais poderosas figuras femininas da Idade Média, com uma biografia repleta de fatos interessantes: foi rainha da França por quinze anos (1137-1152); teve seu primeiro casamento anulado com autorização papal para depois se tornar esposa do soberano inglês (1154-1189); sua participação foi consideravelmente relevante nas tratativas para organizar a Segunda e a Terceira Cruzadas; durante os cinco anos (1168-1173) em que permaneceu no Palácio de Poitiers comandando aquela corte longe do marido, ela e sua filha Maria teriam instituído um "tribunal do amor cortês", no qual constituíam um júri para escutar querelas de enamorados - para, por exemplo, julgar se havia amor verdadeiro no casamento - e dar vereditos; em 1173, entrou em litígio com o marido, Henrique II, quando seus filhos rebelaram-se contra o pai, o que a levou a ser presa por dezesseis anos; quando o rei faleceu, em 1189, ela foi libertada pelo filho Ricardo - conhecido como Ricardo Coração de Leão ou Ricardo I -, que ascendeu ao trono inglês em um reinado de uma década (1189-1199), marcado por sua ida ao Levante na Terceira Cruzada, período em que os reinos francês e inglês foram governados *de facto* por Leonor; antes de falecer, ela ainda viu o filho mais novo, João, tornar-se rei da Inglaterra.

Mas retornemos à "maravilhosa obra arquitetônica semelhante à realização de Dédalo", definição que induz ao entendimento de que se tratava de um labirinto. Reza a lenda que este se localizava nas terras do palácio real em Woodstock, no sudeste da Inglaterra. Ao centro da dedálea estrutura existiria um caramanchão, onde o rei Henrique II e a amante Fair Rosamund se encontravam, e um poço, no qual ela se banhava - existe vestígio desse pequeno reservatório d'água. A função do labirinto era, portanto, esconder aquele romance proibido da rainha, que supostamente tinha um "tribunal do amor cortês". Ou seja, um dos propósitos do Labirinto de Creta foi convertido em história popular a respeito da corte inglesa.

Muitos séculos depois, mais especificamente em 1729, o escritor inglês Samuel Croxall concluiu: "O que nós temos nessa história [de amor entre Fair Rosamund e o rei] não seria uma cópia do fio de Ariadne e do labirinto cretense?"[15] A referência à filha de Minos é proveniente das

15 CROXALL, Samuel. *A Select Collection of Novels*. *Apud ibid.*, p. 167. "*What have we in this Story but a copy of Ariadne's clue and the Cretan Labyrinth?*"

fabulações populares e histórias escritas por diferentes autores ao longo de séculos a respeito das circunstâncias da morte de Fair Rosamund, em 1176. Numa versão da narrativa, o *affair* teria se mantido em segredo até 1174, ou seja, em seguida à prisão de Leonor. Para se vingar, a rainha teria escapado do cárcere e ido atrás da amante do rei. Rosamund refugiara-se no centro do labirinto, mas, acidentalmente, teria deixado um rastro - um fio de seda -, permitindo que a esposa traída a encontrasse. Quando ficaram frente a frente, Leonor teria questionado Rosamund sobre se ela preferia morrer com uma punhalada ou bebendo veneno de uma tigela: a bela jovem escolhera a última opção e assim teria sido assassinada pela rainha. William Henry Matthews atenta ao fato de que não se conhece texto daquele século XII que mencione o incidente do envenenamento: a versão desse suposto homicídio doloso teria surgido dois séculos após a morte dos personagens em um manuscrito de um escriba francês.

O que se conta sobre Fair Rosamund não é factual e está impregnado pelo fascínio e pela distância dos plebeus com relação a seus nobres. Há vestígios documentais sobre o túmulo de Rosamund, mas não há nenhuma evidência desse labirinto - não se sabe se era subterrâneo ou de cercas vivas, não há resquícios arquitetônicos, não existe desenho que registre sua forma. A única certeza é a existência do mito medieval que, com ilustres personalidades da época, atualizou o mito grego. A linda Rosamund assumira o posto do horrível Minotauro. Por ter encomendado o labirinto, o rei Henrique II fora o Minos da vez. Leonor assumira a bravura de Teseu. E aqui está uma das sementes da concepção de labirinto como endereço dos amores proibidos.

As mais antigas evidências de jardins-labirintos aparecem no século XIV, com a expressão em francês *Maison Dédalus* [Casa Dédalo]. Uma listagem de pagamentos com a respectiva descrição das atividades contratadas em 1338 por proprietários de um *château* nos arredores da cidadela de Hesdin, em Pas-de-Calais, no norte da França, demonstra a admissão de jardineiros para manutenção do jardim, de parreiras, de roseiras e da *Maison Dédalus*. Hermann Kern fez um breve inventário de menções à "Casa Dédalo" em diferentes documentos: (1) notas de honorários pagos por duques da Borgonha, a partir de 1372, mencionam uma *Maison Dédalus* em um jardim em Rouvres-en-Plaine, na Côte-d'Or, no leste francês; (2) durante a ocupação de Paris por ingleses de 1420 a 1436, o então palácio real, conhecido como Hôtel des Tournelles, tornou-se habitação de João de Lancaster (1389-1435), duque de Bedford e regente britânico na França, que determinou o replantio de todo o jardim, tendo como primeira ordem de serviço a "retirada das sebes do labirinto, chamado *Maison Dédalus*"; (3) um ofício de 18 de setembro de 1477 indica o pagamento para a renovação do jardim-labirinto no Château de Baugé, pertencente ao rei René d'Anjou (1409-1480)[16]. Nunca foram encontrados desenhos que delineiem claramente as formas e as dimensões das *Maisons Dédalus* dos séculos XIV e XV, mas os parcos indícios apontam que eram compostas de vegetação e localizavam-se em meio a jardins de castelos, sendo assim precedentes diretos dos *labirintos do amor*.

Raríssimos são os registros gráficos de labirintos nessa época. E seus propósitos eram bastante diferentes daqueles dos jardins das delícias. O exemplo imagético exordial desse período encontra-se em um caderno de Giovanni Fontana (*c.* 1395-1455), figura própria ao Renascimento que desembaraçadamente trafegava entre diversas atividades, como cientista, engenheiro, médico e, sobretudo, humanista. Nasceu em Pádua, onde cursou a universidade, havendo registros de familiares na capital da Sereníssima República, bem como de suas passagens por lá. Um labirinto circular no verso da nona folha e um labirinto de matriz quadrada na frente da décima folha estão no códice manuscrito datado entre 1420 e 1430[17], ao qual o autor não atribuiu um título específico, mas o subsequente proprietário do caderno denominou-o de *Bellicorum instrumentorum liber* [Livro dos dispositivos bélicos], atualmente conservado na Biblioteca Estatal da Baviera, em Munique[18]. Apesar do nome, poucas páginas da obra têm desenhos de artefatos militares. Na verdade, o conteúdo é um enigma, pois a escrita de Fontana é cifrada com um alfabeto inventado por ele mesmo, que mescla

16 KERN, Hermann. *Op. cit.*, p. 247.

17 FONTANA, Giovanni. *Bellicorum instrumentorum liber.* [S.l.: s.n.], [entre 1420 e 1430].

18 As digitalizações da cópia de *Bellicorum instrumentorum liber* pertencente ao acervo da Biblioteca Estatal da Baviera estão sob o código BSB Cod.icon. 242, pp. 9v e 10r. Disponível em: digitale-sammlungen.de/en/view/bsb00013084?page=23 e digitale-sammlungen.de/en/view/bsb00013084?page=24. Acesso em: 22 fev. 2023.

letras latinas, gregas e árabes. As páginas contêm ilustrações de quiméricas máquinas que contrariavam os limites do possível - lembremos que, na primeira metade do Quattrocento, as ciências ainda não tinham passado pela imensa evolução do conhecimento humano promovida por Leonardo da Vinci (1452-1519), Nicolau Copérnico (1473-1543), Galileu Galilei (1564-1642), René Descartes (1596-1650) e Isaac Newton (1643-1727), entre outros. Isso posto, as invenções de Fontana têm um inevitável caráter fantasioso e empírico, por serem prévias à sistematização dos estudos dos fenômenos naturais e das leis da física. Estamos nos referindo a uma época anterior ao lançamento das bases do racionalismo.

O caráter visionário, utópico e mesmo um tanto absurdo das criações de Fontana possibilitou-lhe alcançar uma grande inovação no que diz respeito à representação gráfica dos labirintos. Tanto seu labirinto circular quanto seu labirinto quadrado são compostos de diferentes trajetos internos e nem todos se direcionam ao centro ou à saída. Em ambos, é possível se perder. Não se tem notícia de desenho anterior com um traçado de labirinto com bifurcações. Passaram-se milênios entre a conceituação e a realização gráfica da ideia de uma edificação arquitetural na qual há multiplicação de rotas internas e dissimulação dos pontos de referência da entrada e da saída do lugar. As moedas minoicas, os mosaicos romanos e os pisos das catedrais góticas eram compostos de vias ziguezagueantes, porém unidirecionais, isto é, o percurso era tortuoso, mas o êxito era certo. Catalogando os antigos registros imagéticos de labirintos que sobreviveram até os dias atuais, constata-se que Fontana é o autor do primeiro desenho ocidental de um labirinto com bifurcações, bívios, alternativas de caminhos e becos internos. Portanto, Giovanni Fontana foi o inventor da estrutura de labirinto em que podemos nos perder.

Giovanni Fontana

Labirinto circular no códice
Bellicorum instrumentorum liber, c. 1430
Biblioteca Estatal da Baviera,
Munique, Alemanha

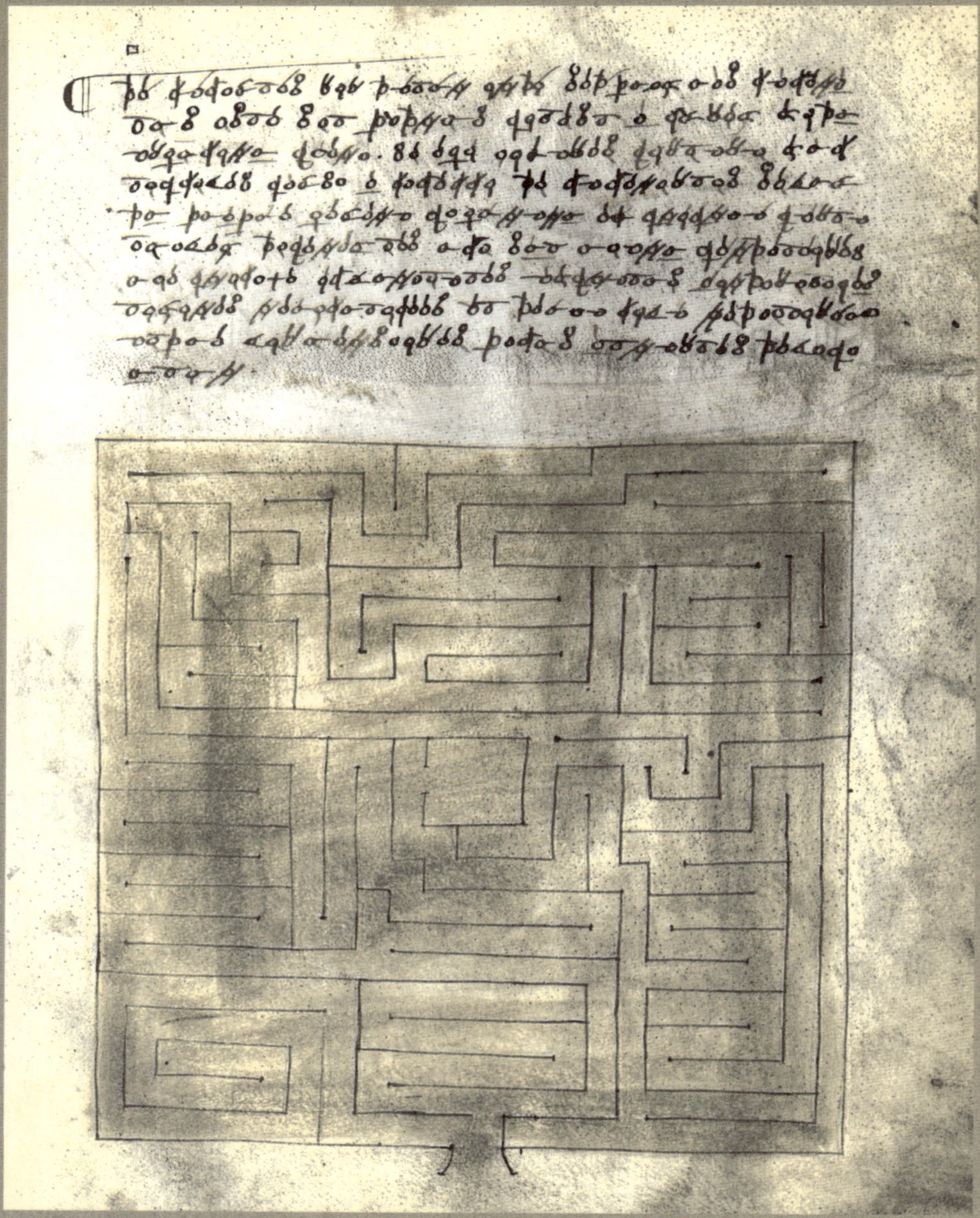

Giovanni Fontana

Labirinto quadrangular no códice
Bellicorum instrumentorum liber, *c.* 1430
Biblioteca Estatal da Baviera,
Munique, Alemanha

Não está claro quais seriam as finalidades daqueles dois labirintos de Fontana, mas esses são os precedentes dos traçados dos *labirintos do amor*, constituídos por vias nas quais os enamorados se perdiam em suas deambulações.

A associação do labirinto com propósitos bélicos é inquestionável no tratado *De re militari*, escrito entre 1446 e 1455 por Roberto Valturio (1405-1475)[19]. A publicação foi dedicada a Sigismondo Pandolfo Malatesta (1417-1468), comandante em chefe da Signoria di Rimini, uma pequena entidade territorial autônoma junto à costa do mar Adriático. Há um considerável número de manuscritos e edições impressas de *De re militari*, e em cada um delas encontram-se variantes de desenhos dos mesmos projetos de armas, de versões quatrocentistas de tanques de guerra e de instrumentos de apoio às tropas para principados, ducados, reinos e repúblicas. Na seção dedicada a estandartes para os exércitos, há um pavilhão composto de um labirinto circular. Na cópia que se encontra na Biblioteca Estatal da Baviera, a bandeira foi desenhada com particular esmero, que se observa no drapeado e no labirinto formado por cinco círculos concêntricos, tendo ao centro um touro que representa o Minotauro[20]. No entanto, a maioria das versões do tratado apresenta o pendão somente com o labirinto: por exemplo, os dois manuscritos atualmente guardados na Biblioteca do Congresso Americano contêm desenhos bastante rudimentares de labirintos constituídos por imperfeitos círculos[21]. Independentemente das diferentes soluções gráficas, o texto abaixo dos desenhos é sempre o mesmo e faz referência ao significado daquela bandeira: os planos militares dos comandantes deveriam ser diversos, enigmáticos e secretos como um labirinto.

19 VALTURIO, Roberto. *De re militari*. [S.l.: s.n.], [entre 1446 e 1455].

20 As digitalizações da cópia de *De re militari* pertencente ao acervo da Biblioteca Estatal da Baviera estão sob o código BSB Clm 23467, f. 320. Disponível em: digitale-sammlungen.de/de/view/bsb00113498?page=320,321. Acesso em: 22 fev. 2023.

21 As digitalizações dos manuscritos de *De re militari* pertencente ao acervo da Biblioteca do Congresso Americano, em Washington, estão sob os códigos 2011655080, p. 286, e 2011655085, p. 327. Disponível em: loc.gov/resource/rbc0001.2011rosen0006 e loc.gov/resource/rbc0001.2011rosen0007. Acesso em: 22 fev. 2023.

Figura Labyrinthi

Joannes Stabius Austriacus,
ad labyrinthi inspectores.

Dum varios flexus dum multiplices labyrinthi
Conspicis errores/ innumerasqꝫ vias
Te vite humane cursum/ seriemqꝫ/ laborem/
Et tristes curas/ cernere cuncta puta
Sic cum leticia/ metu/ spe/ cumqꝫ dolore
Optima quecꝫ dies/ et mala quecꝫ fugit
Flexibus ex illis queris/ qui euadere possit
Silua Achademie/ quem fouet/ ille potest
Comite virtute/ duce sapientia

Andreas Kunhofer Nurmber
gensis ad eundem

Qui vacuus mõstris/ labyrinthi tutus in omnes
Se recipit flexus/ multiplicesqꝫ dolos/
Egressu facili superat quia limina cuncta/
Omnia virtuti quia namqꝫ patent
Ast amor inuisus/ thaurus/ prolesqꝫ biformis
Cui quaciũt mentē/ cui quoqꝫ mõstra ꝑmunt
Incidit errores varios/ variosqꝫ rotatu
Voluitur in preceps/ et mala multa subit
Patere et sustine

Figura Labyrinthi

Sebastianus Calcidius de Basilisco.

Debilis heu nimium subtili pendula filo
Mortalis vita est / undiq[ue] pressa malis
Mille habet hec hostes: quibus est sevicia leti

Ues[que] adeo variis tradita plena modis
Sybilo adest testis rauco terrens basiliscus
Viroso afflatu statim queq[ue] necans

Vive memor leti.

Figura Labyrinthi

Sebastianus Calcidius ad lectorem

Ut varios flexus Labyrinthiq; inuia cernis
Tenias multiplici tramite late vias
Cernis et anfractus fallaci ambage recurvos
Qui faciles gressus explicitosq; negant
Sic iaculis feriet blandus quē forte cupido
Ducit in errores innumerosq; dolos

Que si vitassent multorum corda virorum
Mars non strauisset sanguinolenta manu
Non tot prodissent armate ex Aulide classes
Non viribus danaum diruta Troia foret
Sic qui tranquillam gestis traducere vitam
Inceste veneris noxia tela fuge
Viue memor leti

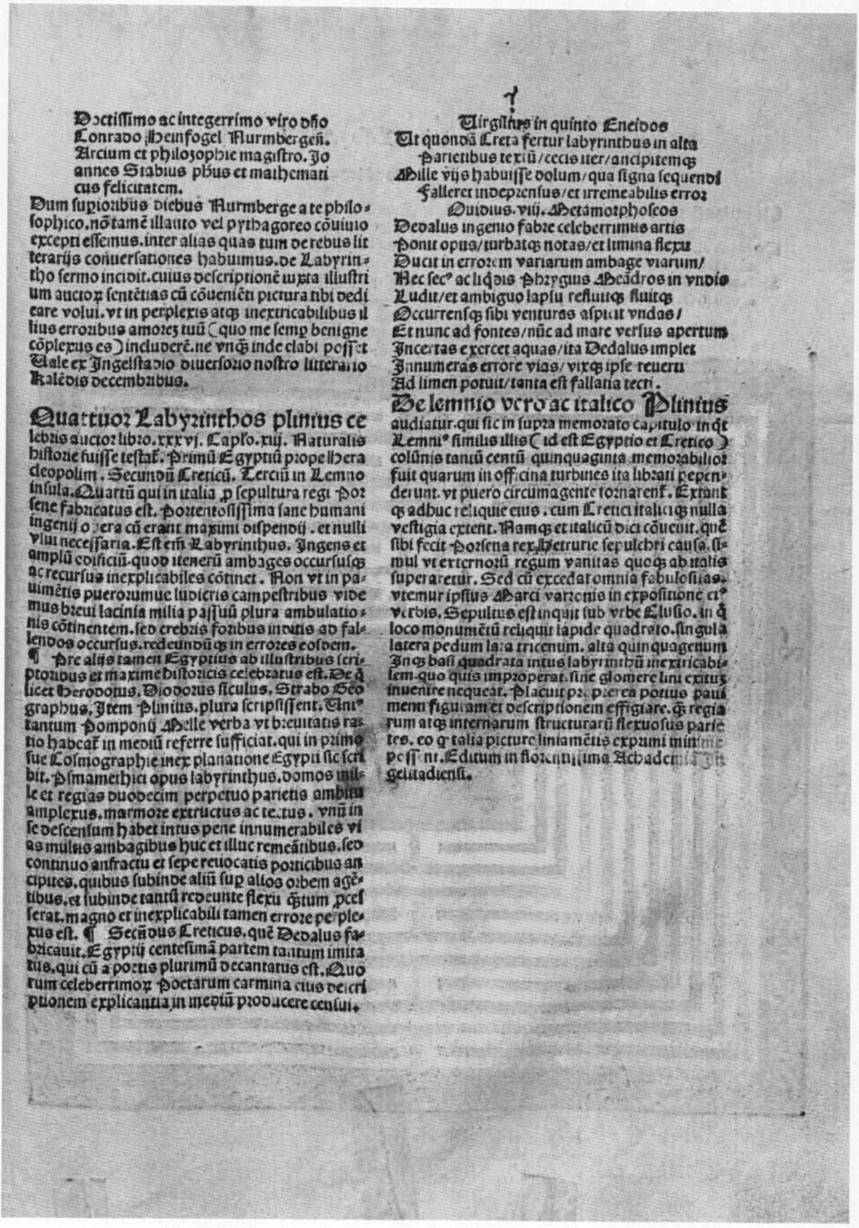

Doctissimo ac integerrimo viro dño
Conrado Heinfogel Nurmbergeñ.
Arcium et philozophie magistro. Jo
annes Stabius phus et mathemati
cus felicitatem.

Dum supioribus diebus Nurmberge a te philo-
sophico, nõ tamẽ illauto vel pythagoreo cõuiuio
excepti essemus. inter alias quas tum de rebus lit
terarijs conuersationes habuimus. de Labyrin-
tho sermo incidit. cuius descriptionẽ iuxta illustri
um auctorꝝ sentẽtias cũ cõueniẽti pictura tibi dedi
care volui. vt in perplexis atq inextricabilibus il
lius erroribus amorez tuũ (quo me semp benigne
cõplexus es) includerẽ. ne vnq̃ inde elabi posset
Uale ex Ingelstadio diuersorio nostro litterario
Kalẽdis decembribus.

Quattuor Labyrinthos plinius ce
lebris auctor libro. xxxvj. Caplo. xiij. Naturalis
historie fuisse testat. Primũ Egyptiũ prope Hera
cleopolim. Secundũ Creticũ. Terciũ in Lemno
insula. Quartũ qui in italia p sepultura regi Por
sene fabricatus est. Portentosissima sane humani
ingenij opera cũ erant maximi dispendij. et nulli
vlui necessaria. Est enĩ Labyrinthus. Ingens et
amplũ edificiũ. quod itinerũ ambages occursusq
ac recursus inexplicabiles cõtinet. Non vt in pa-
uimẽtis puerorumue ludicris campestribus vide
mus breui lacinia milia passuũ plura ambulatio-
nis cõtinentem. sed crebris foribus inditis ad fal-
lendos occursus. redeundũq in errores eosdem.
¶ Pre alijs tamen Egyptius ab illustribus scri-
ptoribus et maxime historicis celebratus est. De q̃
licet Herodotus. Diodorus siculus. Strabo Geo
graphus. Item Plinius. plura scripsissent. Uni9
tantum Pomponij Melle verba vt breuitatis ra-
tio habeat in mediũ referre sufficiat. qui in primo
sue Cosmographie inexplanatione Egypti sic scri
bit. Psmamethici opus labyrinthus. domos mil-
le et regias duodecim perpetuo parietis ambitu
amplexus. marmore extructus ac tectus. vnũ in
se descensum habet intus pene innumerabiles vi
as multis ambagibus huc et illuc remeãtibus. sed
continuo anfractu et sepe reuocatis porticibus an
cipites. quibus subinde aliũ sup alios orbem agẽ-
tibus. et subinde tantũ redeunte flexu q̃tum pces
serat. magno et inexplicabili tamen errore perple-
xus est. ¶ Secũdus Creticus. quẽ Dedalus fa-
bricauit. Egyptij centesimã partem tantum imita
tus. qui cũ a poetis plurimũ decantatus est. Quo
rum celeberrimorꝝ Poetarum carmina eius descri
ptionem explicantia in mediũ producere censui.

Uirgilius in quinto Eneidos
Ut quondã Creta fertur labyrinthus in alta
Parietibus textũ / cecis iter / ancipitemq
Mille vijs habuisse dolum / qua signa sequendi
Falleret indeprensus / et irremeabilis error
Ouidius. viij. Metamorphoseos
Dedalus ingenio fabre celeberrimus artis
Ponit opus / turbatq notas / et lumina flexu
Ducit in errorem variarum ambage viarum /
Nec sec9 ac liq̃dis Phrygius Meãdros in vndis
Ludit / et ambiguo lapsu refluitq fluitq
Occurrensq sibi venturas aspicit vndas /
Et nunc ad fontes / nũc ad mare versus apertum
Incertas exercet aquas / ita Dedalus implet
Innumeras errore vias / vixq ipse reuerti
Ad limen potuit / tanta est fallacia tecti.

De lemnio vero ac italico Plinius
audiatur. qui sic in supra memorato capitulo inq̃t
Lemni9 similis illis (id est Egyptio et Cretico)
colũnis tantũ centũ quinquaginta memorabilior
fuit quarum in officina turbines ita librati depen-
derunt. vt puero circumagente tornarent. Extant
q adhuc reliquie eius. cum Cretici italiciq nulla
vestigia extent. Namq et italicũ dici cõuenit. quẽ
sibi fecit Porsena rex Hetrurie sepulchri causa. si-
mul vt externorũ regum vanitas quoq ab italis
superaretur. Sed cũ excedat omnia fabulositas.
vtemur ipsius Marci varronis in expositione ei9
verbis. Sepultus est inquit sub vrbe Clusio. in q̃
loco monumẽtũ reliquit lapide quadrato. singula
latera pedum lata tricenum. alta quinquagenum
Inq basi quadrata intus labyrinthũ inextricabi-
lem. quo quis improperat. sine glomere lini exitum
inuenire nequeat. Placuit propterea potius paui
menti figuram et descriptionem effigiare. q regia
rum atq internarum structurarũ flexuosus parie-
tes. eo q talia picture liniamẽtis exprimi minime
possint. Editum in florentissima Achademia In
gelstadiensi.

nas páginas anteriores e acima

Autor não identificado

Figura Labyrinthi, *c.* 1495-*c.* 1504
Biblioteca Estatal da Baviera,
Munique, Alemanha

Três labirintos compõem uma breve publicação de duas folhas que transitou nos círculos humanistas de Nuremberg na virada do século XV para o XVI[22]. Cada ilustração de *Figura labyrinthi* ocupa uma página e tem uma forma distinta: circular, triangular e quadrada. Acima dessas gravuras impressas, há alguns poucos versos assinados por Sebastianus Calcidius, Andreas Kunhofer e o cartógrafo austríaco Johannes Stabius (*c.* 1468-1522), que, anos depois, veio a se tornar o principal historiador da corte de Maximiliano I (1459-1519), do Sacro Império Romano-Germânico. Uma quarta página não apresenta nenhum desenho, mas contém o texto em latim de uma carta escrita por Stabius e endereçada a Konrad Hainfogel. Na missiva, o autor recorda uma conversa que tiveram a respeito de labirintos, na qual prometera compilar fontes antigas sobre o assunto a fim de manter a salvo o amor do amigo por essas estruturas que adjetiva como "inextricáveis". A mensagem de Stabius prossegue com citações de Plínio, Heródoto, Diodoro Sículo, Estrabão, Pompônio Mela e Virgílio. A datação dessa publicação é controversa: Hermann Kern apresenta alguns argumentos para situá-la em cerca de 1495; por sua vez, a Biblioteca Estatal da Baviera, que conserva uma das poucas cópias remanescentes, segue a data indicada pelo filósofo Edmund Braun (1928-2015), de aproximadamente 1504. Kern também levanta a hipótese de que as ilustrações tenham sido encomendadas ao gravurista alemão Michael Wolgemut (1434-1519), que fora tutor de Albrecht Dürer (1471-1528). Ao centro do labirinto de doze círculos concêntricos está sentado o Minotauro, com cabeça de touro e corpo humano. No núcleo da estrutura labiríntica de uma dúzia de triângulos equiláteros, há um animal quadrúpede - não é possível precisar se se trata de um cachorro, uma raposa ou outro mamífero semelhante. No meio do labirinto de matriz quadrada, observa-se um homem, cujo compasso na mão nos leva a crer que seja Dédalo, e uma mulher, que pode ser a representação da rainha Pasífae ou da princesa Ariadne. *Figura labyrinthi* demonstra a curiosidade de humanistas germânicos da época pelas culturas antigas.

Tal interesse também pode ser constatado por meio de ilustrações criadas do século XV ao XVIII para livros clássicos. Por exemplo, o livro

22 STABIUS, Johannes *et al. Figura labyrinthi*. Nuremberg, [entre *c.* 1495 e *c.* 1504].

Vidas paralelas, de Plutarco, teve uma impressão feita em Veneza, em 1496, com o título *Vitae illustrium virorum* [A vida dos homens ilustres]: nessa edição, em meio à biografia de Teseu, encontra-se uma gravura[23] da batalha entre o herói ateniense e o Minotauro - ali representado como um centauro. O duelo ocorre em um curral feito de galhos de árvore que figura toscamente o centro de um labirinto circular. Ao fundo, observam-se um palácio - presumivelmente simbolizando Cnossos - e duas donzelas - provavelmente Ariadne e Fedra.

O labirinto reaparece mais frequentemente nas impressões de *Metamorfoses*, de Ovídio. Especialmente notória é uma edição veneziana de 1497, impressa por Giovanni Rosso para Lucantonio Giunta, com 52 ilustrações[24], cujo sucesso na época se constata pelo considerável número de reimpressões - em 1501 e 1508 pelas prensas móveis da mesma casa editorial e, posteriormente, pelo tipógrafo Giorgio Rusconi, em 1517 e 1523. Uma das gravuras dessa edição representa esquematicamente o labirinto com três paredes altas e paralelas e corredores extremamente estreitos e desproporcionais em relação às figuras humanas em primeiro plano no desenho. Para não deixar dúvidas, sobre o plano frontal da estrutura lê-se a inscrição LABYRINTHVS. Claramente, o gravurista não objetivava a verossimilhança tão buscada naquele período reconhecido como Renascimento. À direita no campo pictórico, veem-se dois homens trajados e armados como cavaleiros do começo da Idade Moderna, sendo um deles identificado como THESEVS. Defronte aos dois, encontram-se duas princesas vestidas como donzelas quatrocentistas, e sobre o rosto delas estão inscritos seus nomes, PHEDRA e ARIAD. Por trás de todos, retratou-se uma caravela nas águas do mar, o que nos leva a crer que o lugar da cena é uma ilha - ou seja, Creta.

Um livro foi particularmente relevante ao final do Quattrocento para nutrir o imaginário europeu com relação a labirintos e à cultura italiana de jardinagem: *Hypnerotomachia Poliphili*[25] - publicado no Brasil com o título *A batalha de amor em sonho de Polifilo*.

23 PLUTARCO. *Vitae illustrium virorum*, vol. 1. Veneza: Bartholomaeus de Zanis, 1496. p. 1r.

24 OVÍDIO. *Metamorphosis cum luculentissimis Raphaelis Regii enarrationibus, quibus cum alia quaedam ascripta sunt, quae in exemplaribus antea impressis non inueniuntur, tum eorum apologia quae fuerant a quibusdam repraehensa*. Veneza: Giovanni Rosso para Lucantonio Giunta, 1497.

25 COLONNA, Francesco. *Hypnerotomachia Poliphili*. Veneza: Aldo Manuzio, 1499.

Ilustração do labirinto com Teseu, Ariadne e Fedra impressa na edição veneziana de 1497, do livro *Metamorfoses*, de Ovídio

A obra é anônima, mas a maioria dos especialistas concorda com a atribuição dada a Francesco Colonna (1433-1527), polímata e frade dominicano da Basílica de Santi Giovanni e Paolo, em Veneza[26], porque as letras iniciais de cada capítulo, desenhadas caprichosamente, quando colocadas em conjunto formam a frase POLIAM FRATER FRANCISCVS COLVMNA PERAMAVIT, que se traduz como "O irmão Francesco Colonna amou intensamente Polia". No entanto, diversos estudos apresentam hipóteses alternativas para a autoria do livro, indicando nomes como os do arquiteto Leon Battista Alberti (1404-1472), do *signore* florentino Lorenzo de Medici (1449-1492), do pintor Andrea Mantegna (1431-1506) e do tipógrafo Aldo Manuzio.

O nome de Aldo Manuzio aparece apenas em uma página com erratas de alguns exemplares remanescentes da primeira impressão de *Hypnerotomachia Poliphili*, feita na cidade de Veneza em 1499. Essa edição é considerada uma obra-prima da história do design gráfico devido às suas 171 xilogravuras cuidadosamente diagramadas em meio a uma composição tipográfica com algumas folhas constituídas por caixas de texto de peculiares formatos piramidais ou trapezoidais.

A intrigante e enigmática novela foi escrita num idioma próprio e único. É composto de um misto de língua vulgar (italiana) e de latim,

26 Embora exista a hipótese formulada pelo crítico e historiador de arte Maurizio Calvesi (1927-2020) de que Francesco Colonna seria um nobre romano. Ver PEDRAZA, Pilar. Introdução. *In*: COLONNA, Francesco. *A batalha de amor em sonho de Polifilo*. Trad. Cláudio Giordano. São Paulo: Oficina do Livro Rubens Borba de Moraes/Imprensa Oficial, 2013, p. 25.

que era utilizado por literatos no século XV e, portanto, não considerado por eles língua morta. Os termos latinos, que fazem referência a passagens mitológicas, são provenientes de *Metamorfoses* de Ovídio. Os vocábulos relacionados à botânica advêm de Plínio, o Velho, e sua *História natural*. A terminologia arquitetônica deriva das cópias de *De architectura libri decem* [Os dez livros de arquitetura], de Vitrúvio (*c*. 80-15 a.C.), e *De Re Aedificatoria*, de Leon Battista Alberti. A mescla do latim com a língua vulgar de *Hypnerotomachia Poliphili* é salpicada com palavras de origem grega para fazer referência a objetos ou episódios da Antiguidade – praticamente charadas arqueológicas. Nas ilustrações, encontramos alguns termos em hebraico e árabe, além de caracteres que se assemelham a hieróglifos egípcios, embora não sejam autênticos.

Na edição brasileira, de 2013, há uma introdução, escrita pela professora espanhola Pilar Pedraza, em que ela sintetiza tão complexa obra literária: "Este livro é, na realidade, um excerto de poema alegórico de estirpe medieval e enciclopédia humanística de vocação totalizadora, já que contém ingente amálgama de conhecimentos arqueológicos, epigráficos, arquitetônicos, litúrgicos, gemológicos e até culinários."[27] Francesco Colonna, decerto, é um generalista. Seu genuíno interesse pelos fenômenos naturais e pelas realizações humanas neste planeta o leva a abarcar uma profusão de assuntos em uma escrita complexa, complicada, confusa. Sem atenuações, há de assumir que se trata de uma leitura difícil e nada didática. Contudo, a intrincada fábula de um universo onírico alternativo à realidade acaba por demonstrar a imensa curiosidade do autor pelo mundo real. Colonna descreve copiosamente os pormenores de cada lugar por ele inventado. Pedraza, assim, prossegue seu argumento contextualizando o momento histórico do livro:

> Da mitologia ao xadrez, da astronomia à arte de podar sebes, incluem-se nele todos os conhecimentos do autor, a quem não carece imaginar-se douto em uma ou outra dessas artes, e sim sintetizador de uma série limitada de fontes literárias e de experiências vitais num mundo tão rico

27 *Ibid.*, p. 20.

de estímulos como a Itália de fins do século XV, quando os esplendores do ocaso medieval se confundiam com os do alvorecer de nova maneira de entender as relações com a Antiguidade Clássica.[28]

A batalha de amor em sonho de Polifilo apresenta a narrativa do sonho do protagonista, Polifilo, em busca de sua amada, Polia. O nome do personagem principal é formado pela soma de duas palavras gregas: *polýs*, que significa "muito", e *phílos*, que se traduz como "amado" ou "amante"; logo, "Polifilo" equivale a "amante de muitas coisas". "Polia" advém de *polýs*; por conseguinte, ela é o muito.

O livro divide-se em duas partes bastante assimétricas no que tange a seu número de páginas. No segmento inicial, Polifilo narra em primeira pessoa uma viagem pelo seu sonho. Polia é descrita como "uma ninfa de beleza tão esplendorosa quanto impessoal, misteriosamente dotada de conhecimentos da Antiguidade, guia erudita de Polifilo através do país de Vênus e com certos traços alegóricos"[29], ou seja, a caracterização de uma amada que guarda semelhanças com a idealizada Beatriz de Dante Alighieri, em *A divina comédia*, e a bela Laura do poeta Francesco Petrarca (1304-1374), em *Rerum vulgarium fragmenta*. Ao longo da jornada onírica, o amor de Polifilo é compreendido como uma luta, o que acaba por externalizar dilemas, dúvidas e medos juvenis do personagem. Não faltam passagens com uma clara carga erótica. No relato do imaginário do herói enamorado, ele se perde em paisagens como florestas com animais notáveis e temíveis ou por entre arquiteturas maravilhosas. Em seu exótico caminho, depara com donzelas e ninfas que, depois de escutarem uma declaração de amor do rapaz a Polia, conduzem-no a três portas. Cabe a ele decidir qual abrir, sabendo que somente encontraria sua amada atrás de uma delas. O protagonista escolhe a porta certa e vê-se defronte à mulher pela qual se apaixonara. A partir de então, o casal passa por procissões triunfais que celebram seu noivado. O Cupido é o timoneiro da embarcação que os leva para a ilha de Citera, onde se localiza o templo da deusa do amor – Afrodite para os gregos, Vênus para os romanos.

28 *Ibid.*

29 *Ibid.*, p. 22.

Em determinada passagem, o par aventura-se por um labiríntico jardim dividido com vinte cercas concêntricas separadas por portões com pilares de mármore branco e vermelho cobertos de verdes trepadeiras - as descrições do livro frequentemente apresentam uma natureza que se dobra às normas arquitetônicas. Todavia, o trecho que, de fato, caracteriza um labirinto é:

> falando-me com divina eloquência, um horto extensíssimo em forma de intrincado labirinto redondo cujos caminhos circulares não se podiam pisar, pois eram navegáveis, em lugar de ruas aptas para os passos, correndo riachinhos d'água. Este misterioso lugar era *de per si* salutar paragem, amena, fértil, provida de abundantes e diversas frutas, adornada de fontes exuberantes e coberta de verdor florido e sumamente prazeroso. Disse-me ela [Polia]:
>
> - Suponho, Polifilo, que não compreendes a natureza deste lugar admirável. Ouça: quem entra não pode retroceder; como vês, aquelas atalaias distribuídas aqui e ali distam sete voltas umas das outras; o maior dano que sofrem os que aqui penetram é que na abertura escancarada daquela atalaia central mora um dragão mortífero, voracíssimo e invisível; o perigo é grande, pois as pessoas que navegam confiantes por um e outro lado não o podem ver e, portanto, fado terrível!, não o podem evitar. Ele às vezes está na entrada, ou então pelo caminho, ao sabor do acaso e devora os que passam. Entretanto, se não são mortos entre uma e outra atalaia, atravessam seguros as sete voltas até a atalaia seguinte.
>
> - Os que entram por aquela primeira torre - observa o título escrito em caracteres gregos e medita-o profundamente: ΔΟΣΑ ΚΟΣΜΙΚΗ ΟΣ ΠΟΜΦΟΛΥΣ[30] - vão no barquinho sem nenhuma preocupação nem esforço: as frutas e as flores caem dentro do barquinho e eles transitam mui prazerosamente e como num jogo pelas sete voltas até a segunda atalaia. Atenta, Polifilo, que no início a claridade do ar cresce até a atalaia central e, a partir dela, diminui paulatinamente, obscurecendo-se e declinando para o centro. Na primeira torre habita eternamente piedosíssima, benigna e generosa matrona, diante da qual fica uma urna mui antiga de lançar

30 A inscrição em grego significa "A glória mundana é como uma borbulha".

a sorte, adornada de sete letras gregas, como vês: ΘΕΣΓΙΟΝ[31], na qual se acumulam futuros fatais: amabilíssima e generosa, essa mulher dá um a cada pessoa que entra, ao acaso, sem levar em conta sua condição. Ao recebê-lo e saírem da torre, começam a navegar pelo labirinto, cujos caminhos estão bordeados de rosas e árvores frutíferas. Passada a primeira ampla circunferência das sete voltas, de Áries até o extremo do rabo de Peixes, chegam à segunda atalaia e encontram inumeráveis jovens de várias condições, que pedem a todos que lhes revelem suas sortes. Quando lhas mostram, elas, muito espertas, conhecem o destino apropriado, acolhem o hóspede, abraçando-o, e convidam-no a navegar com elas ao longo das sete voltas seguintes. De acordo com suas inclinações e com variado exercício, conduzem cada um à terceira atalaia. Quem deseja continuar com sua companheira neste lugar não a larga nem deixa nunca; entretanto, encontram-se aqui outras jovens mais voluptuosas e muitos rejeitam as primeiras e juntam-se a estas. Partindo da segunda atalaia para alcançar a terceira, dão com as águas algo desfavoráveis e faz-se preciso remar. Atingida a terceira atalaia, partem dela para a quarta, encontram a água mais revolta, mas nestas sete voltas oblíquas gozam de grande prazer, embora variável e inconstante. Quando chegam à quarta atalaia, dão com outras jovenzinhas, atléticas e lutadoras que, examinando as primeiras sortes, ficam com os adequados ao exercício das armas e facultam prosseguir com suas damas os que não se parecem com elas; nestas voltas é-lhes a água ainda mais hostil, vendo-se obrigados a maior esforço e a remar mais. Na quinta atalaia encontram a água tranquila como um espelho e nela constatam quão bela é sua companheira. Entretidos neste alegre e apetecível deleite, vencem marcha mais trabalhosa, discutindo a esta altura profundamente o refrão áureo *medium tenuere beati*[32], cujo sentido não é espacial nem local mas temporal, e que se refere a este ponto e termo em que, com sincero exame, se compreende o meio pelo qual se acumularam as riquezas ou os conhecimentos, pois, se já os não têm consigo, não poderão adquiri-los nas sete voltas seguintes. Mais adiante deste ponto, descrevem as águas círculos menores e começa a pernóstica corrida para o final, sendo a

31 A palavra em grego significa "divino".

32 A expressão em latim significa "Felizes os que conservaram o meio-termo".

partir daqui conduzidos à sexta atalaia, remando pouco ou nada. Encontram elegantes matronas de aspecto celibatário e pudico, entregues ao culto divino: devido a sua aparência celeste, os hóspedes, cativos do amor delas, repudiando e enojando-se do amor primitivo, têm com elas tranquilo comércio e trânsito pacífico nas sete voltas seguintes. Passadas estas atalaias, no trecho seguinte o ar escurece, sobrevêm muitos incômodos, a viagem torna-se brusca e o curso mais rápido, pois, quanto mais o contorno das voltas se aproxima da figura do centro, mais breves são e tanto mais a corrida resvala em rapidez ineficaz e voltas escorregadias para a voragem da atalaia central, na qual sofrem suprema aflição de ânimo, em se recordando dos belos lugares e da companhia que abandonaram; e mais ainda por saberem que não podem virar a proa de seu barco, pois estão permanentemente à sua popa as proas das outras, e além disso apavora-os o espantoso dístico à entrada da atalaia central, com estas palavras áticas: ΘΕΟΝ ΛΥΚΟΣ ΔΥΣΑΛΓΗΤΟΣ[33]. Então, refletindo na desagradável inscrição, quase deploram ter entrado neste jardim labiríntico, que encerra em si tantas delícias a par de tanta miserável e inevitável fatalidade.

Sorrindo em seguida, Logística, a inspirada dos deuses, acrescentou:

– Nesta boca voraz, Polifilo, existe severa a vigilante avaliadora, que julga os que entram e pesa escrupulosamente, em balança aferida, as ações, pelas quais poderão ter melhor ou pior destino. E porque seria longo dizer tudo, interromperei por ora meu discurso.[34]

Polia inicia sua longa e minuciosa descrição presumindo que Polifilo terá dificuldade de apreender cognitivamente aquele lugar: o labirinto. Este é composto de uma via aquática em espiral de sete voltas, pontuado por atalaias – torres de vigia que operam como portais intermediários –, e aflui para o centro, onde se encontra o Minotauro da ocasião, um dragão que, tal como a monstruosa figura cretense, devora os incautos. Todos que adentram aquele labirinto precisam estar a bordo de um barquinho dimensionado para uma jornada em

33 Uma nota feita pelo tradutor Cláudio Giordano informa que a inscrição grega significa "O lobo dos deuses é insensível", uma frase enigmática e aparentemente vaga. No entanto, Leon Battista Alberti utilizava "lobo dos deuses" para se referir à maneira como os poetas da época aludiam à morte.

34 COLONNA, Francesco. *A batalha de amor em sonho de Polifilo*. *Op. cit.*, pp. 176-80.

casal. A amada que acompanha o rapaz no início da curvilínea jornada não necessariamente seria a mesma ao longo de todo o percurso: na segunda atalaia, moças videntes preveem o futuro dos navegantes e os seduzem para acompanhá-los nas respectivas embarcações; na terceira torre, os homens são apresentados a "jovens mais voluptuosas" e ali podem trocar de parceira. Embora seja uma fala de Polia, ela provém do imaginário masculino de Polifilo, o que fica evidente na descrição dessas figuras femininas encontradas ao longo do percurso labiríntico. Navega-se pela estrada em formato de caracol, cujas águas são, por vezes, mais plácidas e, por outras, mais revoltosas. De todo modo, o fluxo é único, unidirecional - portanto, um caminho sem volta. É interessante atentar para o fato de que o trajeto, apesar de aquático, é ladeado por "rosas e árvores frutíferas", ou seja, vegetação, tal como as sebes e os buxos dos *labirintos do amor* - porque esse é, em alguma medida, um *labirinto do amor*: um amor mais que imperfeito, no qual a amante pode ser substituída. Ao casal é demandada força para remar, isto é, prosseguir. Cifradamente, inscrições gregas sinalizam alertas. No meio da áquea marcha e já um tanto tardiamente, um refrão latino conclama à análise da própria postura perante seus amores ao longo da vida: *medium tenuere beati*. Conforme se fecha a espiral, as águas passam a correr aceleradamente; aquela aventura torna-se atroz; a sequência de fatos passa a ser voraz. Quando percebem a impossibilidade de voltar atrás, os seres são tomados por melancolia "em se recordando dos belos lugares" e um certo remorso pela "companhia que abandonaram". O núcleo do que Francesco Colonna chamou de "jardim labiríntico" é a "miserável e inevitável fatalidade" precedida pelo Juízo Final.

Na edição original da obra, impressa por Aldo Manuzio em 1499, não havia representação gráfica dessa passagem do labirinto d'água. No entanto, xilogravuras foram acrescidas na primeira tradução para a língua francesa, datada de 1546. Entre as novas ilustrações, encontra-se o desenho do labirinto em forma de caracol no interior de uma muralha circular, tendo sete torres - atalaias - aflorando dispersamente e dezenas de barcos percorrendo o caminho aquático em direção ao núcleo. Pilar Pedraza analisa: "Suas gravuras são belíssimas, mais fiéis ao texto original que as edições aldinas e mais numerosas. [...]

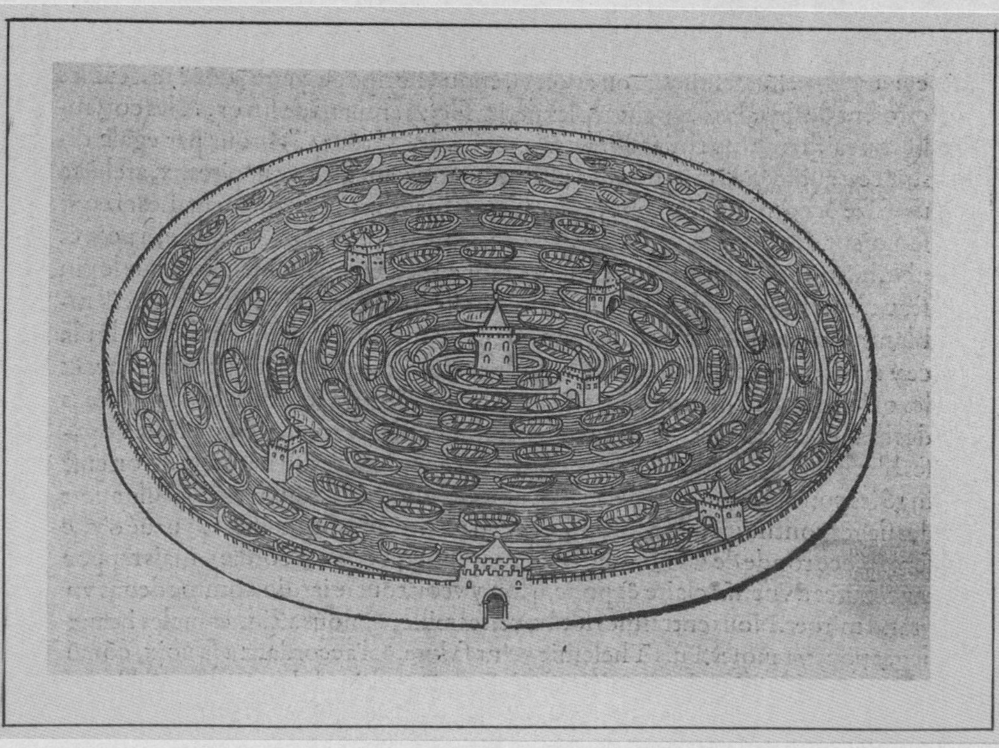

Autor não identificado

Xilogravura de labirinto espiralado que ilustra edições francesas das décadas de 1540 e 1550 do livro *Hypnerotomachia Poliphili*

As paisagens e as obras arquitetônicas estão mais elaboradas e são muito mais pictóricas e as ornamentações mais complexas e conformes às descrições."[35] Não se sabe quem foi o autor da ilustração francesa do labirinto, mas ela teve grande influência na posterioridade, sendo reproduzida em várias edições do livro nos mais distintos idiomas ao longo dos séculos.

Vale prosseguir com algumas considerações sobre *A batalha de amor em sonho de Polifilo*. Na segunda parte, Polia apropria-se da narrativa, passando a contar a história em primeira pessoa – numa espécie de relato autobiográfico. Ela deixa de ser a ninfa idealizada por Polifilo e identifica-se pelo seu nome completo: Lucrécia Lelli. Agora mundana, a jovem fez uma promessa – casar-se com Polifilo – à deusa Diana, a fim de ser curada de grave doença. A prosa da senhorita Lucrécia é uma retórica com si mesma, na qual ela passa a rejeitar o enamorado, questionando-se se mantém o que prometera: alguns críticos consideram o texto um discurso praticamente feminista de defesa da autossuficiência das mulheres, outros qualificam essa reflexão pessoal como "mesquinha". O rapaz morre de amor aos pés da moça. O Cupido intervém, obrigando-a a retornar com ele. Polia (ou Lucrécia) beija Polifilo, trazendo-o de volta à vida. Em seguida, a deusa Vênus abençoa aquele amor. Quando o protagonista reassume a narrativa e abraça Polia, ela esvanece e ele acorda.

O labirinto d'água é um exemplo das tantas descrições prolongadas, lentas e ornamentadas dos muitos lugares – cidades, edifícios e jardins – fantasiados em *Hypnerotomachia Poliphili*. A quantidade de informações e o detalhismo são próprios de um texto de arquitetura da península Itálica no Quattrocento, especialmente considerando que há tratados arquitetônicos daquele século que se amparam exclusivamente na escrita, como *De Re Aedificatoria*, de Alberti, e não prezam pela exequibilidade das estruturas projetadas, como o *Trattato di architettura*, de Filarete. Pedraza, mais uma vez, faz uma válida constatação sobre *A batalha de amor em sonho de Polifilo*: "Demasiado erudito para ser romance e demasiado fantástico para ser tratado. Nenhum arquiteto prático da época podia tirar proveito de semelhante obra,

35 PEDRAZA, Pilar. *Op. cit.*, p. 39.

de caráter eminentemente utópico."[36] Fato é que o livro foi muito lido: Gustav René Hocke destaca-o como um dos principais romances a povoar o imaginário dos maneiristas[37].

Evidente é a proximidade entre o labirinto espiralado de *Hypnerotomachia Poliphili* e o afresco da *Camera dei Cavalli* [Quarto dos Cavalos], no Palazzo Ducale de Mântua[38]. Ambos são labirintos compostos de círculos concêntricos em meio à água e cujas vias internas e curvilíneas são percorridas por embarcações. No afresco mantuano, as linhas curvas do labirinto são traçadas diretamente na superfície de um lago e, em seu núcleo, emerge uma montanha que se projeta em direção ao céu. Ao pé do monte, há uma muralha que, ao centro, tem uma porta urbana medieval onde aportam os barcos que percorreram o labirinto. Tal passagem marca o início de uma estrada até o cume do morro. O afresco com o labirinto no lago é apenas parte de um conjunto decorativo mais amplo cuja datação não é documentalmente comprovada: acredita-se que seja de cerca de 1510.

nas páginas seguintes

Bartholomaus Dill Riemenschneiderou
ou Lorenzo Leonbruno

Monte Olimpo sobre labirinto d'água, c. 1510
Afresco sobre parede
Palazzo Ducale, Mântua, Itália

36 *Ibid.*, p. 35.

37 HOCKE, Gustav René. *Maneirismo*. *Op. cit.*, p. 150.

38 Hermann Kern defendeu veementemente que a ilustração de *A batalha de amor em sonho de Polifilo* inspirou o afresco de Mântua. Mas o desenho é da década de 50 do Cinquecento, e a pintura do Palazzo Ducale possivelmente foi feita na primeira década do mesmo século. Portanto, é mais plausível que o afresco mantuano seja anterior à ilustração, o que desmonta a hipótese lançada pelo alemão. Por sua vez, Paolo Carpeggiani já se contrapunha à argumentação de Kern, defendendo que a fonte iconográfica do labirinto da *Camera dei Cavalli* era o *Trattato di architettura*, de Filarete, hipótese também passível de grande questionamento. CARPEGGIANI, Paolo. "Labyrinthos. Metafora e mito nella corte dei Gonzaga". *Quaderni di Palazzo Te*, n. 2. Módena: Panini, jan.-jun. 1985, p. 59.

Os significados do labirinto e do monte remetem à família Gonzaga, que governou Mântua de 1328 a 1707, primeiro como senhores, a partir do Quattrocento como marqueses e desde 1530 como duques. Mantova era a capital de um domínio não particularmente notável em posicionamento geográfico e tamanho – afinal, ele era mais um dos vários Estados que dividiam a península Itálica como uma colcha de retalhos constituída por fronteiras constantemente cambiantes devido a guerras –, e, por muitos séculos, foi dependente do Sacro Império Romano-Germânico. Apesar da aparentemente diminuta importância da cidade, os Gonzagas foram uma das famílias mais relevantes daqueles séculos, tanto pelos laços que estabeleceram com outras casas reais – como a francesa e a espanhola – quanto pelo mecenato exercido – apoiaram grandes artistas e arquitetos, como Andrea Mantegna, Leon Battista Alberti e Giulio Romano (1492 ou 1499-1546) – na promoção de uma vida cultural riquíssima e notória para muito além de suas divisas.

Com o passar dos anos, uma rica iconografia *gonzaghesca* foi sendo formada. Uma recorrente temática era a montanha que representa o monte Olimpo, simbolizando a virtude e a excelência. AD MONTEM DUC NOS [Guie-nos até a montanha; leve-nos ao alto] é a expressão latina que foi lema da família Gonzaga, utilizado em alguns emblemas de diferentes gerações da dinastia mantuana. Por simples lógica e dedução, o labirinto no afresco pode ser compreendido como o caminho tortuoso até alcançar tal virtude. Contudo, o historiador Paolo Carpeggiani aprofunda-se na interpretação do afresco da *Camera dei Cavalli* como representação metafórica da Mantova dos Gonzagas:

> Há coincidências que não podem ser casuais. O espelho d'água representado é um lago: estar rodeada pelas águas lacustres é a razão da existência de Mântua. O córrego em primeiro plano encontra correspondência no rio Mincio, de memória virgiliana, que gera os lagos de Mântua[39]. Como

39 O rio Mincio não tem uma nascente propriamente dita. Ele começa como um emissário do lago de Garda e deságua no rio Pó. No meio desse caminho, as águas do rio desaceleram, formando os lagos de Mântua.

no *gioco troiano*[40], aqui o labirinto assume o valor simbólico de proteção: aquela proteção que os Gonzagas asseguravam à cidade sob todos os aspectos. O aglomerado urbano é envolvido - como de fato era - por uma muralha, na qual localiza-se a *porta urbis*, cuja entrada restringe-se àqueles que tenham percorrido até o último meandro do grande labirinto.

40 O Jogo de Troia era uma celebração da Roma Antiga composta de exercícios equestres que demandavam perícia de seus nobres cavaleiros. Ludus Troiae em latim, o evento foi descrito na *Eneida*, de Virgílio, que nascera nos arredores de Mântua em 70 a.C. Na obra-prima virgiliana, lê-se: "o patriarca Eneias, antes que terminasse o certame, chama para junto de si o guardião e companheiro do menino Iulo, Epitides, e diz-lhe ao ouvido: 'Vai dizer a Ascânio se tem consigo a tropa juvenil e se já preparou as corridas de cavalo. Que ele traga as turmas para homenagear seu avô e que ele próprio se apresente com as armas.' Ele mesmo dá a toda a multidão que se espalhara pela liça ordem de se afastar e de deixar o campo livre. Os meninos avançam, e todos armados e trajados igualmente, e diante dos olhos dos pais resplandecem nos cavalos dóceis ao freio. Toda a juventude da Sicília e de Troia murmura de admiração ante os que chegam. Todos, de acordo com o costume, têm a cabeleira cingida por uma coroa recortada; cada qual traz dois dardos de cerejeiras com ponta de ferro, alguns carregam nos ombros leves aljavas; flexível colar de ouro lhes cai do pescoço ao peito. São três as turmas de cavaleiros e três os chefes que as dirigem; são seguidos por doze meninos, que resplandecem formados em coluna dupla, com um número igual de escudeiros. Uma coluna de jovens avança com orgulho comandada pelo jovem Príamo, que revive o nome do avô, tua ilustre estirpe, ó Polite, que terá descendentes na Itália; cavalga um cavalo da Trácia de duas cores, com manchas brancas e que mostra, fogoso, a ponta branca dos pés e magnífica cabeça branca. Outro é Átis, de onde veio a estirpe latina dos Acios, o menino Átis, muito querido pelo menino Iulo. O último, que sobrepuja a todos pela beleza, é Iulo, montado em um cavalo sidônio, que a bela Dido lhe oferecera como lembrança e prova de seu afeto. Os demais jovens montam cavalos sicilianos do velho Acestes.

Os dardânios acolhem com aplausos os intimidados jovens, contemplam-nos jubilosos e reconhecem neles os traços dos antepassados. Depois de terem se mostrado aos olhos dos seus, desfilando a cavalo diante de toda a assembleia, eles se preparam: Epitides dá-lhes o sinal, de longe, e um chicote sibila. Os jovens avançam em três tropas de duas fileiras, e, a uma nova ordem, invertem as posições e investem uns sobre os outros de lança em riste. Começam, depois, outras evoluções para diante e para trás, enfrentando-se mais à distância e formando círculos que se entrelaçam e simulam, com as armas, um combate. Ora, fugindo, mostram o dorso, ora investem brandindo as lanças, ora, fazendo a paz, avançam em filas paralelas. Assim, outrora, na soberba Creta, o Labirinto, dizem, oferecia, entre paredes cegas, seu caminho entrelaçado, e o artifício ambíguo de seus mil desvios, onde o extraviado não podia corrigir o erro voltando para trás: assim os filhos dos teucros cruzam seus trajetos a galope e confundem no jogo as fugas e as batalhas, semelhantes aos delfins, que, nadando, cortam os mares dos Cárpatos ou da Líbia e brincam entre as ondas. Ascânio teve a iniciativa de reviver a tradição dessas corridas e essa competição, quando rodeou Alba Longa de muralhas e ensinou os antigos latinos a celebrar esses jogos, como fazia ele próprio quando menino, e como fazia, com ele, a juventude troiana. Os albanos os ensinaram aos seus descendentes; dali os recebeu a grande Roma e os conserva como tradição nacional. A competição tem hoje o nome de Troia e as hostes dos meninos são chamadas de troianas. Assim terminaram as competições em homenagem a um venerável patriarca". VIRGÍLIO. *Op. cit.*, pp. 153-4.

Dentro das fortificações se estende, segura e inviolável, a cidade. Acima dela se ergue, mais alto que igrejas e palácios, o monte, símbolo das virtudes *gonzagheschi*, mas, ao mesmo tempo, emblema do *imperium* exercido pela senhoria [...].

Por fim, deste lado do lago, no afresco, está o mundo exterior: as colinas, o vilarejo, a zona rural, com as cenas de uma vida agreste que, inevitavelmente, chama à memória a poética virgiliana de *Bucólicas*[41]. Por último, a imagem de uma cidade espalhada sobre uma planície: a anônima *cidade habitual* contraposta à *cidade gonzaghesca*. No afresco da *Camera dei Cavalli*, portanto, um emblema *gonzaghesco* (o monte), associado à figuração do labirinto, assume o significado de uma celebração da prerrogativa de Mântua como a *nova Troia*, cidade segura não somente porque circundada de água, mas sobretudo por estar protegida pela senhoria. E, como Troia tinha sua origem em Eneias, o fundador da cidade, semelhantemente os Gonzagas se qualificavam - o labirinto é a chave metafórica - como os *refundadores* de Mântua.[42]

A partir desse afresco, o labirinto torna-se um motivo frequente na Mantova dos Gonzagas. Essa cidade, sob tal dinastia, é alínea inescapável

41 VIRGÍLIO. *Bucólicas*. Campinas: Editora Unicamp, 2008.

42 CARPEGGIANI, Paolo. "Labyrinthos. Metafora e mito nella corte dei Gonzaga". *Op. cit.*, p. 59. "*Si considerino le coincidenze, che non possono essere casuali. Lo specchio d'acqua rappresentato è un lago, ed è prerogativa di Mantova l'essere cinta da acque lacustri; l'emissario in primo piano trova il corrispettivo nel fiume Mincio, di virgiliana memoria, che si genera dai laghi di Mantova. Come nel* gioco troiano, *qui il labirinto assume il valore simbolico di protezione, quella protezione che i Gonzaga assicuravano alla città sotto ogni aspetto; l'agglomerato urbano è cinto - com'era di fatto - da una cortina di mura, nella quale campisce la* porta urbis, *cui può accedere solo chi abbia percorso sino all'ultimo meandro il grande labirinto.*

All'interno delle fortificazioni si estende, sicura e inviolabile, la città; oltre si erge, alto sulle chiese ed i palazzi, il monte, simbolo sì delle virtù gonzaghesche, ma in pari tempo emblema dell'imperium *esercitato dalla signoria [...].*

Di qua dal lago, infine, nell'affresco si estende il mondo esterno: i monti, il villaggio, la campagna (con le scene di una vita agreste che, inevitabilmente, richiama alla memoria la poetica virgiliana delle Bucoliche*); e, da ultimo, l'immagine di una città distesa su di una piana: l'anonima città* della consuetudine *contrapposta alla* città gonzaghesca. *Nell'affresco della sala dei Cavalli, dunque, un emblema gonzaghesco (il monte), associato alla figurazione del labirinto, assume il significato di una celebrazione delle prerogative di Mantova come nuova Troia, città sicura non solo perchè circondata dalle acque, ma anzitutto perchè protetta dalla signoria; e come da Troia aveva tratto origine Enea, il fondatore di città, parimenti i Gonzaga si qualificavano il labirinto ne era l'attestato in chiave di metafora come i* rifondatori *di Mantova.*"

de uma cronologia de labirintos durante a Idade Moderna. Aos que almejam compreender a transformação dos significados do labirinto até chegarmos à conotação amorosa (ou até mesmo erótica), pistas imprescindíveis são encontradas no Palazzo Te, a obra-prima do arquiteto Giulio Romano, em Mântua.

Começo destacando dois enigmáticos croquis. No verso da folha 23 do dito *Taccuino mantovano* [Caderno mantuano], que faz parte do segundo dos *Römische Skizzenbücher* [Cadernos romanos], atribuídos ao pintor holandês Maarten van Heemskerk (1498-1574), há um desenho em planta do pátio do Palazzo Te inteiramente ocupado por um labirinto de perímetro quadrado. Com uma representação bastante diagramática, as paredes internas dessa estrutura, por vezes, são lineares e paralelas às fachadas da edificação palaciana e, por outras, constituem planos arqueados, o que resulta em um labirinto composto de formas híbridas, algo bastante peculiar para o Cinquecento. É desconhecida a circunstância em que tais traços arquitetônicos vieram a ser riscados. Não se tem notícia de desenho similar de Giulio Romano, que eventualmente poderia ter servido de matriz ao desenhista. Nunca se encontrou nenhum documento que comprove (ou mesmo insinue) a realização desse labirinto.

Em outra folha do mesmo caderno, há um segundo labirinto constituído por onze círculos concêntricos no pátio central de uma edificação de matriz formal octogonal. Do lado esquerdo da planta descrita, observa-se o esboço de um trecho de fachada com pilastra em frente a meio arco sob um entablamento. São inconclusivos os esforços para identificar o prédio que estaria sendo representado. Tampouco se sabe a cidade: pode ser Mântua, Roma, qualquer outra urbe da península Itálica ou mesmo um lugar imaginário, com uma arquitetura criada por quem rascunhou a obra naquele papel.

Retornando ao Palazzo Te, cujo canteiro de obras comandado por Giulio Romano funcionou de 1525 a 1539, é mais provável que nunca tenha se erguido um labirinto em seu pátio central. Numa hipótese menos plausível, tal labirinto foi um aparato de brevíssimo tempo de existência (talvez uma grande festa) que não deixou outro registro para a posteridade. Não obstante, os incógnitos desenhos do caderno de Maarten van Heemskerk induzem à verificação de outros aspectos e recintos daquela arquitetura.

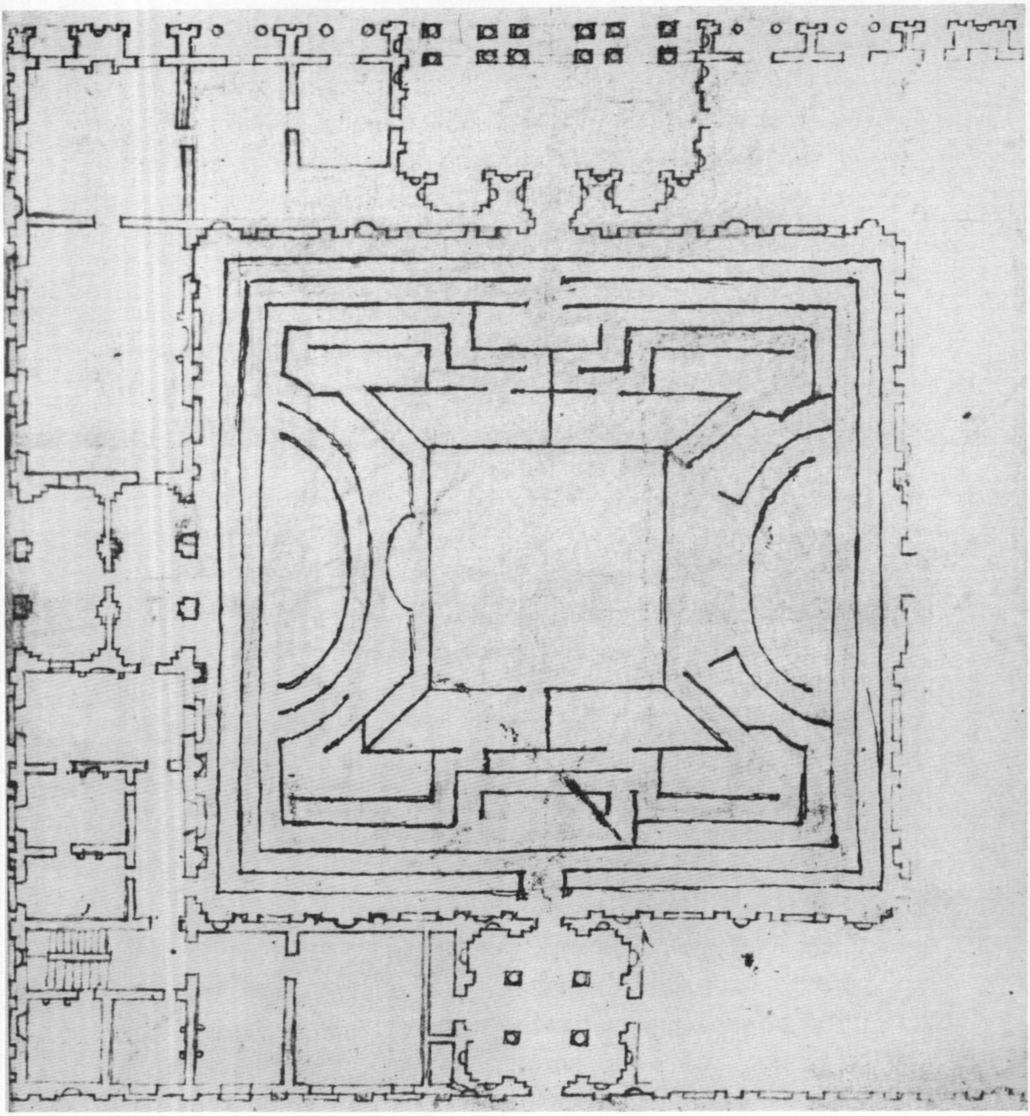

Maarten van Heemskerk

Planta geral do Palazzo Te,
Cadernos Romanos, séc. 16.
Staatliche Museen Preussischer
Kulturbesitz, Berlim, Alemanha

O Palazzo Te foi erguido do lado de fora das muralhas de Mântua para hospedar os encontros entre o duque Federico II Gonzaga (1500-1540) e sua amante, Isabella Boschetti (1500-1560). Logo, por essência, era um lugar de amor, delícias, divertimento, lazer e animadas recepções para convidados ilustres.

O ambiente que melhor ilustra a função daquele palácio é a *Camera di Amore e Psiche*, um recinto repleto de afrescos que, em sua maioria, caracterizam a fábula de Eros e Psiquê, episódio do romance *Metamorfoses* (também conhecido como *O asno de ouro*), de Apuleio (*c.* 125-*c.* 170 d.C.). Ao longo da cornija que corre abaixo das lunetas, lê-se o nome de Federico Gonzaga, com seus respectivos títulos de nobreza e a inscrição HONESTO OCIO POST LABORES AD REPARANDAM VIRT. QVIETI CONSTRVI MANDAVIT, que pode ser traduzida como "A ordem de construir um lugar para o honesto ócio, a fim de recuperar-se da fadiga do trabalho" – portanto, uma descrição da finalidade daquela edificação para o governante de Mântua. Eros e Psiquê são retratados em vários dos majestosos afrescos; por exemplo, nas representações dos preparativos de um banquete campestre que ocupam as paredes oeste e sul do recinto. No entanto, é crucial atentar para as pinturas que representam outras passagens mitológicas. A imagem de Júpiter entrando na cama de Olímpia de Epiro, rainha da Macedônia e mãe de Alexandre, o Grande, contém um caráter quase pornográfico devido ao destaque dado ao órgão genital do deus (Zeus para os gregos e Júpiter para os romanos), ali representado como uma forte figura híbrida – meio humano, meio serpente –, e à mulher despida em posição explicitamente erótica. O caráter lascivo é reiterado nas cenas do banho de Marte e Vênus na parede norte à esquerda, enquanto, à direita, veem-se Adônis correndo, com destaque às suas nádegas descobertas diante de Vênus de seios nus, e o Cupido caído. Todavia, o afresco a ser enfatizado é o de Pasífae entrando numa vestimenta [ver páginas 36-37] idêntica a uma vaca marrom com a ajuda de Dédalo e sob os olhares do touro branco enviado por Poseidon – ou seja, a representação de instantes antes da cópula que deu origem ao Minotauro. Datados entre 1526 e 1528, os libidinosos afrescos, encomendados por Federico Gonzaga quando o então marquês estava nos seus vinte e tantos anos, sob a intensa e arrebatadora paixão por Isabella Boschetti, foram concebidos por Giulio Romano e executados majoritariamente por colaboradores como Rinaldo Mantovano e Benedetto Pagni.

A atmosfera impudica daquela sala era tão explícita que, quando os Gonzagas já não mais governavam Mântua e a cidade estava sob dominação austríaca, uma reforma do Palazzo Te conduzida pelo arquiteto Paolo Pozzo (1741-1803) substituiu os pisos de alguns ambientes da edificação nos anos de 1784 e 1785. Desde então, o pavimento da *Camera di Amore e Psiche* é composto de mosaicos em estilo veneziano conformando doze labirintos octogonais. Embora improvável, não se pode descartar a possibilidade de que o piso preexistente, definido no canteiro de obras de Giulio Romano, já tivesse os mesmos labirintos como motivo. Entretanto, é mais plausível que, a partir dos significados da iconografia daquele espaço, o *settecentesco* Pozzo tenha se decidido pelo arquétipo gráfico que corresponderia à conotação amorosa erótica dos afrescos: eram, portanto, *labirintos do amor*.

Seja por decisão de Romano ou Pozzo, a associação direta entre a cena de Pasífae no afresco e os labirintos do chão está numa passagem já mencionada do livro VI da *Eneida*: "ergue-se, sobre o mar, a terra de Creta: ali está o cru amor do touro, o conúbio furtivo de Pasífae, sua prole de sangue misturado, o filho biforme, o Minotauro, monumento de uma paixão nefanda; ali se vê o labirinto com suas dificuldades e seus inextricáveis meandros". O autor, Virgílio, nascera nos arredores de Mântua em 70 a.C. e foi particularmente celebrado naquela cidade durante a dinastia dos Gonzagas. O poeta clássico tornou-se modelo para a cultura mantuana: seus escritos eram tratados como fontes de argumentos de autoridade. Por isso, a correlação intermediada pela passagem na *Eneida* alicerça a hipótese de Carpeggiani:

Giulio Romano e ateliê

Camera di Amore e Psiche
[Quarto de Eros e Psiquê], 1525-39
Afresco e pavimento de mosaico em estilo veneziano com doze labirintos octogonais
Palazzo Te, Mântua, Itália

GONZAGA

a partir de agora será possível afirmar que os labirintos *gonzagheschi*, particularmente os primeiros casos, encontram a sua gênese no contexto daquele fenômeno complexo e conotativo do Renascimento, que se define como a *redescoberta do antigo*: um fenômeno que insere Mântua na vanguarda do campo figurativo, em coincidência com a pesquisa histórico-filológica de Andrea Mantegna.

Não será através dessa trajetória "mantegnesca", todavia, que se aproximará à recuperação do labirinto. A via é outra, a se procurar diretamente nas fontes literárias da Antiguidade e, em particular, em Mântua, na redescoberta humanista do *genius loci*, Virgílio, o supremo poeta latino nascido e nutrido nas margens do rio Mincio.[43]

O labirinto torna-se, então, um dos símbolos da "redescoberta do antigo" por renascentistas, especialmente nessa "Renascença mantuana". Há um aspecto não explicitamente dito por nenhum autor ou figura pública da Idade Moderna, porém absolutamente fundamental para este livro: os desenhos do caderno de Van Heemskerk e os afrescos e o pavimento da *Camera di Amore e Psiche*, em conjunto, são emblemáticos da mudança do sentido cultural do labirinto que se evidencia em Mântua, pois, nessa cidade, tal arquétipo se libertou da carga católica e adquiriu um sentido puramente secular.

Mais uma vez, a análise de Carpeggiani consolida a correlação entre a motivação de Federico II Gonzaga para a construção do Palazzo Te e a função que o labirinto lá adquire:

o labirinto, com relação ao caráter privado da residência suburbana, qualifica-se como elemento de natureza lúdica, lugar destinado a um jogo cortesão que deliberadamente derruba - sendo baseado na casualidade

43 CARPEGGIANI, Paolo. "Labyrinthos. Metafora e mito nella corte dei Gonzaga". *Op. cit.*, p. 55. *"sin da ora si potrà affermare che i labirinti gonzagheschi, in particolar modo i primi eventi, trovano la loro genesi nel contesto di quel fenomeno complesso, e connotativo del Rinascimento, che si individua come* riscoperta dell'antico: *un fenomeno che vede Mantova all'avanguardia nel campo figurativo, in coincidenza con la ricerca storicistico-filologica di Andrea Mantegna.*

Non attraverso questo tragitto 'mantegnesco', tuttavia, si approda al recupero del labirinto. La via è altra, da ricercarsi direttamente nelle fonti letterarie dell'antichità, ed in particolare, per Mantova, nella riscoperta umanistica del genius loci, *Virgilio, il sommo poeta latino nato e nutrito sulle rive del Mincio."*

da escolha subjetiva - um dos pilares conceituais da cultura humanista: a certeza, objetiva e racional, da *virtù che vince fortuna* [virtude que vence a sorte].[44]

Esse labirinto como lugar para brincadeiras de adultos foi realizado no século seguinte, do lado de fora das muralhas de Mântua, pouco ao sul do Palazzo Te. O engenheiro e cartógrafo mantuano Gabriele Bertazzolo (1570-1626) concebeu um grande jardim-labirinto, datado de 1607 e executado por ordem do duque Vincenzo I Gonzaga (1562--1612). O testemunho gráfico dessa estrutura paisagística encontra-se no mapa intitulado VRBIS MANTVAE DESCRIPTIO [Descrição da cidade de Mântua], feito pelo próprio Bertazzolo em 1628. No texto que acompanha o desenho cartográfico, confirma-se que o duque encomendou o labirinto e lê-se a seguinte descrição: "é tão grandioso que, para encontrar o núcleo, são mais de duas milhas de vias, isso quando não se erra o caminho, porque pode ser muito mais. Suas vias, enfeitadas por árvores espessas e duplicadas, são aptas a cavalos e carruagens, que transitam muito bem ao longo do dia, protegidos do sol"[45]. Visto em planta, esse labirinto tem um perímetro quadrado em cujo interior se encontram recintos de formatos circulares e ovais entremeados por corredores retos. Logo, trata-se de um peculiar diagrama com uma composição de formas heterogêneas, tal como a estrutura labiríntica desenhada para o pátio central do Palazzo Te. Esses dois casos são absolutamente incomuns entre os tantos concebidos do Quinhentos ao Setecentos, visto que labirintos costumavam possuir uma única matriz formal - quase sempre um círculo ou um quadrado - que se repetia paralelamente formando corredores. No labirinto gravado no

44 *Ibid.*, p. 63. "*il labirinto, in rapporto alla destinazione privata della residenza suburbana, si qualifica come elemento di natura ludica, luogo destinato ad um gioco cortigiano che a bella posta ribalta - fondato com'è sulla casualità della scelta soggettiva - uno dei cardini concettuali della cultura umanistica: la certeza, oggettiva e razionale, di* virtù che vince fortuna."

45 BERTAZZOLO, Gabriele. *Urbis mantuae descriptio* (mapa). Mântua, 1628. "tanta grandeza che a volervi ritrovare il mezzo eccede due miglia di strada mentre pero non si erri il caminho che potrebbero essere molto più. Sono le sue strade capaci di cavalli et carrozze guernite d'arbori così spesi e dupplicati che vengono benissimo tutto il giorno riguardate dal Sole." Disponível em: artsandculture.google.com/asset/urbis-mantuae-descriptio-gabriele-bertazzolo/2gG7N3 ShrA3K-Q. Acesso em: 10 mar. 2023.

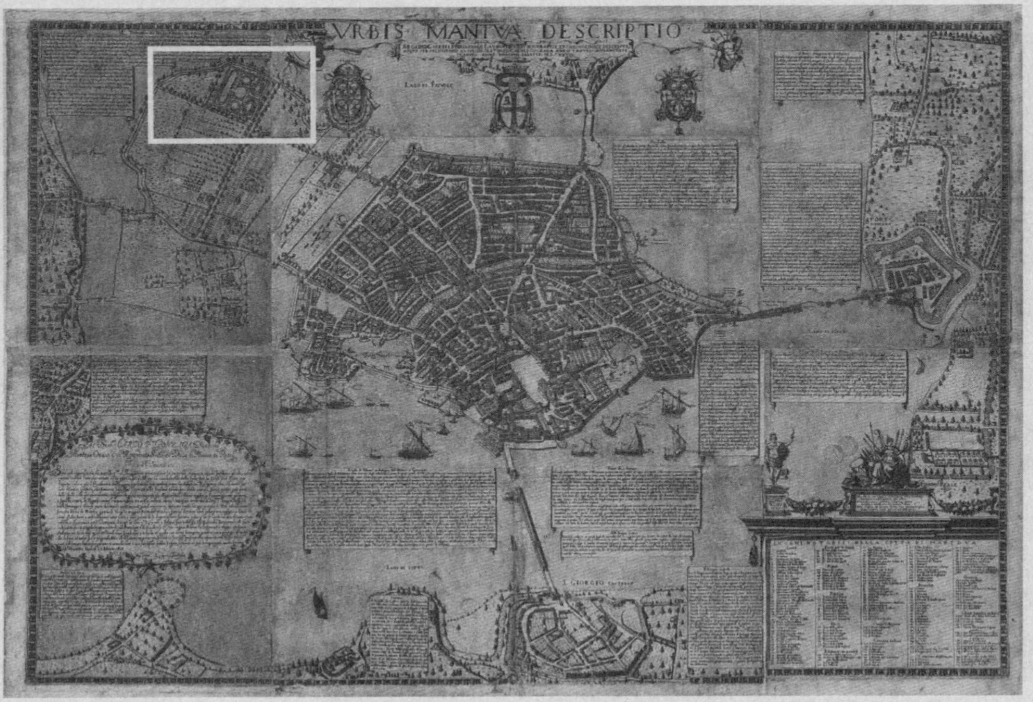

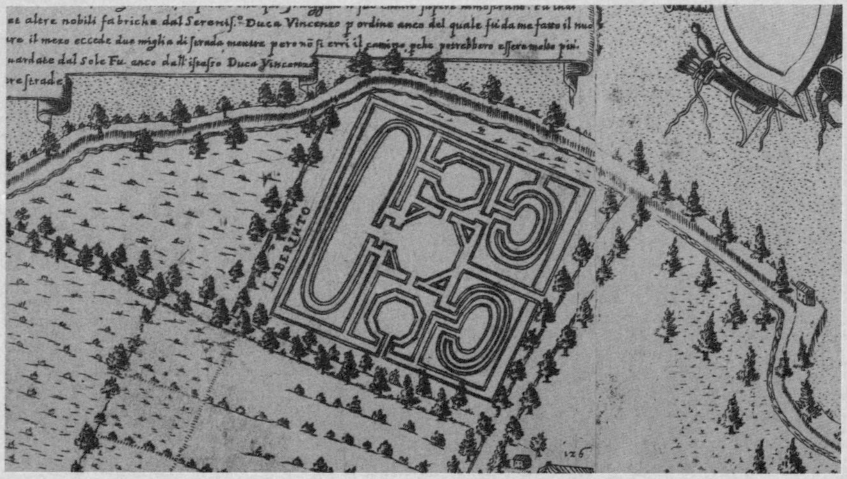

Gabriele Bertazzolo

Urbis Mantuae Descriptio, 1628

Biblioteca Teresiana, Mântua, Itália

mapa de Bertazzolo, constata-se outra curiosidade: nenhuma via interna permite a chegada ao centro dessa estrutura verde. Para a posteridade ficou a dúvida: trata-se de um erro do desenho ou de um labirinto cujo núcleo - isto é, a meta - era inalcançável?

Mântua proporciona outro labirinto que merece ser detidamente examinado: o teto da chamada *Stanza del Labirinto* [Quarto do Labirinto], no Palazzo Ducale. Como em tantos casos, sua autoria é incerta. O responsável pela reforma da ala foi o arquiteto Antonio Maria Viani (*c.* 1550-*c.* 1635), em uma obra encomendada pelo duque Vincenzo I Gonzaga e iniciada em 1595. Entretanto, muitos dos ornamentos de madeira pintados e dourados que decoram os cômodos do apartamento ducal foram trazidos do Palazzo di San Sebastiano, também em Mântua, cuja construção ocorreu de 1506 a 1508 - embora seja necessário fazer uma ressalva com relação à decoração dos interiores, que pode ter sido enriquecida progressivamente até 1519, ano da morte do marquês Francesco II Gonzaga (1466-1519), cuja moradia favorita era aquela construção. Em outras palavras, o forro com labirinto pode ser obra de Viani - hipótese defendida por Carpeggiani, com a alegação de que a feitura do teto não poderia ser anterior a 1601 devido a uma inscrição nele contida[46] - ou ser proveniente do Palazzo di San Sebastiano, e posteriormente transportado ao Palazzo Ducale por Viani, o que antecipa sua datação para as duas primeiras décadas do Cinquecento e mantém sua autoria desconhecida. Nesse caso, pode ter sido concebido por algum dos arquitetos envolvidos naquela obra, como Girolamo Arcari e Bernadino Ghisolfo, ou executado até por um dos pintores implicados na mesma construção, como Lorenzo Leonbruno, Carlo del Mantegna e Lorenzo Costa - suposição defendida pelo historiador Renato Berzaghi[47] e atualmente aceita pela própria administração do Palazzo Ducale conjuntamente com o setor de bens culturais da região italiana da Lombardia.

O forro de madeira de cobertura da *Stanza del Labirinto* não segue uma padronagem ou uma modulação próprias à lógica dos caixotões. As linhas do labirinto são pintadas em dourado sobre um fundo azul-escuro. Atentando ao formato interno do labirinto do teto do Palazzo

46 CARPEGGIANI, Paolo. "Labyrinthos. Metafora e mito nella corte dei Gonzaga". *Op. cit.*, p. 63.

47 BERZAGHI, Renato. *Il Palazzo Ducale di Mantova*. Milão: Electa, 2003, pp. 246-8.

Autoria incerta

Stanza del Labirinto
[Quarto do Labirinto], séc. 16-17
Teto de madeira pintado em azul
com douramento
Palazzo Ducale, Mântua, Itália

Ducale, nota-se que ele é praticamente idêntico à ilustração feita por Sebastiano Serlio (1475-1554) na metade superior da página 199 do livro IV do seu tratado *I sette libri dell'architettura* [Os sete livros de arquitetura], publicado em 1537 [ver página 283]. Ambos têm seis retângulos como matriz formal disposta proporcional e crescentemente, conformando caminhos de espessura uniforme, que coincidem até nos trechos de ligação entre as linhas paralelas.

Retorno às duas possibilidades de datação do labirinto do teto mantuano. Caso tenha sido feito no Palazzo Ducale no começo do século XVII, certamente Viani usou o tratado de Serlio como modelo para seu forro áureo e cerúleo. Caso aquele labirinto seja do começo do século XVI, então abre-se a possibilidade de que Serlio o tenha visto ainda no Palazzo di San Sebastiano na década de 30 do Cinquecento, período em que biógrafos do tratadista apontam indícios de que ele teria visitado Mântua, sendo ciceroneado pelo arquiteto Battista Covo (*c.* 1486-1546), que administrava a manutenção e as obras dos edifícios dos Gonzagas. Portanto, fica a dúvida de se o teto da *Stanza del Labirinto*, atualmente no Palazzo Ducale, foi a fonte para Serlio desenhar tal arquétipo em *I sette libri dell'architettura* ou se esse tratado foi o modelo para a execução do forro labiríntico.

O que não estava presente no labirinto de Serlio são as inscrições contidas no teto mantuano. No centro, lê-se DEDALEE INDUSTRIE ET THESEIE VIRTUTIS, que pode ser traduzido como "O engenho de Dédalo e a virtude de Teseu" ou "A diligência de Dédalo e a virilidade de Teseu", atributos que se comprovaram no interior do Labirinto de Creta. Na faixa perimetral, inscreveu-se DUM SUB ARC CANISIA/ CONTRA TURCAS PUGN. VINC GONZ MANT III/ ET MONT FERR II DUX, que faz referência ao episódio no qual o duque Vincenzo I Gonzaga foi denominado tenente-geral de tropas católicas pelo papa Clemente VIII (1536-1605). Sua missão era uma batalha contra os turcos em Canisia (atualmente a cidade húngara de Nagykanizsa), que transcorreu de setembro a novembro de 1601. Carpeggiani conta a história relativa a essa inscrição como comprobatória da datação no século XVII daquele teto do Palazzo Ducale; no entanto, como se trata de uma cinta no perímetro do labirinto, ela pode ter sido acrescida muitas décadas após a feitura do dedáleo desenho.

Os meandros do labirinto são ocupados pelo *motto* FORSE CHE SI FORSE CHE NO [Talvez sim, talvez não], escrito repetida e sequencialmente[48]. A sentença é proveniente de uma canção do gênero musical chamado *frottola*, composto de letras laicas cantadas frequentemente por três ou quatro vozes acompanhadas por um alaúde. Tal estilo musical disseminou-se pelas casas reais do norte da península Itálica nas últimas décadas do Quattrocento até os anos 30 do século seguinte. A partir de 1495, a corte dos Gonzagas teve em suas recepções a presença frequente de Marchetto Cara (*c.* 1470-1525), um dos mais célebres autores da *frottola*. Boa parte de sua produção[49] foi registrada em um compêndio intitulado *Frottole*, constituído por onze volumes com centenas de canções de diferentes autores, publicado nas cidades de Veneza e Fossombrone de 1504 a 1514 pelo tipógrafo Ottaviano Petrucci (1466-1539), o primeiro editor de publicações com partituras musicais de que se tem registro. A 33ª composição do terceiro volume de *Frottole* (Veneza, 1505) tem como título "Forsi che sì forsi che no" e autoria de Marchetto Cara.

Em italiano arcaico, a letra trata das incertezas do estar no mundo, como se explicita no verso "*Questo mondo falso errante*" [Este mundo falso e errante]. Em determinado momento, a anáfora "talvez sim, talvez não" é interrompida com uma expressão de desejo de "que o mundo não seja assim" - no original, "*Forsi che sì, non sia el mondo ognhor cossì/ Forsi che sì forsi che no*". Uma curiosa franqueza do autor ocorre quando ele assume a possível incompreensão da própria mensagem da canção pelo ouvinte: "Talvez aquele que ouve não entenda/ Estas várias digressões minhas que outros costumam repetir" - "*Forse chi ode non intende/ Questo vario mio disgresso che tal spesso altrui riprende*". Quando aborda o amor, o compositor alerta sobre aquilo que se ignora e não se vê - "*Dalo ignaro non veduto*". Para Marchetto Cara, a hesitação perante o mundo e a oscilação da consciência associam-se ao lado desconhecido inerente ao sentimento de amar. Quando os dilemas expressos nos versos da *frottola* são convertidos em embaraçoso

48 A título de curiosidade, vale mencionar que esse teto do Palazzo Ducale também é a fonte do título do romance *Forse che sì forse che non*, de Gabriele D'Annunzio, de 1910.

49 Precisamente, 65 das 118 composições reconhecidas como de autoria de Marchetto Cara.

percurso de uma estrutura semelhante àquela feita por Dédalo, é admissível considerar o desenho daquele teto mantuano como autêntico *labirinto do amor*[50].

Há outro exemplo de labirinto em Mântua, mas de relevância bem menor. É um pequeno afresco intitulado *Teseu e Ariadne*, que fica no canto do teto no chamado *Appartamento delle Metamorfosi*, também no Palazzo Ducale. É praticamente certo que seja o último dos labirintos dos séculos de domínio dos Gonzagas em Mântua: um ramo familiar, uma cidade e um período histórico que estiveram no âmago da transformação de sentidos desse arquétipo.

A índole amorosa que os labirintos adquirem não anula a presença do aspecto religioso. Naquele momento histórico, o lado afetivo e o lado cristão das estruturas labirínticas operam como duas faces de uma mesma moeda. Isso fica particularmente explícito no livro *Duo labirynthi de mundano et diuino amore...* [Dois labirintos: Dos amores mundano e divino], escrito pelo franciscano Matteo Selvaggio (*c.* 1490-1542), impresso em Veneza no ano de 1542. Duas xilogravuras da publicação merecem destaque.

nas páginas seguintes

Matteo Selvaggio

Labirynthus Mundani Amoris [Labirinto do Amor Mundano] e *Labirynthus Diuini Amoris* [Labirinto do Amor Divino], 1542

Xilogravuras impressas no livro *Duo labirynthi de mundano et diuino amore*

50 Tal conclusão a respeito do significado do labirinto do teto do Palazzo Ducale e a apropriação dos versos da *frottola* do início do Cinquecento fundamentam a minha propensão em concordar com a hipótese de tal forro ser proveniente do Palazzo di San Sebastiano.

Labirynthus Mundani Amoris.

Labirynthus Diuini Amoris

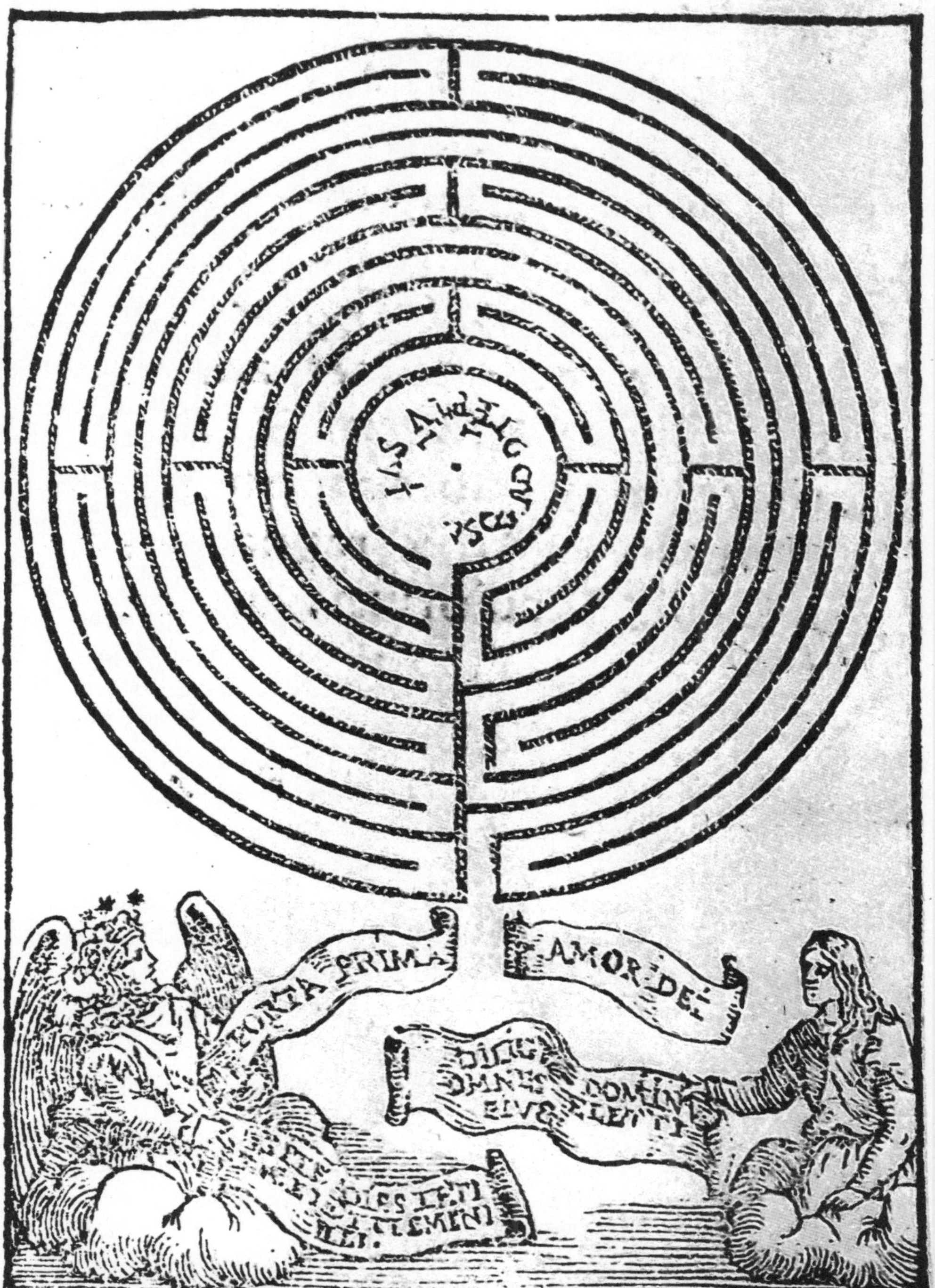

A primeira está sob o título LABIRYNTHUS MUNDANI AMORIS [Labirinto do amor mundano]. Ao centro, há um labirinto quadrado composto de seis quadriláteros de lados iguais e dimensões gerais proporcionalmente decrescentes de fora para dentro. Seu percurso interno é unidirecional, sem bívios - portanto, invariavelmente encaminhará ao núcleo da estrutura dedálea. Abaixo, há um homem, identificado como PLVTO REX INFERNI [Plutão, o rei do inferno], ardendo em meio às chamas, que se deduz serem provenientes do magma vulcânico do MONS AETNAE [Monte Etna]. Da mão esquerda de Plutão parte uma faixa em direção à entrada do labirinto e nela se lê PORTA PRIMA [Primeira porta]. Também próximo do acesso ao tortuoso caminho, uma outra fita branca contém a inscrição AMOR PROPRIVS [Amor-próprio]. Nas labaredas, enxerga-se outra tira, com as seguintes palavras: ARDET CONCVPISCENTIA [Luxúria queimando]. Acima do labirinto, dois anjos seguram uma faixa maior contendo o salmo 60, 4: DEDISTI METVENTIBVS TE SIGNIFICATIONE VT FVGIAT AFATIE ARCVS [Deste um estandarte aos que te temem para que possam se refugiar do arco][51].

A segunda xilogravura do livro de Matteo Selvaggio apresenta o título LABIRYNTHUS DIUINI AMORIS [Labirinto do amor divino]. Vemos ali um labirinto constituído por doze círculos concêntricos. Em seu núcleo, constata-se a escrita VSQVE AD CONTEMPTVM SVI [Em autodesprezo], isto é, o martírio e a penitência de uma pessoa para alcançar o amor de Deus. No extremo inferior dessa estrutura circular está posicionada a entrada, que tem próxima a ela duas faixas, nas quais se lê: PORTA PRIMA [Primeira porta] e AMOR DEI [Amor de Deus]. O ambiente abaixo desse labirinto é celestial: à esquerda, observa-se um anjo com uma auréola de estrelas segurando a fita com a inscrição AGITE DIES LAETITIAE ET CONFITEMINI ILLI[52] [Tenha dias de alegria e confiai nele]; à direita, uma terna moça pega com sua mão esquerda uma tira com uma parte do salmo 30, 24: DILIGITE DOMINUM OMNES ELECTI EIUS [Adorai o Senhor, vós que sois

51 Outra tradução para o mesmo salmo é: "Deste um estandarte aos que te temem para o arvorarem no alto pela causa da verdade."

52 Segundo Hermann Kern, essa é uma inscrição do livro de Tobias 13, 10, do Antigo Testamento. O trecho em questão também é traduzido como "celebrai dias de alegria e rendei-lhes louvores".

seus santos]; tanto a figura angelical quanto a mulher estão sentadas sobre nuvens. Essa representação é mais próxima aos significados dos *Chemins de Jhérusalem* da Idade Média do que aos labirintos coetâneos. A publicação também contém uma imagem da crucificação de Cristo, acompanhada da frase APOTHECA DIUINI AMORIS [Repositório do amor divino].

Nas duas dedáleas xilogravuras, há uma série de oposições: o céu contra o inferno, a leveza das nuvens em contraste com a degradação das chamas, o "amor de Deus" em oposição ao "amor-próprio", o labirinto circular em distinção ao labirinto quadrado. Apesar dos antagonismos, nota-se que o arquétipo do labirinto serve tanto para o amor mundano quanto para o amor divino.

Existem também polêmicas apropriações do labirinto para controvérsias religiosas da primeira metade do século XVI. O livro *Adversus cucullatum Minotaurum Wittenbergensem: De sacramentorum gratia iterum* [Contra o Minotauro encapuzado de Wittenberg: Sobre a graça dos sacramentos mais uma vez], do comentador católico Johann Cochlaeus (1479-1552), publicado em Colônia, na Alemanha, em 1523, apresenta uma sarcástica descrição de Martinho Lutero, em um hábito monacal, como um Minotauro de Wittenberg que almejava ser um Teseu. Os personagens da mitologia grega - ou seja, pagãos - foram utilizados no conflito entre os líderes da Reforma Protestante e os católicos que empreenderam a Contrarreforma.

Outro exemplo do gênero é uma pintura atribuída ao pintor holandês Lucas Cornelisz (*c.* 1495-1552), cujo título, inscrito na moldura, é *Sir Thomas Wyatt's Maze* [Labirinto de Sir Thomas Wyatt]. A tela apresenta um centauro (aludindo certamente ao Minotauro cretense) com a cabeça do papa Clemente VII (1478-1534) em meio a um labirinto de nove círculos concêntricos. A híbrida figura parece estar caindo e perdendo seu solidéu papal. Uma faixa em latim na parte superior expõe o contexto histórico: LAQUEVS CONTRITVS EST ET NOS LIBERATI SVMVS [As algemas foram quebradas e nós fomos libertados]. Fato é que o mencionado nobre britânico Thomas Wyatt (1503-1542) esteve no Vaticano em 1527 numa missão diplomática a serviço do rei Henrique VIII (1491-1547). Depois de ter passado dois meses em Roma sem conseguir uma audiência papal, ele constatou que não havia chance

Lucas Cornelisz (atribuído)

Sir Thomas Wyatt's Maze
[Labirinto de Sir Thomas Wyatt], *c.* 1530
Óleo sobre tela, 32 cm (diâmetro)
Coleção particular

de prosperarem as tratativas de permissão do divórcio entre o monarca inglês e Catarina de Aragão (1485-1536) - o que posteriormente veio a catalisar a fundação da Igreja Anglicana - e deixou a Cidade Eterna. Segundo os escritos de seu neto George Wyatt (o primeiro biógrafo de Henrique VIII), em uma parada da comitiva para trocar cavalos na jornada de retorno à Grã-Bretanha, Thomas Wyatt teria feito um desenho na parede do quarto onde repousava: retratou um labirinto em que se encontrava um Minotauro com uma coroa tripla em sua cabeça, além de um novelo com grilhões e correntes quebradas, e a mesma inscrição da pintura atribuída a Cornelisz[53]. Não há registro do original desse desenho, permitindo crer que a história do diplomata inglês seja uma anedota falaciosa. Pode-se, entretanto, depreender que o pintor holandês da corte britânica teria feito uma interpretação gráfica de como imaginava o labirinto do suposto desenho de Thomas Wyatt[54]. É válido levantar uma hipótese alternativa em consequência da proximidade diplomática estabelecida por Henrique VIII com os Gonzagas: uma carta do monarca britânico para o cardeal Ercole Gonzaga (1505-1563), escrita no verão de 1527, na qual agradece a generosidade com que recebera "*our beloved familiar* [nosso amado] *Thomas Wyatt*"[55], permite a conjectura, para além do acolhimento no Vaticano, de uma breve passagem do diplomata britânico pela corte do marquês mantuano em sua viagem a Roma, quando talvez teria visto os labirintos das decorações palacianas de Mântua.

Na seara da pura representação visual do mito do Labirinto de Creta, há a pintura intitulada *Teseu e o Minotauro*, de autor anônimo, que, para fins historiográficos, é identificado como Maestro dei Cassoni Campana (ou Maestro di Tavarnelle). O campo pictório apresenta simultaneamente uma dezena de cenas, nas quais os personagens mitológicos são retratados mais de uma vez. O mais presente é o herói ateniense: em primeiro plano no centro da tela, vê-se Teseu desembarcando na ilha, portando uma armadura metálica própria de um cavaleiro medieval.

53 BRIGDEN, Susan; WOOLFSON, Jonathan. "Thomas Wyatt in Italy". *Renaissance Quarterly*, vol. 58, n. 2. Chicago: University of Chicago Press/Renaissance Society of America, verão 2005, p. 497.

54 Essa pintura do labirinto com o minotauro papal costumava estar no verso de um retrato de *Sir* Thomas Wyatt pertencente a seus descendentes.

55 BRIGDEN, Susan; WOOLFSON, Jonathan. *Op. cit.*, pp. 490-1.

Mestre de Cassoni Campana

Teseu e o Minotauro, c. 1510-15

Óleo sobre tela, 69 x 155 cm

Musée du Petit Palais, Avignon, França

Ele reaparece galanteando Ariadne e Fedra, as duas filhas do rei Minos, e também quando a princesa cretense lhe entrega o novelo, para que seu amado se oriente no interior do Labirinto. Ao fundo, constatamos o Minotauro pintado fora da estrutura arquitetada por Dédalo em duas ocasiões: na primeira, ele está caçando humanos; na segunda, é enlaçado e capturado por um grupo de soldados; em ambas, o híbrido ser é, de novo, representado como um centauro. O Labirinto circular de paredes de alvenaria é visto em perspectiva, mas o pintor não se esforçou para buscar verossimilhança – os curvos corredores não são demonstrados com larguras realistas para a passagem dos personagens retratados. No centro do Labirinto ocorre a ação capital: Teseu golpeia o Minotauro. Enquanto isso, junto à entrada da dedálea edificação, as irmãs Ariadne e Fedra aguardam o resultado da batalha. Próximo a elas, um detalhe quase imperceptível é digno de nota: um fio está amarrado na parede de acesso ao circuito de meandros. A caracterização do quadro não se assemelha com a indumentária e a arquitetura da Grécia Antiga – e nada leva a crer que o artista tivera esse objetivo. Os vestidos das princesas não se distinguiam tanto dos utilizados nas residências dos Medicis em Florença – e não se aproximam nem um pouco das roupas que se imaginam para a corte minoica. Os edifícios e a hipotética cidadela cretense mais se parecem esteticamente a uma urbe florentina com elementos construtivos quatrocentistas e torres ainda medievalescas. A pintura do dito Maestro dei Cassoni Campana era a tradução de uma narrativa antiga e pagã para a sua época absolutamente católica: nessa operação, ele se apropriou de elementos visuais de seu contexto e conjuntura a fim de que o mito se tornasse, em alguma medida, familiar aos seus contemporâneos.

Outra representação do Labirinto cretense no Quinhentos vem do território que atualmente é a Alemanha. Sem indícios de sua autoria, trata-se de uma das mais complexas plantas labirínticas já traçadas, por mesclar corredores lineares e curvos. É uma estrutura labiríntica policêntrica: há cinco recintos circulares contemplados com cenas figurativas, sendo um deles o núcleo central. Neste, é possível entrever o duelo entre Teseu – vestido de cavaleiro medieval – e o Minotauro – retratado integralmente como um touro, porém bípede. Atrás da contenda, ocorre um festivo banquete servido em duas mesas embaixo

Autor desconhecido

Ad Specta Torem Sylva, c. 1550

Labirinto policêntrico

British Museum, Londres, Inglaterra

de um par de árvores. À esquerda, nesse círculo central do labirinto, há uma fonte d'água, dois músicos - um tocando flauta; o outro, tambor - e três jovens entretidos em um jogo de tabuleiro. À direita, no mesmo miolo, um homem segura uma bola em direção a pinos numa brincadeira análoga ao boliche ou à bocha. Não deixa de ser peculiar que um episódio mítico tenha sido apresentado em meio a ações de lazer mundano. Todos os núcleos secundários apresentam cenas da passagem de pessoas em meio a arbustos e outros elementos vegetais, como se representassem o tortuoso caminho interno até a chegada ao cerne; no entanto, no círculo à esquerda e acima do labirinto, enxerga-se uma pessoa de costas, agachada e defecando. Abaixo desse labirinto desenhado em aproximadamente 1550, há uma *silva*, que é uma forma hispânica de poesia composta de versos hendecassílabos e heptassílabos. Está escrita em latim depois do título AD SPECTA TOREM SYLVA [Silva para ver a queima] e da indicação de autoria do poeta germânico Johannes Sapidus (1490-1561). O Labirinto de Creta é mencionado nesse poema como GLORIA DAEDALIAE, isto é, como uma das grandes maravilhas deste mundo. Ao lado da *silva*, há outro texto, agora em alemão, anônimo e composto de descrições de Creta, Minos, Dédalo, Minotauro e Teseu.

Na virada da primeira para a segunda década do século XVI, um pintor de parcos registros biográficos comumente identificado como Bartolomeo Veneto fez o enigmático quadro *Ritratto di Gentiluomo* [Retrato de um cavalheiro]. Nessa imagem de um jovem nobre de olhos castanhos e longos cabelos, o elemento visual mais atrativo está sobre o tórax dele: sua vestimenta contém um labirinto planar de pelo menos onze círculos concêntricos. A identidade do moço retratado perdeu-se com o passar dos séculos, mas a quantidade de pistas encontradas na pintura atrai historiadores da arte ao desafio de desvendar o mistério. Junto à entrada do dédalo circular, observa-se uma pinha. No topo desse fruto, paira uma espécie de auréola composta de sete esferas, seis delas semelhantes a pérolas e uma dourada - o que, entre a cifrada simbologia contida nesse quadro, pode remeter aos elementos do brasão dos florentinos Medicis. Com tais informações, há pesquisadores que depreenderam a identidade do jovem do quadro como o aristocrata francês François de Laval; outros defendem que seja um membro

Bartolomeo Veneto

Ritratto di Gentiluomo
[Retrato de um cavalheiro], *c.* 1510
Óleo sobre tela, 72,8 x 54,3 cm
The Fitzwilliam Museum,
Cambridge, Inglaterra

da fidalga família Beccaria, de Pavia. Essas inferências, porém, não são definitivas. Por trás do cavalheiro, há uma cortina fechada de cor bordô, abrindo-se à direita para uma paisagem campestre: avistam-se uma torre sobre a montanha, uma ponte sobre o rio, um pequeno burgo e, enfim, uma referência mitológica: um centauro com as patas submersas na água, vestido com uma túnica e levantando uma clava. O labirinto em *Retrato de um cavalheiro* é, muito possivelmente, indicativo de que os planos pessoais daquele incógnito personagem seriam mantidos em segredo em seu peito. O labirinto, aqui, simboliza o sigilo.

Na Suíça e nos Estados germânicos dos séculos XVI a XVIII, há um considerável número de exemplos de labirintos como formato na disposição das palavras na folha de papel. O tipógrafo suíço Urban Wyss (?-1561) publicou uma xilogravura com um labirinto que mescla uma espiral com retângulos. Essas figuras geométricas não são identificadas por meio de linhas, mas pelas frases escritas de modo arqueado ou linear. A metalinguagem de Wyss começa a ser explicada no título em alemão, *Der Welt Lauf und Wesen auf das kürzeste mit Reimen in diesem Labyrinth beschrieben und begriffen*, que significa, em português, "O curso e a maneira do mundo são concisamente descritos e reunidos em rimas dentro deste labirinto". A ambiciosa denominação é acompanhada pelo messiânico texto que começa no centro do labirinto: "Quem quiser saber sobre a natureza do mundo/ Deve somente ler estas rimas./ Rapidamente descobrirá dentro delas/ Como o mundo tornou-se cego."[56] Por sua vez, lê-se como frase final: "É verdade e não mentira."[57]

Uma xilogravura em formato labiríntico apresenta outro texto pesaroso com uma suposta falta da presença de Deus entre os homens, mas, ao mesmo tempo, demonstrando otimismo com as perspectivas futuras lançadas pela Reforma Protestante. Escrita em alemão pelo teólogo evangélico Johann Agricola (1534-1590) em 1568, lê-se no começo dos meandros da estrutura quadrada: "Um belo labirinto ou castelo das maravilhas/ Da natureza e curso do mundo enganoso, desprezível e

56 WYSS, Urban. *Apud* KERN, Hermann. *Op. cit.*, p. 215. "*Wer will erfaren der welt wesen/ Der thuo disen reimen lessen/ Darinnen wirt er finden geschwind/ Wie die gantz Welt ist worden blind.*"

57 *Ibid.* "Ist warlich war und nit erlogen."

Urban Wyss

Der Welt Lauf und Wesen auf das kürzeste mit Reimen in diesem Labyrinth beschrieben und begriffen
[O curso e a maneira do mundo são concisamente descritos e reunidos em rimas dentro deste labirinto], 1562
Xilogravura
Museus Estatais, Berlim, Alemanha

mau/ nestes últimos tempos felizes/ tem melhorado e está adquirindo a forma correta de um labirinto."[58] Logo, para esse autor, a organização correta para o mundo é uma estrutura labiríntica. Em contraste, a cena no centro do labirinto de palavras aparenta ser um tanto profana para o texto que a envolve: observam-se dois casais numa ceia ao redor de uma mesa redonda, estando um dos homens a tocar um alaúde.

Poemas, majoritariamente cristãos, apresentados em formato de labirinto converteram-se em uma espécie de tradição que perdurou mais dois séculos e meio. Eberhard Kieser (*c.* 1583-1631), gravador e editor em Frankfurt, ocupou, em 1611, os caminhos internos de um labirinto retangular com uma prece anônima. Em determinado trecho, coloca-se a questão: "Este labirinto é belo? Ele pode ser um *labor intus*."[59] É uma falsa etimologia da palavra, associando-a ao labor, à labuta, a um esforço doloroso de trabalho e fé, buscando (em vão) esvaziar o sentido lúdico e afetivo dos *labirintos do amor* que se disseminavam pela Europa naqueles anos.

Na mesma década, o escritor espanhol Miguel de Cervantes (1547--1616) teve lançada sua comédia *El laberinto de amor* (1615)[60]. No que diz respeito à temática, ela guarda similitudes com o gênero literário medieval (e já decadente no período cervantino) conhecido como romance de cavalaria, porque foca principalmente na história de uma inocente caluniada que vem a ser defendida por um desconhecido paladino. Contudo, tal como em *Dom Quixote*, há um considerável grau de sátira. Ambientado na Itália da época, *El laberinto de amor* apresenta uma trama de paixões e suas consequências ora cômicas, ora trágicas. Na eclosão de uma série de intrigas apresentam-se questões próprias ao descompasso entre os desejos amorosos e os costumes da sociedade. Nisso, constata-se a clara condenação de Cervantes aos casamentos de

58 AGRICOLA, Johann. *Apud* KERN, Hermann. *Op. cit.*, p. 216. "*Ein schön Labyrinth oder Wunderburg/ vom wesen und lauff der argen schnöden unnd bösen Welt/ in diesen letzten ferlichen zeiten / gebessert und in eine rechte form eines Labyrinths bracht.*"

59 KIESER, Eberhard. *Apud* KERN, Hermann. *Op. cit.*, p. 217. "*Ist dies der Labyrinthus fein? Es mag wohl Labor intus sein.*"

60 Especialistas em Cervantes, como María Soledad Carrasco Urgoiti, defendem que a comédia *El laberinto de amor* tenha sido escrita (ou, pelo menos, sua elaboração tenha se iniciado) na década de 1580. Ver URGOITI, María Soledad Carrasco. "Cervantes en su comedia *El laberinto de amor*". *Hispanic Review*, vol. 48, n. 1. Filadélfia: University of Pennsylvania Press, inverno 1980, p. 81.

conveniência determinados por pais a suas filhas. Em paralelo, a narrativa apresenta a vida de moças que se libertam da redoma familiar, mas têm sua liberdade relativizada quando passam a disputar a atenção do homem amado. A honra e a reputação de indivíduos viram alvo de julgamentos morais do coletivo, isto é, da vizinhança, da comunidade. Assumida como secundária dentro da grande obra de Cervantes, essa comédia faz uso do labirinto como metáfora, o que confirma como a complexidade das relações amorosas foi popularmente relacionada com a imagem do arquétipo dedáleo na virada do século XVI para o XVII.

Esse pêndulo entre o amor profano e o amor sagrado equivale ao vaivém entre interpretações laudatórias e depreciativas do labirinto como alegoria de tudo que é complicado e não inteiramente compreendido no mundo. O contraponto à chistosa redação de Cervantes foi o dogmático livro *O labirinto do mundo e o paraíso do coração*, do pastor protestante tcheco Jan Amos Komenský (1592-1670) - também identificado pelo sobrenome latinizado Comenius. O livro, concluído em 1623 e publicado em 1631, traz na sua primeira parte o mundo terreno representado como uma cidade. Nela, o herói - um peregrino - entra e depara com seres humanos caracterizados como vaidosos e indolentes em meio a seus pensamentos convencionais e superficiais. O descrito burgo é a analogia do labirinto e o endereço da desilusão. Em oposição, na segunda metade da publicação, o peregrino é redimido por um chamado divino em uma dimensão transcendente. O livro de Comenius é uma evidência de que, até o século XVII, o senso de penitência dos meandros contidos nos *Chemins de Jhérusalem* das igrejas góticas ainda não havia desaparecido de todo.

É nesse contexto cultural do Cinquecento e do Seicento que irrompe, com uma força e uma difusão inéditas, a arte da jardinagem nas propriedades aristocráticas da Europa. Os verdes *labirintos do amor* eram trabalhos de topiaria, a técnica de aparar arbustos e copas de árvores formando precisas figuras geométricas. A *ars topiaria* vem da Antiguidade. O escritor, filósofo, orador, magistrado e político Cícero (106-43 a.C.) escreveu: "Elogiei o topiário: então, ele vestiu tudo de hera, o embasamento da *villa*, o intercolúnio do passeio, de modo que, finalmente, recobertas em seus mantos, pessoas eram vistas fazendo topiaria e vendendo hera."[61]

Plínio, o Velho, registra em catorze ocasiões a palavra *topiarius* ou suas respectivas flexões nominais em *História natural*. No 116º parágrafo do 35º livro da sua enciclopédia, lê-se: "na época de estudo do divino Augusto, o primeiro a instituir as mais belas pinturas murais, *ville*, arcadas e obras de topiaria"[62]. Os termos em latim *topiaria, topiarium, topiariam* foram traduzidos, por vezes, como "jardinagem", no sentido de atividade ornamental, decorativa, estética e distinta do propósito alimentar da agricultura, mas não necessariamente circunscrita à técnica de conferir formas geométricas a volumes vegetais. Existe um trecho de *História natural* que especifica o uso do buxo, a espécie vegetal mais frequentemente usada na topiaria: "Na verdade, entre os primeiros materiais em destaque, o buxo raramente é encrespado, nem mesmo com a raiz, mas de resto... é um material leve, louvável pela sua firmeza e palidez, parecendo uma verdadeira árvore e obra de topiário."[63]

No 140º parágrafo do 16º livro da enciclopédia de Plínio, a noção volumétrica para a vegetação é sugerida com um pouco mais de clareza, mediante a indicação de paredes de folhagem, enfileiramento de árvores e transfiguração de massas vegetais em formas geométricas ou antropomórficas facilmente cognoscíveis: "Por muito tempo, o aspecto não foi rejeitado pela visão de distinguir apenas as fileiras de pinheiros, mas agora as amendoeiras produzem densas e esbeltas paredes, as quais constantemente são convertidas em figuras por meio dos trabalhos de topiaria."[64]

61 CÍCERO, Marco Túlio. *Epistulae ad quintum fratrem*, livro III. Roma, [54 a.C.?]. "*Topiarium laudavi: ita omnia convestivit hedera, qua basim villae, qua intercolumnia ambulationis, ut denique illi palliati topiariam facere videantur et hederam vendere.*"

62 PLÍNIO. *Op. cit.*, livro XXXV, cap. 37, § 116. "*non fraudanda et Studio divi Augusti aetate, qui primus instituit amoenissimam parietum picturam, villas et porticus ac topiaria opera.*"

63 *Ibid.*, livro XVI, cap. 28, § 70. "*In primis vero materies honorata buxo est raro crispanti nec nisi radice, de cetero... levisque est materiae, set lentore quodam et duritie ac pallore commendabilis, ipsa vero arbor et topiario opere.*"

64 *Ibid.*, cap. 60, § 140. "*Diu metae demum aspectu non repudiata distinguendis tantum pinorum ordinibus, nunc vero tonsilis facta in densitatem parietum coercitaque gracilitate perpetuo teres trahitur etiam in picturas operis topiarii.*"

A distinção entre jardinagem e topiaria ganha precisão apenas no século XV. A descrição dos jardins encontrados por Polia e Polifilo na ilha de Citera, onde nascera Afrodite, apresenta exemplos de arbustos podados em um claro trabalho de topiaria. Lê-se no livro *Hypnerotomachia Poliphili*:

> Tais buxos eram assaz espessos, diminuindo de forma precisa e gradativa até acabar em ponta e também podados em outras muitas belíssimas figuras. A todas estas obras, porém, sobrepunha-se uma maravilhosa, pois vi, arranjados habilmente à moda antiga nestes arbustos verdes, os trabalhos do ilustre Hércules e muitas outras figuras de diferentes animais, sempre verdes, dispostas regularmente e distribuídas em intervalos convenientes pelo prado coberto de ervas e florido.[65]

As palavras de Francesco Colonna particularizam a topiaria como a arte de domesticar a natureza sob normas arquitetônicas. As copas de árvores e os arbustos são podados – isto é, domados – para se tornarem figuras geométricas. Não raro constatamos a presença de termos como "cercas" e "paredes" para descrever folhagens geometricamente cortadas. Há um léxico recorrente nessas descrições: "intervalo", "regular", "proporcional", "corresponder" e suas respectivas declinações são repetidamente utilizados. Fundamentados nesse glossário da topiaria, os labirintos tornaram-se um recorrente item na composição paisagística em diferentes nações.

Na Espanha, há registros de mais de um dédalo nos Alcáceres Reais de Sevilha. Um grande labirinto de cercas vivas repleto de becos sem saída foi plantado por volta de 1540, ano em que o monarca ocupante desse monumental complexo de palácios e jardins era Carlos V (1500-1558), sacro imperador romano-germânico e então viúvo de Isabel de Portugal (1503-1539). Esse jardim foi desfeito em 1910, permanecendo somente a sua fonte central, que representa o monte Parnaso, decorado com alegorias mitológicas, como o deus Apolo rodeado por nove musas; com um projeto paisagístico do século XX, o local é atualmente conhecido como *Jardín de la Cruz*. No entanto, existiu um

65 COLONNA, Francesco. *A batalha de amor em sonho de Polifilo*. *Op. cit.*, p. 350.

Jardín del Laberinto, que ficava em outro ponto dos Alcáceres Reais. A construção desse jardim é descrita em pareceres de 1573 a 1576 redigidos pelos responsáveis pela manutenção e pelas obras de ampliação do conjunto palaciano. Era diminuto: praticamente um quintal particular do quarto privativo do rei. Foi cercado com laranjeiras, tinha fontes d'água e o labirinto em si estava no traçado do pavimento, feito de pedra e ladrilhos cerâmicos. Em 1599, esse piso foi refeito e uma galeria de arcos sobre colunas dóricas foi erguida numa lateral daquele pátio, o qual, desde então, recebe o nome *Jardín de Troya*. O atual labirinto verde de Sevilha é relativamente recente: seu projeto foi feito em 1914 para substituir aquele que desaparecera anos antes.

Na Inglaterra, William Cecil (1520-1598), o 1º barão de Burghley, principal conselheiro da rainha Elizabeth I (1533-1603), duas vezes secretário de Estado e tesoureiro real por décadas, tinha o Palácio de Theobalds, no condado de Hertfordshire, onde ordenou a construção de um labirinto de sebes em 1560. Destruído em 1643 durante a Guerra Civil Inglesa, tornou-se notório por não ter uma topografia plana, embora seu perímetro fosse um quadrado, e os corredores, perfeitamente lineares: ao centro do labirinto de Theobalds, encontrava-se uma pequena elevação conhecida como "Colina de Vênus" ou *Venusberg*.

O arquiteto francês Salomon de Caus (1576-1626) foi o responsável pelo *Hortus Palatinus* [Jardim do Castelo], em Heidelberg, no atual território alemão. Sua construção e plantio iniciaram-se em 1613 e se interromperam em 1619, tendo como contratante Frederico V (1596-1632), eleitor palatino do Sacro Império Romano-Germânico e rei da Boêmia por um breve período - seu apelido era Rei de Inverno. Devido à derrota do monarca na Guerra dos Trinta Anos, o jardim foi realizado apenas parcialmente. Embora nunca tenha sido concluído, existem muitos registros desse projeto paisagístico, porque Salomon de Caus fez um livro com uma pormenorizada descrição do jardim, acompanhada por gravuras[66]. A publicação, impressa em Frankfurt em 1620, detalha o que havia sido feito e o que estava a se fazer. Em virtude da riqueza de elementos, o pintor flamengo Jacques Fouquières (*c.* 1580-1659) foi capaz

66 CAUS, Salomon de. *Hortvs Palatinvs: A Friderico Rege Boemiae Electore Palatino Heidelbergae Exstrvctvs*. Frankfurt, 1620.

de traduzir o *Hortus Palatinus* para um quadro, no qual vemos que o jardim possuía (ou planejara-se para ele) um labirinto composto de cinco círculos concêntricos de sebes, tendo um obelisco ao centro fazendo as vezes de elemento vertical tal como uma árvore de maio.

Na península Itálica, uma gravura de 1573 feita pelo desenhista francês Etienne Dupérac (*c.* 1525-1604) retratando os jardins concebidos por Pirro Ligorio (1512-1583) para a Villa d'Este, em Tivoli, nos arredores de Roma, apresenta quatro labirintos de matriz quadrada. O endereço é digno de atenção: Tivoli foi a cidadela em cujas cercanias o imperador romano Adriano (76-138 d.C.) ordenou a construção de sua majestosa residência campestre - a Villa Adriana - e onde, catorze séculos depois, o cardeal Ippolito II d'Este (1509-1572) ambicionou o erguimento de um jardim para impressionar os seus convidados mais até do que lograra o monarca da Idade Antiga.

Cabe aqui uma digressão para especificar o que é uma *villa*. *Villa* é um termo italiano para as residências aristocráticas afastadas das cidades ou burgos. O que se entende por *jardim à italiana* - isto é, o paisagismo que envolve as *ville* - não descende da organização feudal do campo e da agricultura. São moradias de caráter palaciano, mas desprovidas de uma escala fáustica. Por princípio, as *ville* antagonizam as habitações urbanas: por vezes, mantêm alguma atividade agrícola, mas são, sobretudo, circundadas por jardins, os quais se constituem como singulares microuniversos naturais. É um local de prazer diretamente estabelecido com a natureza, a qual não se apresenta em um estado selvagem, mas domesticada pelo homem sob uma harmoniosa composição. A *villa* não contém os elementos construtivos próprios de uma fortificação medieval a proteger a nobreza dos inimigos estrangeiros ou da fúria plebeia: sua alvorada não foi a mesma das auroras do *château* (o castelo francês), do *schloss* (o castelo germânico) ou do *castel* britânico.

nas páginas seguintes

Jacques Fouquières

Hortus Palatinus, *c.* 1620

Óleo sobre tela, 178,5 x 263 cm

Kurpfälzisches Museum, Heidelberg, Alemanha

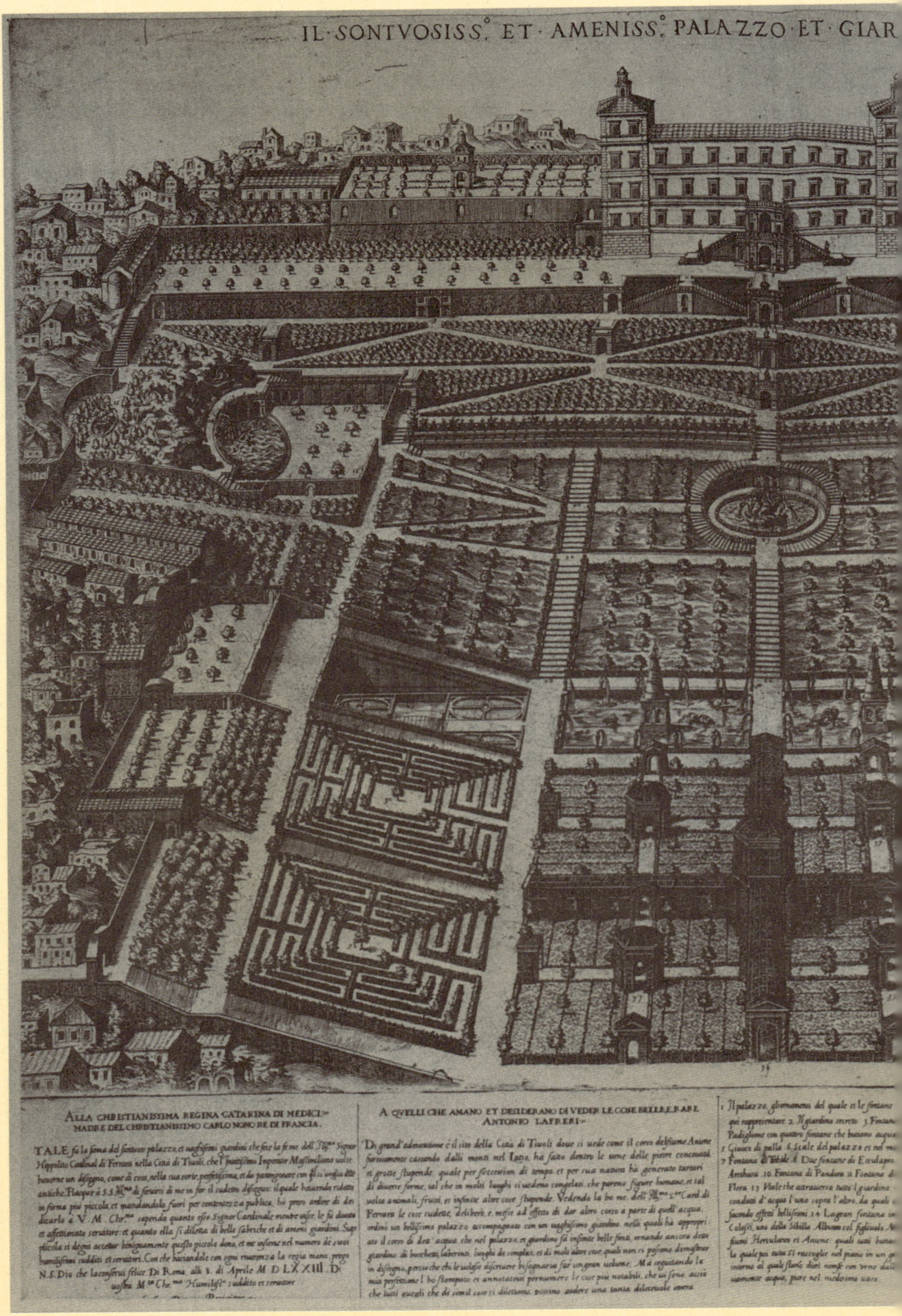
IL·SONTVOSISS°. ET·AMENISS°. PALAZZO·ET·GIAR
ALLA CHRISTIANISSIMA REGINA CATARINA DI MEDICI
MADRE DEL CHRISTIANISSIMO CARLO NONO RE DI FRANCIA.
TALE fu la fama del suntuoso palazzo, et vaghissimi giardini che fece la fe me dell'Ill.mo Signor
Hippolito Cardinal di Ferrara nella Città di Tivoli, che l'inuittissimo Imperator Massimiliano volse
hauerne un disegno, come di cosa, nella sua sorte, perfettissima, et da paragonare con quelle antiche.
Piacque à S.S. Ill.ma di seruirsi di me in far il sudetto disegno: il quale hauendo ridotto
in forma più piccola, et mandandolo fuori per contentezza publica, hò preso ardire di dedicarlo à V. M. Chr.ma
sapendo quanto esso Signor Cardinale mentre visse, le fù deuoto et affettionato seruitore: et quanto ella si diletta di belle fabriche et di ameni giardini.
N.S. Dio che la conserui felice. Di Roma alli 8. di Aprile M D LXXIII.
A QVELLI CHE AMANO ET DESIDERANO DI VEDER LE COSE BELLE E RARE
ANTONIO LAFRERI
Di grand'admiratione è il sito della Città di Tivoli doue si uede come il corso del fiume Aniene
fariosamente cascando dalli monti nel Latio, hà fatto dentro le uene delle pietre concauità
et grotte stupende, quale per successione di tempo, et per sua natura hà generato tartari
di diuerse forme, tal che in molti luoghi si uedono congelati, che paiono figure humane, et tal
uolta animali, frutti, et infinite altre cose stupende.
1 Il palazzo, gli ornamenti del quale et le fontane
qui rappresentare 2 Il giardino secreto 3 Fontana
Padiglione con quattro fontane che buttano acqua
5 Giuoco di palla 6 Scale del palazzo et nel
7 Fontana di Tetide 8 Due fontane di Esculapio
Arethusa 10 Fontana di Pandora 11 Fontana di
Flora 13 Viale che attrauersa tutto l giardino
14 La gran fontana
34

Etienne Dupérac

Il Sontuosiss.o et Ameniss.o Palazzo et Giardini di Tivoli [A Suntuosíssima e Ameníssima Villa e Jardins de Tivoli], 1573

Gravura, 49 x 57,2 cm

Metropolitan Museum, Nova York, Estados Unidos

Como se percebe com a Villa Adriana, em Tivoli, as *ville* já existiam na Roma Antiga. No século III a.C., a palavra latina *villa* correspondia à acepção de propriedade e, com o passar do tempo, os romanos da Antiguidade foram incorporando a noção de residência destinada ao repouso, distante dos endereços da vida cotidiana e localizada em um lugar de paisagem aprazível. Essa concepção de moradia cai, com a queda do Império Romano, no ostracismo - isso durou cerca de mil anos, até seu resgate por Francesco Petrarca no Trecento. Quando o poeta buscou seu retiro em Arquà Petrarca, teorizou sobre esse desejo de afastamento do intenso convívio social e das aglomerações da vida citadina, o que foi docemente idealizado na seguinte frase: "verdadeiramente aquele campo é um lugar de paz, um lar do lazer, um descanso dos trabalhos, a tranquilidade da hospitalidade, a oficina da solidão"[67]. O desejo de recolhimento de Petrarca advém da oposição entre as atividades de *negotium* - isto é, comércio - e a ideia de *otium* para a dedicação à leitura e a concentração na escrita sem as dispersões urbanas.

A *villa* renasce enquanto tipologia arquitetônica na República Florentina, quando é primorosamente narrada por Leon Battista Alberti no segundo capítulo do nono livro de *De re aedificatoria*, no qual o arquiteto do Quattrocento evoca Cícero em meio a um diálogo com seu amigo Ático, para quem frequentemente endereçava correspondência, que sobreviveu aos milênios. Alberti também rememora o poeta e dramaturgo Públio Terêncio Afro (*c.* 185-159 a.C.), a fim de diferenciar claramente a cidade e a *villa* como polos opostos, embora aceite ambas. E igualmente traz o epigramista Marco Valerio Marcial (*c.* 38-104 d.C.) para explicar as prazerosas funções de uma *villa* por meio de uma composição poética satírica, isto é, uma epigrama:

67 PETRARCA, Francesco. *Epistole familiari*, XVII, 5. *Apud* PUPPI, Lionello. "Natura, artificio, inganno. Il giardino in Italia nel Cinquecento: temi e problemi". *In*: MOSSER, Monique; TEYSSOT, Georges (orgs.). *Op. cit.*, p. 43. *"vere rus illud locus est pacis otii domus, requies laborum; tranquillitati hospitatum, solitudinis officina."*

Desejava Cícero que Ático lhe desse jardins em um lugar famoso. Mas eu não gostaria que fosse num lugar tão frequentado, onde não seria permitido ficar à porta sem vestir minhas roupas. Pelo contrário, gostaria que tivesse aquelas comodidades que disse a Terêncio:

Nem a cidade nem a villa *me incomodam.*

E bem disse ainda Marcial:

Já que você quer saber o que eu faço na villa*,*
Saiba que eu como, ou bebo, ou canto, ou jogo,
Ou me lavo, ou janto, e às vezes durmo,
Ou leio, ou acordo Apolo, ou incito as Musas.[68]

Jardim e *villa* alternam-se na argumentação de Alberti como se fossem uma só coisa. Na conceituação formulada pelo tratadista do Renascimento, há inclusive referências à saúde humana: "Os médicos ordenam que permaneçamos ao ar livre e mais purificado possível. E eu não nego que você seja capaz de fazer isso numa *villa* localizada em uma colina elevada."[69] A pureza da atmosfera campestre contraposta à insalubridade do ambiente citadino foi um dos pares de oposições estabelecidos para fundamentar os princípios da idílica "*vita in villa*". A *villa* teria de ser suficientemente distante do ambiente urbano para que seu proprietário pudesse fazer o que bem entendesse sem ser controlado pela vizinhança ou pelo poder vigente, embora ela não devesse demandar um deslocamento excessivamente longo. Aliás, Alberti destaca a importância do percurso: deveria ter uma paisagem prazerosa ao olhar e uma estrada de inclinações suaves para que a viagem não fosse exaustiva. O autor do tratado encaminha-se para a conclusão do

68 ALBERTI, Leon Battista. *I dieci libri di architettura*. Trad. Cosimo Bartoli. Roma: Giovanni Zempel, 1784, p. 433. "*Voleva Cicerone, che Attico gli provvedesse i giardini in luogo celebrato. Io però non li vorrei in luogo tanto frequentato, che non mi fosse lecito star sulla porta senza essere in abito. Vorrei anzi che avessero quelle comodità che diceva colui presso Terenzio.*

Nè la città, nè la villa m'incresce.

E bene diceva ancora Marziale.

Da che pur vuoi saper quel ch'io fò in villa,
Sappi ch'or mangio, or beo, or canto, or giuoco,
Or mi lavo, ed or ceno, e talor dormo,
Or leggo, or desto Apollo, or Muse incito."

69 *Ibid.*, p. 432. "*I medici ci comandano che noi stiamo all'aria più libera e più purgata che sia possibile; ed io non niego che in una villa posta sopra un rilevato colle, non ti sia per riuscir questo.*"

capítulo *Degli adornamenti degli edifici della città e di quelli della villa* [Dos ornamentos dos edifícios da cidade e daqueles da *villa*] com a descrição de quais elementos naturais seriam encontrados no jardim de uma *villa*:

> Encantam muito as *ville* e os lugares para se refugiar com facilidade, próximos à cidade, mas onde é lícito fazer tudo o que lhe convém. Se o lugar for perto da cidade, se a região for agradável, então esse jardim será celebradíssimo. Ficarei ainda mais feliz em morar em tal lugar se, ao deixar a cidade, imediatamente ele me demonstrar um aspecto alegre, como se estivesse me seduzindo e me convidando a ir para lá; e, por isso, gostaria que fosse um pouco elevado e que se suba tão suavemente que quem lá for não o perceba, exceto quando estiver no local, considerando que assim descobre muitos lugarejos. Também não gostaria que faltassem prados floridos, campos muito abertos, sombras de bosques frescos, fontes cristalinas, riachos límpidos, lugares para nadar e outras coisas que dissemos pertencerem às *ville*, tanto para o prazer quanto por necessidade.[70]

O desejo de ter os "bosques frescos, fontes cristalinas, riachos límpidos" declamados por Alberti estava no propósito inicial de Pirro Ligorio ao projetar o jardim da Villa d'Este com um deslumbrante espetáculo de mais de uma centena de fontes d'água e cascatas. Datada de 8 de abril de 1573, a gravura de Etienne Dupérac foi legendada com um texto de alguns parágrafos, no qual se esclarece que a encomenda de tal representação gráfica teria sido feita pelo imperador Maximiliano II (1527-1576), do Sacro Império Romano-Germânico, e lê-se que "no palácio e no jardim fizeram-se infinitas belas fontes,

70 *Ibid.*, pp. 433-4. "*Dilettano assai le ville e i luoghi da ritirarvisi facilmente, vicini alla città, dovi ti sia lecito di far tutto quello che ti vien bene. Se il luogo farà vicino alla città, se il paese farà dilettevole, allora farà quel giardino celebratissimo. Diletterommi anche di più di abitare in simil luogo, se escendo subito della città mi si dimostrerà in faccia lieto, come se esso mi allettasse ed invitasse ad andarvi; e per questo vorrei che fosse alquianto rilevato, e che vi si salisse tanto dolcemente, che coloro che vi vanno no se ne accorgessero, se non quando si trovano sul luogo, considerando che quindi scuoprono assai paese. Nè vorrei vi mancassero fioriti prati, campi molto aprichi, ombre di fresche selve, limpidissimi fonti, chiari rivi, luoghi da nuotare, e le altre cose, che altrove dicemmo appartenersi alle ville, si per diletto, com per bisogno.*"

ornando ainda o mencionado jardim com bosques, labirintos, lugares do simples[71] e muitas outras coisas, as quais não se podem demonstrar em desenho"[72].

O gravurista retratou o jardim da Villa d'Este a partir de um ponto de vista ideal: um ângulo de visão que nenhum mortal do século XVI poderia contemplar. É uma perspectiva aérea de métrica rigorosa, proporções precisas entre as partes, ponto de fuga único; em suma, uma codificação óptica e matemática absolutamente renascentista. É importante frisar que a ilustração de Dupérac exibe algumas fontanas e grutas nunca construídas ou não executadas tal como o originalmente planejado - em outras palavras, a ilustração não apresenta a condição *ipsis litteris* do jardim da Villa d'Este na década de 1570, mas sim o projeto de Pirro Ligorio. Os quatro labirintos verdes idênticos estão entre esses vários "enxertos engenhosos"[73] do jardim retratado por Dupérac que não serão atualmente encontrados caso o leitor faça uma visita a Tivoli. Os dédalos da ilustração *cinquecentesca* da Villa d'Este provêm de uma matriz quadrada: seus corredores, paralelos entre si, são oriundos de sete quadriláteros proporcionalmente dispostos um dentro do outro. Pela imagem, deduz-se que as cercas vivas tinham considerável altura. Em todas as arestas de cada quadrângulo há árvores. Ao centro se vê uma árvore de porte maior. Vale reiterar como são absolutamente iguais os meândricos traçados de cada dédalo da gravura de Dupérac.

Do quarteto de labirintos, dois foram efetivamente realizados, como se deduz por documentos da época. Na Biblioteca Nacional da França, em Paris, e na Biblioteca Nacional da Áustria, em Viena, encontram-se dois manuscritos com idênticas descrições anônimas a

71 No original, "*luoghi de semplici*", referência ao medieval *hortus simplicium*, um jardim onde se plantam ervas medicinais.

72 DUPÉRAC, Etienne. *Il Sontvosiss.o et Ameniss.o Palazzo et Giardini di Tivoli* (gravura). Roma, 1573. "*nel palazzo et giardino fa infinite belle fonti, ornando ancora detto giardino di boschetti, laberinti, luoghi de semplici, et di molt'altre cose, quali non si possono dimostrar in disegno.*" Uma cópia da gravura foi digitalizada em alta resolução pelo Metropolitan Museum de Nova York e está disponível em: metmuseum.org/art/collection/search/338989. Acesso em: 4 maio 2023.

73 "Enxertos engenhosos" provém da expressão em italiano *ingegnosi innesti*. PUPPI, Lionello. *Op. cit.*, p. 49.

respeito da Villa d'Este[74]. O professor norte-americano David R. Coffin (1918-2003), biógrafo de Pirro Ligorio e autor de imprescindível monografia sobre a Villa d'Este, defende a hipótese de que se tratava de cópias de relatos enviados às cortes francesa e austríaca por volta de 1571, dos quais destaco:

> Labirintos feitos de madeira, tendo, em cada canto, plantadas várias espécies de árvores. A primeira é a laranjeira, com murtas por trás; a segunda é o medronheiro[75], com espaldeira de madressilvas; a terceira contém pinhas e tem detrás um folhado[76]; a quarta é o abeto, tendo na retaguarda pequenas flores.[77]

A mais curiosa revelação dessa descrição dos labirintos da Villa d'Este é que eles não derivavam exclusivamente da pura geometria talhada nas cercas vivas, mas também eram constituídos por cores e aromas que emanavam de árvores frutíferas e floríferas. Tal observação é importante para relativizar o imaginário atual acerca do *jardim à italiana*: essa cultura de jardinagem, tão relacionada às precisas formas geométricas ainda hoje visíveis em visitas às *ville* na Itália, era igualmente constituída por uma profusão de frutas e flores, tal como no quadro *A primavera* (*c.* 1480), de Sandro Botticelli (1445-1510).

Giovanni Maria Zappi (1519-1596), tabelião de Tivoli que se dedicou a escrever as memórias e os acontecimentos da época em sua cidade,

74 O par de manuscritos iguais encontra-se na Biblioteca Nacional da França, em Paris, sob o código Ital. 1179, ff. 247r-266v, e na Biblioteca Nacional da Áustria, em Viena, sob o código 6750, ff. 449r-461v. A transcrição dos textos encontra-se em: COFFIN, David R. *The Villa d'Este at Tivoli*. Princeton: Princeton University Press, 1960, pp. 141-50.

75 Os frutos dessa árvore são identificados, em português, como medronho e, em italiano, como *cerase marine, ciliegia marina* ou *corbezzolo*, que numa tradução livre equivaleria a "cereja marinha".

76 No original, faz-se referência à "*lentaggine*", que equivale à espécie botânica *Viburnum tinus*, conhecida em Portugal como folhado ou folhado-comum.

77 DESCRITTIONE di Tiuoli, et del Giardino dell'Ill.mo Cardinal di Ferrara, con le dichiar.ni delle statue antiche et moderne, et d'altri belli, et marauigliosi artificij, che ui sono, con l'ordine come si trouano dispositi. Paris/Viena, [1571?], ff. 249v-250r. *Apud* COFFIN, David R. *Op. cit.*, p. 143. "*Laberinthi fatti di legname, et piantati per ogni cantone di uarie sorti d'Arbori, il primo de Haranci con spalliere di Mortella; il secondo di cerase marine con spalliere di Madre selua [madreselva]; il terzo di Pini con le spalliere di Lentaggine; il quarto d'Abbeti con le spalliere di fior fiorella.*"

mencionou o par de labirintos em seu relato de 1576. Em seu informe, Zappi também cita algumas espécies botânicas e as dimensões dos dois dédalos, ali apresentados como as últimas maravilhas daquele jardim antes de se tomar o caminho de volta pela via Tiburtina – a estrada que, desde a Antiguidade, conecta Tivoli a Roma.

> Próximo ao portão em direção a oeste existem dois labirintos, os quais estão separados, um do outro, por vinte pés e são cercados, por quarenta passos cada um, com vários arbustos amenos, murtas, medronheiros e outras árvores semelhantes. Passados os labirintos, segue-se em direção a Roma e encontra-se uma floresta de 270 ulmeiros, gentilmente distribuídos.[78]

Há muito tempo não se encontra nenhum vestígio da presença física desses labirintos na Villa d'Este. A ausência dos dédalos na ilustração do jardim de Tivoli feita pelo notável arquiteto e gravurista Giovanni Battista Piranesi (1720-1778) nos leva a crer que eles desapareceram no século XVIII ou mesmo antes[79].

O projeto paisagístico de Pirro Ligorio é produto de um período histórico em que o empírico e o científico se solidarizavam em prol da criação de engenhosos mecanismos – no caso, os labirintos verdes, a miríade de fontes d'água e as grutas de massas amorfas moldadas pelas mãos humanas – cujos desígnios contrariavam os limites do plausível. A técnica não era servil ao racionalismo, o que abria caminho para saudáveis associações com o imaginário. Concebiam-se artefatos que emanavam uma energia impetuosa e misteriosa: no fundo, eram truques para criar uma natureza artificialmente espontânea. Nesse jardim

78 ZAPPI, Giovanni Maria. "La descrittione del raro e gentil giardino del mondo fatto dall'animo regio della degna memoria dell'ill.mo e r.mo sig.r Hipolito Cardinal di Ferrara fabricato in la magnifica città di Tivoli e destinato in luogo ove si dice Valle Gaudente, fatta da me Gio. M. Zappi da Tivoli del MDLXXVI". *In*: PACIFICI, Vincenzo (org.). *Annali e memorie di Tivoli di Giovanni Maria Zappi*. Tivoli: Società Tiburtina di Storia e d'Arte, 1920, p. 57. "*Il portone verso ponente si riunisce colli doi laberinti, li quali sono discosto l'un dall'altro 20 piedi et sono riguadrati da 40 passi per ciascheduno con diversi arboscelli ameni, con mirti, lavori e cerase marine, et altri alberi simili; passati li laberinti si va verso Roma e si ritrova una selva di allieri olmi quali sono 270 compartiti gentilmente*."

79 A gravura de Piranesi com a vista da Villa d'Este, feita em cerca de 1773, tem uma das cópias conservada no Rijksmuseum, em Amsterdã, sob o código RP-P-OB-39.400. Disponível em: rijksmuseum.nl/en/collection/RP-P-OB-39.400. Acesso em: 4 maio 2023.

do Cinquecento, os labirintos são listados ao lado das fontes e grutas como dispositivos propulsores de enigmas e surpresas, maravilhamento e aterrorização, desejo e medo, encanto e espanto, fascínio e mistério. Por se estearem nesses sentimentos paradoxais, os dédalos, as fontanas e as cavernas encarnam o lado da natureza humana que não conseguimos compreender - tal como o incômodo e o fascínio proporcionado pelo Minotauro. A gravura de Dupérac evidencia os eixos e as formas geométricas que estruturaram o *masterplan* do jardim; no entanto, quando o arquiteto Ligorio pulveriza pelo terreno tais elementos de prodigiosos efeitos - labirintos, fontes e grutas -, a simetria se esgarça, a perspectiva linear na altura dos olhos é interrompida, os caminhos retilíneos são cruzados, o passeio ganha tons dramáticos numa sequência de ambiências de minuciosas cenografias.

Não foi em Tivoli, mas em Bomarzo, que Ligorio levou ao limite a conversão do jardim em teatro de fantásticas ilusões. Enquanto para o cardeal Ippolito II d'Este o arquiteto implantou a *villa* em si no ponto mais elevado do monte, tendo um belvedere à frente, onde o poderoso clérigo poderia contemplar panoramicamente o espetáculo particular de uma natureza forjada a seu bel-prazer, no Parco dei Mostri [Parque dos Monstros], também conhecido como Sacro Bosco [Bosque Sagrado] ou Villa delle Meraviglie [*Villa* das Maravilhas], datado de 1547, Ligorio retorceu as vias de modo que não houvesse ponto de vista privilegiado para o proprietário, o *signore* Vicino Orsini (1523-1585) - isto é, em nenhum lugar ele pôde apreender opticamente aquele jardim em sua completude. Se em Tivoli esculpiram-se diversas divindades mitológicas retratadas epicamente, em Bomarzo as esculturas assumiram o estilo grotesco, talhando-se os mais notórios mascarões[80], cujas bocas podemos adentrar, e erguendo-se frívolas arquiteturas cujas paredes nunca estiveram no prumo. Por séculos, agricultores das cercanias consideraram aquele parque uma paisagem diabólica, destinada a orgias eróticas. O jardim de Bomarzo é composto de várias alamedas ziguezagueantes em meio a uma vegetação que atualmente se assemelha a uma densa floresta. Por isso, Paolo Santarcangeli sentenciou:

80 Do italiano *mascheroni*, é um elemento decorativo esculpido em pedra que retrata uma grande face humana grotesca e assustadora.

"Não há dúvida alguma, este é um labirinto, um labirinto anamórfico."[81] O Parco dei Mostri foi um radical prenúncio do jardim barroco.

Esses labirintos em jardins aristocráticos europeus do século XVI ao XVIII possuem um caráter lúdico. São fontes de divertimento ao mesmo tempo desafiadoras intelectualmente e prazerosas no sentido erótico. Elencar todos esses labirintos verdes seria um exercício que poderia prosseguir por dezenas de páginas e, mesmo assim, não se faria uma catalogação completa; afinal, a maioria desapareceu com o tempo, deixando pouco ou nenhum registro. De todo modo, não deixa de ser válido citar o labirinto de baixas sebes de Giardino Giusti, na cidade de Verona, encomendado no final do Cinquecento e ainda hoje existente. Há também o labirinto circular do palacete inconcluso de Lyveden New Build (*c.* 1605), em Northamptonshire, no Reino Unido. Ou o "Mismaze" (*c.* 1660-1690), como foi apelidado o labirinto de vias curvilíneas em diferentes direções e sentidos demarcadas na relva da colina de Santa Catarina – St. Catherine's Hill –, na cidade inglesa de Winchester. Além do labirinto de perímetro trapezoidal do Hampton Court Palace (*c.* 1690), no sudoeste de Londres. Afora o labirinto de caminhos espiralados comissionado pelo rei Filipe V da Espanha (1683-1746) para o Palacio Real de La Granja de San Idelfonso (*c.* 1709-1725), ao norte de Madri. E o labirinto circular desejado por Catarina de Médici (1519-1589) para seu Château de Chenonceau, provavelmente concluído somente por volta de 1720, com mais de um hectare de tamanho, tendo ao centro um gazebo com a estátua de Diana no topo. Ademais, há o labirinto de formas mistas encomendado pelo rei Luís XV (1710-1774) na década de 1740 para seu Château de Choisy-le-Roi. Por sua vez, no Jardin des Plantes, em Paris, encontra-se um pequeno monte com labirinto de via única em espiral encimado por um quiosque conhecido como "Gloriette de Buffon", uma das mais antigas estruturas metálicas do mundo, pois todo o conjunto é datado de 1788. Isso sem contar os vários labirintos nos Países Baixos, como o de Gunterstein, cujo registro mais antigo é de 1719, e nas nações germânicas, como o de Altjessnitz, concebido em cerca de 1730. A lista pode ser ampliada; contudo, o mais famoso labirinto do período continuará sendo o de Versalhes.

81 SANTARCANGELI, Paolo. *Op. cit.*, p. 293. *"Non c'è alcun dubbio: esso è un labirinto, un labirinto anamorfotico."*

Projetado pelo célebre paisagista André Le Nôtre (1613-1700) a pedido do rei Luís XIV (1638-1715), o imenso labirinto de Versalhes tinha 2,4 hectares. A dedálea estrutura verde aproveitava espécies do bosque preexistente, que se somavam ao plantio de novas árvores. A demarcação do emaranhado de vias se deu em meados da década de 1660, tendo a conclusão dos trabalhos ocorrido em 1673. As vias internas tinham no máximo 2,5 metros de largura e eram ladeadas por "muralhas" vegetais compostas de árvores com, em média, sete ou oito metros de altura. Existiam aleias sinuosas e retas na composição do conjunto viário, sem uma matriz formal clara. Nem mesmo havia um centro. Os caminhos do labirinto eram pontuados por 39 fontes d'água moldadas em chumbo, que representavam animais de fábulas populares. No livro *Labyrinte de Versailles*, do escritor Charles Perrault (1628-1703), temos um detalhado registro de cada escultórico chafariz com a respectiva narrativa a que fazia referência. Impressa em 1677 na L'Imprimerie Royale – a gráfica real –, a publicação conta com dezenas de belíssimas ilustrações do gravurista Sebastien Le Clerc (1637-1714). O primeiro parágrafo do livro escrito por Perrault é constituído pela seguinte descrição:

> Entre todos os Bosques do pequeno Parque de Versalhes, aquele intitulado Labirinto é especialmente recomendável pela novidade do desenho e pelo número e diversidade das suas fontes. Chama-se Labirinto porque nele se encontra uma infinidade de pequenas aleias, tão entrelaçadas umas às outras que é quase impossível não se perder: mas, também, aqueles que nelas se perderem perder-se-ão de forma agradável. Não há desvio que não apresente várias Fontes aos olhos, de sorte que, a cada passo, se é surpreendido com algum novo objeto.[82]

82 PERRAULT, Charles. *Labyrinte de Versailles*. Paris: L'Imprimerie Royale, 1677, pp. 3-4. "*Entre tous les Bocages du petit Parc de Versailles, celuy qu'on nomme le Labyrinte, est sur tout recommandable par la nouveauté du dessein, & par le nombre & la diversité de ses Fontaines. Il est nommé Labyrinthe, parce qu'il s'y trouve une infinité de petites allées tellement mélées les unes aux autres qu'il est presque impossible de ne s'y pas égarer: mais aussi afin que ceux qui s'y perdent, puissent se perdre agréablement, il n'y a point de détour qui ne présente plusieurs Fontaines en même temps à la veüë, en sorte qu'à chaque pas on est surpris par quelque nouvel objet.*"

De acordo com Perrault, que também foi o precursor dos contos de fadas como gênero literário tal qual hoje o conhecemos, o labirinto de Versalhes era um lugar de encantamento. As estátuas aproximavam-no mais de um universo infantil do que amoroso. Era um aparato paisagístico que visava proporcionar o fascínio da descoberta a cada esquina interna que se dobrava, ou a cada fonte de exóticos e divertidos animais esculpidos com que se defrontava. A altura das paredes verdes de cada alameda fazia com que até adultos se sentissem na escala diminuta de uma criança. Tanto pelo labirinto em si quanto pelos elementos escultóricos que o povoavam, havia ali uma atmosfera paralela e em tudo diversa do mundo real.

Logo no portão de entrada ao labirinto de Versalhes, o visitante era recebido por duas estátuas: uma de Esopo (*c.* 620-*c.* 564 a.C.), o escritor da Grécia Antiga a quem se atribui a autoria das fábulas populares, e outra do Cupido, que fazia as vezes de Ariadne nesse labirinto francês, pois, com a mão esquerda, segurava um novelo do qual saía um fio que ele esticava com a mão direita. Ao adentrar o labirinto, encontrava-se uma sequência de bichos, como a perdiz e o galo, a raposa e a cabra, a lebre e a tartaruga, a águia e o escaravelho, o pavão e o rouxinol, a galinha e seus pintinhos, o porco-espinho e a cobra, sem contar as serpentes com várias cabeças, o conselho dos ratos, os macacos e os periquitos. Ou seja, os 39 grupos estatuários eram formados pelos animais das *Fábulas de La Fontaine*, cuja primeira impressão era então muito recente, de 1668. Cabe salientar que jorravam jatos d'água pelas bocas e pelos bicos de vários dos animais moldados em chumbo – simbolicamente, representavam a palavra. Naquele momento do século XVII da corte francesa, o labirinto foi o arquétipo condizente com um gosto de época – uma moda – por esses contos alegóricos, cujos personagens eram bichos com atitudes e personalidades absolutamente humanas. Tais fábulas, que servem para transmitir lúdica e didaticamente lições de moral, encontraram correspondência arquitetônica e paisagística em tramas de vias nas quais era possível se perder.

nas páginas seguintes

Sebastien Le Clerc

Gravuras para o livro *Labyrinte de Versailles* [Labirinto de Versalhes], de Charles Perrault, 1677

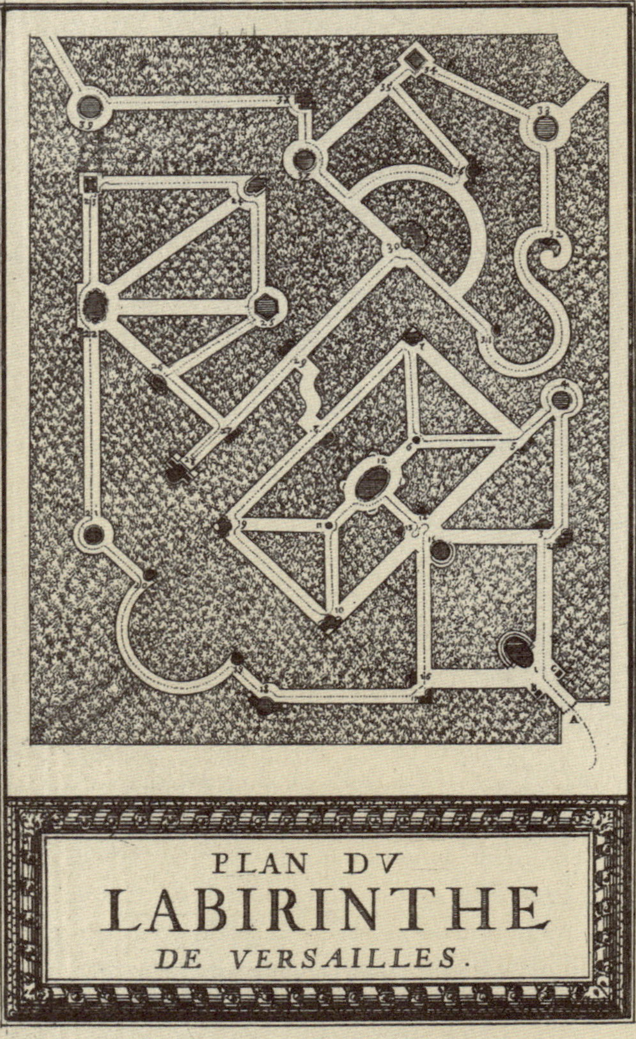

PLAN DV
LABIRINTHE
DE VERSAILLES.

FABLE VII.

LES PAONS ET LE GEAY.

OSES-TU bien cacher tes plumes
sous les nostres,
Dirent les Paons au Geay rempli d'ambition ?
Qui s'éleve au dessus de sa condition
Se trouve bien souvent plus bas que
tous les autres.

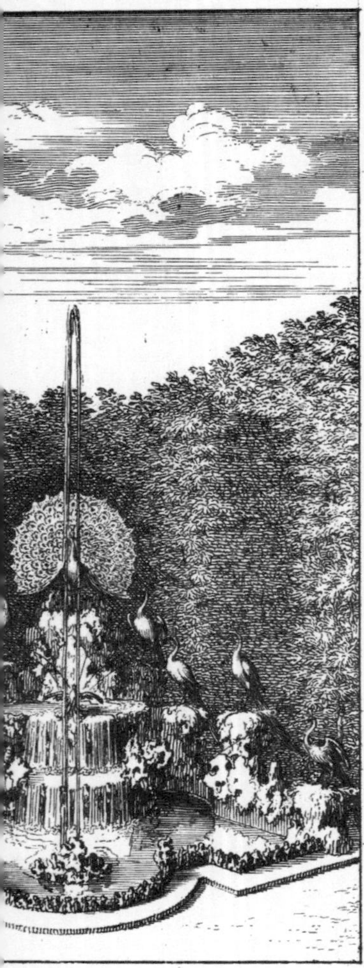

FABLE

LE MI

ET

LES OIS

LE Milan vne f
sa feste.
Tous les petits Oisea
priez;
Et comme à bien
estoit preste,
Il ne fit qu'vn repas
viez.

XII.

N

U X.

lut payer

luy furent

l'affiftance

les Con-

Devido à dificuldade e aos altos custos de manutenção, o fabuloso dédalo de Versalhes deteriorou-se mesmo quando o palácio era ocupado por reis da França e seus séquitos. A moda dessa corte no Setecentos era bem diferente daquela do século anterior: por isso, o labirinto foi destruído em 1775. Em seu lugar, no ano seguinte, foi plantado o Bosquet de la Reine, isto é, o Bosque da Rainha. E não era qualquer rainha na ocasião. Era Maria Antonieta (1755-1793).

O jardim e o labirinto de Versalhes foram referência para uma particularíssima *villa veneta* – a Villa Pisani –, com um dos poucos labirintos verdes italianos que sobreviveram aos séculos. Alvise Pisani (1664-1741) foi um poderoso homem do último centenário de existência da Sereníssima República. Ao longo da vida, teve vários cargos: foi embaixador veneziano junto à corte da França de 1699 a 1703, quando estabeleceu amizade pessoal com o rei Luís XIV; depois, em 6 de abril de 1711, foi nomeado para a importante posição de procurador de San Marco; e, em sua quarta candidatura, foi eleito para o posto máximo de doge em 17 de janeiro de 1735. A família Pisani, do ramo de Santo Stefano, crescia em prestígio, tanto pela ascensão política de Alvise quanto por ser um particular caso de prosperidade econômica em uma época na qual a crise atingia duramente seus patrícios e a Sereníssima estava em franco declínio no concerto das nações europeias. Os Pisanis eram proprietários de uma *villa* em Stra, um lugarejo entre Veneza e Pádua, às margens do rio Brenta. A residência existente não era suficiente para a ambição familiar e, por isso, foi demolida, construindo-se a Villa Pisani com o explícito objetivo de recepcionar ilustres figuras em visitas oficiais. A opulenta arquitetura e o esplendoroso jardim precisavam ser uma demonstração para as demais nobres famílias venezianas de que nenhuma outra seria capaz de rivalizar com os Pisanis.

O responsável pela contratação e pelo acompanhamento das obras em Stra foi Almorò Pisani, irmão daquele que veio a ser doge. Para fazer o projeto arquitetônico e paisagístico, selecionou o amigo padovano Girolamo Frigimelica Roberti (1653-1732), arquiteto, autor de libretos de óperas e especialista em hidráulica.

Não foi por acaso que uma das primeiras estruturas elaboradas por Frigimelica na propriedade de Stra foi o labirinto, inaugurado em 1721, quando o plano paisagístico geral ainda não tinha sido concluído,

Pierre Nicolas Ransonnette

Gravura em água-forte do labirinto
da Villa Pisani, Stra, Itália, 1792

Labirinto da Villa Pisani,
Stra, Itália, 2021

os pavilhões secundários não estavam prontos e a obra para a residência principal não havia se iniciado - naquele ano, a velha *villa* estava com os dias contados, mas permanecia de pé.

A predileção pelo plantio da dedálea estrutura pode ser justificada pelo fato de Alvise Pisani ter visto com os próprios olhos o labirinto francês no período de melhor conservação. Desde seus tempos como embaixador, ele seguramente tinha Versalhes como paradigma de opulência e poder. Dificilmente o meândrico lugar deixaria de impressioná-lo. A precedência da conclusão do labirinto da Villa Pisani também se compreende pela conjuntura cultural da Sereníssima República. No Settecento, a crise econômica e a irrelevância política foram um longo prenúncio do destino daquela nação, que veio a desaparecer em 1797. Perante a decadência, a postura das elites foi uma espécie de mergulho coletivo no hedonismo. Veneza só rivalizava com Paris como centro europeu do luxo e do prazer. A vida veneziana converteu-se em um incessante Carnaval: no cotidiano, utilizavam-se roupas extravagantes, perucas brancas e máscaras, as quais deixaram de ser acessórios para festas ou para proteger-se de pestes, tornando-se algo a se usar no rosto em qualquer caminhada no dia a dia. Nessa coletiva evasão da realidade, as férias tornaram-se uma moda: os nobres passaram a ter como hábito deixar sua cidade lagunar em direção à diversão e ao entretenimento em suas *ville venete* duas vezes por ano - do começo de junho a meados de julho e, depois, do início de outubro até a metade de novembro -, sempre acompanhados por um séquito de amigos e empregados. Para que as viagens fossem mais agradáveis, evitavam o uso de carruagens, com seus inconvenientes solavancos e a poeira da estrada, assim utilizando embarcações pelas plácidas águas dos canais fluviais que cortavam a *terraferma* - a parte continental do obsoleto país. Com isso, a arquitetura da *riviera* do rio Brenta passou a emular a magnificência dos palácios debruçados no Canal Grande de Veneza. Com um endereço particularmente estratégico, a fachada da residência em Stra precisava deslumbrar aqueles que estivessem a bordo de algum barco. Não é fortuito que a Villa Pisani detenha uma ornamentação frontal tão rebuscada, com destaque para seu frontão, seu entablamento ricamente ornado, os vários pináculos e estátuas sobre as platibandas, além do requinte dos balcões e das janelas do *piano nobile* - a arquitetura, mais uma vez, é aqui um artifício político. O fenômeno relatado pode ser definido como uma esquizofrenia coletiva ou uma ação conjunta de inconsequentes: disputando entre si quem possuiria a casa rural mais suntuosa, o patriarcado veneziano endividava-se com o aumento de despesas de uma vida imoderada. Em nada surpreende que erguer um labirinto tenha sido prioridade para um futuro doge e sua família nas obras de engrandecimento da Villa Pisani e seu jardim: adentrar o labirinto era como acessar um universo alternativo àquele mundo real, que evidentemente estava ruindo. Em alguma medida, o labirinto era mais um capricho entre tantos que estavam sendo edificados na Sereníssima República; todavia, para um país cujo prazo de validade se aproximava do fim, tal dédalo era sobretudo o ambiente para vivenciar a fuga da realidade.

Para além da relação biográfica de Alvise Pisani previamente apresentada, é evidente como o paisagismo da *villa* às margens do rio Brenta foi influenciado pelas ideias de André Le Nôtre, mentor principal do plano de Versalhes, no que tange à monumentalidade do jardim e à busca pela ilusão visual da perspectiva infinita sobre o território. A Villa Pisani assemelha-se mais a um *jardin à la française* do que a um *giardino all'italiana*. O labirinto apresenta-se ali, portanto, como uma das interseções entre modelos paisagísticos da França e de Veneza.

O autor da estrutura labiríntica de Stra, Frigimelica, não pôde construir a residência principal da Villa Pisani da maneira como a havia desenhado, talvez porque seu projeto fosse excessivamente custoso ou, eventualmente, devido à sua mudança para a corte de Módena, em 1721, em razão de conflitos familiares. Quem assumiu foi o arquiteto Francesco Maria Preti (1701-1774). Certamente é dele a residência principal, que podemos visitar nos dias atuais, mas Preti foi respeitoso com o plano geral de Frigimelica, não modificando a concepção paisagística.

O desenho de Frigimelica para o labirinto da Villa Pisani parte de nove círculos concêntricos, mas a idealidade da forma redonda foi rompida quando os caminhos se expandiram em quatro cantos, resultando em um perímetro irregular. O percurso de vias curvas entre cercas vivas é repleto de bifurcações e becos sem saída. No núcleo se encontra uma pequena torre cilíndrica tardobarroca, envolvida por duas escadas em espiral com guarda-corpos de ferro forjado, tendo por fim uma estátua

Planta do labirinto
da Villa Pisani, Stra, Itália

de Minerva no topo. Ou seja, ao centro desse *labirinto do amor* não se encontra uma árvore de maio, mas um peculiar pavilhão arquitetônico encimado pela deusa romana das artes e da sabedoria.

O maior labirinto *settecentesco* ainda existente da península Itálica também está na região do Vêneto, mais especificamente no jardim da Villa Barbarigo, em Valsanzibio, aos pés das colinas Eugâneas. O primeiro registro desse *labirinto do amor* com datação precisa e irrefutável é o poema *Ad Elisa*, escrito por um autor desconhecido em julho de 1794 e publicado na cidade de Veneza pela primeira vez em 1798. O poeta anônimo foi hóspede de Contarina Barbarigo (1744-1804), então proprietária dessa *villa veneta* e a última Barbarigo da linhagem conhecida como ramo de Santa Maria Zobenigo. À nobre anfitriã, ele dedicou seu poema de mais de duzentos versos. A residência e o jardim de Valsanzibio são minuciosamente descritos em *Ad Elisa*. Absoluto é o encanto do ignoto autor com o local de "Maravilhas prazerosas, obras engenhosas/ Que inveja causariam em Atenas e Roma". O que se via na Villa Barbarigo ia além de uma equiparação com a Antiguidade Clássica. Era seu aperfeiçoamento. Disso advém a descrição do labirinto da Villa Barbarigo por meio de alusões à mitologia grega. O poeta alerta Elisa para não se esquecer de Creta. Em seguida, evoca as figuras do Minotauro, de Ariadne e de Teseu. Apresenta o dédalo verde de Valsanzibio como uma metáfora do amor: simultaneamente um lugar de prazer e do perder-se, para rir e para temer, fácil e tortuoso, de doçura e irracionalidade, de sorrisos e enganos. Os meandros entre as cercas vivas são caminhos adjetivados como escuros, oblíquos, tortuosos. Quando esteve dentro do labirinto, o poeta chamou Elisa pelo nome, mas ela não respondeu. Em todo o poema, os versos mais afetuosamente dedicados à quimérica amada são os da caracterização do labirinto:

> Docemente falavam de amor
> Pare: este é o Labirinto. E Creta
> Lembra, Elisa, e o expatriado Teseu
> Quantas vias tão fáceis e divertidas
> Te convidam ao prazer! Mas se avanças
> O incauto pé entre cem erros te perdes!
> Quem o não falso sentimento me aponta? E o passo

Quem me rege piedoso? Eu não mais escuto
Os companheiros perdidos, eu não mais os vejo
As fontes, as colinas, e apenas um horror obscuro
Perturba minha razão. Em vão, Elisa,
Em vão chamo teu nome: ah! Não respondes:
De Ariadne piedosa: ah! Por que nunca...?
Ao longo do vão temor, aqui tudo é jogo
De alternado prazer, e não ameaçam
Os caminhos escuros e oblíquos de fatal perigo
Nem aqui espera presa sangrenta
O insaciável Minotauro. O suspirado
Fio é retido só com ele, que sobre o cume
Assenta-se no local, e sorrindo admira
O caminho tortuoso e o nosso engano.
Quer punir as ousadias, e presenteia os vencidos
Com seu favor, a liberdade perdida
[...]
Trabalhos eternos! E tantas, Elisa, tantas
Maravilhas prazerosas, obras engenhosas
Que inveja causariam em Atenas e Roma,
Prestam humilde homenagem à grande Senhora,
Companheiros inseparáveis, hóspedes amigos, que,
à parte, precisam de seus ricos dons.
E com alegre sorriso nos acolhem
Ternos rostos, e não falsos sentidos...[83]

83 AD ELISA. Veneza: Pietro Zerletti, 1798. pp. 20-2. *"Dolcemente parlavano d'amore/ T'arresta: è questo il Labirinto. E Creta/ Rammenta, Elisa, e il profugo Teseo/ Quanti calli che facili, e ridenti/ T'invitano al Piacer! ma se tu innoltri/ Incauta il piè fra cento error ti perdi!/ Chi il non falso sentier mi addita? E il passo/ Chi mi regge pietoso? Io più non odo/ Gli smarriti Compagni, e più non veggi/ Le fonti i colli, e solo un fosco orrore/ Turba la mia ragion. Invano, Elisa,/ Invan ti chiamo a nome: ah! non rispondi:/ D'Arianna pietosa ah! perché mai...?/ Lungo il vano timor, qui tutto è gioco/ D'alternato diletto, e non minacciano/ L'oscure oblique vie fatal periglio;/ Nè qui n'attende sanguinosa preda/ L'ingordo Minotauro. Il sospirato/ Filo tien sol Colei, che sulla vetta/ Siede del loco, e sorridendo ammira/ Il camin tortuoso, e il nostro inganno./ Vuol punito l'ardir, e dona ai vinti/ Col suo favor la libertà perduta/ [...]/ Fatiche eterne! E tante, Elisa, e tante/ Meraviglie piacenti, opre ingegnose,/ Onde invidia n'avrebbe Atene e Roma,/ Rendono umili alla gran Donna omaggio,/ Che indivisi Compagni, ospiti amici/ A parte volle de' suoi ricchi doni,/ E con lieto sorriso i nostri accolse/ Teneri volti, e non mentiti sensi..."*

O *labirinto do amor* declamado em *Ad Elisa* é parte fundamental do jardim da Villa Barbarigo, mas não sua totalidade. Comparando áreas, o dédalo, de 2 mil metros quadrados, está dentro do jardim de catorze hectares. De matriz formal quadrangular, o labirinto de Valsanzibio é composto de quase 6 mil plantas da espécie *Buxus sempervirens*, ou buxo. Seu percurso interno é de aproximadamente 1.300 metros lineares – caso seja contabilizada a passagem perimetral de acesso ao dédalo, o comprimento totalizará quase 1,5 quilômetro. A largura dos estreitos corredores varia entre 65 e 75 centímetros, amiúde dimensões menores que a espessura das paredes verdes. Dado que a topografia do terreno possui considerável inclinação e os muros vegetais alinham-se horizontalmente no topo com a poda, a altura das cercas vivas varia entre aproximadamente 1,5 metro e quatro metros. Calcula-se que haja por volta de 8 mil metros cúbicos de buxos a serem podados geometricamente pelo menos uma vez ao ano.

A configuração do labirinto de Valsanzibio é proveniente de treze quadrados dispostos um dentro do outro em proporcional escala e distância entre si. Com isso, todos os corredores são lineares. O meândrico traçado tem mais de dez bifurcações e seis becos sem saída. Ou seja, o dédalo da Villa Barbarigo contém várias vias internas que são desvios - erros - no encaminhamento em direção ao seu centro. Ao mesmo tempo, deve-se constatar que mais de um trajeto conduz ao núcleo da estrutura.

O centro do labirinto é composto de uma pequena torre circular encimada por uma copa de centenário arbusto podada em formato de semiesfera, num autêntico trabalho de topiaria. A base dessa edificação é constituída por pedras irregularmente cortadas e cimento - materiais que estão aparentes e conservam um aspecto rústico. O acesso ao pódio central é uma espiral, composta de rampas seccionadas em degraus. Uma cerca viva baixa faz as vezes de guarda-corpo dessa subida helicoidal. Quando se chega ao topo - um recinto de perímetro igualmente redondo -, descortina-se aos olhos do caminhante a totalidade do labirinto de buxos que ele acabou de percorrer. Mirando de cima para baixo em um ambiente sombreado, o andarilho contempla de lá todos os meandros do dédalo. Troncos de árvores implantados nas extremidades da massa de folhas, tal como um caramanchão,

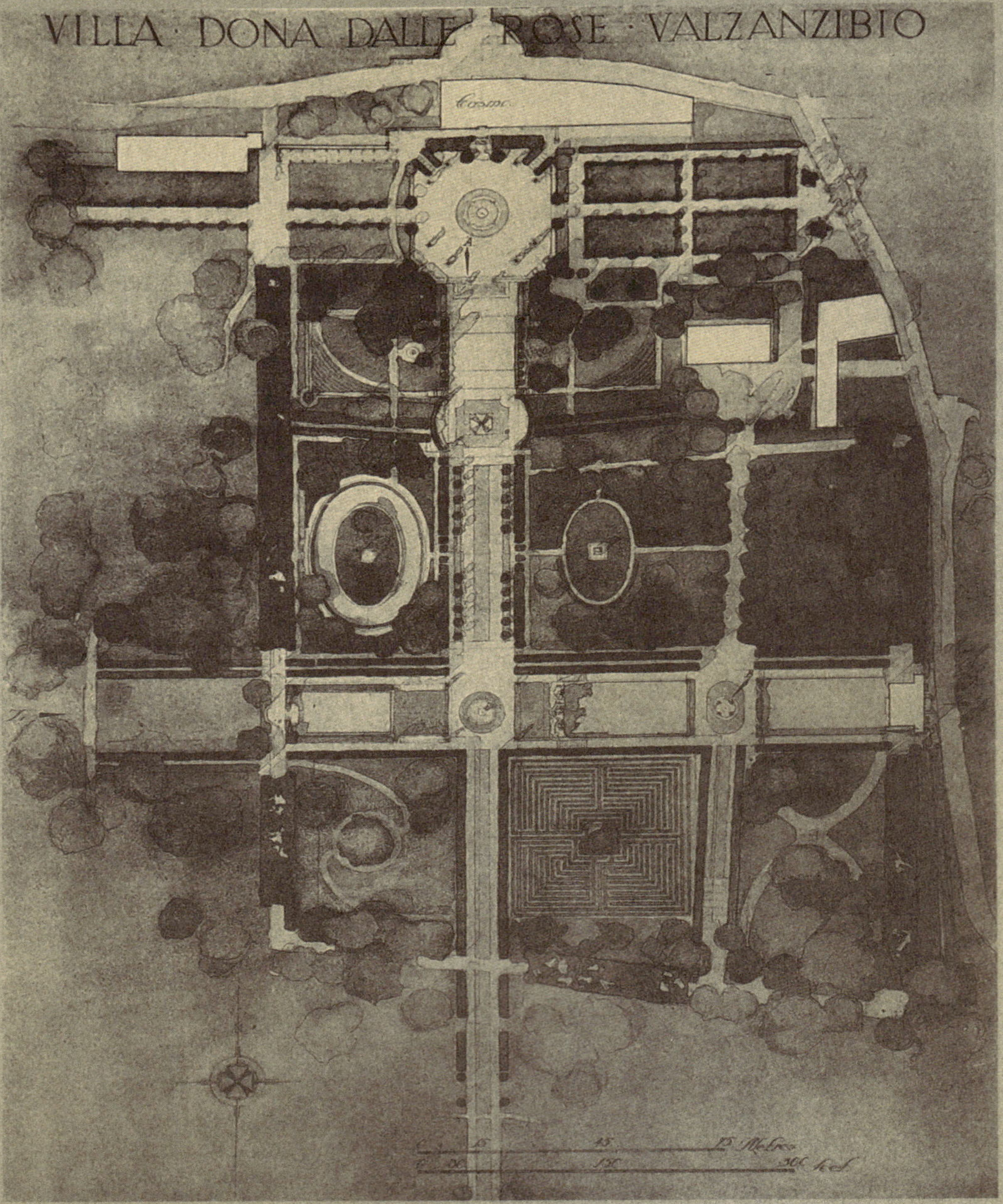

Geoffrey Jellicoe
e John C. Shepherd

Planta geral do jardim
da Villa Barbarigo, Valsanzibio,
Itália, 1925

Foto do labirinto
da Villa Barbarigo,
Valsanzibio, Itália, 2021

nesta página e ao lado

Fotos do labirinto da Villa Barbarigo, Valsanzibio, Itália, 2021

ajudam na sustentação da cobertura. Assim, essa torre ao centro do labirinto é uma estrutura de caráter mais paisagístico que arquitetônico. Há um inegável contraste das formas: enquanto o labirinto é oriundo da repetição de quadrados e tem uma ocupação horizontalizada, o centro deriva de curvas e desenvolve-se ascendentemente, numa verticalidade que remete à árvore de maio.

Grande parte do jardim de Valsanzibio foi concebida na segunda metade do Seicento, ao passo que a datação do labirinto foi recentemente corrigida e particularizada para o Settecento[84]. O primeiro plano paisagístico da Villa Barbarigo foi elaborado durante as décadas em que a propriedade esteve sob o comando de dois irmãos. Antonio Barbarigo (1630-1702) teve uma proeminente carreira política, que o levou a ser nomeado, em 1697, como procurador de San Marco, um cargo de

84 A correção da datação do labirinto da Villa Barbarigo é documentalmente apresentada em minúcias nos capítulos "O jardim do santo: a genealogia da ausência do labirinto da Villa Barbarigo até 1702" e "O jardim de duas mulheres: *Ad Elisa* e o histórico da Villa Barbarigo no Setecentos", da minha tese de doutorado. Ver PERROTTA-BOSCH, Francesco. *O que labirintos podem revelar sobre a arquitetura. Op. cit.*, pp. 335-518.

importância apenas inferior ao doge – ou seja, ele foi o número 2 da Sereníssima República. Gregório Barbarigo (1625-1697) foi um clérigo da Igreja Católica: em vida, foi bispo de Bérgamo e depois de Pádua por 33 anos; esteve à frente da secretaria da Cúria Romana em 1663 e participou como cardeal de cinco conclaves, recebendo votos em três deles e quase sendo eleito – não se tornou papa, mas manteve influência sobre todos os pontífices da segunda metade do século XVII, tendo sido especialmente próximo de Alexandre VII (1599-1667) –; após sua morte, seguiu sendo venerado, vindo a ser beatificado por Clemente XIII (1693-1769) em 1761 e canonizado por João XXIII (1881-1963) em 1960, tornando-se São Gregório Barbarigo. Seguindo as aspirações de Antonio e Gregório, o jardim da Villa Barbarigo foi estruturado por dois eixos transversais: o sentido norte-sul é a via cujo ponto de fuga visual é a fachada da *villa* em si; o sentido leste-oeste possui uma sucessão de *peschiere* – tanques d'água que funcionalmente serviriam como viveiros de peixes –, tendo, em sua extremidade a leste, o *Bagno di Diana*, um arco triunfal que operava como pórtico de acesso à propriedade para aqueles que ali chegavam de barco vindos de Veneza por meio dos canais fluviais e dos rios Brenta e Bacchiglione. A água foi a grande protagonista da concepção paisagística inicial de Valsanzibio no Seicento: o líquido que brota das colinas Eugâneas verte até o jardim dos Barbarigos, onde flui através de um sofisticadíssimo projeto de engenharia hidráulica, retém-se em espelhos d'água, jorra dos orifícios das esculturas, esguicha e salta em chafarizes, rebenta por entre as pedras e até, por vezes, emana do chão, respingando nos visitantes. O jardim era provido de uma diversidade botânica ímpar para a área continental da Sereníssima República e pontuado por dezenas de estátuas entalhadas por mãos visivelmente hábeis para representar divindades da mitologia romana. Na propriedade de Valsanzibio, encontravam-se também "enxertos engenhosos", como a *Isola dei Conigli* [Ilha dos Coelhos], que é uma tipologia de elemento paisagístico da Roma Antiga, quando detinha o nome de *leporarium*, e supostamente simulava uma miniatura de paraíso perdido onde coelhos poderiam viver apartados do resto do mundo. É um jardim, portanto, carregado de alusões alegóricas. Esse conjunto de referências simbólicas sintetiza-se em catorze versos gravados nos degraus da escadaria de acesso ao adro da Villa Barbarigo, a chamada *Scalinata del Sonetto* [Escadaria do Soneto]:

> CURIOSO VIAJANTE QUE A ESTA PARTE
> CHEGA E CRÊ MIRAR PRAZERES RAROS
> QUANTO DE BELO, QUANTO DE BOM AQUI SE MOSTRA
> TUDO SE DEVE À NATUREZA E NADA À ARTE
>
> AQUI O SOL BRILHA COMPARTILHANDO SEUS RAIOS
> AQUI, MAIS BELA, VÊNUS SAI DO MAR
> A LUA AQUI TEM SEU SEMBLANTE MAIS CLARO
> AQUI NÃO CHEGA A PERTURBAR O FUROR DE MARTE
>
> SATURNO AQUI NÃO DEVORA SUAS PARTES
> AQUI JÚPITER É JOVEM E TEM ROSTO SERENO
> AQUI MERCÚRIO PERDE CADA ENGANO SEU

AQUI NÃO HÁ LUGAR PARA CHORO, É SEDE DO RISO
DO TRIBUNAL O RAIO NÃO SE OUVE
AQUI É O INFERNO E AQUI É O PARAÍSO[85]

No discurso perpetuado nos degraus da escada, o jardim da Villa Barbarigo seria "o inferno" e "o paraíso": um microuniverso holístico e introverso, autônomo e privilegiado, no qual afluem o bem e o mal, o mais belo e o mais temível, simultaneamente oásis e rebuliço, onde se desejou implantar um labirinto que se conserva bravamente por séculos até os dias atuais. Porque o dédalo verde de Valsanzibio foi uma inserção posterior a esse conjunto paisagístico, hidráulico e estatuário repleto de simbolismos mitológicos concebido no Seicento sob a égide do político Antonio e do clérigo Gregório, o *labirinto do amor* aparece na documentação e na cultura familiar dos Barbarigos no Settecento, quando as mais proeminentes figuras eram duas mulheres: Contarina Barbarigo, a quem se dedica o poema *Ad Elisa*, e sua mãe, Caterina Sagredo Barbarigo[86] (1715-1772).

Caterina e Contarina afastam-se em muitos aspectos das noções preconcebidas da atuação feminina no Settecento: ambas foram mulheres insubmissas, poderosas, com vidas cosmopolitas e culturalmente férteis. Caterina Sagredo Barbarigo foi renomada anfitriã de muitos banquetes com a presença de aristocratas venezianos e notórios estrangeiros, frequentemente concluídos com rodadas de jogos de azar. Resumos biográficos da época relatam que Caterina fazia

85 SALOMONIO, Jacopo. *Agri patavini inscriptiones sacrae et prophanae*. Pádua: Matteo Cadorino, 1696, p. 179. *"Cvrioso viator che in qvesta parte/ Givngi e credi mirar vaghezze rare/ Qvanto di bel qvanto di bvon qvi appare/ Tvtto deesi a natvra e nvlla ad arte// Qvi il Sol splendenti i raggi svoi comparte/ Venere qvi più bella esce dal mare/ Sve sembianze la Lvna ha qvi più chiare/ Qvi non givnge a tvrbar fvror di Marte// Satvrno qvivi i parti svoi non rode/ Qvi Giove giova et ha sereno il viso/ Qvivi perde Mercvrio ogni sva frode// Qvi non ha loco il pianto, ha sede il riso/ Della corte il fvlmine non s'ode/ Ivi è l'inferno e qvivi il Paradiso."*

86 Dependendo do documento do século XVIII, a grafia do primeiro nome varia entre Caterina, Catterina, Catarina e Cattarina. Existem documentos do mesmo século indicando a morte de Caterina Sagredo Barbarigo em 12 de fevereiro de 1771, como os registros conservados na Biblioteca do Museu Correr, de Veneza, sob os códigos mss. Provenienze Diverse C. 2195/11 e 2754/2. No entanto, a lista de despesas do velório e enterro de Caterina custeadas pela irmã, Marina, demonstram que o falecimento se deu em fevereiro de 1772, como se observa na mesma biblioteca, sob o código mss. Provenienze Diverse C. 2308/11.

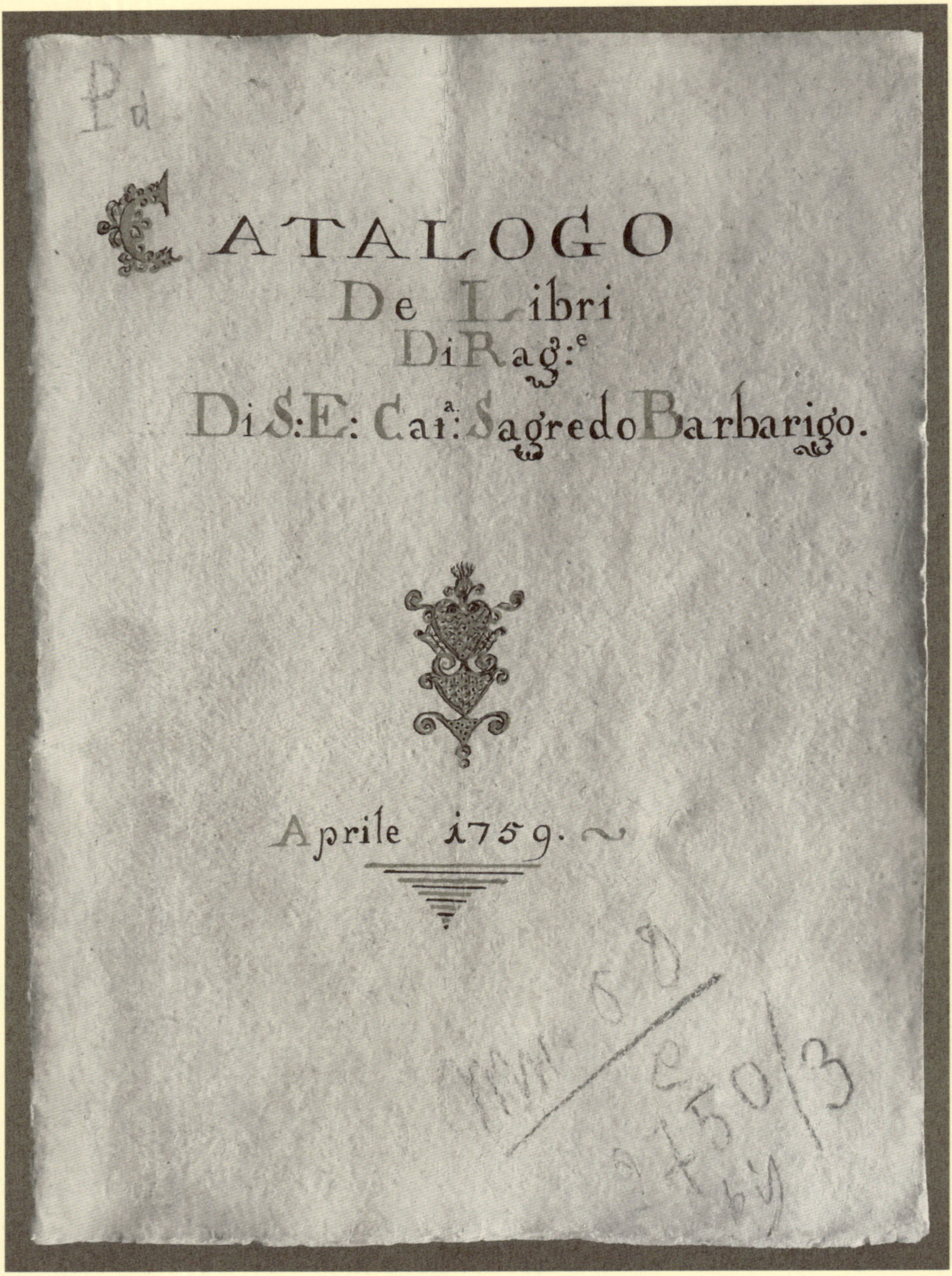

Catalogo
De Libri
Di Rag:e
Di S:E: Cat:a Sagredo Barbarigo.

Aprile 1759.

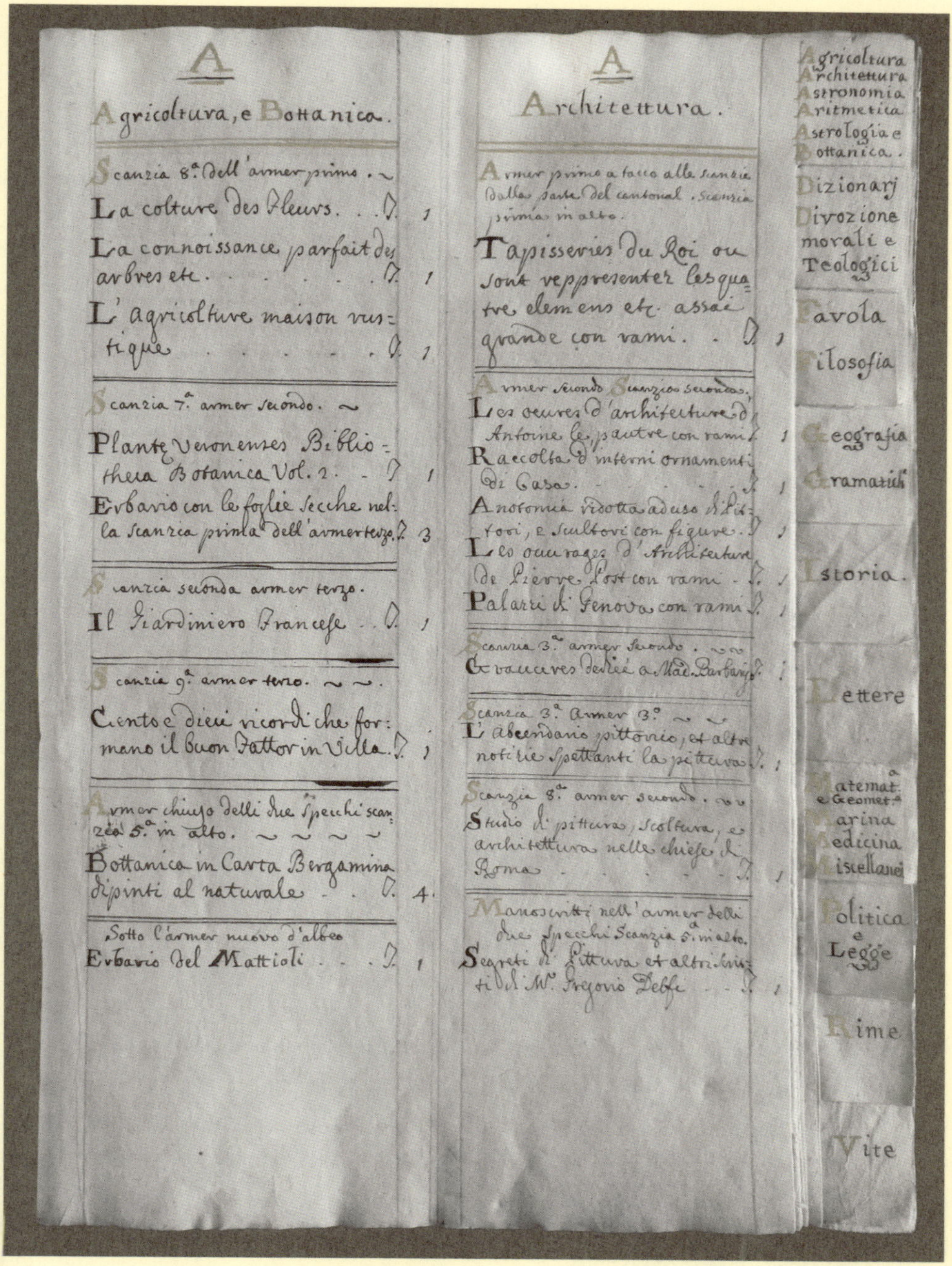
A

Agricoltura, e Bottanica.

Scanzia 8.a dell'armer primo.

La colture des Fleurs. . . 1

La connoissance parfait des arbres etc. . . 1

L'agricolture maison rustique . . . 1

Scanzia 7.a armer secondo.

Plante Veronenses Bibliotheca Botanica Vol. 2. . 1

Erbario con le foglie secche nella scanzia prima dell'armer terzo 3

Scanzia seconda armer terzo.

Il Giardiniero Francese . . 1

Scanzia 9.a armer terzo.

Cento e dieci ricordi che formano il buon Fattor in Villa 1

Armer chiuso delli due Specchi scanzia 5.a in alto.

Bottanica in Carta Bergamina dipinti al naturale . . 4

Sotto l'armer nuovo d'albeo

Erbario del Mattioli . . . 1

A

Architettura.

Armer primo a tacco alle scanzie dalla parte del cantonal. Scanzia prima in alto.

Tapisseries du Roi ou sont representez les quatre elemens etc. assai grande con rami . . 1

Armer secondo Scanzia seconda.

Les oeuvres d'architecture d'Antoine le Pautre con rami 1

Raccolta d'interni ornamenti di Casa . . . 1

Anotomia ridotta ad uso di Pittori, e Scultori con figure 1

Les ouvrages d'Architecture de Pierre Post con rami . 1

Palazzi di Genova con rami 1

Scanzia 3.a armer secondo.

Gravures dediée a Mad. Barbarigo 1

Scanzia 3.a Armer 3.o

L'abcendario pittorico, et altre notizie spettanti la pittura 1

Scanzia 8.a armer secondo.

Studio di pittura, scoltura, e architettura nelle chiese di Roma . . . 1

Manoscritti nell'armer delli due Specchi Scanzia 5.a in alto.

Segreti di Pittura et altri scritti del M.r Gregorio Delfi . . 1

Agricoltura
Architettura
Astronomia
Aritmetica
Astrologia e Bottanica
Dizionarj
Divozione morali e Teologici
Favola
Filosofia
Geografia
Gramatici
Istoria
Lettere
Matemat.a e Geomet.a
Marina
Medicina
Miscellanei
Politica e Legge
Rime
Vite

Catálogo de livros da biblioteca pessoal
de Caterina Sagredo Barbarigo, 1759
Biblioteca do Museu Correr, Veneza, Itália

várias viagens "com gastos não desprezíveis" sem a companhia de seu esposo, Gregorio Barbarigo[87]. Foi mecenas de pintores venezianos notáveis, como Pietro Longhi (1701-1785) e Rosalba Carriera (1673-1757), que a retrataram em diferentes ocasiões. Era dona de uma numerosa biblioteca com livros de Montesquieu (1689-1755), Rousseau (1712-1778), Voltaire (1694-1778), o que demonstra o interesse da veneziana pelos então novos valores iluministas, além de ficções de Jonathan Swift (1667-1745) e Cervantes, gramáticas e dicionários em italiano, inglês, espanhol, francês, grego, português e latim, e publicações de arquitetura e botânica, como *La culture des fleurs, La connaissance parfait des arbres, L'agriculture maison rustique* [O cultivo de flores, O conhecimento perfeito das árvores, A agricultura doméstica rústica] e o tomo de título *Il giardiniero francese* [O jardineiro francês][88]. Em uma carta de maio de 1766, é revelado que Caterina "gastou não pouco do próprio dinheiro para embelezar e mobiliar"[89] a Villa Barbarigo em Valsanzibio.

A relação entre a mãe, Caterina, e a filha, Contarina, era muito complicada, como se lê em detalhes no processo jurídico de invalidação da união matrimonial da herdeira com Marin Zorzi: a matriarca possuía "temperamento forte, resoluto e constante em seus empreendimentos, fazendo com que a filha fosse submissa a ponto de ela [Contarina] agir contra sua própria vontade", como na aceitação a um matrimônio que a deixou extremamente infeliz e foi desfeito logo após o falecimento

87 A lista "Veneziane famose altrove" encontra-se na página 50 do livro manuscrito de Pietro Gradenigo, repleto de listagens com informações peculiares sobre personagens da Sereníssima República de Veneza. O documento, do século XVIII, é conservado no Museu Correr, de Veneza, e está sob o nome Gradenigo-Dolfin, 72 (=66). *"Catterina Sagredo Barbarigo, a motivo di proffitave de' viaggi, quantumque non se, contata in quelli da Gregorio Suo Marito, gira nobilmente, e'* con non indiferente spesa *quasi tutta l'Italia."*

88 Documento intitulado "Catalogo dei libri di ragione di S.E. Caterina Sagredo Barbarigo", de abril de 1759, conservado na Biblioteca do Museu Correr, de Veneza, sob o código mss. Provenienze Diverse C. 2750/3 bis.

89 Carta assinada por Caterina Sagredo Barbarigo e Pietro Barbarigo em 31 de maio de 1766, conservada na Biblioteca do Museu Correr, de Veneza, sob o código mss. Provenienze Diverse C. 2419, existindo uma cópia da época sob o código mss. Provenienze Diverse C. 2459. *"quanto delli Palazzi e luoghi di Campagna, spezialmente di quello in Valsanzibio, in cui, essa N.D. [Nobil Donna] vi ha* speso non poco del proprio nell'abbelirlo e fornirlo."

da genitora[90]. Esse casamento havia sido pomposamente celebrado com opúsculos nos quais se encontra até um texto inédito de Carlo Goldoni (1707-1793), intitulado "La Picola Venezia" [A pequena Veneza], que satirizava a influência da cultura francesa na elite da Sereníssima República por meio de uma invasão de hábitos, padrões educacionais e termos francófonos. Contarina foi responsável por muitas recepções diplomáticas e festivas - por exemplo, para a princesa Maria Antônia (1724-1780), da Baviera - e encantou os imperadores José II (1741-1790), do Sacro Império Romano-Germânico, e Paulo I (1754-1801), da Rússia. Ela viajou a Londres, Pompeia, Herculano. Passou uma temporada em Nápoles com o escultor e amigo Antonio Canova (1757-1822). Sua última viagem foi a Paris, em 1783, na qual recebeu uma severa advertência dos inquisidores de Estado que a obrigava a permanecer na *villa* em Valsanzibio. Ou seja, quando a Sereníssima República ruía e Napoleão avançava sobre Veneza, Contarina vivia exilada na Villa Barbarigo. Ela passou a cuidar diariamente da manutenção do jardim de Valsanzibio, hospedando amigos[91], como aquele desconhecido que escreveu o poema *Ad Elisa*. Entretanto, há uma característica da vida de Contarina que é particularmente reveladora: ainda jovem, aprendeu a desenhar colunas, capitéis, cornijas, entablamentos, ou seja, elementos arquitetônicos. Um conjunto de desenhos assinados por ela foi encontrado no Ca' Rezzonico, em Veneza, os quais demonstram que era uma arquiteta amadora[92]. Essa é uma das razões a tornar altamente provável que ela tenha encomendado o labirinto na Villa Barbarigo.

90 Documento intitulado "Summario del processo degl'esami per la N.D. Contarina Barbarigo in causa di nullità di matrimonio contro il Fisco in luogo de s. Marin Zorzi di lei asserto marito", isto é, o processo de anulação do casamento pedido por Contarina Barbarigo contra seu esposo, Marin Zorzi, em 1773, conservado na Biblioteca do Museu Correr, de Veneza, sob o código mss. Provenienze Diverse C. 2307/4. *"Che la N.D. Contarina, di temperamento placidissimo, pauroso e facile a ricevere qualunque impressione, viveva soggetta con cieca obbedienza verso la di lei Nobile Geratrice [Caterina] di* temperamento forte, risoluto, e costante nelle sue intraprese ed aveva tale a tanta soggezione onde contra sua voglia eseguiva."

91 BRUSATIN, Manlio. *Venezia nel Settecento: Stato, architettura, territorio*. Turim: Giulio Einaudi, 1980, p. 128.

92 Desenhos assinados por Contarina Barbarigo sem data especificada são conservados no Departamento de Desenhos e Gravuras da Fundação Museus Cívicos de Veneza, atualmente localizado no Ca' Rezzonico, no inventário de numeração Cl. III n. 8051.

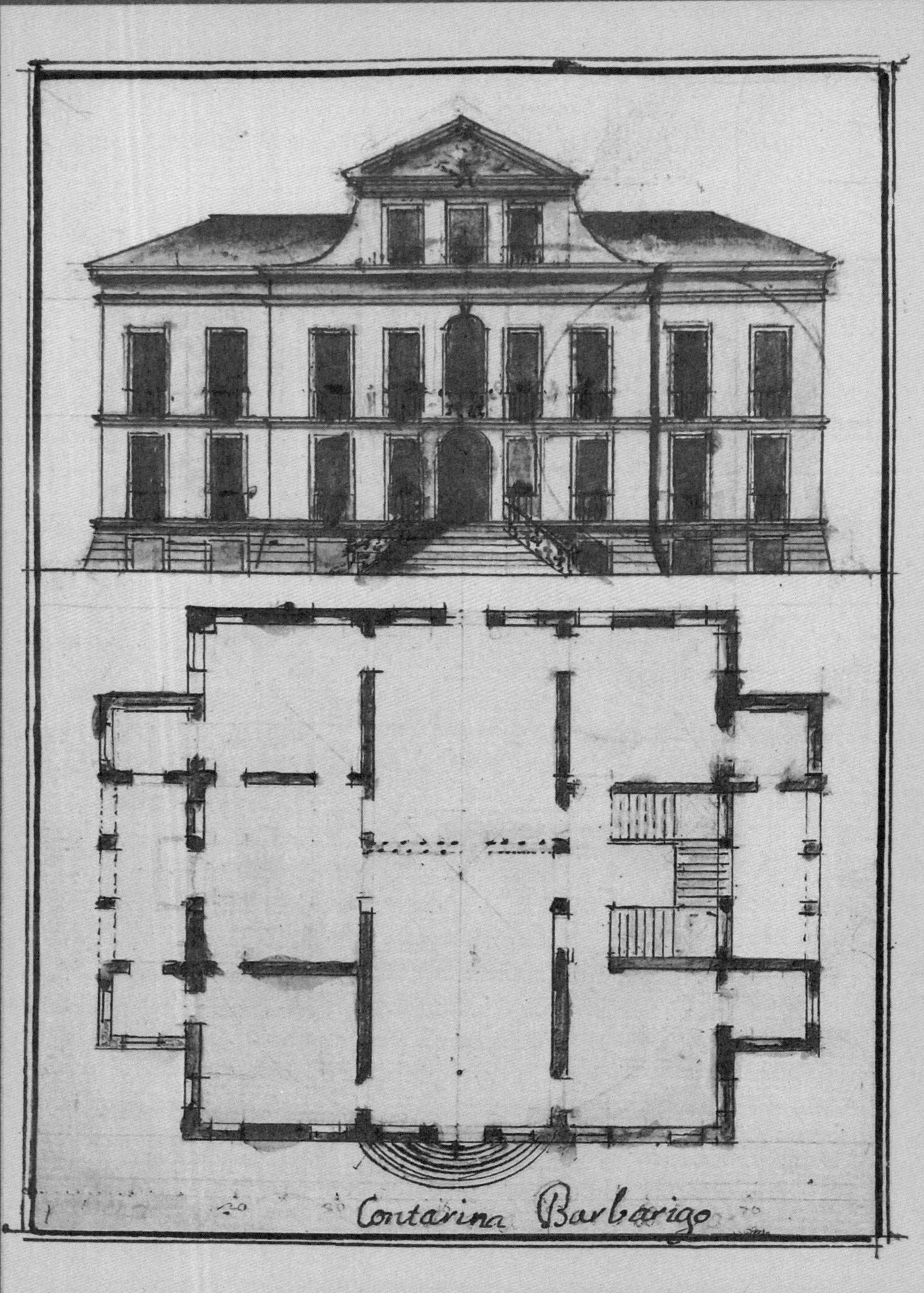
Contarina Barbarigo

Contarina Barbarigo

Desenho da fachada e planta do térreo de uma villa, s/d

Gabinetto dei disegni e delle stampe della Fondazione Musei Civici di Venezia, atualmente localizado na Ca' Rezzonico, Veneza, Itália

Não se pode excluir a possibilidade de que Contarina tenha até mesmo desenhado o labirinto de Valsanzibio, pois existem duas representações gráficas de autores anônimos do século XVIII que representam o dédalo verde inserido no jardim da Villa Barbarigo. A primeira é um quadro a óleo que se convenciona intitular *La villa e il giardino Barbarigo a Valsanzibio* [A *villa* e o jardim Barbarigo em Valsanzibio]. É a mais antiga imagem do labirinto em meio à totalidade do jardim. Várias são as diferenças em relação à realidade atual: no quadro, há um pavilhão cúbico composto de elementos arquitetônicos clássicos ao centro dos meandros; nos cantos do perímetro externo, figuram quatro grandes estátuas; o porte dos buxos parece baixo demais, equivalente à altura de canteiros de plantas, o que permite presumir que seja uma simulação esquemática dos dedáleos corredores, sem intenção de realismo. Mesmo distinta da condição presente, a pintura permite reconhecermos o labirinto no jardim da Villa Barbarigo. O segundo registro é um desenho traçado em nanquim e colorido com aquarela sobre papel-cartão. Foi recentemente descoberto no arquivo histórico do Intesa Sanpaolo, no conjunto de documentos de Valsanzibio que está no fundo Contarini-Donà dalle Rose, pertencente ao patrimônio arquivístico da Cassa di Risparmio di Venezia (Carive). Essa ilustração é particularmente curiosa por retratar não somente um labirinto, mas dois dédalos, lado a lado, um de matriz quadrada e outro composto de círculos concêntricos[93]. Tudo leva a crer que se trate de um projeto aventado, mas nunca realizado integralmente. Afinal, não existe

93 Desenho anônimo de dois labirintos para a Villa Barbarigo, em Valsanzibio, sem data especificada. Desenho a nanquim pertencente ao Archivio Storico del Gruppo Intesa Sanpaolo (ASI), estando no fundo Contarini-Donà dalle Rose, do patrimônio arquivístico da Cassa di Risparmio di Venezia (Carive).

Autor desconhecido

La villa e il giardino Barbarigo a Valsanzibio, s/d

Óleo sobre tela, 186 x 220 cm

Coleção particular, Turim, Itália

Autor desconhecido

Desenho de 2 labirintos na Villa Barbarigo, s/d

Nanquim e aquarela

Arquivo histórico do Gruppo Intesa Sanpaolo (ASI), Veneza, Itália

nenhum outro indicativo de plantio de um labirinto curvilíneo ao lado do dédalo existente. Nem mesmo é possível ter certeza de que o local do dédalo do croqui aquarelado corresponda ao posicionamento real do labirinto em Valsanzibio, uma vez que o campo de representação é uma fração da totalidade do jardim da Villa Barbarigo; entretanto, deve-se notar que a aleia mais larga à esquerda, de certo modo, condiz com o *cardo*, e a linha vertical verde à direita, em alguma medida, coincide proporcionalmente com o limite do lote. Considerando uma série de indícios, é legítima a hipótese de Contarina ser a autora desse desenho dos dois dédalos, o qual pode ter sido um estudo preliminar para o labirinto verde da Villa Barbarigo.

A dedálea estrutura de Valsanzibio foi o último refúgio sagrado e pecaminoso, herético e erótico, solene e lúdico para Contarina rememorar o mundo de contradições que se dissolvia ao seu redor. Quando se observa a vida dos Barbarigos, constata-se que os contraditórios significados de um labirinto são mais compatíveis com as índoles e os predicados de Caterina e Contarina do que os de um santo.

Não se pode perder de vista que, no Settecento, os labirintos foram um fenômeno cultural mais amplo que o paisagismo. Faziam parte do espírito do tempo, tornando-os também matéria-prima para a música. Existe um considerável número de peças musicais do período com referências a dédalos, a Dédalo e aos demais personagens do mito de Creta. Entre tantas, seguramente, a mais notória é "Kleines harmonisches Labyrinth" [Pequeno labirinto harmônico], atribuída a Johann Sebastian Bach (1685-1750) e, provavelmente, composta em 1705. Residem dúvidas sobre a autenticidade da autoria: a indicação de Bach foi difundida no século XIX com a catalogação da obra do compositor alemão feita pelo musicólogo Julius August Spitta (1841-1894); contudo, a paternidade da peça também já foi imputada ao compositor barroco alemão Johann David Heinichen (1683-1729), relativamente reconhecido em vida, mas relegado ao esquecimento por séculos. Considera-se "Kleines harmonisches Labyrinth" uma composição realizada por Bach na sua juventude e com um considerável grau de experimentação. Dividida em três seções – "Introitus", "Centrum" e "Exitus" –, a peça foi concebida para ser executada em um órgão, embora também possa ser tocada em piano. "O título refere-se à sua enganosa estrutura harmônica, ao número de modulações diferentes, bem como aos enarmônicos", como Hermann Kern didaticamente explica, "o que leva a uma confusão momentânea para o ouvinte quanto à direção geral da estrutura harmônica"[94]. Em outros termos, a peça oferece uma experiência sonora de desorientação tonal. Com a analogia ao labirinto, o autor assume que o caráter intrincado daquela partitura é consciente. Sua intenção era experimentar possibilidades harmônicas consideradas desnorteadoras aos ouvidos de alguém acostumado ao estilo musical apreciado no período. Tal como em Stra e Valsanzibio, o labirinto musical de Bach é uma alternativa à conjuntura de sua época - eventualmente uma outra fuga da sua realidade.

No final da Idade Média e durante a Idade Moderna, o labirinto absorveu muitos significados. Não raro, tais sentidos parecem contraditórios. Os *labirintos do amor* continham em seu âmago a complexidade e a ambivalência. Indubitavelmente, ocorreu a recuperação de uma narrativa pagã - isto é, do mito grego do Labirinto de Creta. Incorporou-se um senso erótico, de intimidade e de segredo nos ziguezagueantes caminhos entre sebes que proliferaram pelos jardins europeus. Ao mesmo tempo, o peso do cristianismo persistia. Coabitavam o amor mundano e o amor divino, como demonstrou Matteo Selvaggio. O labirinto permitia tanto a subversão de preceitos morais quanto a interpretação do catolicismo medieval do mundo como lugar dos heréticos e errantes. No labirinto, o pecaminoso podia ser entendido como lúdico. Intrincados meandros não eram depreendidos exclusivamente como penitência, mas também como fonte de prazer. Em alguma medida, era uma experiência de disjunção entre o interior e o exterior, isto é, um descolamento da realidade do mundo ao redor. O perder-se no interior de uma dedálea estrutura poderia ser assimilado, dependendo do indivíduo, como positivo ou negativo. Não existiu significado estável e unívoco para os *labirintos do amor*.

94 KERN, Hermann. *Op. cit.*, pp. 244-5. *"The title refers to its deceptive harmonic structure, to the number of modulations to different keys, as well as to the enharmonics [...], thereby leading to momentary confusion for the listener as to the overall direction of the harmonic structure."*

CAPÍTULO 5 Como os labirintos se difundiram? Os tratados arquitetônicos e os livros de jardinagem

Os tratados foram os principais meios de transmissão dos parâmetros para se elaborar um projeto de arquitetura no século XV. Tratados operavam como receituários com as diferentes ordens arquitetônicas e suas subsequentes regras de composição para um edifício. Tratados eram os códigos da arquitetura enquanto disciplina autônoma. Tratados ofereciam e padronizavam o vocabulário arquitetônico. Tratados forneciam os argumentos de autoridade para arquitetos exercerem sua profissão.

O tratado cujos preceitos eram considerados sagrados, divinos, incontestes no Quattrocento já existia havia mais de um milênio: o arquiteto romano Vitrúvio deixou para a posteridade seu *De architectura libri decem* - ou *De architectura*. Embora tenha composto a obra com uma escrita um tanto vaga, ambígua e por vezes até ininteligível, ele foi capaz de reunir um conhecimento fragmentado e disperso, convertendo-o em convenções e normas a serem empregadas de modo sistemático nos projetos arquitetônicos de sua época. É provável que tenha existido muito mais de um tratado arquitetônico na Antiguidade; o texto de Vitrúvio, porém, foi o único que sobreviveu aos séculos.

Não perdurou em seu formato original de dez rolos manuscritos (por isso, “dez livros”), mas por meio de reproduções feitas à mão por copistas e estudiosos, os quais eventualmente acresciam notas. Assim, criou-se uma linhagem de cópias de *De architectura*, e esse tratado ganhou o estatuto de portador máximo dos cânones da arquitetura clássica. O editor português André Tavares introduz a conjuntura histórica: “Para os pensadores da Renascença que buscaram seu modelo na Roma Antiga, o texto de Vitrúvio foi uma fonte preciosa, que ofertou uma voz às ruínas romanas – um companheiro para ajudar a decifrar os reverenciados precedentes da Antiguidade.”[1] Há indícios de transcrições desse tratado sendo produzidas em bibliotecas no Medievo e de que, ainda no século XIV, Francesco Petrarca e Giovanni Boccaccio leram Vitrúvio. A obra já era bastante conhecida como manuscrito antes de sua primeira edição impressa, a *editio princeps*, publicada em Roma no ano de 1486 ou 1487, tendo como editor Johannes Sulpitius Verulanus (*c.* 1440-*c.* 1508), também conhecido como Giovanni Sulpizio da Veroli. A difusão de *De architectura* potencializa-se com novos exemplares impressos provenientes da edição feita em Florença por Francesco Cattaneo Ravannale, em 1496, da edição veneziana de Simone Bevilacqua, em 1497 e, sobretudo, da edição de 1511, conduzida pelo arquiteto Giovanni Giocondo (1433-1515), que muitos estudiosos consideram a grande responsável por tornar o tratado de Vitrúvio mais didático ao complementá-lo com um sumário, um índice remissivo e, principalmente, mais de uma centena de ilustrações que apoiam o leitor na interpretação do texto. Entre a Idade Antiga e o Renascimento não perdurou nenhum vestígio de desenho do manuscrito original de Vitrúvio. As xilogravuras foram acréscimos facultados por editores a partir do Cinquecento e colaboraram imensamente na normatização dos tratados: as imagens proporcionavam uma precisão e uma padronização que a volatilidade da interpretação das descrições verbais não permitia.

Considerar a escrita vitruviana de difícil entendimento foi uma das motivações de Leon Battista Alberti ao escrever *De re*

1 TAVARES, André. *Vitruvius without Text: The Biography of a Book*. Zurique: gta Verlag, 2022, p. 17. *“For the Renaissance thinkers who sought their model in ancient Rome, Vitruvius's text was a precious source that gave Roman ruins a voice – a companion to help decipher the revered ancient precedents.”*

aedificatoria por volta de 1452. Isso fica explícito no começo do sexto livro desse tratado:

> aquela mesma razão que me incitara a começar a obra chamou-me de volta e encorajou-me a continuá-la. Porque me pareceu estranho que tantas grandes coisas e tantas excelentes contribuições dos escritores se perdessem devido à injúria dos tempos, de modo que de tão grande naufrágio só restasse uma pessoa, Vitrúvio, um escritor que verdadeiramente sabia de tudo, mas tão prejudicado pelo tempo que em vários trechos muitas coisas faltam e em tantos outros muitas mais são desejadas. Além disso, ele não escrevera de modo ornamentado, porque se expressava de maneira que aos latinos parecia que falasse grego, e aos gregos, que falasse latim. A própria obra, no entanto, nos dá o testemunho de que ele não falava latim nem grego, tanto que podemos dizer que não escrevesse para nós, pois escreveu de uma forma que não o compreendemos.[2]

Ao tachar a escrita de Vitrúvio como inacessível, Alberti deixava claro que o objetivo de seu *De re aedificatoria* era superar *De architectura*. Seu livro apresentava-se como uma atualização da teoria arquitetônica para os propósitos hodiernos. Contudo, não era uma atualização que visava excluir os parâmetros da Antiguidade ou julgar os elementos da arquitetura clássica como obsoletos. O intelectual renascentista estabeleceu uma dialética com essa herança. Afinal, ele até se apropriou da estrutura de "dez livros" do arquiteto da Roma Antiga.

De re aedificatoria foi concebido na década de 1450, quando ainda não se disseminara o uso da máquina de impressão com tipos móveis. Alberti esperava que seu tratado fosse copiado à mão e propagado por

2 ALBERTI, Leon Battista. *Op. cit.*, p. 252. *"quella ragione che mi avea inclinato a dar principio all'opera, la medesima mi richiamava e mi confortava a seguitarla. Perciocchè mi sapea strano, che tante gran cose, e tanto eccellenti avvertimenti degli scrittori si perdessero per l'ingiuria de' tempi, di maniera che appena un solo da sì gran naufragio, cioè Vitruvio, ci fosse rimasto, scrittore veramente che sapea ogni cosa, ma dal tempo in modo guasto, che in molti luoghi vi mancano molte cose, ed in molti ancora molte più cose vi si desiderano. Oltre di questo vi era, che egli non avea scritto molto ornatamente; poichè parlò di maniera, che a' Latini parve che parlasse Greco, ed a' Greci che parlasse Latino; ma la cosa stessa ci fa testimonianza, che egli non parlò nè Latino, nè Grego, di modo che possiamo dire, che egli non scrivesse per noi, poichè scrisse di maniera, che noi non lo intendiamo."*

meio de manuscritos – o que era prática recorrente no círculo de intelectuais, polímatas, arquitetos e interessados na área. A primeira impressão de *De re aedificatoria* ocorreu somente em 1485, na cidade de Florença; portanto, é posterior à morte de seu autor, em 1472.

Outros tratados arquitetônicos foram escritos na segunda metade do Quattrocento, mas tiveram circulação mais restrita e menor notoriedade, em grande medida por permanecerem como manuscritos por vários séculos até sua primeira edição impressa. Um desses é o *Trattato di architettura*, do florentino Antonio di Pietro Averlino, conhecido como Filarete (*c.* 1400-1469)[3]. Composto de 25 partes escritas entre 1460 e 1464, o tratado de Filarete foi dedicado ao seu monarca – no caso, seus monarcas, pois o primeiro manuscrito homenageou Francesco I Sforza (1401-1466), duque de Milão, e o segundo foi feito após o retorno do autor a Florença e, por isso, oferecido a Piero de Medici (1472-1503). Há um dado particularmente relevante a respeito da obra-prima escrita por Filarete: foi o primeiro tratado arquitetônico a mencionar e desenhar labirintos.

O renascentista escreveu sobre uma cidade imaginária, por ele intitulada Sforzinda, a qual seria abastecida pelo porto de Plusiapoli. A urbe teria sido projetada por um certo arquiteto chamado Onitoan Nolivera, cujo nome é um anagrama de Antonio Averlino, a partir da encomenda de um também hipotético rei Zogalia. Em suma, o tratado arquitetônico de Filarete contém aspectos de livro de ficção.

Os projetos de labirintos do autor são estruturas urbanísticas grandiosas e desnorteantes. Ao longo da leitura do manuscrito, encontram-se menções a Dédalo, ao Minotauro, ao labirinto etrusco de Lars Porsena e ao labirinto do Egito, tal como este foi descrito por Plínio, o Velho, no livro *História natural*. Mais importantes são as cinco folhas do *Trattato di architettura* com desenhos de labirintos de matriz quadrada e corredores lineares[4].

No verso da folha 40 do segundo manuscrito, observa-se a planta esquemática de um castelo para a cidade utópica de Sforzinda.

3 A primeira impressão do tratado de Filarete ocorre quatrocentos anos depois de sua elaboração, na segunda metade do século XIX.

4 FILARETE. *Trattato di architettura*. Florença, 1464, pp. 38f, 40v, 99f, 110f e 121f.

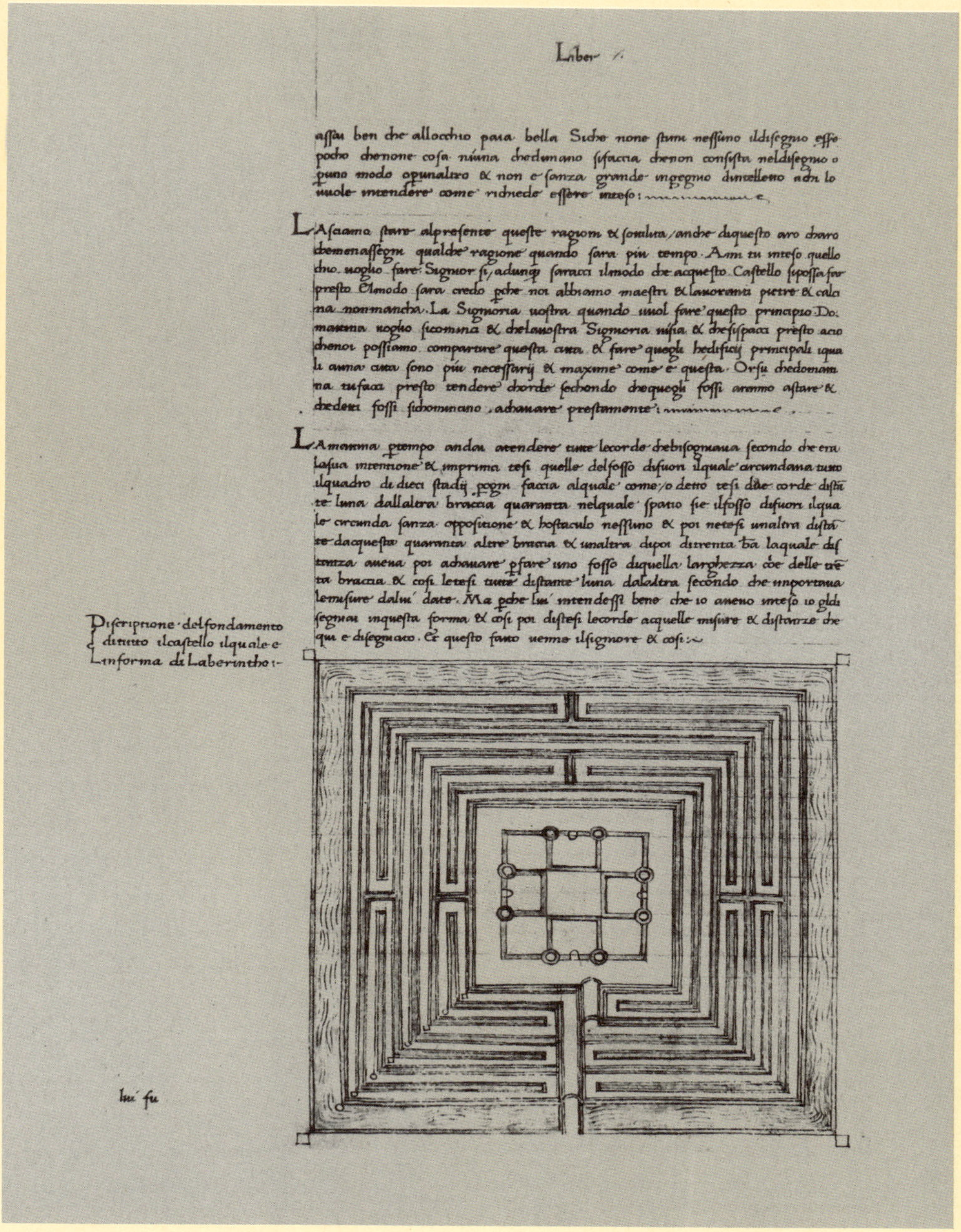

Filarete (Antonio di Pietro Averlino)

Ilustrações para *Trattato di Architettura*, 1460-64. Planta do castelo para a cidade imaginária de Sforzinda ao centro de um labirinto (folha 40)

A fortificação, situada no centro de um labirinto, é quadrada: suas quatro idênticas fachadas têm trezentas *braccia*[5] de comprimento (cerca de 180 metros), dispondo, cada qual, de um portão central ladeado por duas torres. O interior da edificação palaciana é subdivido em nove recintos de iguais dimensões. Esse castelo acaba parecendo pequeno pelo grande labirinto que o circunda. A estrutura labiríntica é, na verdade, um circuito de fossos. Oito matrizes quadradas em progressão de tamanho dão origem aos muros, entre os quais se encontram os estreitos canais do fosso, que equivalem aos corredores do labirinto, de entrada única. Existe uma porta oculta para uma passagem secreta na primeira curva do canal: a sigilosa abertura é um atalho reservado à realeza, a fim de evitar que ilustríssimas figuras tivessem de percorrer a integridade do interior do labirinto para alcançar o castelo. O perímetro da dedálea estrutura quadrada tem 1.500 *braccia*, o que corresponde a quase um quilômetro em cada lado. Poucas páginas antes, na folha 38, encontra-se uma planta similar, porém simplificada e em escala menor.

Na frente da folha 99 do mesmo manuscrito, veem-se os desenhos em planta e elevação do castelo próximo à quarta ponte que atravessa o rio Indo. A medievalesca e fortificada construção palaciana está envolta por um labirinto com sete linhas de corredores a partir de uma matriz quadrada, cujo contorno é composto de lados de duzentas *braccia* (cerca de 120 metros) e arestas demarcadas por torres de vigia - no total, quatro atalaias - sendo rodeado, em sua totalidade, por um largo fosso. A torre principal do castelo é praticamente um arranha-céu *avant la lettre*: sobre um promontório quadrado de quarenta *braccia* (por volta de 24 metros) em cada lateral, eleva-se a estrutura com altura total de 180 *braccia* (aproximadamente 108 metros), o equivalente a quinze andares, os quais são bastante heterogêneos entre si devido à variedade de colunatas, arcos, janelas, guarda-corpos - em suma, à diversidade de elementos e ornamentos arquitetônicos. Tal como no castelo anterior, uma escada secreta, a partir de uma das torres das esquinas, corta o longo e tortuoso circuito do labirinto para benefício exclusivo do soberano.

5 *Braccia* foi uma unidade de medida utilizada em diferentes cidades da península Itálica na Idade Moderna. No entanto, uma *braccia* em Milão não necessariamente equivalia a uma *braccia* em Florença, e assim por diante. Ou seja, não havia uma padronização rigorosa entre as diferentes nações do período.

Filarete (Antonio di Pietro Averlino)

Ilustrações para *Trattato di Architettura*, 1460-64.
Planta e elevação do castelo envolto a um labirinto próximo à quarta ponte que atravessa o rio Indo (folha 99)

Na folha 110, há um edifício monumental junto ao porto de Plusiapoli. Nos desenhos da planta e da elevação, constata-se, mais uma vez, que se trata de construção fortificada envolta por um labirinto de fossos, os quais operam como uma meândrica extensão das águas que naturalmente circundavam aquele sítio. O início do circuito labiríntico é visível na parte superior da planta e, segundo a descrição, está situado na rocha junto à zona portuária. No núcleo do labirinto, surge outra altíssima edificação, de dezesseis andares, em formato de pirâmide escalonada. Tal como um farol naquele fictício litoral, é um chamariz pela altura e, sobretudo, a representação do poder do rei naquela região.

O último labirinto do tratado de Filarete encontra-se na folha 121. A estrutura de intrincadas vias, no caso, guardaria o Jardim dos Prazeres do rei Zogalia. Fora das muralhas da cidade, esse labirinto também foi concebido a partir de uma matriz formal quadrada e é imenso: seu perímetro tem quatro milhas de extensão, sendo envolvido por um largo fosso. Delimitado por quatro lados com mil *braccia* (cerca de seiscentos metros), o jardim está no núcleo do labirinto. O singular projeto paisagístico visaria reproduzir uma miniatura da imagem do mundo, contendo internamente montes e córregos. Esculturas de figuras da mitologia antiga seriam implantadas em meio às alamedas. Sobre as quatro torres que delimitam o jardim, destacariam-se as estátuas de Éolo, deus dos ventos, que se mexeriam e emitiriam sons indicando o movimento do ar.

Filarete, assim, introduziu o arquétipo do labirinto na teoria arquitetônica moderna, aproximando a dedálea criação à concepção dos jardins. Curiosamente, há uma peculiaridade no jardim dos prazeres do rei Zogalia em comparação à maior parte dos casos paisagísticos a serem analisados doravante: não se trata de um labirinto como elemento menor e interno do jardim, mas sim de um jardim no núcleo do labirinto.

Além da forma, o que une os cinco labirintos de Filarete é o propósito funcional: todos se justificam como elementos de proteção dos perigos do exterior. São estruturas intrincadas para envolver e defender os mais eminentes endereços do governante perante os perigos do estrangeiro. Logo, esse tipo de labirinto é entendido como a

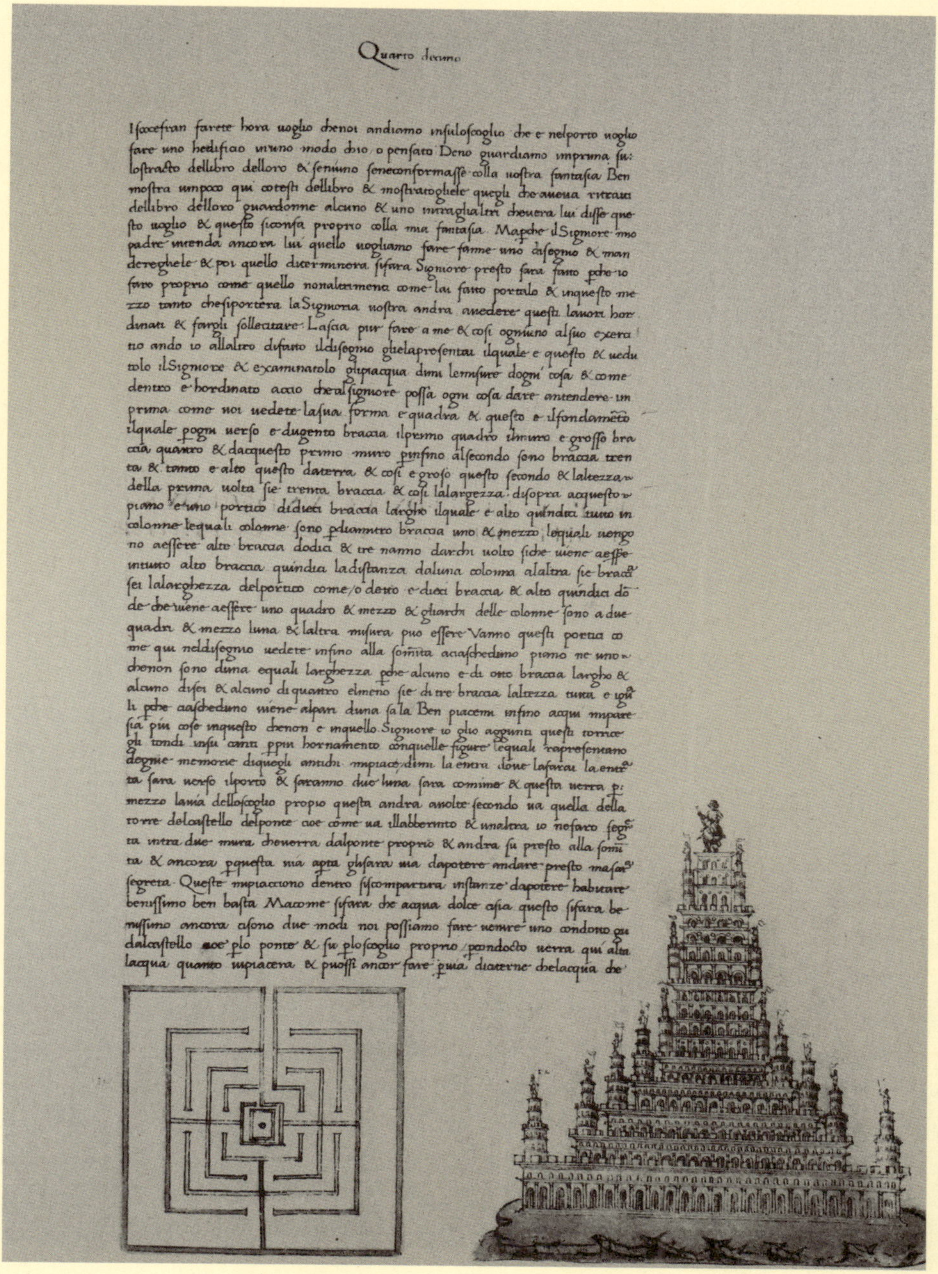

Quarto decimo

Isoccefran farete hora uoglio chenoi andiamo insuloscoglio che e nelporto uoglio
fare uno hedifiao inuno modo chio o pensato Deno guardiamo imprima su:
lostracto dellibro delloro & senuno seneconformasse colla nostra fantasia Ben
mostra unpoco qui cotesti dellibro & mostratogliele quegli che aueua ritratti
dellibro delloro guardonne alcuno & uno intraglialtri cheuera lui disse que
sto uoglio & questo siconfa proprio colla mia fantasia Mapche il Signore mio
padre intenda ancora lui quello uogliamo fare famne uno disegno & man
dereghele & poi quello determinera sisara Signore presto sara fatto pche io
faro proprio come quello nonaltrimenti come lui fatto portalo & inquesto me
zzo tanto chesiportera la Signoria nostra andra auedere questi lauori hor
dinati & fargli sollecitare Lascia pur fare a me & cosi ogniuno alsuo exerci
tio ando io allaltro difatto ildisegnio glielapresentai ilquale e questo & uedu
tolo ilSignore & examinatolo glipiacqua dimi lemisure dogni cosa & come
dentro e hordinato accio chealsignore possa ogni cosa dare antendere in
prima come noi uedete lasua forma e quadra & questo e ilfondamēto
ilquale pogni uerso e dugento braccia ilprimo quadro ilmuro e grosso bra
ccia quattro & dacquesto primo muro pinfino alsecondo sono braccia tren
ta & tanto e alto questo daterra & cosi e groso questo secondo & laltezza
della prima uolta sie trenta braccia & cosi lalargezza disopra acquesto
piano e uno portico didieci braccia largho ilquale e alto quindici tutto in
colonne lequali colonne sono pdiametro braccia uno & mezzo lequali uengo
no aessere alte braccia dodici & tre nanno darchi uolto siche uiene aesse
intutto alto braccia quindici ladistanza daluna colonna alaltra sie bracci
sei lalarghezza delportico come io detto e dieci braccia & alto quindici dō
de che uiene aessere uno quadro & mezzo & glarchi delle colonne sono a due
quadri & mezzo luna & laltra misura puo essere Vanno questi portici co
me qui neldisegnio uedete infino alla somita acascheduno piano ne uno
chenon sono duna equali larghezza pche alcuno e di otto braccia largho &
alcuno di sei & alcuno di quattro elmeno sie di tre braccia laltezza tutta e ygua
li pche acascheduno uiene alpari duna sala Ben piacemi infino acqui inpare
sia piu cose inquesto chenon e inquello Signore io glio aggiunti questi torricc
gli tondi insu canti ppiu hornamento conquelle figure lequali rapresentano
degnie memorie diquegli antichi inpiace dimi la entra doue lasarai la entr
ta sara uerso ilporto & saranno duo luna sara comune & questa uerra p
mezzo lamia delloscoglio propio questa andra auolte secondo ua quella della
torre delcastello delponte cioe come ua illaberinto & unaltra io nefaro segre
ta intra due mura cheuerra dalponte proprio & andra su presto alla somi
ta & ancora pquesta uia apta ghsara uia dapotere andare presto ma sara
segreta Queste mipiacciono dentro siscompartira instanze dapotere habitare
benissimo ben basta Macome sisara che acqua dolce cisia questo sisara be
nissimo ancora cisono due modi noi possiamo fare uenire uno condotto giu
dalcastello cioe plo ponte & su ploscoglio propno pcondocto uerra qui alta
laqua quanto inpiacera & puossi ancor fare pina diaterne chelacqua che

Filarete (Antonio di Pietro Averlino)

Ilustrações para *Trattato di Architettura*, 1460-64.
Planta e elevação de edifício monumental rodeado
por labirinto junto ao porto de Plusiapoli (folha 110)

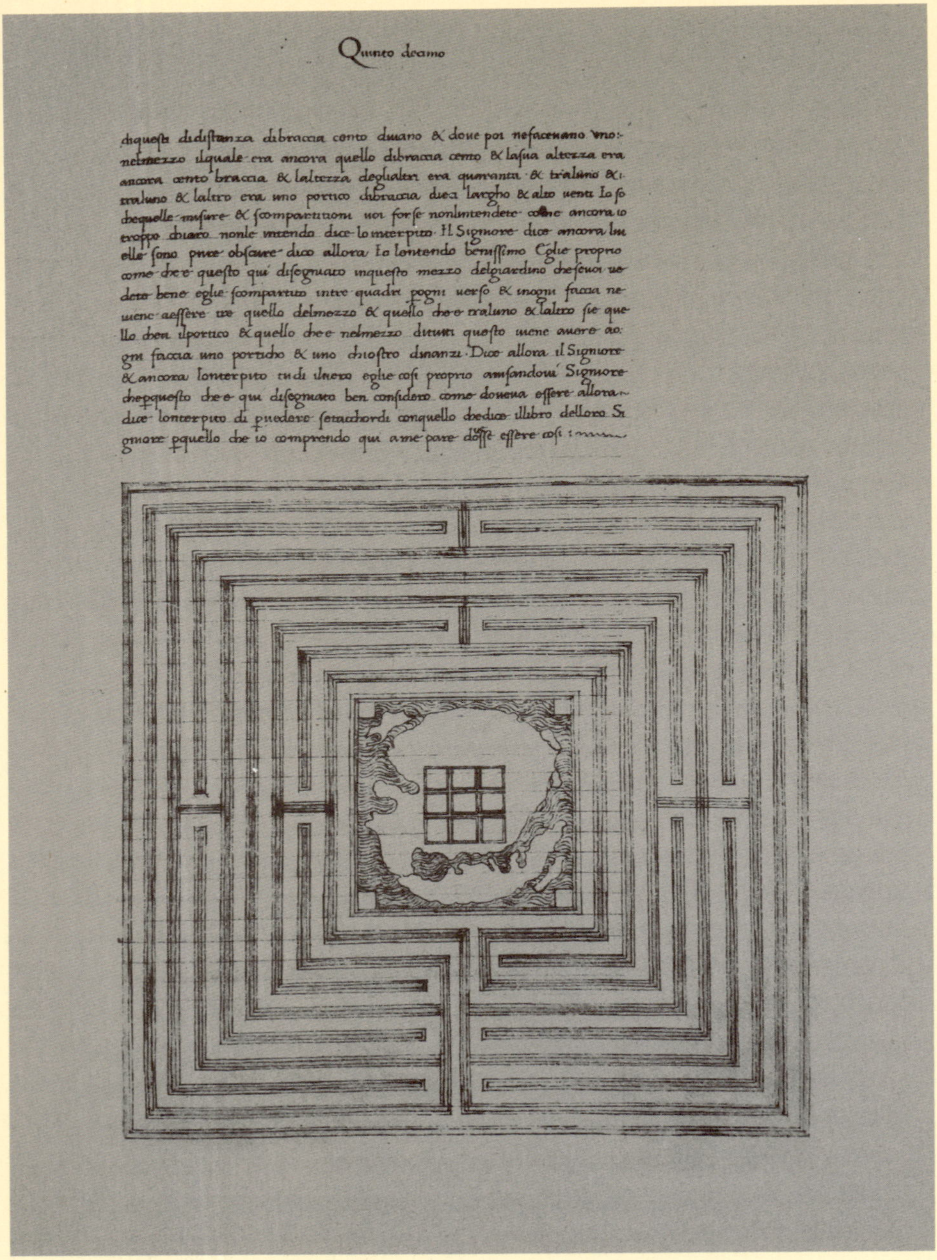
Quinto decimo

diquesti didistanza dibraccia cento diuano & doue poi nefaceuano uno:
nelmezzo ilquale era ancora quello dibraccia cento & lasua altezza era
ancora cento braccia & laltezza deglialtri era quaranta & traluno & i-
traluno & laltro era uno portico dibraccia dieci largho & alto uenti Io so
chequelle misure & scompartitioni uoi forse nonlintendete come ancora io
troppo chiaro nonle intendo dice lointerpito. Il Signore dice ancora lui
elle sono pure obscure dico allora Io lointendo benissimo Eglie proprio
come che e questo qui disegniato inquesto mezzo delgiardino chesenoi ue
detto bene eglie scompartito intre quadri pogni uerso & inogni faccia ne
uiene aessere tre quello delmezzo & quello che e traluno & laltro sie que
llo chera ilportico & quello che e nelmezzo ditutti questo uiene auere ao:
gni faccia uno portico & uno chiostro dinanzi. Dice allora il Signore
& ancora lointerpito tu di iluero eglie cosi proprio amsandoui Signore
chepquesto che e qui disegniato ben considero como doueua essere allora
dice lointerpito di puedere setacchordi conquello chedice illibro dellora Si
gnore pquello che io comprendo qui a me pare dosse essere cosi :

Filarete (Antonio di Pietro Averlino)

Ilustrações para *Trattato di Architettura*, 1460-64. Planta do jardim dos prazeres do rei Zogalia envolto em um grande labirinto (folha 121)

complexificação da muralha medieval. O labirinto como um aparato militar. Tal qual um forte.

Outro manuscrito *quattrocentesco* em que se encontra alusão a um labirinto denomina-se *Trattati di architettura ingegneria e arte militare* [Tratados de arquitetura, engenharia e arte militar], escrito pelo arquiteto Francesco di Giorgio Martini (1439-1501) por volta de 1480. Há nele uma brevíssima menção a esse tipo de estrutura, sem o acompanhamento de nenhum desenho ilustrativo diretamente relacionado:

> Os jardins de paredes circulares devem ser circundados por passeios ornamentais, vegetação e muros. [...] Faça-se no meio uma fonte com água natural ou acidental, tal como dito anteriormente, no formato de um prato ou vaso sobre uma mísula, e, além disso, várias formas e ornamentos. E nesses jardins haverá viveiros de plantas e de peixes, mais de uma *loggia*, passagens cobertas e descobertas, além de locais onde se possa manter vários animais e pássaros separadamente, sob cobertura e ao ar livre, em meio a caminhos de água e vegetais. [...] Criem-se prados e pequenos parques de diferentes árvores que, por algum tempo, não perdem folhas. Mesmo vegetais e árvores, templos, labirintos, *loggia*, cadeiras, animais e outras fantasias ordenadas serão. E quanto mais variadas tais coisas, tanto maior será o deleite aos olhos.[6]

O labirinto é diretamente associado a projetos paisagísticos. É um elemento para um jardim, entre outros tantos elencados no texto, como os viveiros de plantas ou peixes, as passagens cobertas por vegetação ou as passarelas ao ar livre. O labirinto é um componente fantasioso, talvez um capricho, mas certamente agradável. Nessa descrição elaborada por Di Giorgio Martini, a dedálea estrutura não

6 MARTINI, Francesco di Giorgio. *Trattati di architettura ingegneria e arte militare*. Org. Corrado Maltese. Milão: Il Polifilo, 1967, pp. 245-6. *"I giardini di circulari mura cignare si debbano, ornati d'andari, verdure e mura. [...] Faccisi in mezzo una fontana con acqua naturale o accidentale, siccome innanzi è ditto, formate a uso di piatto o vaso sopra peduccio, et in più varie forme et ornamenti. Et in detti giardini vivai, peschiere, logge, andari coverti e scoverti, e luoghi dove partitamente al coverto et allo scoverto, con andari d'acque e verdure, diversi animali et uscelli tenere si possino. [...] Faccivisi e prati e barchetti di diversi arbori che per alcun tempo non perdon frondi. Anco di verdure et arbori, tempi, labirinti, logge, sedie, animali et altre fantasie ordenate seranno. E quanto le cose più varie, tanto all'occhio più diletta."*

é grande o suficiente para envolver e proteger o nobre parque, tal como Filarete imaginou. Tampouco abrange a totalidade do desenho de paisagismo. O labirinto é aqui uma pequena e curiosa parte inserida no jardim.

Tal como aconteceu com Filarete, o tratado de Di Giorgio Martini permaneceu como manuscrito com raríssimas cópias por vários séculos. Tal fato limitou a capacidade de transmissão de seus conteúdos pela Europa, especialmente caso se compare com a difusão dos tratados que foram editados, impressos e traduzidos, como os de Vitrúvio e Alberti. *De architectura* e *De Re Aedificatoria* são longos, completos, celebrados, mas não apresentam projetos de labirintos. Mesmo que os desenhos feitos por Filarete sejam os mais elaborados dédalos de toda a tratadística *quattrocentesca*, não foram muitos os estudiosos que tiveram acesso a eles nos primeiros quatro séculos de existência das publicações. Por isso, é impossível que os labirintos imaginados por Filarete e Di Giorgio Martini tenham servido de base exemplar para jardins-labirintos a partir do final do século XV.

Isso não quer dizer que labirintos constituam uma exceção e não tenham se propagado a partir de modelos formais apresentados em tratados arquitetônicos. A fortuna dos labirintos começa a mudar com *I sette libri dell'architettura*, de Sebastiano Serlio. Esse tratado *cinquecentesco* foi amplamente difundido: suas ilustrações reafirmavam gráfica e didaticamente o cânone vitruviano, tornando-se referência para incalculáveis projetos por todo o mundo ao longo de séculos.

Os sete livros foram lançados separadamente no decorrer de três décadas. Os labirintos aparecem logo no primeiro livro publicado do conjunto tratadístico. No entanto, a sequência de lançamento não segue a numeração dos volumes da publicação: aos leitores foi apresentado inicialmente o livro IV, no ano de 1537, por uma casa editorial veneziana. É na página 199 desse quarto livro do tratado de Serlio que se encontram dois desenhos de labirintos. Três páginas antes, há uma menção a eles em um breve texto sob o título "Dell'ordine composito": "Os jardins também fazem parte da ornamentação do edifício, razão pela qual estas quatro diferentes figuras abaixo são destinadas a compartimentos desses jardins, embora possam ser utilizadas para outras coisas, além dos dois labirintos aqui atrás, que

Sebastiano Serlio

Ilustração para o livro IV de *I sette libri dell'architettura* (folha 199), 1537

têm o mesmo propósito."[7] Serlio classifica os labirintos como pertencentes à "ordem compósita". Para o tratadista, o labirinto é, sobretudo, um ornamento.

Como indicado na frase acima, o autor posiciona os labirintos em meio a folhas com desenhos para canteiros de plantas para jardins. Todavia, não é necessário um olhar especialmente atento para perceber que as ilustrações podem referir-se tanto à arte da topiaria no paisagismo quanto a tetos em caixotão (*soffitto a cassettoni*) de madeira.

Relembro aqui os argumentos apresentados no capítulo anterior a respeito da extrema semelhança entre o labirinto do forro da *Stanza del Labirinto*, no Palazzo Ducale de Mântua, e o traçado do labirinto superior da página 199 do livro IV do tratado de Serlio. Vimos a possibilidade de *I sette libri dell'architettura* conter o exemplo gráfico utilizado pelo arquiteto Antonio Maria Viani no começo do século XVII, embora o *motto* FORSE CHE SI FORSE CHE NO, que preenche os meandros do labirinto do forro, seja proveniente de uma *frottola* do início do Cinquecento, o que fortalece a hipótese de Serlio ter visto esse dédalo em sua viagem a Mântua, reproduzindo o desenho em seu tratado[8].

Fato é que os dois labirintos de Serlio tornaram-se modelos para jardins e tetos por toda a Europa. Jardineiros, arquitetos e construtores das mais distantes cidades apropriaram-se daqueles formatos impressos no tratado para decorar parques ou aposentos dos aristocratas que os contratavam. A ênfase no cliente é particularmente relevante do Quinhentos ao Setecentos, pois quase sempre o desejo daqueles que encomendavam o trabalho se sobrepunha às concepções autorais dos projetistas. Há mesmo um desaparecimento do especialista a conduzir *de facto* determinado projeto arquitetônico, fazendo com que a própria palavra "projetista" se torne inadequada. Para compreender

7 SERLIO, Sebastiano. *I sette libri dell'architettura*, livro IV. Veneza: Francesco de Franceschi, 1584, p. 197v. *"Li giardini sono ancor loro parte dell'ornamento della fabrica, per il che queste quattro figure differenti qui sotto sono per compartimenti d'essi giardini, ancora che per altre cose potrebbero servire, altre li due Labirinti qui a dietro che a tal proposito sono."*

8 Na página 124 do livro III de *I sette libri dell'architettura*, de Serlio, há uma outra breve menção ao labirinto: *"Laberinto in Egitto, edificato da Miris secondo, overo Marone, meraviglioso per grandezza, per opera et difficile da esser imitato."*

essa condição de ausência, é válido apresentar algumas perguntas. Do século XVI ao XVIII, a partir de quais desenhos se construía um *palazzo* em Veneza ou em Florença? A concepção arquitetônica de uma *villa* no Vêneto ou anos arredores de Roma transcorria sob as ordens diretas de quem? Como se dava a escolha de ornamentos e das figuras para a estatuária em um altar ou uma fachada de igreja? Que pessoa dava as diretrizes no plantio de um jardim em uma nobre propriedade campestre? As respostas para cada caso terão particularidades, variando de acordo com o contexto geográfico e a conjuntura temporal específica; todavia, salvo raras exceções, não teremos um arquiteto com reconhecida autoridade no que tange ao desígnio da edificação. Ou seja, não existia a figura de um autor do projeto.

Isso só pôde ocorrer devido ao modo como se estruturava a lógica da construção: a prática arquitetônica amparava-se em modelos de elementos e ornamentos publicados nos tratados teóricos. Basicamente cabia ao cliente selecionar os componentes padronizados nessas canônicas publicações, as quais se organizavam internamente segundo as classificações das ordens dórica, jônica, coríntia e compósita. Em seguida, tais elementos classicistas eram sistematizados em uma operação de composição de fachadas, pisos, coberturas, paredes etc. Esse procedimento compositivo não demandava a contratação de um grande criador como Andrea Palladio no Cinquecento: era suficiente confiar a tarefa a um competente desenhista que seguisse os modelos publicados em tratados de gênios como Vitrúvio, Alberti, Serlio e Palladio. Aliás, uma brevíssima digressão: *I quattro libri dell'architettura* (1570), de Andrea Palladio, é um tratado textualmente brilhante e graficamente primoroso; no entanto, o arquiteto, cujo conjunto da obra é irrepreensível, também ignorou os labirintos em seus quatro livros.

Empregar um fuste estriado tal como no estilo dórico, ou preferir uma decoração jônica para o caixotão do forro do teto, ou eleger um capitel esculpido com flores de acanto à moda coríntia, ou escolher uma mísula compósita – essas eram prerrogativas do cliente. A historiadora Margherita Azzi Visentini, em seu artigo intitulado "Il ruolo della trattatistica" [O papel da tratadística], destaca a primazia de quem ordenava a incumbência: "A propagação do novo gosto ocorria principalmente por meio de contatos pessoais, e os exemplos considerados esporádicos e exceções eram estritamente ligados à personalidade peculiar dos clientes, a cuja iniciativa individual devia-se tudo."[9] O desejo do proprietário sobrepunha-se às questões ou interesses de todos os demais envolvidos numa construção.

Ademais, como projetos regularmente levavam longos períodos de execução, modificações no primeiro desenho do edifício ocorriam de maneira deliberada sem nenhum pudor de afetar a autoria original - afinal, a noção de "autoria original" era basicamente irrelevante naqueles séculos. Por tais motivos, os arquitetos do Cinquecento ao Settecento não tinham a ambição (ou melhor, a ilusão) de projetar algo de traço particular e do pensamento pessoal do modo como almeja o arquiteto dos séculos XX e XXI. A prática da arquitetura - e da jardinagem, especialmente relevante para o caso dos labirintos - alicerçava-se na cópia de elementos, componentes e ornamentos clássicos veiculados em tratados, a fim de efetuar, a partir deles, o exercício da composição. Portanto, o apogeu dos labirintos verdes ocorreu quando os projetos arquitetônicos e paisagísticos não exprimiam o arbítrio individual de seus autores, mas espelhavam uma identidade coletiva esteada na tratadística.

Obviamente os dois desenhos de labirintos no tratado de Serlio não foram suficientes para promover a diversidade que esse arquétipo adquiriu em jardins europeus. Outras publicações tornaram-se populares modelos de dédalos: entre elas, especialmente significativa é a obra *Les plus excellents bastiments de France*[10] [Os mais excelentes edifícios da França], do arquiteto e gravurista Jacques Androuet Du Cerceau (1511-1585/86). Foi publicada em dois volumes: o primeiro, datado de 1576; o segundo, de 1579. Trata-se de uma compilação de

9 VISENTINI, Margherita Azzi. *Il giardino veneto tra Sette e Ottocento e le sue fonti*. Milão: Il Polifilo, 1988, p. 69. *"La propagazione del nuovo gusto era avvenuta per lo più attraverso contatti personali, e gli esempi considerati, sporadici ed eccezionali, erano strettamente legati alle peculiari personalità dei loro commitenti, alla cui iniziativa individuale dovevano tutto."*

10 DU CERCEAU, Jacques Androuet. *Les plus excellents bastiments de France*, vols. I e II. Paris, 1576/1579.

textos e gravuras a apresentar trinta *châteaux* franceses. Por meio de esmerados desenhos das plantas, fachadas, vistas aéreas e perspectivas isométricas, contemplam-se nobres propriedades até hoje afamadas, como as de Chambord, Fontainebleau e Chenonceau. Igualmente permanecem sendo testemunho único de residências aristocráticas, como as de Bury e Verneuil, destruídas em séculos seguintes. E retratam a condição da época de castelos posteriormente modificados, como os de Amboise e Chantilly. O que une todas as arquiteturas desenhadas por Du Cerceau é a busca pela atualização do arquétipo de castelo medieval por meio da incorporação de elementos construtivos ou ornamentais provenientes da Antiguidade Clássica[11].

A antologia arquitetônica *Les plus excellents bastiments de France* foi uma iniciativa editorial absolutamente precursora – naquele século XVI, não se encontra paralelo em nações italianas, germânicas, na Inglaterra, na Espanha, em Portugal ou em qualquer outro país europeu. Os dois volumes foram dedicados à Catarina de Médici, rainha consorte da França de 1547 a 1559 e rainha-mãe, pelo fato de três dos seus filhos terem sido soberanos do reino francês. Portanto, Du Cerceau foi comissionado pela família real para retratar dezoito *châteaux* pertencentes ao monarca da França somados a outros doze das principais figuras da corte. Os textos inseridos na publicação referem-se repetida e laudatoriamente aos proprietários (o rei e demais nobres) dos castelos, enquanto os autores dos projetos não têm seus nomes revelados, salvo um par de exceções.

Não se pode assumir os desenhos de Du Cerceau como precisos registros daquelas fidalgas moradias e seus respectivos jardins: a verossimilhança aqui é relativa. Não é difícil constatar um conjunto de pequenas mas consideráveis diferenças entre, por exemplo, o desenho do gravurista para o Château de Chambord e características desse magnificente prédio que até hoje podem ser verificadas *in loco*. Não é o caso de considerar tais discrepâncias como erros, mas de observar a dimensão poética das gravuras: por meio dos desenhos, Du Cerceau fez melhoramentos da realidade daquelas arquiteturas conforme sua

11 Na biografia de Du Cerceau foram significativas duas viagens dele à Itália, nas quais se interessou fortemente pelos projetos de Andrea Palladio.

imaginação. Ao longo dos séculos, historiadores atribuíram erroneamente a Du Cerceau a autoria dos edifícios apresentados na obra: certamente ele não conduziu a construção ou a reforma dos trinta *châteaux*; contudo, suas gravuras incorporavam elementos de acordo com seu juízo de arquiteto francês do Quinhentos. Seu ato de desenhar contém um certo ímpeto de criação, ou seja, um instinto projetivo.

Em *Les plus excellents bastiments de France*, encontram-se labirintos nos canteiros - *parterres* - das áreas verdes de cinco *châteaux* apresentados na publicação: Montargis, Gaillon, Charleval, Bury e as Tulherias. Os dédalos verdes podem ter existido nos cinco castelos supraindicados, mas não necessariamente com as formas com que foram desenhados. Não é de todo impossível que Du Cerceau tenha inventado ou incorporado canteiros labirínticos naqueles deliciosos parques privativos, embora - afinal, existem outros indícios documentais - o mais provável seja que esses labirintos nas nobres residências retratadas pelo gravurista tenham existido. Tais incertezas devem ser relativizadas, pois o essencial aqui é o poder de exemplo das representações gráficas de Du Cerceau. Mais do que atestados da existência ou da condição dos labirintos verdes daqueles cinco castelos em específico, os dois volumes serviram como modelo de *parterres* dedáleos para que incontáveis aristocratas europeus, emulando a realeza francesa, ordenassem aos seus jardineiros o plantio de estruturas similares em suas propriedades.

Na região da Normandia, o Château de Gaillon apresentava um par de labirintos, um circular e outro quadrado, dispostos lado a lado. Na descrição contida no primeiro volume, informa-se que o castelo foi construído por ordem do cardeal da cidade de Amboise durante a vida do rei Luís XII (1462-1515)[12]. No primeiro desenho[13] em vista aérea,

12 DU CERCEAU, Jacques Androuet. *Op. cit.*, vol. I, p. 3.

13 Os desenhos preparatórios de Du Cerceau para o primeiro volume do livro *Les plus excellents bastiments de France* permanecem conservados no British Museum, em Londres. A perspectiva aérea do jardim superior do Château de Gaillon, no qual se encontram dois labirintos, está sob o código 1972, U.844; a perspectiva aérea do mesmo *château*, sob o código 1973, U.1352; seu plano geral, sob o código 1972, U.842; a planta com o jardim superior, sob o código 1972, U.841; a perspectiva aérea geral do Château de Montargis, seus jardins e terraço, no qual se encontram dois labirintos, sob o código 1972, U.817; e a perspectiva do terraço desse *château*, sob o código 1972, U.819. Disponível em: britishmuseum.org/collection. Acesso em: 11 abr. 2023.

Jacques Androuet Du Cerceau

Ilustrações para o livro *Les plus excellents bastiments de France*, 1576-79.
Perspectiva aérea do Jardim do Château de Gaillon.

constata-se que os *parterres* do jardim são subdivididos em 26 módulos, sendo 24 iguais, de menor dimensão, e dois maiores, nos quais se implantam os labirintos. Ao centro do reticulado conjunto de alamedas, há uma fonte coberta por um *sui generis* pavilhão de paredes de treliças e telhado curvilíneo, que prenunciava o estilo barroco. O labirinto à esquerda é constituído por oito círculos concêntricos, aos quais se somam outros quatro minúsculos recintos redondos nos quatro cantos daquele canteiro. O labirinto à direita tem matriz quadrada: sua forma provém de oito quadrângulos de dimensões diferentes, porém geometricamente proporcionais entre si.

Por estar em perspectiva, o primeiro desenho de Du Cerceau para o Château de Gaillon coloca em questão a altura dos vegetais das linhas que conformam os labirintos. Percebe-se que são plantas um pouco mais altas que as canelas de uma pessoa adulta; logo, não constituem paredes. Para quem estivesse a percorrer as dedáleas vias, as formas daquelas estruturas eram apreensíveis olhando de cima para baixo. Não se proporciona a experiência da imersão dentro desses labirintos. Neles, não seria possível se perder ou se esconder, pois não há nenhuma parte oculta - tudo ali está ao alcance da visão. Como Serlio preconizara, esse gênero de labirinto é puramente ornamental. Tendo em vista que o comissionamento advém de um cardeal, o vínculo com os *Chemins de Jhérusalem* nos pavimentos das catedrais góticas francesas parece evidente: tal associação é igualmente amparada no fato de os labirintos do jardim de Gaillon constituírem-se de percursos unidirecionais, sem becos ao longo das trajetórias, sem erros, e, assim sendo, ziguezagueia-se com êxito certo, como nos grandiosos templos católicos do Medievo.

O duo de dédalos de Gaillon aparece em outros desenhos no livro, bem como nas pranchas preparatórias do gravurista francês pertencentes ao acervo do British Museum; por exemplo, na perspectiva e na planta de situação que representam a totalidade da propriedade. Existem também duas versões da planta do *château* com o jardim superior; em uma delas, não há imagem do labirinto, apenas a identificação "Labirinte". Analisando as diferentes ilustrações, uma diferença salta aos olhos: Du Cerceau inverte a posição dos labirintos quadrado e circular. Tal estranha alteração amplia as dúvidas com relação à verossimilhança dos desenhos em comparação à condição real do Château de Gaillon na época - há séculos não se encontra nenhum vestígio de plantio de um labirinto verde no local. Diante dessas constatações, não se pode excluir a possibilidade de que Du Cerceau tenha acrescido os labirintos nos desenhos, como se fizesse um projeto paisagístico pessoal para a publicação.

De todos os *châteaux* representados em *Les plus excellents bastiments de France*, aquele em que Du Cerceau provavelmente influenciou na construção e no plantio do jardim foi o de Montargis, no Vale do Loire. Nesse castelo residiu a duquesa Renée de France (1510-1574), filha mais nova do rei Luís XII. À revelia de seus pais e de seu marido, o italiano Ercole II d'Este (1508-1559), ela nutria simpatia pela Reforma Protestante e trocava correspondência com João Calvino (1509-1564). Quando viúva, Renée chegou a acolher huguenotes no Château de Montargis. É crível que Du Cerceau tenha sido um desses protestantes, vivendo no castelo quando idoso.

Tal como em Gaillon, há um par de labirintos no desenho do jardim de Montargis, no primeiro volume da publicação. Também se trata de um dédalo circular ao lado de um de matriz quadrada. A peculiaridade reside no seccionamento de ambos ao meio por uma alameda linear. Desse modo, os meândricos caminhos acabam sempre nessa via retilínea. Não existe percurso interno possível. É, assim, uma reafirmação do caráter ornamental dessa estrutura verde: dois dédalos que podem ser atravessados, andando em linha reta. Portanto, são canteiros de plantas delineando formatos graciosos - no caso, as formas de labirintos - a serem contemplados pelos ilustres proprietários durante um passeio no parque privativo.

Na coleção do British Museum, encontram-se três desenhos de Du Cerceau com os labirintos do Château de Montargis, embora apenas dois tenham se convertido em gravuras reproduzidas no livro. A ilustração principal é uma representação em perspectiva aérea de toda a propriedade. Na imagem, constata-se que a implantação segue uma lógica orbital e expansiva. Ao centro está o castelo, com uma configuração circular. Dois terços do perímetro do *château* são circundados por um fosso cheio d'água que se conecta à rede de canais fluviais da região, o que fica evidente pelos barcos representados no desenho.

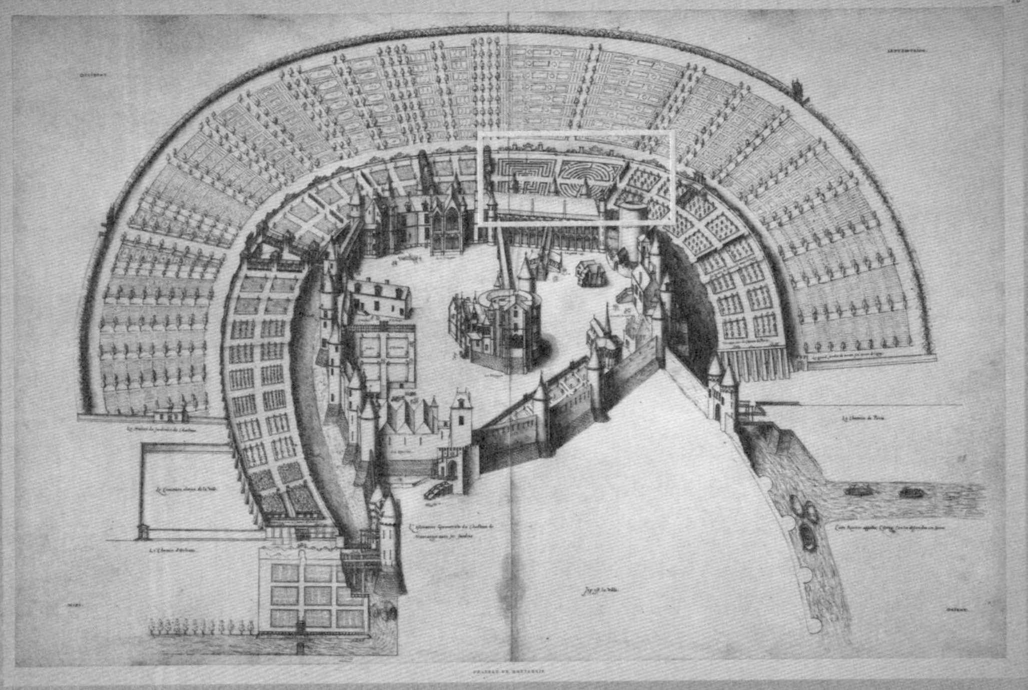

Jacques Androuet Du Cerceau

Ilustrações para o livro *Les plus excellents bastiments de France*, 1576-79.
Perspectiva geral do Château de Montargis

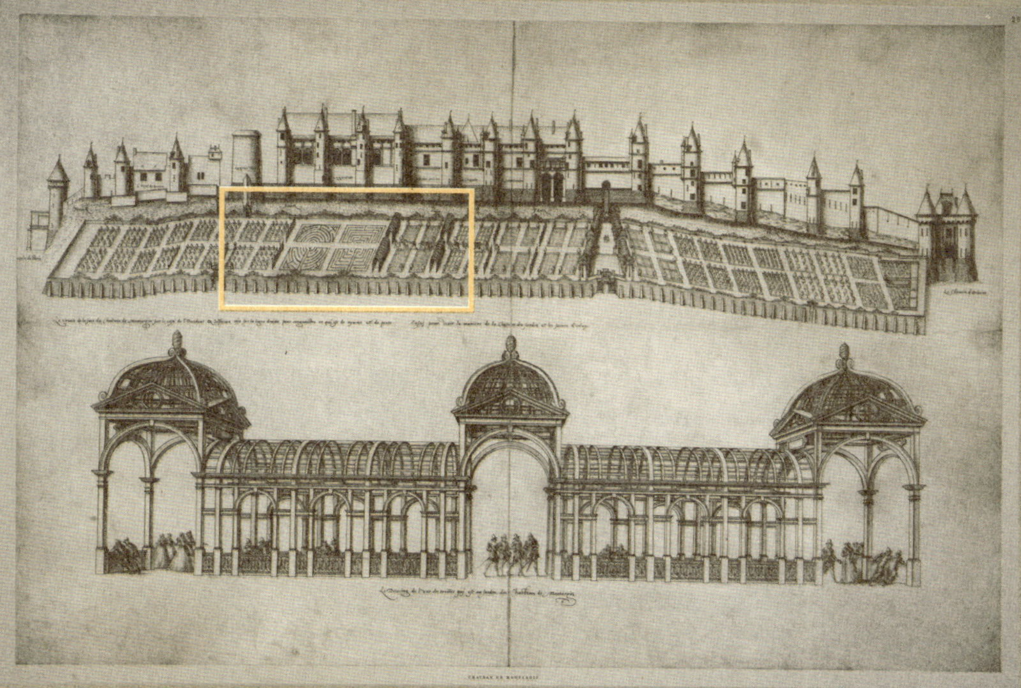

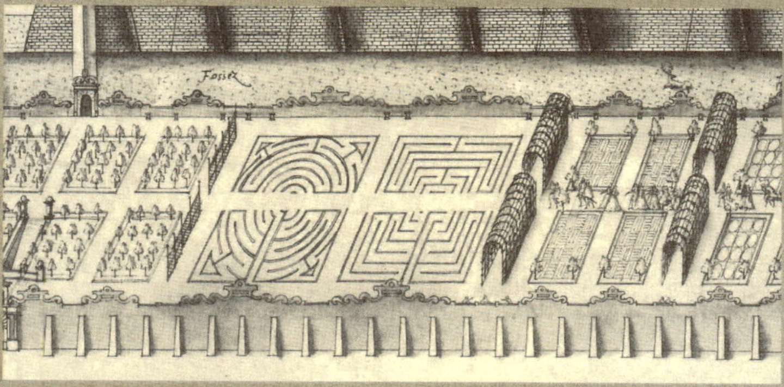

Jacques Androuet Du Cerceau

Ilustrações para o livro *Les plus excellents bastiments de France*, 1576-79.

Perspectiva aérea do terraço do Château de Montargis

Essa via aquática é rodeada por um grande terraço murado em formato de semicírculo, cuja identificação ocorre por meio das inscrições "Le Jardin de dix-huit toises de large" [O jardim de dezoito braças de largura] e "Terrasse sur le Chemin de Paris" [Terraço sobre o caminho de Paris], tendo um projeto paisagístico modulado por *parterres*, entre os quais se implementam os dois labirintos seccionados no eixo central.

É bastante peculiar a solução gráfica de outro desenho do Château de Montargis que consta em *Les plus excellents bastiments de France*: em perspectiva aérea, a ilustração parte de uma abstração óptica ao demonstrar linearmente o grande terraço semicircular - um jardim suspenso - que envolve o castelo e o fosso. Os *parterres* são pormenorizadamente representados: observam-se arbustos e árvores plantadas de maneira equidistante; notam-se as direções das flores e ervas rasteiras cultivadas nos canteiros. Algumas alamedas radiais são cobertas por pergolados arqueados de madeiras; outras são divididas por gradis treliçados. Muros decorados circundam e protegem o jardim. Em toda a sua extensão, evidencia-se a diferença de altura da topografia natural. Para comprovar que o desenho retrata um jardim dos prazeres, vê-se um cortejo de nobres a caminho dos labirintos: damas de largas saias, cavalheiros com capas e chapéus, seus servos e uma carruagem conduzida por um cavalo. Depreende-se que os dois labirintos estão somente desenhados no pavimento: o dédalo curvo é gerado por oito círculos concêntricos cindidos ao meio; por sua vez, o quadrangular provém de uma matriz de oito figuras geométricas igualmente fracionadas em dois lados. O Château de Montargis foi quase inteiramente destruído, atualmente só restando uma pequena fração do que Du Cerceau representou.

Ainda mais trágico foi o destino do Château de Bury. Dele restaram tão somente poucas ruínas de suas velhas torres e muralhas - caso haja algo mais do antigo conjunto edificado, provirá de descobertas arqueológicas. Constata-se no texto e nas ilustrações contidas no segundo volume que no Château de Bury existiram três grandes recintos ajardinados ao ar livre: o pátio interno era segmentado em quatro partes iguais, enquanto os outros dois jardins tinham perímetros retangulares definidos pelos muros e fragmentavam-se, cada qual, em oito *parterres* de iguais dimensões. Essa configuração geral do paisagismo era idêntica nos diferentes desenhos do Château de Bury feitos por Du Cerceau, mas, se comparadas as decorações vegetais de cada *parterre*, constatar-se-á que as ilustrações são diferentes entre si. Ao examinar os dois desenhos preparatórios das perspectivas aéreas gerais da propriedade guardados no British Museum, vemos um labirinto quadrado posicionado próximo à fachada do castelo; no entanto, o dédalo simplesmente não existe nas respectivas gravuras do livro[14]. Na planta geral, o traçado labiríntico reaparece: no desenho preparatório, posiciona-se no mesmo *parterre*; todavia, na imagem correlata estampada na publicação impressa, foi implantado em outro quadrângulo. Deduz-se que a configuração de cada canteiro era indiferente a Du Cerceau, e o labirinto, tratado como um *parterre* qualquer. Quando vemos o Château de Bury, ficamos certos de que, para o arquiteto e gravurista francês, não havia nada de especial em cultivar um dédalo de plantas rasteiras. Era apenas uma entre várias alternativas de embelezamento dos jardins geométricos.

Em *Les plus excellents bastiments de France*, existe um dédalo mais complexo, de vias internas mais meândricas e de traçado proveniente da composição de diferentes formas. Esse labirinto encontra-se no desenho do jardim do Château de Charleval, na Normandia, mais especificamente em um caminho entre a cidade de Rouen e Paris. O castelo fora uma encomenda do jovem rei Charles IX (1550-1574). Suas obras foram iniciadas em 1570, interrompidas com a morte do monarca e nunca concluídas. Portanto, no segundo volume de seu livro, Du Cerceau representou uma edificação que não chegou a ser executada tal como indicam os desenhos. Quatro elevações das fachadas do Château de Charleval foram publicadas com uma abundância de elementos ornamentais clássicos, numa clara transição do maneirismo para o barroco. Seu aspecto é muito mais palaciano que de castelo medieval. De certo modo, o projeto de Charleval prenuncia a Versalhes que viria a ser edificada no século seguinte.

14 Os desenhos preparatórios de Du Cerceau para o segundo volume do livro *Les plus excellents bastiments de France* também se encontram conservados no British Museum: as perspectivas do Château de Bury estão sob os códigos 1972, U.901 e 1972, U.902; seu plano geral, sob o código 1972, U.900; o plano geral do Château de Charleval e seu jardim, sob o código 1972, U.863; e o plano geral das Tulherias, sob o código 1972, U.87. Disponível em: britishmuseum.org/collection. Acesso em: 12 abr. 2023.

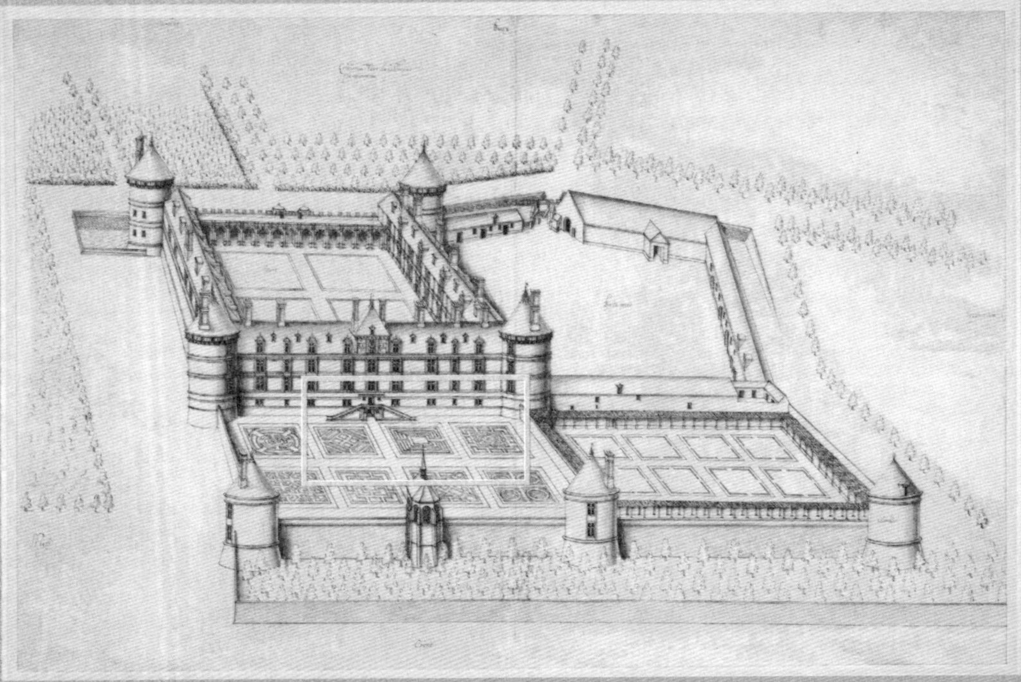

Jacques Androuet Du Cerceau

Ilustrações para o livro *Les plus excellents bastiments de France*, 1576-79. Perspectiva aérea do Château de Bury

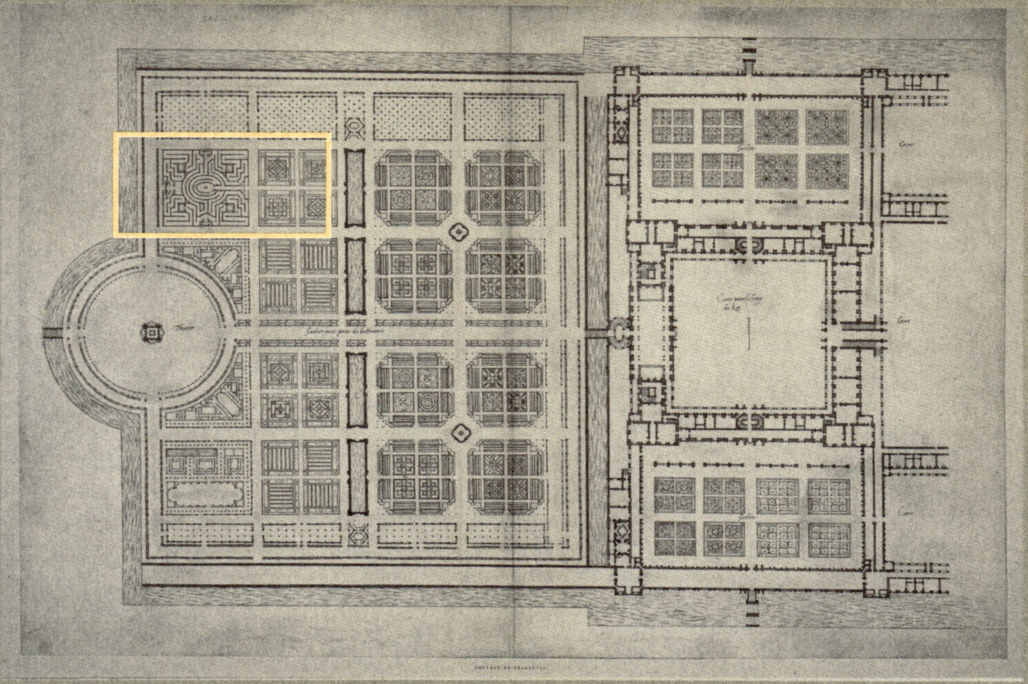

Jacques Androuet Du Cerceau

Ilustrações para o livro *Les plus excellents bastiments de France*, 1576-79.
Planta geral do Château de Charleval

O memorial descritivo do Château de Charleval contém várias frases que apontam a vontade declarada pelo rei a respeito de diversos aspectos daquele projeto arquitetônico: as minúcias de tais informações fundamentam a conjectura de que o projetista desse castelo seja o próprio Jacques Androuet Du Cerceau, em companhia de seu filho, o também arquiteto Baptiste Androuet Du Cerceau (1544-1602) – embora não haja nenhuma declaração direta disso no livro ou em outro documento da época. Caso não seja o autor, Du Cerceau, seguramente, teve acesso privilegiado ao projeto na corte do rei. O formato do labirinto de Charleval conjuga o contorno quadrado com o núcleo oval, o que induz a uma combinação de corredores retilíneos e curvos. Nesse percurso interno é possível perder-se, mas não devido a becos sem saída, e sim por haver mais de uma entrada e diferentes trajetos para se chegar ao centro. Comparado aos *parterres* ao redor, o labirinto tem dimensões maiores. Como Du Cerceau não fez um desenho em perspectiva desse jardim, não há indícios de que se tratasse de um dédalo de vegetação rasteira ou composto de cercas vivas de altura maior que a de uma pessoa; entretanto, no desenho em planta, observam-se elementos que parecem portões, bem como recintos que remetem a pequenas edículas, o que insinua a configuração de um labirinto de altas sebes.

O último labirinto de *Les plus excellents bastiments de France* aparece bem no meio do jardim em frente ao antigo Palácio das Tulherias, cuja edificação foi iniciada em 1564 a mando de Catarina de Médici. A obra perdurou por mais de um século, em meio ao qual teve Jacques II Androuet Du Cerceau (1550-1614), filho mais novo do autor do livro, como um dos vários arquitetos responsáveis pelas diferentes ampliações e melhoramentos do palácio parisiense. A monumental edificação ficou arruinada após o incêndio de 1871 e foi demolida na década seguinte. O projeto que Du Cerceau retratou na publicação é de autoria dos arquitetos Philibert Delorme (*c.* 1514-1570) e Jean Bullant (*c.* 1515-1578). Estampado na planta geral do Palácio das Tulherias e seu parque então privado, o labirinto foi implantado bem no centro do jardim. Curiosamente, o dédalo quadrado ocupa uma área menor que o perímetro retangular demarcado pela malha de alamedas que estrutura aquele jardim geométrico. Os *parterres* são representados, em sua maioria, de forma simplificada e diagramática; logo, não é

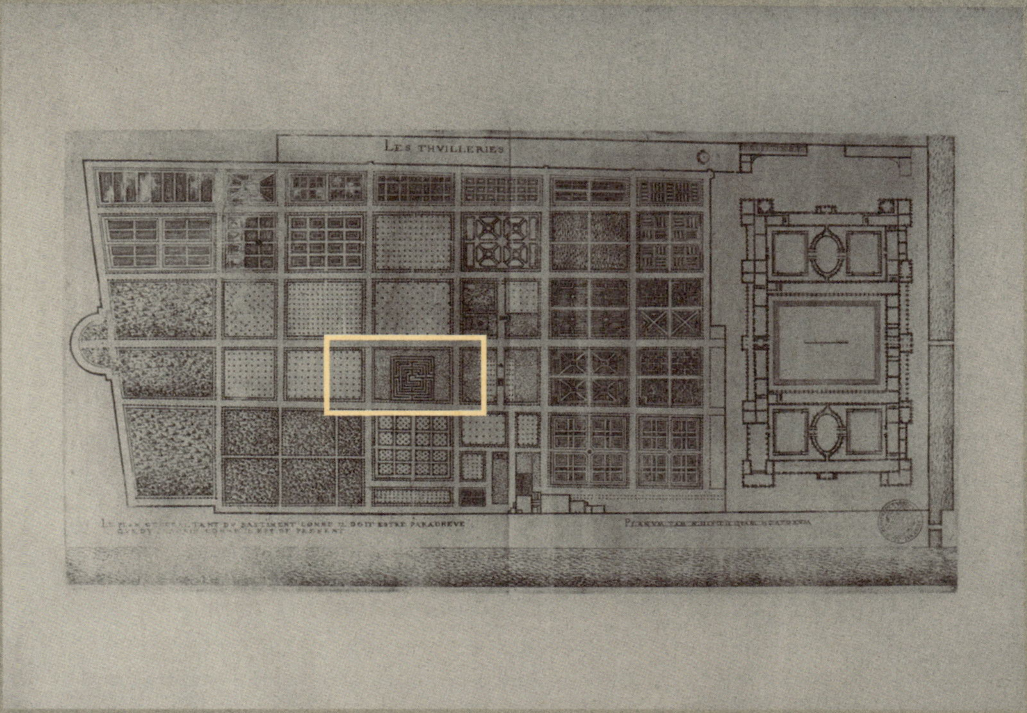

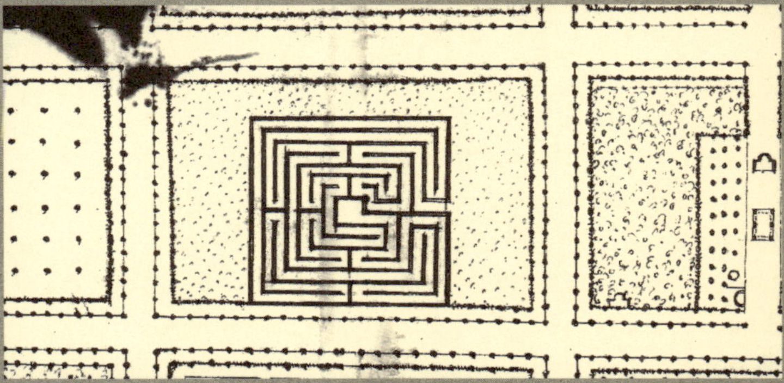

Jacques Androuet Du Cerceau

Ilustrações para o livro *Les plus excellents bastiments de France*, 1576-79.
Planta geral do Château de Charleval

claro o tratamento paisagístico do espaço onde se implanta o labirinto. Não há nenhum indício da altura da vegetação que configura os tortuosos corredores: estes se originam em oito quadrados dispostos em progressão geométrica e proporcionais entre si. O percurso é unidirecional e sem bifurcação alguma. Caso essa estrutura labiríntica tenha realmente existido, certamente foi varrida do mapa quando André Le Nôtre abriu o eixo central de seu notável projeto paisagístico para o Jardim das Tulherias no século XVII.

Outros livros contemporâneos ou um pouco posteriores a *Les plus excellents bastiments de France* colaboraram na difusão de exemplos de labirintos. Dois desenhos de dédalos compuseram o primeiro livro de jardinagem publicado na Inglaterra. De autoria do escritor e astrólogo Thomas Hill (*c.* 1528-*c.* 1574), a obra foi reeditada diversas vezes com diferentes títulos ao longo de meio século: originalmente foi lançada em 1563 com um longuíssimo nome que se inicia com *A Most Briefe and Pleasaunt Treatyse, Teachynge Howe to Dress, Sowe, and Set a Garden*[15] [Um tratado muito breve e agradável ensinando como embelezar, semear e preparar um jardim]; em 1577, foi republicada com o título *The Gardners Labyrinth*[16] [O labirinto do jardineiro] pelo pseudônimo Didymus Mountain; dois anos depois, em 1579, a mesma casa editorial da edição anterior estranhamente rebatizou o livro com a pragmática e insípida denominação *The Profitable Arte of Gardening*[17] [A rentável arte da jardinagem], revelando o nome verdadeiro do autor. Embora os títulos sejam tão díspares, os desenhos dos labirintos são iguais nas várias edições.

O primeiro labirinto tem corredores curvos provenientes de dezoito círculos concêntricos. Esse dédalo é implantado numa espécie

15 HILL, Thomas. *A Most Briefe and Pleasaunt Treatyse, Teachynge Howe to Dress, Sowe, and Set a Garden, and what Propertyes Also these Few Herbes Heare Spoken Of, Haue to Our Comodytie: With the Remedyes that May Be Vsed Against Such Beasts, Wormes, Flies and Such Lyke, that Commonly Noy Garden.* Londres: Thomas Marshe, 1563.

16 MOUNTAIN, Didymus (Thomas Hill). *The Gardners Labyrinth.* Londres: Henry Bynneman, 1577.

17 HILL, Thomas. *The Profitable Arte of Gardening.* Londres: Henry Bynneman, 1579.

Of the firſte Maze. Cap.v.

HEre by the way (gentle Reader) I do place two proper Mazes, the one before this chapter, and the other after, as proper adornments upon pleaſure to a Garden, that who ſo liſteth, hauing ſuche roomth in their Garden, may place the one of thẽ, which liketh them beſt, in that voide place of the Garden that maye beſte be ſpared, for the onelye purpoſe, to ſporte them in at times, which Mazes being workmanly handled by the Gardner, ſhal muche beautifie them, in deuiſing four ſundry fruits to be placed in each of the corners of the Maze, and in the middle of it, a proper Herber decked with Roſes, or elſe ſome faire trée of Roſemary, or other fruite, at the diſcretion of the Gardener.

The apte times of digging and dreſſing the groũd for euery ſeaſõ

¶ Of the dung and dunging of Gardens, with the digging, dreſsing, leuelling & diſpoſing of the quarters and beds. Cap.vj.

FOr ſo muche as in the Haruest and Spring time, be many thinges ſowne in the Garden, therefore it behoueth to dig up, dung, and labor that part of the ground in the Spring time, which you intend to ſowe in the Haruest, that the ſame may ſo ſerue

nesta página e na seguinte

Thomas Hill

Ilustrações (páginas 10 e 15) do livro *The Profitable Arte of Gardening*, 1579

Of the second Maze. Cap. vij.

AND here I also place the other Maze, which may be lyke ordered and vsed, as I spake before, and it may eyther be set with Isope and Time, or with winter Sauery and Tyme: For these do wel endure, al ẏ winter through gréene. And there be some which set their Mazes with Lauender Cotten, Spike, Maierome, and such like. But let them be ordered in this point, as liketh best the Gardener, and so an end. For I doe not here set forth this, or the other Maze afore expressed, for any necessarie commoditie in a Garden, but rather appoint eyther of these (which liketh you best) as a beautifying vnto your Garden: For that Mazes and knots aptly made, do much set forth a Garden, which neuerthelesse I referre to your discretion for that not all persons be of like abilitie.

¶ Certaine precepts, and rules of auntient men, both in the choyce and proper sowing of seedes. Cap. viij.

THe Garden, as Palladius writeth, whiche lyeth vnder a gentle and holesome ayre, and hath a fountaine, Spring,

de moldura quadrada e ornamentada - os espaços de cada canto do quadrilátero são ocupados por apêndices igualmente circulares. Ao centro está a ilustração de um jardineiro de longa barba com uma das mãos na cintura e a outra numa enxada, na qual ele se apoia. O segundo labirinto é composto de linhas mais espessas - e, por isso, mais correlatas a cercas vivas. A matriz formal é o quadrado - mais especificamente, oito quadrados inscritos um dentro do outro -, porém os corredores periféricos têm esquinas com configurações excepcionais e rebuscadas. No núcleo, mais uma vez, encontra-se a figura de um homem campesino. As ilustrações dos dois dédalos parecem esquemáticas e irrealistas; contudo, com a leitura dos dois textos de acompanhamento das gravuras em suas respectivas páginas, elucidam-se os propósitos do dedáleo plantio. Thomas Hill assim escreve em *The Profitable Arte of Gardening*:

> Aqui, a propósito (gentil leitor), eu coloco dois apropriados labirintos, um antes deste capítulo e o outro depois, como adornos adequados ao prazer de um jardim. Aquele que assim desejar, tendo tal espaço em seu jardim, pode implantar um deles, o que mais gostar, naquele lugar vazio que pode ser muito bem reservado para o único propósito: nele, às vezes, divertir-se. Quando manipulados habilmente pelo jardineiro, o embelezamento é possível com quatro árvores frutíferas de diferentes espécies a serem plantadas em cada um dos cantos do labirinto e, em seu núcleo, com um verdadeiro herbário coberto de rosas ou, então, alguma bela árvore de alecrim, ou de outras frutas, a critério do jardineiro.[18]

O autor inglês é bastante claro quando afirma que a finalidade de um labirinto de jardim é o divertimento. Indica também opções para o núcleo do dédalo: uma pequena construção para abrigar uma coleção

18 *Ibid.*, p. 10. *Apud* SANTARCANGELI, Paolo. *Op. cit.*, pp. 294 e 296. "*Here by the way (Gentle Reader) I do place two proper Mazes, the one before this Chapter, and the other after, as proper adornments upon pleasure to a Garden, that who so listeth, having such roomth in their Garden, may place the one of them, which liketh them best, in that voide place of the Garden that maye beste be spared for the onelye purpose, to sporte in them at times, which mazes being workmanly handled by the Gardner shal much beautifie them in devising four sundry fruits to be placed in each of the corners of the Maze and in the middle of it a proper Herber decked with Roses, or else some faire tree of Rosemary, or other fruits, at the discretion of the Gardener.*"

botânica ou uma árvore. Sugere que as esquinas do labirinto podem ser ressaltadas com árvores frutíferas. E começa a listar espécies vegetais, assim iniciando uma relação de possíveis plantas para demarcar os meândricos caminhos. Tal rol de vegetais prossegue no parágrafo seguinte ao desenho do segundo labirinto:

> E aqui também apresento o outro labirinto, que pode ser ordenado e usado do mesmo modo que eu disse antes, cuja forma pode ser estabelecida pelo plantio de hissopo e tomilho, ou da invernal segurelha-das-montanhas, pois esta suporta bem o inverno, permanecendo verde. E há quem plante seus labirintos com lavanda, algodão, manjerona ou espécies similares. Mas, nesse ponto, deixe-os ser ordenados como o jardineiro preferir, e, assim, concluímos. Porque eu não falo aqui deste ou de outro labirinto descrito previamente por alguma particular necessidade de um jardim, mas prefiro indicar um ou outro (o que mais lhe agradar) como um embelezamento para o seu jardim: labirintos e laços bem-feitos oferecem muito a um jardim; no entanto, eu confio no seu juízo, pois nem todas as pessoas têm a mesma habilidade.[19]

Hill conclui que o labirinto não é uma necessidade. É supérfluo, mas confere rara beleza a um jardim. E arremata, dirigindo-se ao leitor: "confio no seu juízo", alertando que nem todos serão capazes, sem deixar claro se diz respeito a plantar um labirinto ou a apreciá-lo.

Quem inventa uma considerável variedade de modelos de labirinto é o arquiteto, engenheiro, pintor e desenhista holandês Hans Vredeman de Vries (1527-*c.* 1604). Ele é uma figura inescapável em uma análise da difusão de referências de dédalos de jardim, visto que as gravuras de seus estudos paisagísticos, arquitetônicos, urbanísticos e de

19 HILL, Thomas. *The Profitable Arte of Gardening. Op. cit.*, p. 15. *Apud* SANTARCANGELI, Paolo. *Op. cit.*, p. 296. *"And here, I also place the other Maze, which may be lyke ordered and used, as I spake before, and it may eyther be set with Isope and Time, or with winter Savery and Tyme; for these do wel endure all ye winter through greene. And there be some which set their mazes with Lavender, Cotton Spike, Majerome and such like. But let them be ordered in this point, as liketh best the Gardener, and so an end. For I doe not here set forth this, or the other Maze afore expressed, for any necessarie commoditie in a Garden, but rather appoint eyther of them (which liketh you best) as a beautifying unto your Garden: for that Mazes and Knots aptly made do much set forth a garden which neverthelesse I referre to your discretion for that not all persons be of like abilitie."*

perspectiva foram publicadas em um significativo número de livros e com edições bastante influentes para a disseminação do maneirismo no centro-norte europeu. Especialista em Vitrúvio e Serlio, o próprio De Vries escreveu tratados como *Architectura oder Bauung der antiquen aus dem Vitruvius* [Arquitetura ou Construção da Antiguidade por Vitrúvio], de 1577, e *Perspectives id est celeberrima ars inspicientis aut transpicientis oculorum aciei* [Perspectiva, ou seja, a célebre arte de olhar através dos olhos do observador], em dois volumes, publicados em 1604 e 1605. Outros livros seus, como *Variae architecturae formae* [Várias formas arquiteturais], de 1601, são belíssimas coletâneas de gravuras de edificações.

A publicação de De Vries que apresenta uma rara diversidade de formatos de labirintos verdes é *Hortorum viridariorumque elegantes et multiplicis formae, ad architectonicae artis norman affabre delineatae*[20] [Múltiplas e elegantes formas de jardins e hortas habilmente projetados no estilo arquitetônico e artístico normando], editado originalmente na cidade de Antuérpia, em 1583. A primeira edição começa com uma série de dezesseis traçados para *parterres* inscritos em pátios ou setores de parques palacianos: tais modelos são classificados nos estilos dórico, jônico e coríntio. Labirintos aparecem nos dois últimos desenhos desse conjunto.

Os dezesseis exemplos apresentados por De Vries têm, por princípio, uma significativa fragmentação de canteiros. Em catorze desenhos, observam-se a multiplicação de caminhos internos, as várias entradas e as inúmeras bifurcações em graciosos formatos. Os dois labirintos são os únicos casos da série de *Hortorum viridariorumque* em que a via interna é única, tendo uma só abertura de acesso e nenhum bívio. Diferentemente dos dédalos de Serlio, de Hill e da maioria dos traçados por Du Cerceau, os labirintos concebidos por De Vries distanciam-se muito do esquema formal dos *Chemins de Jhérusalem* de catedrais medievais. Por mais que os meandros do holandês sejam compostos de faixas lineares, não mais enxergamos uma matriz de quadrados inseridos um dentro do outro em proporcional decrescimento.

20 DE VRIES, Hans Vredeman. *Hortorum Viridariorumque elegantes et multiplicis formae, ad architectonicae artis norman affabre delineatae*. Antuérpia: Philippus Gallaeus, 1583.

CORINTHIA

ao lado e nas páginas seguintes

Hans Vredeman de Vries

Ilustrações para o livro
Hortorum Viridariorumque, 1583,
edição de Antuérpia, Alemanha

CORINTHIA

16

De Vries rompe com a replicação da figura geométrica enquanto princípio gerador da forma do labirinto. Embora insira-se em um perímetro geometricamente regular, o traçado de idas e voltas é muito mais complexo: as sequências de corredores têm direções e sentidos mais contrastantes entre si. Distinto do diagrama comum dos labirintos de piso de templos católicos, nos quais o fiel gradativamente vai-se aproximando do núcleo – isto é, do objetivo –, quem percorre o labirinto feito por de Vries, em mais de uma ocasião, chega num ponto próximo ao centro, que tem a árvore de maio como marco; entretanto, o percurso unidirecional afasta o caminhante, para depois aproximá-lo de novo e, em seguida, distanciá-lo, numa sucessão dos atos de avizinhar-se e espaçar-se. Quando não se percebe paulatino progresso ao longo da labiríntica rota, certamente a experiência é mais atordoante.

Uma edição *post mortem* de *Hortorum viridariorumque*, impressa em 1615 na cidade de Colônia, acrescentou à obra seis novos modelos de labirintos, que se somaram aos dois previamente apresentados. Nesses desenhos, De Vries diversifica as possibilidades formais. Um dédalo que começa com vias lineares termina com um caminho em espiral. Outro labirinto é feito somente com faixas internas diagonais ao perímetro da estrutura verde. Compõe-se a forma de um labirinto circular com o acréscimo de quatro quadrados periféricos; por sua vez, um labirinto quadrangular é rotacionado para dar espaço à adição de quatro semicírculos em cada um dos lados. Por fim, buscam-se alternativas de percursos em dédalos de recorrentes círculos concêntricos ou contornos quadrados.

ao lado e nas páginas seguintes

Hans Vredeman de Vries

Ilustrações para o livro *Hortorum viridariorumque*, 1615, edição *post mortem* de Colônia, Alemanha

Nenhuma representação feita por de Vries contém pessoas dentro do labirinto - por vezes, encontramos alguns personagens ao redor dele, mas nunca em seu interior. Em todos os oito exemplos analisados, as labirínticas linhas são compostas de plantas rasteiras, ocasionalmente esmeradas de modo pontual com pequenos arbustos ou árvores de dimensão menor que a árvore de maio central. Contudo, em De Vries, a estatura da planta importa só relativamente: a desorientação não ocorre pela perda das referências espaciais do ambiente por onde se transita, como na imersão em corredores entre muros verdes, mas sempre pelas variações internas do percurso estabelecido pelo arquiteto. Os labirintos feitos por ele são mais ziguezagueantes; os meandros não têm sequências repetitivas; os formatos são sempre particulares.

Não há nenhuma indicação de que os desenhos de *Hortorum viridariorumque* representassem jardins existentes nos séculos XV e XVI, nem mesmo que fossem projetos específicos para determinados endereços. De Vries concebeu tais labirintos como modelos a serem replicados por qualquer um que os desejasse acrescentar na composição de seu jardim particular, tal como se fazia com os elementos clássicos elencados nos tratados de Vitrúvio e Serlio. Portanto, são labirintos ideais que ampararam os desígnios de incontáveis proprietários, arquitetos, jardineiros.

De Vries inspirou não somente arquitetos e jardineiros, mas também artistas e gravuristas, como o austríaco Hans Puechfeldner, de quem há pouca notícia e que, por vezes, teve seu nome grafado como Hans Puec. A pedido do imperador Rodolfo II (1552-1612), do Sacro Império Romano-Germânico, Puechfeldner fez 56 desenhos de jardins para a publicação *Nützliches Khünstbüech der Gartnereij*[21] [Livro de arte útil para jardinagem], cuja datação presumida é 1593. A difusão de tais ilustrações possivelmente foi muito restrita, uma vez que o livro permaneceu como manuscrito, cujo único exemplar hoje conhecido está na coleção do Dumbarton Oaks, em Washington[22]. De todas as imagens de jardins produzidas por Puechfeldner, 47 são

21 PUECHFELDNER, Hans. *Nützliches Khünstbüech der Gartnereij*. [S.l.: s.n.], [1593?].

22 A digitalização do livro encontra-se no site da instituição. Disponível em: doaks.org/resources/rare-books/nutzliches-khunstbuech-der-gartnereij. Acesso em: 14 abr. 2023.

perspectivas com uma técnica de desenho e angulações de vista aérea muito semelhantes às utilizadas por De Vries. Desse conjunto de ilustrações, quatro apresentam labirintos. Diferentemente do mestre holandês, Puechfeldner concebeu um labirinto com diversas bifurcações em meio a uma trama de vias diagonais ao perímetro da estrutura; esses intrincados meandros acabam em uma espiral ao centro e têm peculiares quatro subdivisões em forma de cruz. Ele traçou outro labirinto repleto de encruzilhadas, oriundas do somatório de vários canteiros em formato de redemoinho, os quais acabam configurando um dédalo policêntrico - mais especificamente, com cinco centros marcados por suas respectivas *árvores de maio*. O labirinto quadrado de Puechfeldner é praticamente idêntico a um encontrado na edição de 1615 de *Hortorum viridariorumque*, o que abre a possibilidade de ele ter trabalhado na oficina de De Vries - ou de que as gravuras deste último circulavam para além dos livros impressos. O labirinto final de Puechfeldner tem o mérito de ter um octógono como matriz formal.

Enquanto isso, na península Itálica, labirintos tornam-se uma frequente ausência nos tratados posteriores aos de Serlio. Como previamente informado, não há nenhuma menção a eles nos quatro livros de Palladio. O arquiteto vêneto Vincenzo Scamozzi (1548--1616), no seu tratado *L'idea dell'architettura universale* [A ideia da arquitetura universal], cuja primeira edição foi publicada em 1615, faz somente parcas e vagas menções ao labirinto do Egito e ao do rei etrusco Lars Porsena[23].

nas páginas seguintes

Hans Puechfeldner

Ilustrações para o manuscrito *Nützliches Khünstbüech der Gartnereij* [Livro de arte útil para jardinagem], *c.* 1593

23 SCAMOZZI, Vincenzo. *L'idea dell'architettura universale*. Veneza, 1615.

Na seara dos manuscritos, o frade dominicano Agostino del Riccio (1541-1598) escreveu um tratado sobre agronomia em cujo último capítulo descreve um jardim ideal para um rei: é composto de quatro labirintos, cada um deles dotado de oito grotas e repletos de fontes e jogos d'água que operam por meio de sistemas hídricos automatizados. Escrita na última década do Cinquecento por esse clérigo responsável pela horta da Basílica de Santa Maria Novella, em Florença, *Agricoltura sperimentata* [Agricultura experimentada] é uma obra que compila diversas técnicas empregadas à época nas atividades agrárias e de jardinagem. Depois de apresentar metodicamente práticas de plantio e conservação de espécies vegetais, Del Riccio desenvolve o capítulo "Del giardino di un Re" [Do jardim de um rei], uma espécie de projeto escrito de como poderia ser um "bosque real" feito a partir de todo o conhecimento que compartilhou nas páginas anteriores. É notável que o frade tenha escolhido o labirinto como a unidade para dividir e organizar espacialmente seu parque imaginário. Evocando Teseu e Ariadne, Del Riccio explica o estar no seu jardim como uma experiência que demanda esperteza e uma dose de conflito: "se você não quer se perder, faça como o amante daquela adorável donzela, que pegou o novelo e o prendeu na entrada do labirinto até chegar ao centro, obtendo a vitória e escapando da morte. Encontra-se a saída de cada labirinto toda vez que se age dessa maneira"[24].

Já o veneziano Lelio Pittoni desenhou 37 modelos de labirintos para o manuscrito *Gli artificiosi et intricati quattro libri di labirinti*[25] [Os engenhosos e intrincados quatro livros de labirintos], datado de 1611, em Mântua, e dedicado ao florentino dom Antonio de Médici (1576-1621)[26]. Os desenhos de dédalos de Pittoni são imprecisos. Os perímetros variam entre imperfeitos quadrados e círculos. A fragmentação interna

24 DEL RICCIO, Agostino. *Agricoltura sperimentata*. Florença, [1590?]. *Apud* CARPEGGIANI, Paolo. "I labirinti nella cultura del tardo Rinascimento". *Op. cit.*, p. 82. *"se tu non vu[o]i smarrirti dèi fare come fece l'inamorato di quella vaga donzela, che prese il gomitolo del refe et l'attaccò al principio del labirinto infino che arrivò al mezzo, et hebbe la vittoria et scampò la morte, così s'esce d'ogni laberinto ogni volta che si fa in questa guisa."*

25 PITTONI, Lelio. *Gli artificiosi et intricati quattro libri di labirinti*. Mântua, 1611.

26 O manuscrito original de *Gli artificiosi et intricati quattro libri di labirinti* faz parte da coleção de obras raras da Biblioteca Nacional Central de Florença.

Lelio Pittoni

Ilustração para o manuscrito *Gli artificiosi et intricati quattro libri di labirinti*, 1611

chama atenção: a quantidade de corredores paralelos está na ordem das dezenas. Na verdade, muito sutis são as diferenças entre os 37 modelos apresentados. O que salta aos olhos nos labirintos de Pittoni é o fato de serem coloridos.

No Seiscentos, o número de livros de jardinagem aumentou consideravelmente. Por consequência, multiplicaram-se modelos de labirinto para serem aplicados em jardins. Publicado em Genebra em 1629, o livro do médico Daniel Loris intitulado *Le thresor des parterres de l'univers, contenant les figures et pourtraits des plus beaux compartiments, cabanes, & labyrinthes des iardinages, tante à l'allemande qu'à la françoise*[27] [O tesouro dos *parterres* do universo, contendo as figuras e retratos dos mais belos compartimentos, cabanas e labirintos de jardinagem à alemã e à francesa] apresenta 23 esquemas de labirintos. A terceira parte da publicação é exclusivamente composta desses desenhos de dédalos, que o autor acredita serem autoexplicativos: "quanto à construção dos labirintos, as figuras representadas dão a entender que não é preciso fazer um grande discurso sobre isso"[28]. Parágrafos depois, ele tece um relevante comentário: "labirintos, cada um pode montá-los como quiser, maiores ou menores, para que não sejam regulados pelos pés"[29].

ao lado e na página seguinte

Daniel Loris

23 ilustrações para o livro
Le thresor des parterres de l'univers,
impresso em 1629, Genebra, Suíça

27 LORIS, Daniel. *Le thresor des parterres de l'univers, contenant les figures et pourtraits des plus beaux compartiments, cabanes, & labyrinthes des iardinages, tante à l'allemande qu'à la françoise.* Genebra: Gamonet, 1629.

28 *Ibid.*, p. 13. *"Et quant à la construction des labyrinthes, les figures représentées la donnent suffisamment à entendre, dont n'est besoin d'en faire grand discours."*

29 *Ibid.*, p. 14. *"labyrinthes, chacun les pourra dresser à son plaisir, ou plus grands, ou moindres, pour n'être pas compassés selon les pieds."*

177

LIBER TERTIVS Labyrinthorum.

Liure Troisiesme des Labyrinthes.

Das dritte buch Von den irrgarten.

THE THIRD BOV E OF Labyrinths.

Z

178 Liure Troisiesme

Des Labyrinthes. 179

180 Liure Troisiesme

Des Labyrinthes. 181

182 Liure Troisiesme

Des Labyrinthes. 183

84 Liure Troisiesme

Des Labyrinthes. 185

186 Liure Troisiesme

Des Labyrinthes. 187

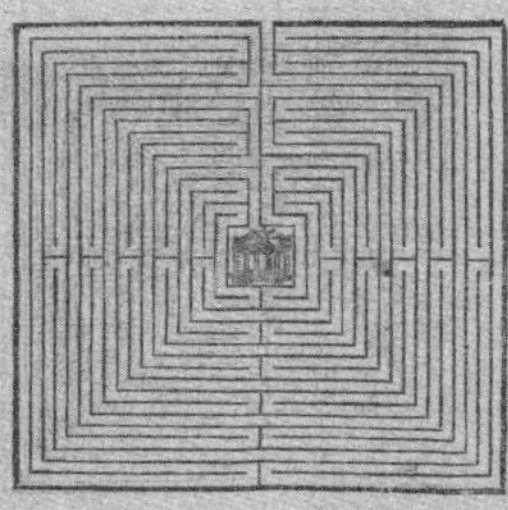

188 Liure Troisiesme

Des Labyrinthes. 189

Aa 3

190 Liure Troisiesme

Des Labyrinthes. 191

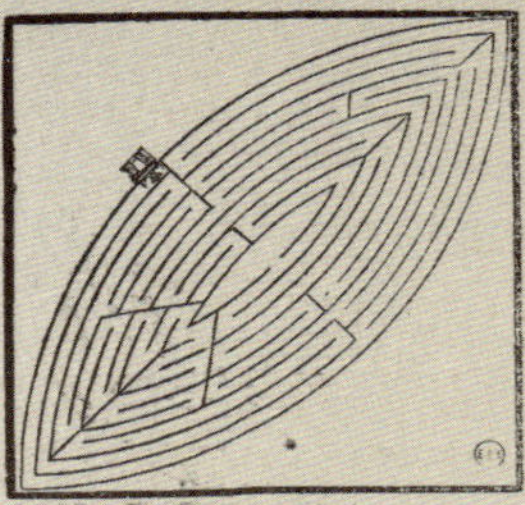

192 Liure Troisiesme

Des Labyrinthes. 193

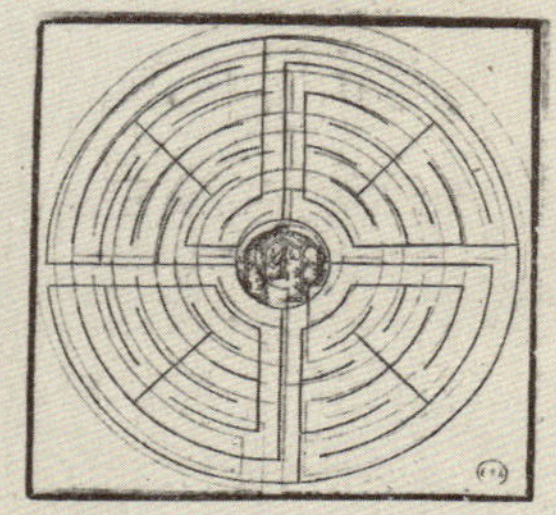

Bb

196 Liure Troisiesme

Des Labyrinthes. 195

196 Liure Troisiesme

Des Labyrinthes. 197

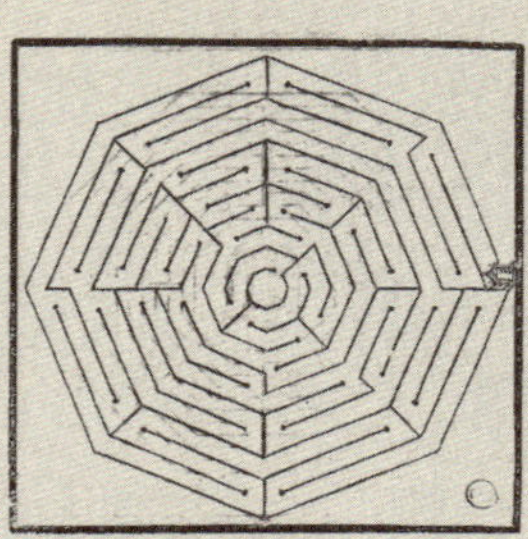

Bb 3

198 Liure Troisiesme

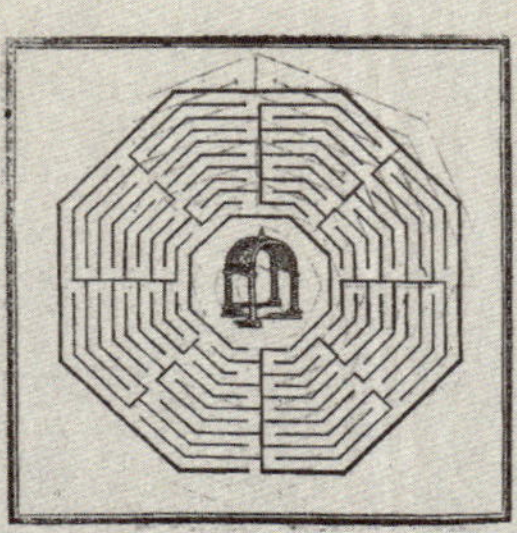

Des Labyrinthes. 199

200 Liure Troisiesme des Labyrinthes.

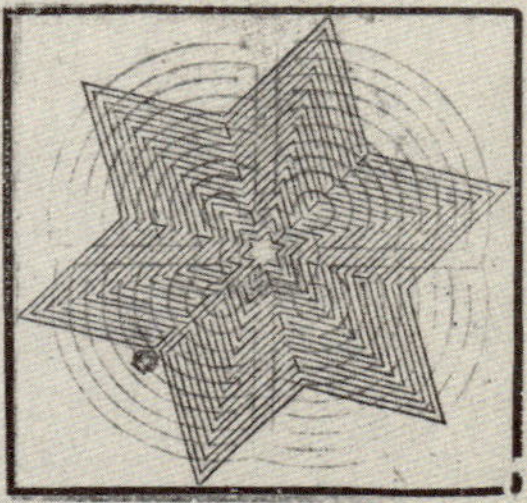

Fin du Thresor des Parterres,
& des Labyrinthes.

Loris foi responsável por uma inovadora ampliação da diversidade formal dos labirintos. Criou dois inéditos modelos triangulares (pp. 189-90). Inventou outros dois com diferentes octógonos (pp. 197-8). Fez um dédalo constituído por um hexagrama - isto é, a estrela de seis pontas de contorno proveniente da sobreposição de dois triângulos equiláteros e absolutamente simbólica para o judaísmo –, apresentado na última página do livro. Concebeu meandros dentro de uma forma complexa composta de dois semicírculos que se intersectam, dando origem a arestas em suas extremidades (p. 191). E arquitetou um labirinto circular segmentado em quatro partes idênticas, porém com quatro centros diferentes (p. 199). Por mais heterogêneos que sejam os formatos delineados por Loris, todos foram concebidos de modo plano - ou seja, em duas dimensões. A complexidade das 23 formas não se reflete necessariamente numa complexificação dos trajetos labirínticos internos: as bifurcações são muito raras em seus percursos; os becos inexistem nos modelos apresentados; logo, os caminhos podem ser muito longos e tortuosos, mas não há como se perder neles[30].

Seria um grave erro de avaliação concluir que o conjunto de labirintos de Loris era inédito em sua totalidade. Afinal, o primeiro dédalo apresentado no livro (p. 178) é quase idêntico a um modelo da folha 199 do livro IV de *I sette libri dell'architettura*, de Serlio. Já os labirintos das páginas 180 e 183 de *Le thresor des parterres de l'univers* guardam muitas semelhanças com soluções formais previamente elaboradas por De Vries.

Repara-se também que Loris estabeleceu alguns agrupamentos. Da página 178 à 188, desenhou onze labirintos que têm os quadrângulos como matriz. Da página 192 à 196, traçou cinco dédalos cuja forma geratriz são círculos. Há um considerável número de labirintos policêntricos (pp. 181-3, 186, 188, 196 e 199); todavia, somente o dédalo da página 186 não tem nenhum de seus quatro núcleos posicionado no ponto central da meândrica estrutura. No espectro oposto, o labirinto da página 184 não tem centro algum, ou seja, é formado exclusivamente pelo ir e vir de vias.

30 Um olhar atento colocaria como exceção o labirinto da página 198; no entanto, seus bívios somente multiplicam as alternativas de percurso para atingir o núcleo.

Em alguns dos 23 labirintos, Loris acrescenta uma ilustração no núcleo. Encontra-se uma fonte d'água no centro do dédalo da página 182. Há uma casa no meio dos meandros da página 179. Nos miolos dos labirintos das páginas 187, 193, 195 e 198, veem-se pequenos pavilhões sobre quatro, cinco ou seis colunas. Por fim, na página 199, constata-se uma torre cilíndrica com telhado pontiagudo. Desse modo, o autor estimula a implantação de um pequeno acontecimento arquitetônico no recinto que caracteriza a meta da ziguezagueante jornada.

Não somente a língua francesa, mas a França em si foi o epicentro da multiplicação de livros sobre jardinagem no século XVII, tornando-se mesmo um fenômeno editorial que acompanhou o período áureo do estilo paisagístico conhecido como jardim francês.

Traité du jardinage selon les raisons de la nature et de l'art[31] [Tratado de jardinagem de acordo com as razões da natureza e da arte], de Jacques Boyceau de la Barauderie (*c.* 1560-1633), é o resultado do trabalho de uma vida inteira dedicada à corte real. Ele fora o encarregado principal pelos jardins do rei francês Henrique IV (1553-1610), da rainha Maria de Médici (1575-1642) e do rei Luís XIII (1601-1643). O tratado em três volumes foi impresso postumamente em 1638, em Paris, e reeditado em 1640, 1688 e 1689, o que comprova o sucesso de sua difusão. Nessa publicação, encontram-se vários desenhos de *parterres*, mas não há labirintos. Tal fato não ocorre no livro *Theatre des plans et iardinages*[32] [Teatro de planos e jardinagem], de autoria do principal sucessor de Barauderie, Claude Mollet (*c.* 1564-*c.* 1649), impresso em Paris em 1652, embora os dois manuscritos[33] da obra tenham sido redigidos por volta de 1615. A publicação possui quatro desenhos de labirintos, os quais encontram correspondências formais com modelos apresentados por

31 DE LA BARAUDERIE, Jacques Boyceau. *Traité du jardinage selon les raisons de la nature et de l'art*. Paris: Michel van Lochom, 1638.

32 MOLLET, Claude. *Theatre des plans et iardinages*. Paris: Charles de Sercy, 1652.

33 Um dos manuscritos encontra-se na Biblioteca Estatal da Baviera, em Munique, sob o código Gall. 496, in-fólio, 116 ff. O outro pertence à coleção do Dumbarton Oaks, em Washington, sob o código rare rbr O-2-5 Mollet, 42 cm, 188 ff.

Claude Mollet

Quatro labirintos bidimensionalmente desenhados com escala gráfica publicados nas páginas 19, 20, 21, 22 do livro *Theatre des plans et iardinages*, impresso em 1652, Paris, França

De Vries e Loris. Mais reveladoras que esse quarteto de esquemas gráficos são duas passagens escritas por Mollet, sendo a primeira:

> Com o tempo, várias pessoas honradas plantaram dédalos ou labirintos. No entanto, estes foram negligenciados porque a maior parte dos jardineiros não pretendia plantá-los bem nem desenhá-los na proporção requisitada, isso somado à grande e excessiva despesa, tanto devido à compra de estacas e vimes quanto ao esforço dos trabalhadores para amarrar e cobrir as plantas, o que era um péssimo costume.
>
> Para evitar tal despesa e não deixar dédalos e labirintos por fazer, encontram-se neste presente livro várias invenções de desenhos, sendo descritos os meios de fazê-los, traçá-los na terra e mantê-los a baixo custo.[34]

O autor francês reconhece que era recorrente, havia tempo, o plantio de labirintos verdes, mas ressalta que muitos dédalos, em pleno século XVII, já eram abandonados por falta de perícia dos jardineiros e pelos altos custos de manutenção. No parágrafo seguinte a essa esclarecedora contextualização, Mollet anuncia que o livro fornecerá desenhos e informações para a correta implantação e conservação dos labirintos. Algumas dezenas de páginas depois, ele retoma o assunto:

> É necessário que o jardineiro saiba e entenda como reduzir todos os tipos de desenhos e retratos, sejam pequenos ou grandes, de compartimentos, bosques, dédalos ou labirintos; caso contrário, ser-lhe-á impossível traçá-los bem na terra. É por isso que representei a escala gráfica em todos os tipos de retratos e desenhos de compartimentos e afins, como pode ser visto abaixo de cada figura. Contudo, como muitos jardineiros não

34 MOLLET, Claude. *Op. cit.*, pp. 116-7. *"Le temps passé plusieurs honorables personnes faisaient planter des dédales ou labyrinthes. Mais parce que la plus grande partie des jardiniers n'entendaient pas à les bien faire planter ni dessiner avec la proportion requise, par ce moyen ils ont été négligés à cause de la grande et excessive dépense tant en achat de perches que d'osiers et peine d'ouvriers pour lier et jaqueter le plant, ce qui était une très mauvaise coutume.*

Or pour empêcher telle dépense et afin de ne pas laisser à faire des dédales et labyrinthes, il s'en trouvera dedans ce présent livre de plusieurs inventions de dessins où au bas sera décrit le moyen de les faire et tracer sur la terre, et de les entretenir à petits frais."

entendem o que significa essa escala gráfica, preciso me fazer entender sem escrúpulos.[35]

Há duas informações relevantes nesse parágrafo. Em primeiro lugar, Mollet introduz a escala gráfica nos desenhos dos canteiros de plantas e dos labirintos: tal parâmetro matemático dota de inédita precisão a geometrização botânica. A escala gráfica é, sobretudo, um argumento de autoridade do autor perante os leitores. Lembremos que Mollet é contemporâneo de René Descartes. *Theatre des plans et iardinages* foi impresso quinze anos depois de *Discurso do m*étodo. Estamos diante de um novo passo à frente na codificação matemática de *parterres* e dédalos. Em segundo lugar, quando Mollet se apresenta como especialista, ele defende a ideia de que a tarefa de plantar um labirinto cabe a um jardineiro. Ou seja, não seria necessário um arquiteto para fazer um dédalo de jardim. Nem mesmo caberia a colaboração de um engenheiro hidráulico, que era uma figura recorrente em obras paisagísticas. Bastaria um jardineiro competente, capaz de ler escalas gráficas e transpor proporcionalmente as geometrias apresentadas em seu tratado sobre jardins. Em última instância, isso equivale a dizer que um labirinto vegetal prescindiria de projetista e de projeto específico para o lugar.

André Mollet (1600-1665), terceiro filho de Claude, foi aprendiz do seu pai, levando o saber-fazer - *savoir-faire* - familiar para jardins na Inglaterra e da família real da Suécia. Quando vivia em Estocolmo, ele viu publicado seu tratado *Le jardin de plaisir*[36] [O jardim do prazer], de 1651. O livro é concluído com dois desenhos de labirintos. Tal como seu pai, André Mollet faz uso de escala gráfica em seus traçados, complementando-os com descrições bastante precisas das proporções e cuidadosas com as indicações do plantio:

35 *Ibid.*, pp. 187-8. *"Il est besoin que le jardinier sache et entende à réduire de toutes sortes de dessins et portraits de petit en grand, soit compartiments, bosquets, dédales ou labyrinthes, ou autrement il lui est impossible de les bien tracer sur la terre. C'est pourquoi j'ai fait représenter l'échelle sur toutes les sortes de portraits et dessins de compartiments et autres, ainsi qu'il se pourra voir sur le devant de chaque figure. Mais parce que plusieurs jardiniers n'entendent pas ce que veut dire ce mot d'échelle, il est besoin que je me fasse entendre afin d'éviter tout scrupule."*

36 MOLLET, André. *Le jardin de plaisir*. Estocolmo: Henry Keyser, 1651.

André Mollet

Dois labirintos bidimensionalmente desenhados com escala gráfica para o livro *Le jardin de plaisir*, impresso em 1651, Estocolmo, Suécia

Terminaremos nossos desenhos com os dédalos ou labirintos, cujas paliçadas devem ser plantadas em fileira dupla, a fim de torná-las mais fortes e espessas, de modo que não se possa atravessá-las. O primeiro labirinto, na folha 29, tem forma octogonal, contendo 36 braças quadradas[37] de área e corredores com aproximadamente duas braças de largura.

O segundo labirinto, na folha 30, é oblongo e contém 36 braças de largura por 44 braças de comprimento. Está completamente fora de simetria, mas fará um efeito muito bonito na terra. E deve-se notar que quanto mais espaço você puder dar a ele, melhor. Por isso, é conveniente escolher algum local fora do jardim para a construção do dédalo, onde se possa ter uma área de sessenta a oitenta braças quadradas.[38]

Em meados do Seiscentos, despontavam claramente dois vieses nos tratados de jardins: por um lado, tanto Claude quanto André Mollet visavam à exequibilidade e ao rigor no plantio e na manutenção dos labirintos; por outro, autores como Daniel Loris visavam à diversificação formal dos traçados dos dédalos. Essa segunda tendência é igualmente perceptível no livro *Architectura curiosa nova*[39], do arquiteto e engenheiro hidráulico germânico Georg Andreas Böckler (1617-1687), impresso em Nuremberg no ano de 1664.

Originalmente em latim, a publicação apresenta a teoria da hidrodinâmica aplicada em fontes, chafarizes, bebedouros e jogos d'água para jardins. A primeira parte é uma detalhada explicação técnica seguida por ilustrações de instrumentos e componentes para o maquinário capaz de mover e jorrar águas. A segunda é composta de uma série de exemplos de possíveis movimentos dos jatos d'água nos

37 Braça quadrada é uma unidade de medida para cálculo de área, equivalendo a aproximadamente 4,84 metros quadrados.

38 MOLLET, André. *Op. cit.*, p. 47. *"Nous finirons nos dessins par les dédales ou labyrinthes, dont les palissades doivent être plantées à double rang, afin de les rendre plus fortes et épaisses, en telle manière que l'on ne puisse passer au travers. Le 1er fol. 29 est en forme octogonale, contenant 36 toises dans oeuvre en carré, les allées 2 de large ou environ.*

Le 2eme labyrinthe fol. 30 est oblong et contient 36 toises de large sur 44 de long. Celui-ci est du tout hors symétrie, néanmoins il fera un très bel effet sur terre; et il est à noter que le plus d'espace qu'on leur pourra donner est le meilleur. C'est pourquoi il est expédient de choisir quelque lieu hors du jardin pour la construction d'iceux, où l'on puisse avoir de l'étendue comme de 60 ou 80 toises en carré."

39 BÖCKLER, Georg Andreas. *Architectura curiosa nova*. Nuremberg: Paul Fürst, 1664.

chafarizes, com alternativas de formas, intensidade e quantidade do líquido. A terceira apresenta uma preciosa inventividade nas dezenas de desenhos de opulentas fontes d'água em estilo barroco. A quarta e última parte apresenta um conjunto de 36 gravuras de pavilhões em jardins, bosques e edificações monumentais, como castelos e palácios - por exemplo, o Palazzo Pitti, em Florença -, além de uma rara representação da Basílica de São Pedro, no Vaticano, anterior à implementação da praça projetada por Gian Lorenzo Bernini (1598-1680). Na diagramação das páginas da quarta parte, as imagens supracitadas são acompanhadas por diagramas em planta de *parterres*, entre os quais encontramos dez labirintos. Diferentemente dos demais canteiros, retratados de modo bidimensional por Böckler, seus dédalos foram desenhados apenas com linhas, isto é, sem indícios da espessura própria aos renques vegetais. Há labirintos com matriz formal circular, triangular, quadrangular, octogonal e até um dodecágono com perímetro de estrela. Os meandros multiplicam-se, mas as bifurcações são escassas. O primeiro dédalo segue uma padronagem que remete aos motivos ornamentais da Grécia Antiga. Nessa dezena de labirintos, os três últimos são policêntricos. Os textos de Böckler não explicam - nem mesmo mencionam - tais diagramas labirínticos. Não há referências que os associem a jardins reais.

Após *Architectura curiosa nova*, labirintos até apareceram em outros tratados, mas observam-se uma redundância de exemplos e um certo esgotamento desse longo processo de dois séculos de codificação dos dédalos de jardim.

Georg Andreas Böckler

Ilustrações para o livro *Architectura curiosa nova*, impresso em 1664, em Nuremberg, Alemanha

ARCHITECTURA CURIOSA NOVA

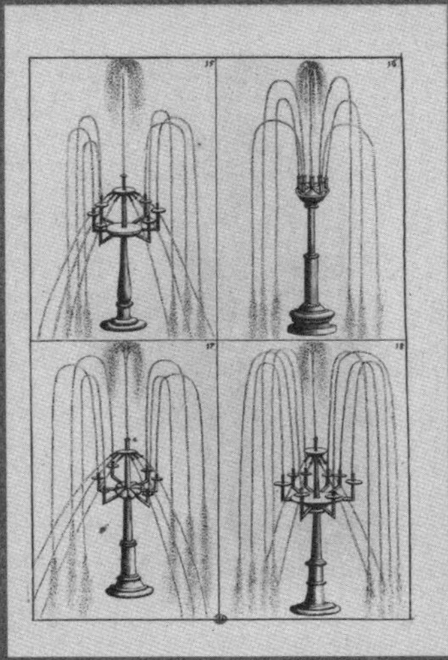

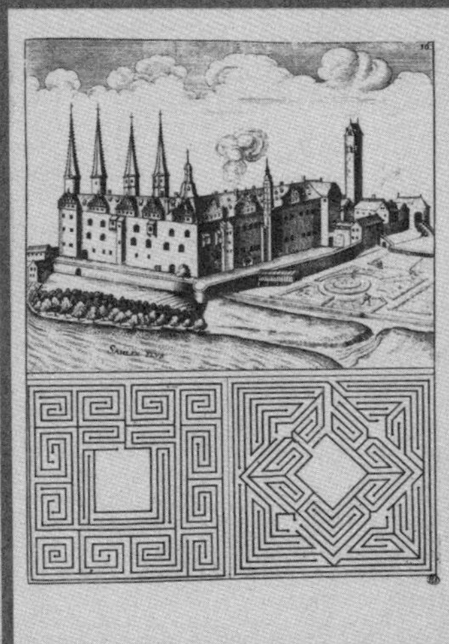

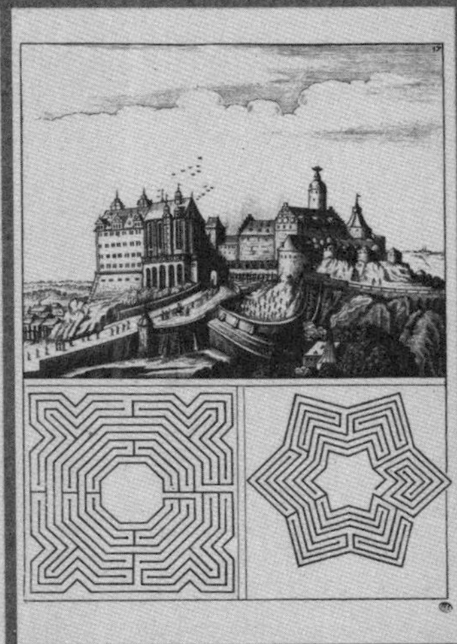

Alguns casos finais merecem menção. Em 1670, nos Países Baixos, o livro *Den nederlandtsen hovenier* [O jardineiro holandês], de Jan van der Groen (1635-1672), florista e jardineiro real do príncipe de Orange, apresentou dois desenhos de labirintos verdes, um quadrado e outro circular, ambos com uma alta e delgada árvore ao centro[40]. Já o naturalista francês Antoine Joseph Dezallier d'Argenville (1680-1765) escreveu um célebre manual dos jardins formais franceses: publicado em 1709, *La théorie et la pratique du jardinage* contém um megalômano labirinto de forma bastante complexa e de difícil execução no mundo real, pois se o imaginava sendo composto de uma série de vias espiraladas, as quais irradiariam por aleias em meio a um denso bosque com pequenos espelhos d'água, fontes, esculturas e pavilhões arquitetônicos[41]. Mais seis plantas de labirintos de jardim encontram-se em meio às cerca de novecentas ilustrações do manual de dez volumes *Recueil* élémentaire *d'architecture* [Compêndio elementar de arquitetura], do arquiteto e gravurista belga Jean-François de Neufforge (1714-1791), publicado entre 1757 e 1780[42]. Por fim, o livro *Architecture de jardins*, de P. J. Galimard (1744-1820), impresso por volta de 1765, traz outros três dédalos[43].

Comparando os labirintos impressos nesses vários livros do Quinhentos ao Setecentos, é forçoso reconhecer o grau de semelhança formal entre os modelos. Por vezes maior, por vezes menor, a similitude entre as formas dos labirintos é um fato. Tendo isso em conta, vale reiterar o procedimento do jardineiro anônimo: ele apropriava-se de um traçado de labirinto publicado em um tratado a fim de ter esse desenho como parâmetro para seu jardim; em seguida, realizava ajustes como abrir um corredor a mais ou deslocar para o lado uma passagem entre vias paralelas, fazendo adaptações com base no terreno ou na aspiração do proprietário. Essas alterações até podiam ser muitas quando somadas, mas não impediam a identificação da matriz formal comum. Essa é uma das características que conferem impessoalidade ao arquétipo.

40 VAN DER GROEN, Jan. *Den nederlandtsen hovenier*. Amsterdam: Marcus Doornick, 1670, pp. 72-3.

41 D'ARGENVILLE, Antoine Joseph Dezallier. *La théorie et la pratique du jardinage*. Paris: Jean Mariette, 1709.

42 NEUFFORGE, Jean-François de. *Recueil élémentaire d'architecture*. Paris: J.-F. Neufforge, 1757-1780.

43 GALIMARD, P. J. *Architecture de jardins*. Paris: Mond-hare, [1765?].

Por tais motivos é que, a partir da sua codificação nos tratados, o labirinto tornou-se a quintessência da ausência de autoria.

Há um caráter incógnito levado ao limite em cada labirinto, tal como aquele gravado no peito do misterioso homem da pintura *Retrato de um cavalheiro*, feita pelo igualmente obscuro Bartolomeo Veneto. Passaram-se séculos e esse labirinto ainda exerce fascínio pelo sigilo e pelo que há nele de desconhecido. Afinal, nem tudo precisa ser revelado. Colocar em perspectiva histórica serve para pôr em xeque o individualismo, a identidade e a necessidade de reconhecimento público próprios à noção contemporânea de autor. Ao meu caro leitor, fica o alerta: a pergunta "quem fez o projeto?" pode não ter resposta - e isso pode ser uma virtude.

O labirinto é, portanto, uma lembrança ao século XXI de que a autoria, na arquitetura, não é um valor absoluto, nem mesmo obrigatório. O responsável por uma edificação no Quinhentos, Seiscentos ou Setecentos não necessariamente ambicionava um projeto com os traços particulares de sua natureza pessoal, tal como almeja a maioria dos arquitetos dos dias atuais. O valor da arquitetura se dava por uma cultura construtiva e artística compartilhada coletivamente pela sociedade. Não se reconhecia a autoridade de um indivíduo demiúrgico a controlar as ações de concepção e construção de uma edificação - e mesmo assim tais épocas nos proporcionaram inúmeros projetos extraordinários.

Se o primeiro arquiteto concebeu o Labirinto em Creta, recordemos que não foram necessários Dédalos para desenhar labirintos verdes nos jardins dos séculos XVI a XVIII.

Mariette excud.

Antoine Joseph Dezallier d' Argenville

Ilustração para o livro *La théorie et la pratique du jardinage*, 1709

CAPÍTULO 6 As virtudes da desorientação e os problemas do consumo nos labirintos contemporâneos das artes visuais, do cinema e da arquitetura

"O problema é que, entre mim e ela, havia Giuliano", afirma a narradora no momento em que o espectador assiste à imagem aérea de um labirinto de cercas vivas. A cena pertence ao filme franco-italiano *A noviça proibida*, lançado em 1960, com direção de Alberto Lattuada (1914-2005) e baseado no romance *Lettere di una novizia* [Cartas de uma noviça], de Guido Piovene (1907-1974). A narrativa em primeira pessoa é, na verdade, uma confissão feita pela noviça Margherita Passi - ou simplesmente Rita, interpretada pela musa Pascale Petit (1938) - do crime cometido no período pregresso à sua entrada no convento onde se preparava para a ordenação como freira. Ao padre, Rita confidencia a disputa amorosa com a própria mãe, a abastada viúva Elisa Passi, pelo amor de um jovem sedutor chamado Giuliano Verdi, representado pelo galã Jean-Paul Belmondo (1933-2021). Na mencionada cena, a bela Rita aparece no centro do labirinto verde observando os meandros que a circundam, até que volta seu olhar para quem a acompanha naquele ambiente: Giuliano está deitado, sem camisa, com semblante enfastiado e diz: "Sou tão preguiçoso." Apesar disso, ele fala muito. E ela permanece quieta.

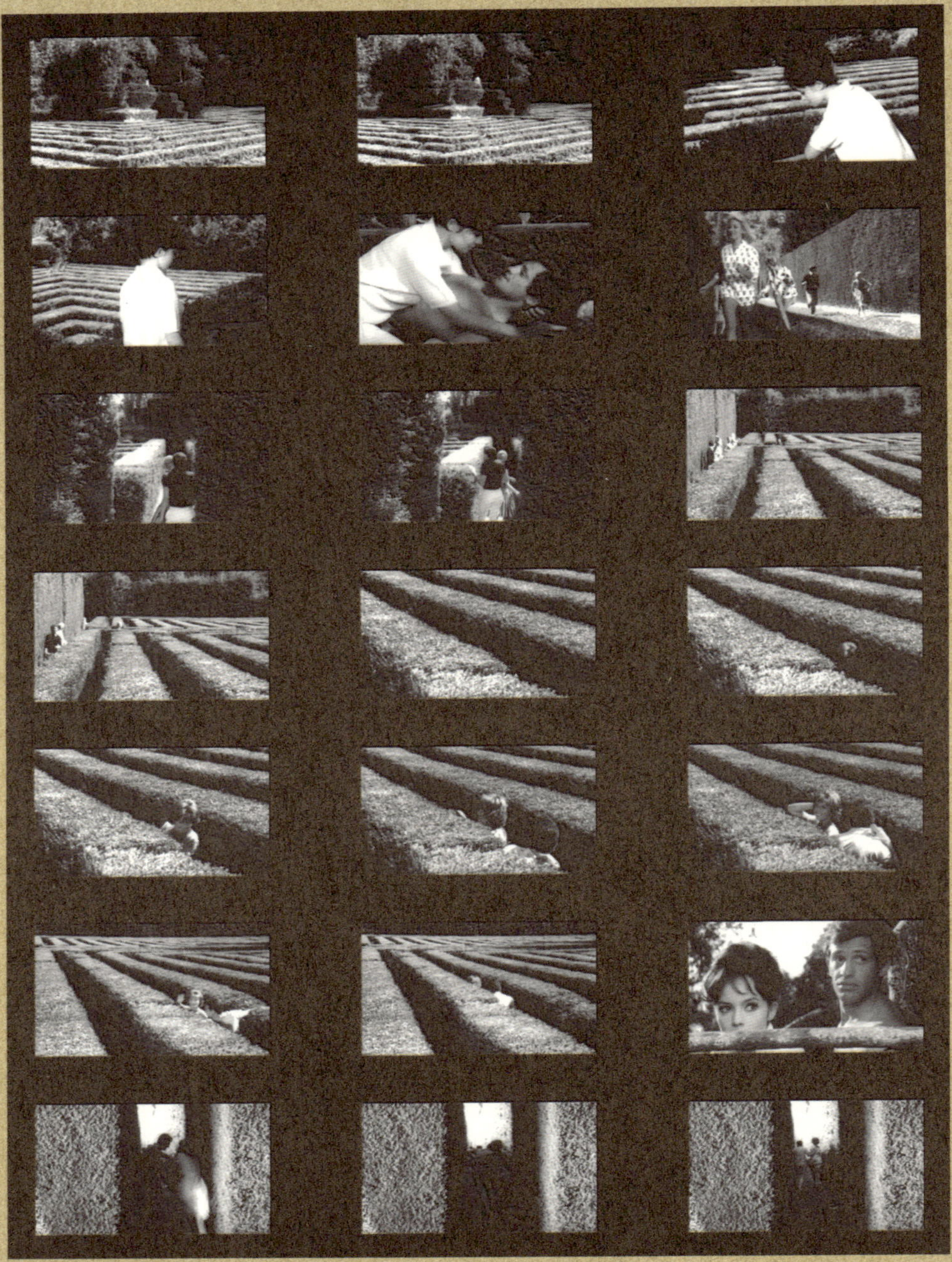

Alberto Lattuada

Frames do filme *Lettere di una novizia* (A Noviça Proibida), 1960

Com um ar desafiador, o mulherengo Giuliano instiga: "Acho que alguém deveria ter coragem de me matar. Bastaria me dar uma bela dose de sonífero, e boa noite a todos. Não te parece haver uma boa quantidade de motivos para fazer isso? É fácil ter fantasia, mas a vontade é o que falta." Sem proferir palavra alguma, a adolescente Rita agacha-se, aproxima-se do amado e o beija. Giuliano deixa-a encostar em seus lábios, mas não os movimenta. Ele não retribui o carinho nem a iniciativa da mocinha. Rita levanta seu torso e demonstra um olhar ambíguo, simultaneamente melindrado e decidido. Ele não se contém e provoca: "Você sabe aquilo que quer. Infelizmente não é muito original." Nesse instante, o par é interrompido pelos festivos gritos de cinco jovens aristocráticos e elegantes que clamam: "Moreschina! Moreschina!" As moças do quinteto trajam vestidos leves e primaveris; os rapazes, camisas polo engomadas. Aos pulos, eles adentram açodadamente o labirinto procurando pela amiga Moreschina: ela emerge por entre as sebes com seus cabelos loiros levemente despenteados e, na sequência, levanta seu amante. Ambos estão sorridentes por terem acabado de fazer uma travessura sexual nos corredores do dédalo. Em seguida, mudam de jogo e um passa a correr atrás do outro. Ouvem-se muitos risos. Enquanto os outros se divertem, Rita e Giuliano assistem, do centro do labirinto, à alegre movimentação. A cena termina com os felizes casais de braços dados correndo e saltando para sair do dédalo. O personagem de Belmondo conclui com uma reflexão amarga. Para o ardiloso sedutor, aqueles abonados e pueris jovens divertiam-se com tão pouco – mas, depois do casamento, quem cuidaria deles? Fim da cena.

É digno de atenção que o diretor, Lattuada, tenha escolhido um labirinto para ambientar a cena central em que convergem seduções, intrigas, brincadeiras e paixões da narrativa. Indubitavelmente, trata-se de um *labirinto do amor*. Qual foi a locação da película de 1960? O labirinto da Villa Barbarigo, em Valsanzibio, concebido no Settecento, quando o jardim esteve sob a égide de duas mulheres – Caterina Sagredo Barbarigo e sua filha Contarina.

Os verdadeiros labirintos dos séculos XX e XXI são passíveis de identificação somente após a genealogia de milênios do arquétipo e a experiência de estar dentro de dédalos mencionados neste livro. O projeto, o desenho, a encomenda e a construção de labirintos no passado são fundamentais; entretanto, para compreendê-los no presente é igualmente necessário vivenciá-los.

Estar dentro do labirinto é a experiência da desorientação. Quando se está diante de duas ou três alternativas, há a dúvida de qual será a rota certa para se chegar ao centro ou à saída. É uma contínua sucessão entre o perder-se e o encontrar-se. Não é uma situação domesticável ou cômoda. A fim de esmiuçar isso, na primeira parte deste capítulo a respeito das características de labirintos em edificações e trabalhos artísticos contemporâneos, detenho-me no relato da minha experiência dentro do dédalo verde da Villa Barbarigo.

Em Valsanzibio, adentra-se em um labirinto de corredores retos. Cada passagem é estreita e pouco profunda: a percepção espacial restringe-se a pouquíssimos metros à frente do corpo e parcos centímetros à esquerda ou à direita além dos ombros. No interior do dédalo, a apreensão visual do contexto ao redor é, em grande medida, anulada.

Anda-se entre cercas vivas lineares, que se alinham pelo topo. A altura não é uniforme. Fotos e desenhos pouco expressam a variação da topografia. Aclives e declives são suaves, mas não necessariamente constantes. O trecho do terreno junto à via central (o *cardo*) está numa cota mais elevada; por sua vez, o solo do lado oposto é mais baixo. Disso irrompem os mais particulares atributos da experiência de deslocamento de uma pessoa pelo labirinto da Villa Barbarigo.

Em alguns momentos, a sensação é de completa imersão na vegetação geometrizada: um ambiente apertado, mas perfeitamente perspectivado com o piso claro de terra seca, uma cerca viva com mais de cinco metros de altura à direita, outra à esquerda, ao fundo um trecho da mesma sebe, o céu azul acima, e nada mais. Cumpre-se uma sequência de passos, dobra-se uma esquina verde em ângulo reto e adentra-se outro ambiente quase idêntico. É uma sequência de semelhanças. Quase não há variação entre os corredores, somente sutis nuances, como as diferenças de comprimento e as "falhas" de crescimento das plantas, que teimam em não se sujeitar às formas abstratas, por vezes crescendo para além do corte preciso da topiaria, por outras com inconstâncias na massa vegetal, as quais geram vazios em meio aos muros. Inerentes à realidade perante o desenho ideal, tais imperfeições não depreciam a homogeneidade da experiência:

Fotos internas do labirinto
da Villa Barbarigo,
Valsanzibio, Itália, 2021

caminha-se por um corredor, dobra-se uma esquina, chega-se a um recinto parecido, mais alguns passos, vira-se de novo, mais do mesmo. Em tais partes, a sensação de estar dentro do labirinto equivale a um mergulho. A pessoa que por lá caminha pode se sentir sufocada – ou mesmo afogada.

A metáfora abre-nos à situação oposta: aproximar-se das áreas de solo mais alto dentro do labirinto corresponde ao ato de emergir. Surgem os olhos, ergue-se o rosto, revelam-se os ombros, aflora o tronco, desponta o corpo humano. Antes absorta pela massa verde, a pessoa põe o nariz acima das sebes e sente que pode respirar. A altura mínima desses verdes muros é de aproximadamente 1,5 metro; por isso, ali a vista se abre. É possível reconhecer o que está ao redor. Vê-se o labirinto de cima para baixo, mas não como num voo de pássaro, nem nada próximo ao domínio visual superior de uma planta arquitetônica. Observa-se obliquamente: a luz define o topo das cercas vivas e a sombra indica os corredores. Durante essa vivência entre meandros, esse é o momento de localizar-se. De identificar onde se está.

Um tanto intencionalmente, um tanto fortuitamente, na minha primeira ida ao labirinto de Valsanzibio, em 20 de julho de 2021, errei os caminhos e me desloquei por todos os corredores possíveis do interior do dédalo verde. Em momentos de incerteza, consultava em voz alta o jardineiro do labirinto, que, vendo-me de cima, orientava-me, indicando a direção correta. Andei bem mais que o percurso mínimo até o centro, anunciado como equivalente a 1,5 quilômetro. Com ou sem erro, a trajetória até o centro obriga o caminhante a passar pelos quatro cantos do dédalo.

Os totens informativos do jardim e a brochura distribuída aos visitantes da Villa Barbarigo advertem que o labirinto tem sete desvios. Trata-se de caminhos que não levam a lugar algum: seis são becos, o outro é um suposto atalho com mais de cem metros de comprimento que somente retorna ao ponto de início da mesma trilha, ou seja, é um trecho em *loop*. Com tal aparato impresso, a administração do jardim propaga a ideia de um suposto caráter punitivo do labirinto, ligado à moral cristã, nomeando cada desvio com um dos sete pecados capitais – avareza, gula, inveja, ira, luxúria, preguiça, soberba –, embora não exista nenhum indício documental dos séculos XVII e XVIII que corrobore essa iniciativa de marketing tão própria à turistificação generalizada no mundo contemporâneo.

Há uma omissão na minha descrição do passeio pelo labirinto do jardim da Villa Barbarigo: a sensação de perder-se é verídica, mas não absoluta, pois, mesmo em trechos com cercas vivas muito altas, as copas das árvores ao redor mantêm-se à vista, servindo de indícios, e a própria topografia insinua a direção à qual a pessoa está voltada. O labirinto linear permite que relevo e vegetação se convertam em tênues indícios a guiar o percurso. Mais sutil, mas ainda presente, é o barulho da água que corre nas pequenas represas – *peschiere* – adjacentes, o que também colabora para a percepção do lado em que se está. Nenhuma dessas balizas é óbvia, visto que demandam um rápido reconhecimento geográfico, mas seria errado ignorar a existência delas. Afinal, concedem ao visitante uma mínima sensação de controle de sua localização.

De todos os indicativos, o mais notório é a própria meta final. A partir de muitos corredores do labirinto pelos quais se passa em direção ao centro, vê-se a pequena edificação circular encimada por uma copa cujo trabalho de topiaria resultou no formato de uma semiesfera. Ou seja, o núcleo do labirinto é uma estrutura redonda de caráter mais paisagístico que arquitetônico, remetendo, portanto, à árvore de maio. Feita rusticamente de pedra e concreto aparente, a construção é composta de uma rampa espiral que ascende até o pódio central circular, de onde se enxerga a totalidade do labirinto verde que se acabou de percorrer. Além de sombrear, a massa vegetal da cobertura proporciona um ambiente de repouso e contemplação dos meandros verdes ao redor, tal como se observou na cena de Pascale Petit e Jean-Paul Belmondo em *A noviça proibida*.

É preciso repetir: o labirinto é parte do jardim; não é o todo. Por isso, tanto ao entrar quanto ao sair do dédalo, experimenta-se o contraste: o corredor entre as cercas vivas é invariavelmente estreito, enquanto o *cardo* de Valsanzibio é largo. Estar dentro do labirinto é ter um campo de visão restrito; por sua vez, na via central há a própria Villa Barbarigo como ponto focal do grande eixo, o qual igualmente conecta dois lados das colinas Eugâneas, configurando-se como um amplo panorama paisagístico. Desse modo, entrar e sair do labirinto é uma experiência

Fotos internas do labirinto
da Villa Pisani,
Stra, Itália, 2021

espacial de expansão e contração, de emersão e imersão, de amplitude e exiguidade, de cognição visual e desorientação geográfica.

Uma questão se impõe: o que há de específico na experiência no interior do dédalo de Valsanzibio e o que nela há de comum ao arquétipo do labirinto? Para tal avaliação, estabeleço uma comparação com o relato da minha vivência nos meandros do labirinto circular da Villa Pisani.

Um corredor curvo não permite enxergar seu fim. Essa é a primeira e a principal constatação de quem está dentro do labirinto de Stra. A curva é responsável por conferir uma aura de mistério ao impedir que se veja, ao primeiro olhar, quando determinado recinto termina. Portanto, o labirinto curvo é um lugar que, conforme os passos prosseguem, apresenta uma sucessão de caminhos ocultos e subsequentes descobertas.

Assim, o labirinto da Villa Pisani configura-se como uma sequência de corredores circulares e concêntricos. Nele, a topografia é constante. O solo é plano. A altura das cercas vivas é uniforme e pouco acima da média da estatura do corpo humano, o que garante uma visão (restrita, mas existente) das laterais dos corredores.

Ao se olhar para o núcleo do labirinto, a pequena torre surge como ponto de referência. Ela é o parâmetro central, o monumento daquela dedálea natureza rigorosamente desenhada pelo homem. Logo, estar dentro do labirinto corresponde a movimentar-se ao redor da *torretta*. Esta é visível tanto nos corredores radiais - quando se está defronte ou de costas a ela - quanto nos corredores circulares e concêntricos - quando se tem uma visão lateral da pequena torre e sua distância passa a ser parâmetro de quão perto ou distante se está do objetivo de chegada nesse labirinto.

O centro do dédalo é uma óbvia distinção entre casos: em Valsanzibio, há uma estrutura para emular a árvore de maio; em Stra, encontra-se a pequena torre circular. Enquanto a meta ao se percorrer o interior do primeiro labirinto é a mítica imagem da natureza intocada, o segundo tem como objetivo a empresa humana, isto é, a arquitetura. Como concepção, a *torreta* é uma *folly*, tal como as encontradas nos jardins ingleses e franceses do século XVIII. Com a escultura de Minerva ao topo, a edificação circular de Stra tem duas escadas espiraladas, e, independentemente da seção diametral que se faça, a torre é sempre simétrica. Circunda-se o cilindro arquitetônico e todos os lados

Fotos internas do labirinto
da Villa Pisani, Stra, Itália, 2021

parecem indiferentes. Este é um dado importante para a sensação analisada antes: quando se está nos corredores verdes, dando voltas ao redor do centro do labirinto, a torre parece sempre igual. Esta sensação de "mais do mesmo" é essencial para proporcionar a desorientação. Assim, a arquitetura corrobora o paisagismo. Tanto nos corredores verdes quanto na torre neoclássica, a desorientação labiríntica é tributária da repetição de imagens similares.

Ao longo do ir e vir no meândrico percurso, não é incomum se surpreender com a posição em que se está quando se volta os olhos para fora do dédalo. Na visita que fiz em 22 de junho de 2021, constatei pessoalmente a perturbação provocada pelo posicionamento das referências externas à estrutura labiríntica. É uma sensação muito diferente da experiência no dédalo linear de Valsanzibio. O que está do lado de fora do labirinto da Villa Pisani não é visualmente omitido, tampouco os corredores entre sebes de Stra proporcionam uma sensação de imersão; mesmo assim, durante o deslocamento pelo labirinto, o caminhante não se dá conta do lado do dédalo em que se encontra. É desse modo que a ambiência interna ganha autonomia em relação ao mundo ao redor.

Arrisco aqui uma hipótese para tentar justificar algo, a princípio, subjetivo. Em um labirinto linear, o estar entre cercas vivas estabelece uma imagem em perspectiva de ponto de fuga único, que, desde sua criação no Renascimento, impõe uma codificação óptica e matemática a organizar todo o campo visual do observador segundo uma métrica universal: é uma construção geométrica (e um modelo cultural) cuja tridimensionalidade apresenta-se como uma rigorosa, progressiva e proporcional redução visual do tamanho dos planos de acordo com a distância real. Quando se está parado em um corredor linear do labirinto de planta quadrada de Valsanzibio, contempla-se um espaço solene, belo, estático e que transmite a sensação de equilíbrio e perfeição, embora haja aqui uma contradição própria à experiência labiríntica – afinal, encontra-se em meio a um intrincado percurso e existe a homogeneidade da experiência na sequência dos dedáleos recintos. Por sua vez, o corredor entre sebes curvas impele o visitante a prosseguir. Em um labirinto circular, é preciso medir os passos para avançar. É necessário olhar para a frente a fim de não esbarrar nas delicadas paredes verdes e vivas. É imperioso estar atento, pois a imagem que se tem à frente é semelhante, mas não idêntica. Trata-se de algo correlato ao que o escultor Richard Serra (1938-2024) designou como uma experiência que obriga a "pensar de pé"[1].

O labirinto linear estimula a parar e admirar. O labirinto circular estimula o contínuo movimento.

Nas últimas décadas, alguns novos labirintos de cercas vivas surgiram em jardins: em 2011, na ilha de San Giorgio Maggiore, em Veneza, foi implantado o Labirinto de Borges; em 2015, o editor Franco Maria Ricci (1937-2020) plantou o traçado de uma cidade ideal renascentista com bambus, dando origem ao imenso Labirinto della Masone, nos arredores de Parma; ainda em 1975, fez-se com meandros curvos, multidirecionais e bastante intrincados o Longleat House Maze, na vila inglesa de Horningsham. Esse fenômeno recente da criação de novos dédalos verdes pode ser considerado um *revival*. Tal caráter saudosista é explícito no caso do replantio do labirinto do parque do Palácio de Schönbrunn, em Viena. Concebido originalmente no final do Seiscentos, esse dédalo austríaco foi recriado em 1998, mais de um século após sua remoção, em 1892, então justificada com os seguintes termos: "devido à sua densa natureza, ele [o labirinto de Schönbrunn] serve a propósitos que são proibidos em parques públicos"[2].

No campo das artes visuais, nos últimos cinquenta anos, um considerável número de trabalhos recebeu o termo "labirinto" como título. A maioria dessas obras reproduz formas labirínticas de tratados e livros dos séculos XVI a XVIII, incrementando-as com exercícios técnicos e experimentos de materiais.

O escultor norte-americano Robert Morris (1931-2018) foi responsável por alguns labirintos cujas plantas de perímetro triangular são praticamente idênticas a modelos apresentados nos livros *Le thresor*

1 SERRA, Richard. *Apud* FOSTER, Hal. *O complexo arte-arquitetura*. Trad. Célia Euvaldo. São Paulo: Cosac Naify, 2015, p. 189.

2 KERN, Hermann. *Op. cit.*, p. 247. *"due to its dense nature, it serves purposes that are forbidden in public parks."*

des parterres de l'univers, de Daniel Loris, e *Architectura curiosa nova*, de Georg Andreas Böckler. Morris implantou seu *Labirinto* (1982) em um jardim repleto de trabalhos artísticos contemporâneos chamado Fattoria di Celle (Coleção Gori), nos arredores da cidade de Pistoia, na Toscana. Em uma alusão ao material local que reveste várias igrejas da região italiana, esse labirinto foi erguido com o revezamento de linhas de blocos de mármore branco e verde-escuro - ou seja, com o efeito visual de listras. Tem 2,1 metros de altura e, em planta, sua forma é um triângulo equilátero de quinze metros em cada lado. Enquanto esse primeiro dédalo de Morris tem paredes opacas, espessas e pesadas, o artista minimalista posteriormente fez um exemplar com divisórias translúcidas, finas e leves. Seu *Labirinto de vidro* (2014) foi inaugurado no jardim do Museu de Arte Nelson-Atkins, em Kansas City, sua cidade natal. A matriz formal, mais uma vez, é triangular. Os meandros são conformados por painéis de vidro estruturados no piso de concreto e por perfis de bronze no topo, assim promovendo uma experiência sensorial baseada em um jogo de transparência e reflexão dos planos internos desse dédalo.

Essa experiência óptica de translucidez e espelhamento foi amplificada por Dan Graham (1942-2022) em *Labirinto da cruz grega*, instalado em um jardim de esculturas da cidade alemã de Colônia em 2001. A planta é muito simples: basicamente um corredor que ziguezagueia uma única vez no interior de um perímetro retangular de seis por oito metros. Sua complexidade reside nas superfícies vítreas emolduradas por uma estrutura de aço inoxidável: não são vidros comuns, pois contêm películas reflexivas e, em alguns planos, finas chapas de aço. Isso promove a ilusão de multiplicação visual do número de corredores internos; por conseguinte, induz quem está dentro da instalação a pensar que o tamanho do labirinto seja maior do que realmente é. Graham também é o autor de *Labirinto de sebes com espelho bidirecional*, de 1989, e *Labirinto de sebes e aço perfurado com espelho bidirecional*, de 1994: ambos consistem no encontro de dois planos vítreos entremeados por cercas vivas, sugerindo a criação de meandros que não se completam.

Esses exemplos artísticos de labirintos com vidro, tanto de Graham quanto de Morris, proporcionam dédalos sem a autorreferencialidade dos meandros internos. A desorientação não é buscada na plena disjunção entre o interior e o entorno, mas sim pelo espelhamento dos planos verticais e as subsequentes ilusões ópticas para confundir os limites entre o dentro e o fora.

A reprodução de modelos antigos também foi o ponto de partida do escultor italiano Italo Lanfredini (1948) quando criou o *Labirinto di Arianna* [Labirinto de Ariadne], na área rural de Messina, na Sicília, em 1988-1989. Em planta, vê-se um dédalo com um formato em espiral muito semelhante ao talhado em moedas de Cnossos. Implantado em uma colina e estendendo-se na topografia em declive, o labirinto é composto de paredes de cerca de dois metros de altura, irregularmente curvas e feitas de concreto com pigmento vermelho. Pelo aspecto do material, insinua-se a natureza telúrica e imemorial do labirinto. Ao mesmo tempo, sua espacialidade não guarda nenhum mistério ou incompreensibilidade próprios da origem mitológica do dédalo: devido à inclinação do terreno, o circuito labiríntico de Lanfredini é desvelado tanto de dentro para fora quanto de fora para dentro.

Na mesma ilha do sul da Itália, Alberto Burri (1915-1995) concebeu uma obra involuntariamente muito mais labiríntica que o *Labirinto de Ariadne*. Gibellina foi um vilarejo siciliano completamente destruído em um terremoto em 1968, o que levou ao deslocamento de toda a sua população para uma nova cidadela - Gibellina Nuova -, a catorze quilômetros de distância. Quando, em 1981, Burri foi convidado a fazer um trabalho artístico para a jovem urbe, ele comoveu-se ao visitar as ruínas do velho povoado, sobre o qual criou *Grande Cretto* (1985-1989). Essa gigantesca estrutura, de 65 mil metros quadrados, ocupa toda a área da antiga Gibellina, onde ele e trabalhadores locais reuniram os destroços e escombros das edificações arruinadas, compactando toda essa matéria degradada dentro de muros de concreto branco.

nas páginas seguintes
Alberto Burri
Grande Cretto, 1985-89
Gibellina, Sicília, Itália
Foto: Salvatore Marra

Assim, os quarteirões ressurgiram como uma massa uniforme e alva em meio ao morrote onde centenas de pessoas residiam até o desastre sísmico. As pretéritas ruas inclinadas converteram-se em fissuras por onde visitantes podem caminhar. Subtraídas as fachadas, portas, janelas, coberturas de telhas, permaneceu tão somente a memória de um traçado urbano irregular antiquíssimo: na ausência de seus elementos constitutivos, a pequena vila converteu-se em labirinto. Burri fez meandros sinuosos constituídos por pisos e paredes de uma matéria homogênea e clara, gerando recintos lineares cuja amplitude é visualmente restrita e, mesmo quando se dobra o que foi uma esquina, as características físicas são sempre parecidas – eis a sequência de semelhanças própria ao labirinto. A desorientação é plenamente vivenciada dentro de *Grande Cretto*.

Nas artes plásticas foram traçados incontáveis dédalos bidimensionais no último século. Aqui apenas menciono o trabalho da artista brasileira Regina Silveira (1939). No conjunto de serigrafias *15 laberintos* (1971), ela desenhou tal número de alternativas de traçados dedáleos em perspectivas isométricas, embora uma análise mais rigorosa conclua que se trata, sobretudo, de um exercício de modulação e repetição. Nas gravuras *Track Series* (2018), Silveira reproduziu os labirintos lineares dos tratados e livros dos séculos XVI a XVIII, mas os fez com a representação dos rastros de rodas de motocicletas. Na exposição "Exit", no Museu Brasileiro da Escultura e da Ecologia (MuBE), montou a instalação *Borders* (2018), que consistia em um ambiente imersivo com óculos de realidade virtual e um piso com linhas iluminadas por LED promovendo a projeção de um labirinto.

Para reiterar a variedade de campos disciplinares em que os dédalos foram evocados, no cinema, além de *A noviça proibida*, vale mencionar a cena de *O iluminado*, roteirizado e dirigido por Stanley Kubrick (1928-1999) em 1980, em que se assiste a uma mulher e a uma criança percorrerem os corredores lineares de um labirinto de altas cercas vivas sob uma trilha sonora que aprofunda uma atmosfera de dramaticidade e tensão. A caminhada pelos meandros é atravessada por um *take* no qual o protagonista, interpretado por Jack Nicholson (1937), observa de cima para baixo o mesmo labirinto verde em forma de maquete sobre uma mesa retangular. De maneira menos literal, porém mais desnorteante, indica-se o filme *Arca russa* (2002), de Alexandr Sokurov (1951), que consiste em um plano-sequência de 96 minutos através dos aposentos do Palácio de Inverno, a antiga residência oficial dos tsares em São Petersburgo e atual Museu Hermitage: a tomada única faz com que o encadeamento de ambientes palacianos barrocos pareça um labirinto, no qual se encenam séculos de história da Rússia, amalgamando diferentes episódios segundo a espacialidade arquitetônica do lugar e sem linearidade cronológica.

Listar e analisar todos os artistas dos séculos XX e XXI que mergulharam na temática do labirinto seria um trabalho de Sísifo. O objetivo deste capítulo é a compreensão dos princípios dos labirintos em alguns trabalhos das últimas décadas, e não uma interminável procura por exemplificações.

O contemporâneo que verdadeiramente proporcionou uma novidade aos dédalos não precisou evocar o nome "labirinto" nos títulos dos trabalhos: em *Double Torqued Ellipse* [Dupla elipse torcida] (1997), no Dia:Beacon, o escultor Richard Serra levou a desorientação a um novo grau. Essa imensa escultura elíptica pode ser compreendida por um indivíduo somente por meio do movimento corporal. Ao falar de *Shift* (1970-1972), outro trabalho de Serra, a crítica norte-americana Rosalind Krauss (1941) destaca a "transformação da escultura de um veículo estático e idealizado num veículo temporal e material"[3]. Os elementos escultóricos de *Shift* atuam "como barômetros para a leitura da paisagem"[4]; por sua vez, nas superfícies metálicas de *Torqued Ellipses* não há "nenhum horizonte para nos orientar"[5], ou seja, nelas se perdem os parâmetros do lugar ao redor, fazendo com que o visitante entregue-se

3 KRAUSS, Rosalind. *Caminhos da escultura moderna*. Trad. Julio Fischer. São Paulo: Martins Fontes, 1998, pp. 341-2.

4 SERRA, Richard. "Interview with Peter Eisenman" (1983). *In*: *Writings and Interviews*. Chicago: University of Chicago Press, 1994, p. 149.

5 Richard Serra assume isso nas seguintes palavras: "O que mais me interessa na paisagem é a elevação – o que acontece com nosso corpo quando há um deslocamento da elevação e nenhum horizonte para nos orientar, nenhum plano horizontal." SERRA, R. *In*: FOSTER, Hal. *Op. cit.*, pp. 249-50.

Richard Serra

Double Torqued Elipse, 1997
Dia Art Foundation, Nova York, Estados Unidos
Foto: Andrés Otero

ao domínio autorreferencial da escultura. Temos, portanto, uma relação direta e reservada entre corpo e escultura. Desse modo, o escultor norte-americano provoca algo análogo à experiência interna em labirintos de cercas vivas, como os dédalos verdes de Valsanzibio e Stra: Serra cria um contexto específico no interior da escultura, completamente estabelecido pela experiência espacial de estar dentro dela e percorrê-la. No entanto, aqui também reside a novidade: quando se caminha por essas *promenades* elipsoidais, a espacialidade do percurso interno modifica-se a cada passo dado no interior do trabalho artístico. Ao se transitar entre as paredes metálicas de *Torqued Ellipses*, não há a homogeneidade da experiência existente nos meândricos percursos internos dos labirintos da Villa Barbarigo ou da Villa Pisani. O crítico norte-americano Hal Foster (1955) disseca, do seguinte modo, tal experiência:

> Na obra iniciada com as elipses em torção, Serra mistura o racional com o irracional. O aspecto racional - deixar manifestas a produção e a estrutura - permanece; mas o aspecto irracional - desorientar o espectador com os interiores virados para fora e os exteriores para dentro - é levado ao ponto em que se tem a impressão de experimentar diferentes esculturas quase a cada passo. Ou seja, ao aumentar a complexidade, Serra não compromete a legibilidade; ele testa o espectador com mais rigor do que nunca antes (é o que ele chama "pensar de pé").[6]

Embora eu discorde com veemência do dualismo entre racional e irracional estabelecido por Foster - afinal, projetar a desorientação é algo absolutamente racional e intelectualmente bastante sofisticado -, merecem ser compreendidas as características formais e espaciais que permitem percepções como "experimentar diferentes esculturas quase a cada passo", testar "o espectador com mais rigor do que nunca antes" ou "pensar de pé". É possível sintetizar tal justificativa esmiuçando dois aspectos.

A perda de orientação é diretamente tributária da perda de profundidade. Percorrer o interior da elipse metálica de Serra equivale a ter um campo de visão muito reduzido - menor que um metro de distância à frente. Não é uma condição tão distinta de um corredor linear

6 *Ibid.*, pp. 188-9.

ou curvo de um labirinto verde. O que difere a experiência no interior de uma escultura de Serra é que, além de limitada, a profundidade é inconstante - variando a cada milímetro percorrido. Isso não deriva somente do distanciamento horizontal entre o corpo e a parede metálica, mas também de uma oscilação na vertical: as superfícies dos planos de ferro das esculturas não se alinham ao eixo perpendicular ao piso. Quando alguém é colocado entre duas paredes cuja inclinação é variável e sempre diferente do ângulo reto em relação ao chão, pode-se depreender que o centro físico da escultura é permanentemente transitório, modificando-se de acordo com o posicionamento do sujeito ao longo do percurso interno da obra. É o que o crítico francês Yve-Alain Bois (1952) denomina "multiplicidade de centros"[7].

Encontramos tal "multiplicidade de centros" também em *The matter of time* (2005), o clímax das espirais e elipses de Serra, trabalho permanentemente exposto no Museu Guggenheim de Bilbao. A presença do conjunto de esculturas curvas em uma sala do museu projetado por Frank Gehry (1929) suscitava a possibilidade de uma competição entre as formas do escultor e as do arquiteto. No entanto, a grande expressividade formal de ambos não se converte em antagonismo nem em concordância, porque a escultura de Serra estabelece seu próprio contexto: "quando fazemos determinado percurso nas espirais, tudo em volta de nós - à direita e à esquerda, acima e abaixo - muda enquanto caminhamos", afirma o escultor, "e isso faz o tempo se condensar ou se dilatar, deixando-nos ansiosos ou relaxados por anteciparmos o que acontecerá em seguida ou por lembrarmos o que acabou de acontecer"[8]. Se tudo muda a cada ponto dentro de uma das espirais de *The matter of time*, não importa o que há ao redor da escultura, por mais magnificentes que se possam considerar as formas de Gehry. Tal como o labirinto circular em meio ao jardim da Villa Pisani, Serra estabelece parâmetros espaciais específicos no interior de suas grandes elipses de ferro, destituindo essa interioridade de referências espaciais externas.

7 BOIS, Yve-Alain. "A Picturesque Stroll around *Clara-Clara*". *October*, vol. 29. Cambridge: MIT Press Journals, verão 1984, p. 45.

8 SERRA, R. *Apud* FOSTER, Hal. *Op. cit.*, p. 261.

Contudo, o escultor opera essa destituição não somente em termos do contexto do lugar, mas também confrontando os códigos de representação arquitetônica. Aqui reside a segunda característica que incita uma pessoa a "pensar de pé" quando dentro de uma grande escultura de Serra. Do andar superior do Guggenheim, avista-se todo o conjunto de curvos planos metálicos de *The matter of time*, o que seria uma imagem *a priori* antecipatória da experiência no percurso interno das esculturas - tal como uma planta de arquitetura -, porém essa é uma falsa informação visual. Desalinhadas do eixo perpendicular ao piso, as elevações das esculturas apresentam trajetórias tão específicas que, como consequência, temos a completa disjunção entre horizontal e vertical - ou seja, entre os desenhos em planta e corte. Mais que a falta de correspondência entre os diferentes modos de representação arquitetônica, não há projeção a partir de uma seção da escultura que seja capaz de captar a (e ser representativa da) totalidade da forma escultórica. Como Bois sentencia, Serra "destrói, nas próprias elevações, a identidade da planta"[9]. Já Foster analisa: "Para Serra, esse impedimento seria uma maneira não só de evitar que a obra se torne imagem, mas também de reafirmar, com isso, os direitos do corpo contra a objetividade abstrata (inclusive a maestria panóptica) da representação arquitetônica."[10] Essa incapacidade de adequação das esculturas espirais de Serra a convenções de representação arquitetônica é o aspecto que permite ao corpo humano no interior da escultura não ser regulado por um específico sistema de proporções: os corredores internos de *Torqued Ellipses* e *The matter of time* distinguem-se dos meandros entre sebes do labirinto de Valsanzibio porque Serra impede que seus projetos encaixem-se no sistema renascentista de rigorosa codificação óptica e matemática dos espaços com base em representações tridimensionais em perspectiva com determinados pontos de fuga[11]. Nesse sentido, a desorientação promovida pela sequência de semelhanças no interior do dédalo verde da Villa Barbarigo está em concordância com os cânones arquitetônicos,

9 BOIS, Yve-Alain. *Op. cit.*, p. 45.

10 FOSTER, Hal. *Op. cit.*, p. 177.

11 Acredito que o único precedente a essa postura de Richard Serra esteja nos projetos de Francesco Borromini (1599-1667).

enquanto Serra encontra seu modo de desorientar exatamente ao pôr em xeque os códigos disciplinares da arquitetura.

Princípios arquitetônicos também foram mobilizados criticamente por meio da evocação de labirintos por Hélio Oiticica (1937-1980), mais especificamente quando o artista plástico brasileiro almejava criar espaços que exacerbassem as limitações físicas das edificações do seu cotidiano. Isso se introduz em um texto escrito por ele no dia 22 de fevereiro de 1961:

> Assim, para mim, quando realizo maquetas ou projetos de maquetas, labirintos por excelência, quero que a estrutura arquitetônica recrie e incorpore o espaço real num espaço virtual, estético, e num tempo, que é também estético. Seria a tentativa de dar ao espaço real um tempo, uma vivência estética, aproximando-se assim do mágico, tal o seu caráter vital. O primeiro indício disso é o caráter de labirinto, que tende a organificar o espaço de maneira abstrata, esfacelando-o e dando-lhe um caráter novo, de tensão interna. O labirinto, porém, como labirinto, ainda é a ideia abstrata mais próxima da arquitetura estática no espaço. Seria uma arquitetura estática desenvolvendo-se até tornar-se espacial.[12]

Em Oiticica, o labirinto emerge como uma ideia abstrata, ligada tanto à gênese da arquitetura quanto ao esgarçamento dessa disciplina, visando a um retorno a questões essenciais da espacialidade. É interessante constatar que, sem fazer menção direta ao mito grego, Oiticica se mostra consciente da relação do labirinto com o advento da arquitetura. Seus propósitos também são parecidos com aspectos da mitologia no que tange ao intercambiamento entre o que ele chama de "espaço virtual" e "espaço real", remetendo ao longo período do labirinto como história oralmente compartilhada pelos helênicos até sua conversão em desenho. Com suas "maquetas", o artista brasileiro pretendia trabalhar nessa correlação entre o aspecto mental do pensamento arquitetônico ("espaço virtual") e a transfiguração em imagem visualmente apreensível ("espaço real"). A restituição de um caráter "mágico" visada por Oiticica é muito próxima do encantamento que o

12 OITICICA, Hélio. *Aspiro ao grande labirinto*. Rio de Janeiro: Rocco, 1986, p. 29.

Labirinto de Creta ainda fomenta no imaginário ocidental. Em suma, o labirinto é apropriado por Oiticica como arquétipo para um retorno aos princípios básicos da espacialidade.

No livro *Aspiro ao grande labirinto*, os registros textuais do artista demonstram que a passagem escrita em fevereiro de 1961 é do período em que ele estava começando a formular o *Projeto Cães de Caça*, apresentado publicamente pelo próprio Oiticica em novembro do mesmo ano com as seguintes palavras:

> Esse projeto seria algo como um jardim, aberto ao público, em uma cidade qualquer, de preferência num lugar amplo, como se fosse um parque, e não dando saída diretamente para ruas. A grande questão, porém, é a de que não se trata de um jardim habitual como se está acostumado a entender, com a utilidade pura e simples de jardim. Trata-se de um grande labirinto com três saídas: à medida que se penetra nesse labirinto, vão-se sucedendo os elementos de ordem estética que o compõem, que são: o *Poema enterrado* de Ferreira Gullar, o *Teatro integral* de Reynaldo Jardim e cinco *Penetráveis* de minha autoria.[13]

De partida, Oiticica restabelece a associação entre labirinto e jardim. O *Projeto Cães de Caça* é um jardim-labirinto sem endereço específico cujo propósito é reunir trabalhos do próprio artista e de dois poetas amigos – Ferreira Gullar (1930-2016) e Reynaldo Jardim (1926-2011). Aqui a lógica do dédalo vem acompanhada da ideia de percurso unidirecional, isto é, os meandros convertendo-se em roteiro pontuado por obras de caráter estético. Nas palavras de Oiticica, o labirinto "constitui o liame entre essas obras" e "evidentemente [...] pode conter muita gente no seu perímetro"[14]. Portanto, o dédalo de Oiticica é uma estrutura que proporciona a correspondência, o arranjo e o sequenciamento de diferentes trabalhos artísticos, dotando-lhes de uma dimensão pública. Eis uma operação análoga à organização museológica, o que foi verbalizado pelo próprio artista: "O indivíduo aqui se refugiaria, assim como quem entra

13 *Id.* "*Projeto Cães de Caça* e pintura nuclear" (depoimento para o MAM-RJ). In: OITICICA FILHO, César (org.). *Encontros: Hélio Oiticica*. Rio de Janeiro: Azougue, 2009, pp. 28-9.

14 *Ibid.*, p. 30.

num museu, para vivências de ordem estética, como se fosse algo 'mágico,' capaz de levá-lo a outro plano que não o do cotidiano."[15] Essa fuga da dimensão do dia a dia retorna ao caráter "mágico" que Oiticica correlacionou com o labirinto e, de certo modo, reverbera no fato de a maquete do *Projeto Cães de Caça* não ter se convertido em edificação em escala 1:1. Igualmente explícita é sua defesa do "caráter não utilitário"[16], o que não pode ser confundido com falta de propósito: o Labirinto de Creta não era uma estrutura pragmática de utilidade ampla a todos os súditos de Minos, porém tinha a finalidade de abrigar e prender o Minotauro; o *Projeto Cães de Caça* contrapunha-se à organização espacial encontrada no funcionalismo modernista do século XX, mas era um jardim-labirinto adequado à imersão na espacialidade própria às obras de Oiticica, em especial aos *Penetráveis*.

Engana-se quem acha que o labirinto despontou na trajetória do artista carioca em 1961 com o *Projeto Cães de Caça*. Ainda em 1953 ou 1954, no período em que era aluno de pintura de Ivan Serpa (1923-1973), Oiticica elaborou um desenho repleto de instruções do *Labirinto para formigas*: com um metro de comprimento e 66 centímetros de largura, a meândrica estrutura de seis pequenos ambientes interconectados para os insetos seria constituída por piso e divisórias de gesso sob uma cobertura de vidro[17].

A pujança das alternativas formais do arquétipo para Oiticica foi revelada em duas folhas de contato com fotografias feitas por Miguel Rio Branco (1946) em 24 de setembro de 1971 na cidade de Nova York: observam-se 72 imagens de meia dúzia de maquetes de labirintos feitas pelo artista[18]. Há dédalos de perímetros circulares; outros, de matrizes quadrangulares. A profusão de variantes remete à heterogeneidade dos exercícios gráficos de Daniel Loris e Georg Andreas Böckler no século XVII, mas Oiticica não se limita à bidimensionalidade: os labirintos do brasileiro possuem rampas, escadas, passarelas, terraços

15 *Ibid.*

16 OITICICA, Hélio. *Aspiro ao grande labirinto. Op. cit.*, p. 35.

17 O manuscrito com texto e desenho do *Labirinto para formigas* pertence ao Projeto Hélio Oiticica, no Rio de Janeiro, e está sob o código 1590/sd.

18 As folhas de contato com fotogramas de Miguel Rio Branco retratando maquetes feitas por Oiticica pertencem ao Projeto Hélio Oiticica e estão sob os códigos 1948/71 e 1949/71.

Miguel Rio Branco

Folha de contato com fotogramas
de maquetes feitas por Hélio Oiticica
em 24 de setembro de 1971
Acervo Projeto Hélio Oiticica

em diferentes níveis e uma variedade de materiais, inclusive vegetação natural. Reconhece-se que ao menos duas maquetes pertencem ao trabalho *subterranean Tropicália Projects*[19], desenvolvido por Oiticica em 1971, durante o período em que viveu na cidade norte-americana.

O "projeto 1" de *subterranean Tropicália Projects* foi concebido para o Central Park e seria formado pela reunião de quatro *Penetráveis* (PN10 a PN13), os quais possuem "uma série de corredores compridos e escurecidos"[20], numa evidente alusão aos meandros labirínticos. Ao mesmo projeto se somam redes de circo para engatinhar, balcões-janelas para assistir a performances e "metaperformances: que sejam inventadas pelo grupo que as produz; nada que seja teatro tradicional"[21].

Os documentos do último projeto de *subterranean Tropicália Projects* identificam-no com o código PN16. Dedicado a Luis Fernando Guimarães, o esboço apresenta o subtítulo "NADA"[22]. Oiticica justificava que a proposta partira de um convite, mas, como "não estava interessado na ideia de uma possível exposição retrospectiva", propôs "um projeto a ser realizado dentro de um parque, que veio a ser a Praça da República, no centro de São Paulo"[23]. Em uma estrutura escura de onze por onze metros, microfones incitariam reflexões a respeito da palavra "nada". O texto do artista deixava bem claro que a emissão de sons não era para ser apenas escutada, mas também deveria estimular uma reação daquele que adentrasse o espaço.

Deve-se destacar que, no documento do "projeto 3" de *subterranean Tropicália Projects*, todas as letras da palavra "participadores" aparecem em maiúsculas. Isso evidencia que a escolha do termo não foi gratuita: Oiticica não desejava visitantes passivos, que estariam em

19 Oiticica especificou que gostaria que a primeira palavra do título fosse composta apenas de letras minúsculas e estivesse sublinhada, desta forma: *subterranean TROPICÁLIA PROJECTS*. Ver as quatro folhas datilografadas com a descrição do "projeto 1" de *subterranean Tropicália Projects*, desenvolvido em 1971, pertencentes ao Projeto Hélio Oiticica, sob o código 0269/71.

20 Texto na terceira folha datilografada com a descrição do "projeto 1" de *subterranean Tropicália Projects* (Projeto Hélio Oiticica, sob o código 0269/71).

21 *Ibid.*

22 Desenho em planta com anotações a respeito de "PN16 - NADA", de *subterranean Tropicália Projects* (Projeto Hélio Oiticica, sob o código 0414/71).

23 Folha datilografada com instruções para "PN16", de *subterranean Tropicália Projects* (Projeto Hélio Oiticica, sob o código 0413/71).

seu labirinto apenas para ver a plasticidade de seu trabalho de modo indiferente. Seus PARTICIPADORES poderiam escolher entre quatro áreas, acessadas por corredores escuros. Esperava-se um comportamento ativo e espontâneo dessas pessoas que invadiam a estrutura iniciada pelo artista, uma vez que as proposições ali feitas deveriam "ser mais abertas ainda à iniciativa dos PARTICIPADORES"[24]. Essa particular noção de alteridade elaborada por Oiticica foi, de algum modo, sintetizada logo no primeiro parágrafo que ele datilografou a respeito de *subterranean Tropicália Projects*:

> contato não contemplativo: espectador transformado em participador: proposições invés de "pieces": propor propor: práticas não ritualísticas: o artista não mais como criador de objetos: propositor de práticas: descobertas apenas sugeridas em aberto; proposições simples e gerais não ainda completadas: situações a serem vividas.[25]

A ideia de Oiticica do labirinto como a espacialidade para impelir quem o vivencia a determinadas experiências encontra ressonância nas "mascaradas"[26] contidas em duas propostas do arquiteto nova-iorquino

24 Folha datilografada com instruções para "PN15: projeto 3", de *subterranean Tropicália Projects* (Projeto Hélio Oiticica, sob o código 0265/sd).

25 Texto na terceira folha datilografada com a descrição do "projeto 1" de *subterranean Tropicália Projects* (Projeto Hélio Oiticica, sob o código 0269/71).

26 O termo *masque* diz respeito a um ritual-espetáculo inventado na Renascença na Itália e, posteriormente, levado às cortes da França e do Reino Unido, onde foi recorrente até meados do século XVII. A palavra *masque* aparece com a mesma grafia em dicionários de língua italiana, francesa e inglesa, mas não tem clara tradução para o português: deduz-se que tal ausência deve-se ao fato de ter sido uma manifestação cultural sem protagonismo historicamente documentado em Portugal e suas colônias. Encontram-se os termos "máscara" e "mascarada" como possíveis trasladações de *masque*. Tais mascaradas eram compostas de um grupo de intérpretes com vestimentas e máscaras seguindo roteiros predefinidos, porém interagindo diretamente com os convivas. Não havia diferenciação entre palco e plateia, mas existiam grandiosos cenários e figurinos suntuosos e rebuscados, próprios do maneirismo e do barroco. Certas mascaradas continham momentos (ou cenas) semelhantes a procissões guiadas por um apresentador. Outras ações consistiam em performances dramáticas com vários mascarados, que, em conjunto, dançavam e faziam coreografias ritualísticas. Tudo era acompanhado por músicas e discursos que conduziam histórias repletas de referências mitológicas e alegóricas. Não se pode perder de vista que as mascaradas eram cerimônias e espetáculos para entreter somente a nobreza. Ver "MASQUE". *Encyclopædia Britannica*. Chicago: Encyclopædia Britannica, Inc. Disponível em: britannica.com/art/masque. Acesso em: 4 dez. 2019.

2 *Gardener - Garden* 6 *Inhabitants - Maze*

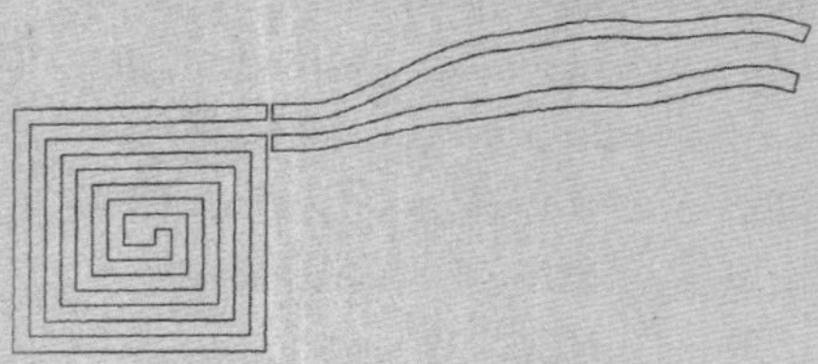

5 *Park Attendant - Gate-House*

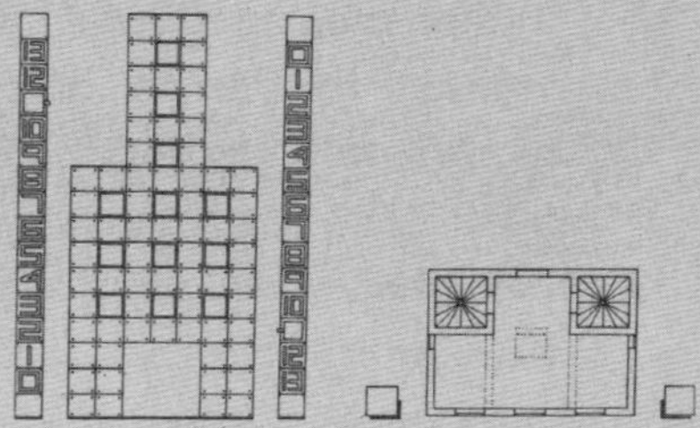

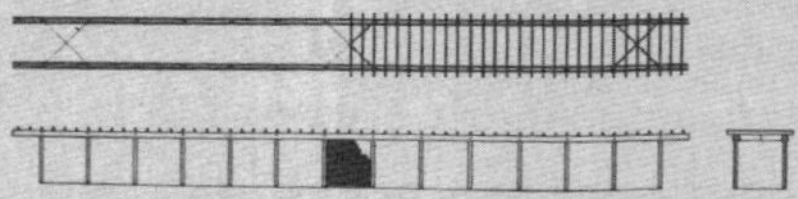

3 *Rosewoman - Rose Arbor*

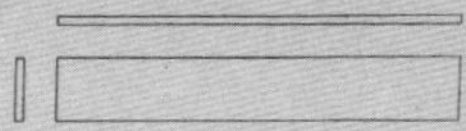

4 *Metalman - Wall of Metal Flowers*

24 *Poet - Studio C*

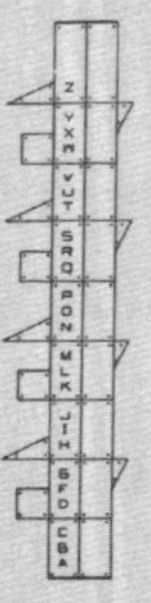

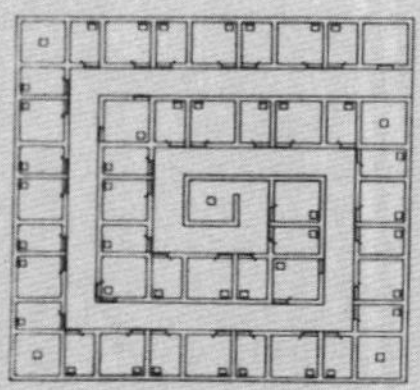

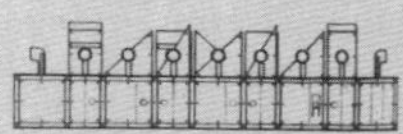

25 *Soloist - Labyrinth*

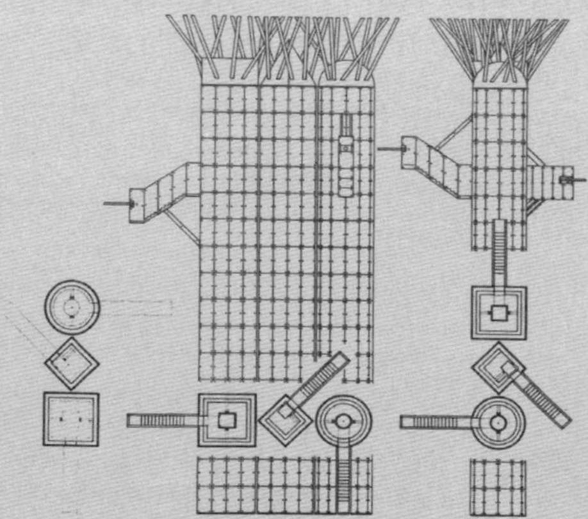

28 *Librarian - Book Towers/Fiction/Semi-Fiction/Non-Fiction*

John Hejduk (1929-2000). A primeira intitula-se *Victims* e foi elaborada em um concurso internacional de 1983 para o terreno berlinense da antiga sede da Gestapo, a polícia política de Adolf Hitler (1889-1945), onde trabalharam figuras terríveis, como Hermann Göring (1893-1946), e funcionaram salas de tortura durante a Segunda Guerra Mundial. No endereço, de traumáticas memórias, Hejduk projetou uma "mascarada" composta de 67 personagens em meio a um arquipélago de 67 edificações, cada qual com uma forma arquitetônica específica e rememorando uma memória trágica. Em duas dessas estruturas aparece o termo "labirinto". O sexto item da lista de binômios sujeito-objeto de *Victims* é:

> **6 habitantes**
> Labirinto (labir'ĩtu) n. 1. Uma intrincada rede de caminhos de passagens; um labirinto. 2. Estado de espanto, incerteza ou perplexidade; atordoar ou entorpecer; desnortear.[27]

O verbete visa corresponder tanto à percepção espacial de um labirinto quanto às possíveis sensações de alguém preso - o morador de uma sede da Gestapo. Termos como "incerteza", "perplexidade", "atordoar", "entorpecer" e "desnortear" aproximam o ato de estar no dédalo a uma condição-limite, dramática e nefasta. Os sentimentos suscitados são tão contraditórios como o fascínio e o medo, o encantamento e o perigo. O labirinto é, assim, associado à experiência da incompreensão: uma falta de controle de onde se está. Por isso, não parece ser um espaço seguro. Para Hejduk, os labirintos e sua mascarada *Victims* são ameaçadores, pois nos fazem lidar com o "irrepresentável aspecto do desconhecido"[28].

John Hejduk

Fac-símile do livro *Victims*, 1986,
Architectural Association, Londres, Inglaterra

27 HEJDUK, John. *Victims*. Londres: Architectural Association, 1986, p. 12. *"6 Inhabitants/ Maze (maz) n. 1. An intricate network of paths of passages; a labyrinth. 2. A state of bewilderment; uncertainty or perplexity; to daze or stupefy; bewilder."*

28 HOLLIER, Denis. *Op. cit.*, p. 59. *"Labyrinthine space is space where the future appears only in the threatening and* unrepresentable guise of the unknown."

O termo "labirinto" reaparece no 25º objeto da lista berlinense de Hejduk em associação com o personagem Soloist [Solista]. Seu respectivo verbete se inicia com a frase "*At the heart of the matter*" [No coração da questão][29]. Descreve-se um corredor em forma espiralada que dá acesso a vários quartos pequenos onde ficam os músicos - a configuração não é similar à relação entre celas e passadiços de uma prisão. O teto de cada aposento tem o formato de funil, operando como caixa de som para a transmissão do áudio ao exterior. Do corredor podem-se ver os músicos tocando, mas não se consegue escutá-los. Um músico não ouve o som do outro no interior da estrutura. Um visitante não capta nota musical alguma por dentro. Como são várias salas, artistas tocam seus instrumentos musicais concomitantemente, porém são todos solistas em seus aposentos. Os funis alto-falantes emitem as diversas composições de modo simultâneo, criando uma cacofonia para o exterior. Hejduk nunca foi claro nas suas intenções: mantém-se um certo enigma com relação às razões para o uso do termo "labirinto" no título desse 25º elemento de *Victims*. A correlação com as noções de desarranjo, desordem, mistura e barulho provém dessa disposição dos músicos solistas, que não enxergam nem escutam uns aos outros no interior da estrutura: sem diálogo ou regente, tocam peças musicais díspares, que só podem ser ouvidas do exterior da estrutura como uma confusa aglomeração de notas musicais. Igualmente, o formato em espiral do corredor de acesso às celas equivale à lógica de um cárcere. Portanto, o dédalo de Hejduk é análogo à prisão.

Se, por um lado, a proposta do arquiteto contém equipamentos intitulados "labirinto", por outro interessa o caráter labiríntico da configuração geral das mascaradas projetadas por Hejduk. Para uma análise mais abrangente desse aspecto, vale examinar outro trabalho do mesmo autor: *Lancaster/Hanover Masque* (1980-1982). Essa mascarada seria uma comunidade de uma fazenda rural. Enquanto *Victims* tem um caráter funesto pelo sítio em que se insere, *Lancaster/Hanover Masque* assume a singeleza e a ingenuidade do imaginário infantil. Nessa proposta, Hejduk procura os mistérios, o encantamento e o fascínio contidos nos momentos de primeiro contato com coisas e lugares na infância.

29 HEJDUK, John. *Op. cit.*, p. 16.

O pueril, o inocente e o inverossímil são aqui dados positivos. Tal como em *Victims*, a concepção de *Lancaster/Hanover Masque* estrutura-se a partir do binômio objeto-sujeito: cada objeto é um elemento arquitetônico autônomo, o qual corresponde a ações e hábitos de um sujeito. No texto "Icarus' Amazement, or the Matrix of Crossed Destinies" [O espanto de Ícaro, ou A matriz de destinos cruzados], o professor holandês Wim van den Bergh (1955) fez a seguinte caracterização: "Hejduk está preocupado com o poder e a fascinação que emana de um encontro - seja por acaso ou por destino."[30] Tal como em Oiticica, as interações são descritas por Hejduk, mas sem precisas determinações - como se os movimentos ali estimulados ganhassem autonomia quando iniciados, tornando-se imprevisíveis e independentes da vontade do demiurgo. Essa foi a via com a qual o nova-iorquino confrontou o pragmatismo funcionalista da arquitetura do século XX. Com essas proposições francamente fictícias, Hejduk concebia uma profusão de eventos desvinculados do que se entende por mundo real. Sobre isso, Van den Bergh elaborou o seguinte resumo:

> As mascaradas são máquinas-síntese com geometrias variáveis. Raras misturas de simbolismo e espetáculo, desafio e simulação, sedução e biografia. Elas são paradoxais e míticas configurações que confrontam a ordem da realidade com algo absolutamente imaginário - com algo absolutamente inútil pela óptica da realidade, mas que emana tamanha energia implosiva que absorve totalmente tal ordem da realidade.[31]

A multiplicidade de elementos e atividades não se organiza de modo sistemático ou compositivo: ali as pessoas engajam-se sem ter um objetivo, uma meta específica, sem direção certa a ser tomada.

30 VAN DEN BERGH, Wim. "Icarus' Amazement, or the Matrix of Crossed Destinies". In: HEJDUK, John. *The Lancaster/Hanover Masque*. Londres/Montreal: Architectural Association/Canadian Center for Architecture, 1992, p. 85. *"Hejduk is concerned with the power and fascination which emanate from an encounter - with chance or destiny."*

31 *Ibid.*, p. 84. *"The Masques are synthesis-machines with variable geometries; rare mixtures of symbolism and spectacle, challenge and simulation, seduction and biography. They are paradoxical, mythical configurations which confront the order of reality with something absolutely imaginary - with something which is absolutely useless on the level of reality, but which emanates such enormous implosive energy that it absorbs the total order of reality."*

Tanto em *Victims* quanto em *Lancaster/Hanover Masque*, as representações gráficas seguiram uma lógica: primeiro, os elementos foram desenhados separadamente e, em seguida, reunidos em um mesmo campo pictórico, no qual se justapõem planta e corte de maneira indiferente. O desafio à legibilidade e à compreensão é assumido pelo arquiteto. Assim como labirintos, as mascaradas de Hejduk não são concebidas para serem totalmente compreendidas quando se insere nelas. Há diferentes razões para tanto, como a incapacidade de apreensão visual da totalidade da estrutura ou de vivência completa do evento. A desarticulação entre interior e exterior (entre realidade e ficção) é plena. Quanto mais complexos são os labirintos ou as mascaradas, perdem-se até as referências para saber se se está dentro ou fora deles.

Em alguma medida, é preciso aceitar que o trabalho de Hejduk é, por princípio, inconclusivo. Ao evocar o arquétipo do labirinto, tanto declaradamente em dois elementos pontuais de *Victims* quanto de modo não verbalizado na configuração geral de *Lancaster/Hanover Masque*, ele nos relembra de uma condição presente na arquitetura anteriormente às demandas pragmáticas próprias ao desenvolvimento da disciplina. Em tal situação prévia recordada por Hejduk reside uma característica seminal de Dédalo: a insubordinação ao que Van den Bergh classificou, evocando Kant, como "censura da razão"[32]. O Labirinto de Creta não é subjugado à "censura da razão" - *vide* o Minotauro. Quando caminhamos pelos meandros dos labirintos da Villa Barbarigo e da Villa Pisani, não somos subordinados à "censura da razão". Ao adentrarmos fisicamente as imensas elipses de Serra ou ao acessarmos mentalmente *subterranean Tropicália Projects*, de Oiticica, não somos submetidos à "censura da razão".

Por mais que nos ofertem adjetivos e ajudem-nos a compreender a essência das estruturas dedáleas, os projetos arquitetônicos de Hejduk não se converteram em experiências a serem vivenciadas. Fato é que a esmagadora maioria dos arquitetos dos séculos XX e XXI não nos oferece projetos com mínimos traços de questões presentes em labirintos, porque tais aspectos posicionam-se no espectro oposto ao *ethos* modernista da profissão. Amparada por interpretações do

32 *Ibid.*, p. 87.

idealismo iluminista formuladas posteriormente ao Século das Luzes, a modernidade na arquitetura do século XX foi um período em que o racionalismo se manifestou na ordenação axial dos espaços, o funcionalismo guiou a conexão de ambientes distintos e a divisão das áreas ocorreu sob uma lógica taylorista, cuja finalidade é a de encontrar maior produtividade e rendimento dos indivíduos dispostos numa produção. Parece desejável - para não dizer obrigatório - a todo arquiteto atual que seus projetos propiciem um sentimento de conforto por meio de uma clareza visual em cada ambiente onde se está, permitindo a rápida dedução de onde se encontram a entrada, a saída ou mesmo o banheiro de um edifício. Existe a busca pela transparência para integrar diferentes espaços e permitir uma clara leitura visual do lugar que se vivencia. Apropriando-me dos termos cunhados por Colin Rowe (1920-1999) e Robert Slutzky (1929-2005), o binômio moderno entre a "transparência literal" e a "transparência fenomênica"[33] é um alicerce da continuidade entre dentro e fora, entre as esferas íntima e comunitária, entre o domínio da arquitetura e o da natureza. Nesse dualismo da transparência dos modernos, não há categoria em que os labirintos possam se encaixar. O dédalo - o primeiro arquétipo arquitetônico segundo os antigos gregos - deixou de ser compreendido como arquitetura nos séculos XX e XXI.

Os labirintos passaram a ser tachados como uma curiosidade, uma diversão. Algo que pessoas aparentemente sérias não poderiam levar a sério. Os dédalos começaram a recair em exemplos marqueteiros e absolutamente ordinários, como o *The Big Maze*, concebido pelo escritório dinamarquês Bjarke Ingels Group (BIG), que ocupou o pátio coberto do National Building Museum, em Washington, com meandros conformados por placas de madeira que podiam ser percorridos, embora a principal função da obra fosse motivar fotos instagramáveis feitas do labirinto em sua totalidade a partir do andar superior do museu.

Alguns poucos bons projetos arquitetônicos têm lampejos labirínticos. Por exemplo, ao converter o Castelvecchio de Verona em área museológica, o arquiteto veneziano Carlo Scarpa (1906-1978) não

33 ROWE, Colin; SLUTZKY, Robert. "Transparência: literal e fenomenal". Trad. Lélia Mendes de Vasconcellos. *Gávea*, n. 2, Rio de Janeiro: Editora PUC-Rio, 1985.

delineou uma nova e clara circulação no castelo medieval, que irregularmente se expandira em diferentes épocas. Com soluções diferentes em cada andar e específicas em cada recinto, Scarpa criou um emaranhado de passagens e caminhos, com bifurcações nos percursos e entrecruzamentos visuais. Análoga em princípios era a proposta elaborada por Rem Koolhaas (1944) e seu escritório, OMA, entre 2003 e 2005, para a intervenção no Museu Hermitage, em São Petersburgo: uma reordenação dos circuitos museológicos no interior do imenso palácio tsarista, que é composto de uma sequência de salas quase sempre ligadas sem intermediação de corredores, resultando em uma vivência cultural fundamentada em descaminhos[34]. O Museu Xul Solar, em Buenos Aires, projetado de 1987 a 1993 por Pablo Beitía (1953), apresenta corredores, passarelas e rampas com uma singular variação de alturas, conformando um dedáleo circuito de concreto armado aparente e rude somado a uma iluminação natural dramática a emular a ambiência de uma caverna – o mito de Creta parece presente no imaginário de Beitía. A alusão ao ateniense Dédalo também se manifesta na espiral do *Musée à croissance illimitée* [Museu do Crescimento Ilimitado], projetado em 1939 por Le Corbusier (1887-1965), sem endereço específico, mas que, de certo modo, reaparece na composição geral e na disposição espacial das salas do Museu Nacional de Belas-Artes do Ocidente, em Tóquio, inaugurado em 1959. Há também a Labyrinth House, projetada em 1966 pelo arquiteto norte-americano John M. Johansen (1916-2012) em Connecticut, nos Estados Unidos. Trata-se de uma casa cuja disposição e perímetros dos aposentos variam. Altas e de diferentes formatos, as paredes divisórias irrompem as lajes das coberturas dos ambientes. Mesmo que um tanto caricato, o resultado é uma residência com uma forma assimétrica, uma circulação interna descontinuada e uma espacialidade fragmentária. Contudo, é válido repetir: os exemplos de Scarpa, Koolhaas, Beitía, Corbusier e Johansen têm apenas lampejos labirínticos. A concepção de tais projetos possui instintos para desorientação, mas neles não se encontram a literalidade e o mergulho do perder-se de outrora.

34 O plano-sequência único do filme *Arca russa*, de Alexandr Sokurov, certamente abriu um precedente conceitual para o partido arquitetônico adotado por Rem Koolhaas e o OMA.

A principal exceção positiva na passagem do século XX para o XXI é o arquiteto português Álvaro Siza Vieira (1933), com seu projeto do Museu de Arte Contemporânea de Serralves, na cidade do Porto.

Aqueles que visitarem o espaço cultural pela primeira vez se sentirão desnorteados. Na sucessão das salas de Serralves, cada ambiente é simultaneamente parecido e diferente: cores claras predominam na tinta branca das paredes e no mármore dos rodapés e rodameios; por sua vez, cada recinto tem uma dimensão e uma forma específicas – muitas vezes, suas geometrias são até irregulares –, cada passagem entre uma galeria e outra é singular, cada solução para a entrada de luz natural ou visada para o jardim é distinta.

O percurso interno do museu está longe de ser linear ou unidirecional. Vira-se à direita, vira-se à esquerda, encontram-se algumas escadas para mudar de andar, depara-se com bifurcações. Não há caminho único. É normal que, no meio de Serralves, o visitante questione-se para qual lado está a entrada por onde passou minutos antes – e não saiba a resposta. Essa é a condição ideal para provocar aflição e comoção, palpitações e excitação, e eventualmente até síndrome de Stendhal.

No final da tarde de um sábado de fevereiro de 2024, entrevistei Álvaro Siza em seu escritório na rua do Aleixo, também no Porto. Ao me dar as boas-vindas na antessala da sua área de trabalho, o arquiteto português afirmou que seu pai havia nascido em Belém do Pará. Momentos depois, Siza fez menção ao seu maior projeto construído no Brasil, a Fundação Iberê Camargo, em Porto Alegre, e lamentou que, em fotos recentemente vistas, as fachadas lhe pareciam sujas: "Betão[35] branco precisa ser lavado!", exclamou ele.

Minha primeira pergunta foi se a desorientação havia sido algo intencional quando projetara Serralves. Ele começou respondendo que "a desorientação não era propriamente o propósito" e seguiu com uma longa explicação sobre os obstáculos do processo de elaboração do projeto e construção do museu original, transcorrido entre 1989 e 1999, tendo ele passado por diversas versões, algumas de maior escala, outras de menor porte, ao sabor do desejo das figuras políticas envolvidas, da questão orçamentária e do gosto dos diferentes curadores que

35 "Betão" é "concreto" em português europeu.

Álvaro Siza Vieira

Museu de Arte Contemporânea
de Serralves, Porto, Portugal
Foto: Fernando Guerra

passaram pela instituição. Foi um modo de demonstrar que, mesmo para um arquiteto consagrado como Siza, a autonomia do autor do projeto arquitetônico é limitada pelas demandas do cliente ou mesmo por contingências inesperadas e alheias. Vinte minutos depois da pergunta, com uma inesperada timidez transparecida pelo tom de voz mais baixo de quem estava a confidenciar algo, ele disse:

> Embora eu perca-me. Quando eu lá vou a Serralves, eu perca-me, como você disse. Isso que estás a dizer do labirinto, de onde é que eu estou.[36]

A correlação direta entre o projeto de Serralves e o labirinto foi confirmada por Siza. Em alguma medida, tal validação ocorreu sem indução prévia minha como entrevistador; afinal, minha indagação não foi sobre labirintos, mas a respeito de proporcionar a desorientação ao visitante.

Alguns croquis já davam indícios de que os labirintos povoam intensamente o imaginário do vencedor do Prêmio Pritzker em 1992. Siza tem o hábito de desenhar para além do ofício. Mesmo quando está em um almoço com amigos, tomando um café sozinho ou em um momento de ócio, ele faz esboços descompromissadamente. Não são representações arquitetônicas, mas desenhos de pessoas e animais em movimento ou cenas banais e cotidianas. Por vezes, são autorretratos; por outras, somente suas mãos desenhando numa mesa de bar – um evidente ato metalinguístico. Os traços de Siza são sempre contínuos, mas levemente trêmulos. É como se a regularidade e a irregularidade estivessem concomitantemente presentes nas linhas por ele riscadas – aliás, uma descrição também pertinente aos seus projetos arquitetônicos. Na pluralidade de temas esboçados, dignas de atenção são as representações de centauros, as criaturas híbridas frequentemente confundidas com o morador do Labirinto, o Minotauro. Os centauros de Siza conservam consigo um sutil e inesperado erotismo: esses seres miscigenados têm seus torsos contorcidos, entrelaçando-se com homens e forjando posturas inverossímeis. É como se Siza, ao representar aquele que imagina ser o inquilino do Labirinto, revelasse-nos as formas naturais no estágio prévio à desfiguração e à abstração.

36 Entrevista concedida por Álvaro Siza Vieira a mim no dia 24 de fevereiro de 2024.

Após uma hora e meia de entrevista e seis cigarros acesos pelo nonagenário dédalo português, o vasto elenco de figuras citadas e episódios relatados na conversa findou-se com uma reflexão sobre as origens de tudo que concebeu na vida: "Eu conheci tanta coisa. A gente tem uma capacidade limitada de voluntariamente usar o que estamos conhecendo, mas fica tudo na cabeça. Portanto, eu passei a ter mil influências que não controlo. Mas, quando estou a trabalhar, o subconsciente é um grande amigo e me ajuda."[37]

A entrevista ocorreu no dia seguinte à cerimônia de abertura da nova ala de Serralves[38]. O vínculo entre o arquiteto e a instituição é praticamente uma relação de vizinhança: geograficamente, o museu localiza-se entre o escritório e a residência de Siza. No parque de Serralves, ele também foi o artífice dos projetos da Casa do Cinema Manoel de Oliveira, em 2019, da Casa dos Jardineiros, em 2021, e do restauro do antigo palacete *art déco* da quinta que veio a se tornar um jardim público e centro cultural contemporâneo. Em 2015, Siza confiou a Serralves uma parte do seu arquivo pessoal de desenhos e documentos. A última encomenda de Serralves para o arquiteto foi a extensão do museu, cujo intuito era ampliar a área expositiva e a reserva técnica para a coleção permanente.

Durante a conversa, Siza relatou o pedido dos administradores da instituição para que essa ampliação não parecesse a construção de um anexo. Portanto, o acesso precisava permanecer o mesmo do edifício, em funcionamento havia mais de duas décadas. Para contemplar tais aspectos, o arquiteto procurou no parque uma área na qual pudesse implantar a nova ala de três andares e se decidiu por um trecho com poucas árvores – apenas cinco precisaram ser transplantadas durante a obra. Algumas salas e escadas da nova ala têm disposições diagonais entre si devido ao esforço de salvar a vegetação preexistente. Em tom de piada, Siza sintetizou: "Costumo dizer que quem desenhou o edifício, em parte, foram as árvores. Se não gostarem do projeto, não culpem a mim, culpem as árvores."[39]

37 *Ibid.*

38 A cerimônia de abertura da nova ala de Serralves ocorreu no dia 23 de fevereiro de 2024 e contou com a presença do então primeiro-ministro de Portugal, António Costa (1961).

39 Entrevista concedida por Álvaro Siza Vieira a mim no dia 24 de fevereiro de 2024.

Entretanto, algumas dezenas de metros afastavam o museu concebido no final do século passado da nova ala construída em um ano e meio na presente década de 2020. A isso se somava outro desafio: entre as duas partes passa a rua interna que dá acesso à garagem do museu. Siza solucionou tais adversidades com uma ponte. Isto é, um corpo suspenso, o qual internamente nem se percebe estar sobre um considerável vão livre – essa perda de referência entre a condição exterior e o espaço interior é própria ao sentimento da desorientação. Tal ponte pode ser igualmente descrita como um corredor longo, suficientemente largo, de paredes enviesadas e hermético, apesar de ter uma janela com proporção quadrada do piso ao teto.

Siza quis marcar a chegada à nova ala com um elemento *sui generis*: um portal em formato triangular. Por trás dessa passagem de cinco metros de altura, há uma janela cujo contorno também é um triângulo isósceles, mas em menor escala e com o vértice mais pontiagudo voltado para baixo. Com o somatório dessas duas formas geométricas iguais, porém invertidas, emerge a imagem de categórica beleza que sinaliza a entrada à nova parte da edificação. Por não enxergarmos o exterior do edifício, é como se a fachada dessa ampliação estivesse dentro da edificação e inserida no dedáleo trajeto. Os desenhos arquitetônicos de elevação das fachadas – chamados de alçados pelos lusitanos – são irrelevantes nesse projeto. Tal como no Labirinto de Creta, o meândrico percurso interno de Serralves subjuga sua forma exterior.

Não classifiquemos as espirais metálicas de Serra, as maquetes de Oiticica, as mascaradas de Hejduk e o museu de Siza como exemplos da pós-modernidade, porque a supressão da profundidade, a disjunção com o mundo ao redor, a perda de referências e a desorientação já estavam presentes na obra-prima de Dédalo. No entanto, a bem da verdade, tais características são bastante disseminadas em construções contemporâneas. Onde as encontramos? Em shopping centers e nas áreas de imigração de aeroportos.

O shopping center, por princípio, ampara-se na disjunção entre interior e exterior. Quem melhor dissertou sobre a lógica do centro comercial contemporâneo foi o filósofo Fredric Jameson (1934-2024), na sua descrição ímpar a respeito do Hotel Bonaventure, em Los Angeles, projetado nos anos 1970 pelo arquiteto John Portman (1924-2017). O hotel californiano fica alheio à cidade que o circunda: o interior do Bonaventure é uma redoma climatizada e autônoma em relação às características climáticas, geográficas e sociais do mundo ao redor. É o que Jameson chama de "hiperespaço" pós-moderno, um tipo de lugar onde os "nossos hábitos perceptivos"[40] não são suficientes para compreender sua localização, o contexto do local em que se insere e o mapeamento de sua posição no interior da sociedade. Tanto que o Hotel Bonaventure é envelopado por uma pele de vidro que reflete Los Angeles sem nitidez: não há nenhuma intenção de transparência no seu vidro, mas sim um impreciso espelhamento que repele a urbe – como se o propósito do projeto fosse deixar decair a malha urbana onde o hotel desinteressadamente se encontra. Essa desorientação arquitetônica, urbanística e sociológica está fora do pensamento racional de matriz iluminista, mas podemos compreendê-la como algo pertinente ao caráter seminal do labirinto. O argumento central de Jameson para o Hotel Bonaventure seria igualmente oportuno ao mais notório projeto de Dédalo:

> um elemento dentro do qual você próprio está imerso, sem nenhum resquício daquela distância que antes permitia a percepção da perspectiva ou do volume. Estamos nesse hiperespaço, nossos olhos e corpos estão nele mergulhados, e, se alguma vez houve a impressão de que a supressão da profundidade, observável na pintura e na literatura pós-modernas, seria algo necessariamente difícil de se obter na arquitetura, talvez surja aqui a vontade de se ver essa imersão atordoante como o equivalente formal no novo meio.[41]

A "supressão da profundidade" é algo visto no interior dos corredores lineares de Valsanzibio, nos corredores curvos de Stra e nos corredores

40 JAMESON, Fredric. "Pós-modernismo e sociedade de consumo". *In*: *A virada cultural: Reflexões sobre o pós-modernismo*. Trad. Carolina Araújo. Rio de Janeiro: Civilização Brasileira, 2006, p. 31.

41 *Ibid.*, pp. 35-6.

John Portman

Hotel Bonaventura, Los Angeles, Estados Unidos

Foto: Another Believer

elípticos de Richard Serra; contudo, no shopping center, adquire uma dimensão "atordoante" e um propósito de "imersão" no domínio do consumo. Enquanto Oiticica almejava, com o labirinto, converter indivíduos em "participadores", os arquitetos de shopping centers tratam cidadãos como consumidores, os quais devem se perder dentro de seus projetos de centros comerciais a fim de que lá permaneçam mais tempo e vejam mais lojas. No shopping center, a desorientação está calcada na ideia de entretenimento e de aquisição de produtos como lazer. São dédalos não direcionais, onde as pessoas podem caminhar sem nenhum objetivo específico.

O labirinto do consumo é feito para o cliente se perder sem que ele perceba. Há diversas artimanhas de desenho e funcionamento que viabilizam esse perder-se. O projetista de shopping centers sempre ambiciona aumentar os percursos internos ladeados por lojas, ampliando as áreas de vitrines. O corredor longo, em cujo fim se encontra uma escada rolante unidirecional, obriga o consumidor a dar uma volta bastante extensa caso tenha o desejo de ir a uma determinada loja ou de procurar a saída. No Hotel Bonaventure, os corredores são relativamente largos e flanqueados por lojas, mas não fica claro para qual caminho se direcionam. Toda a circulação interna do hotel é ressaltada, porém não é pragmática. É difícil encontrar o setor procurado ou refazer um percurso antes percorrido, como se o sujeito no interior do hotel perdesse a autonomia da escolha ao caminhar. Acerca disso, a ácida análise de Jameson é insubstituível:

> é quase impossível orientar-se nesse lobby. Recentemente foram colocados avisos sinalizando direções através de códigos de cores, em uma tentativa simpática, mas antes de tudo desesperada e reveladora, de restaurar as coordenadas de um espaço antigo. Tomarei como o mais drástico resultado prático dessa mutação espacial o notório dilema dos lojistas que ocupam os vários mezaninos: tem sido óbvio, desde a abertura do hotel, em 1977, que ninguém consegue jamais localizar a butique procurada, [e] é muito pouco provável que se tenha tanta sorte de uma segunda vez; em razão disso, os comerciantes estão desesperados e todas as mercadorias estão a preço de liquidação.[42]

42 *Ibid.*, p. 37.

O *lobby* do Hotel Bonaventure fica ao centro das quatro torres cilíndricas com os quartos para hóspedes. É um átrio majestoso de seis pavimentos de pé-direito, povoado de elementos díspares: alguns são estruturais, como o exoesqueleto de concreto aparente, do qual se destacam as sacadas de formato oval onde há confortáveis sofás; outros servem para a circulação dos consumidores, como as rampas e passarelas curvilíneas, as dezenas de escadas rolantes e os extravagantes elevadores – estão ali mais como "gigantescas esculturas cinéticas"[43] do que pelo seu propósito de ordem prática para o deslocamento interno das pessoas –; por fim, alguns elementos são bastante decorativos, como o carpete com chamativas padronagens coloridas e, sobretudo, o espelho d'água ao centro – sendo tudo acompanhado de um projeto luminotécnico bastante exótico. Por mais amplo que seja o *lobby*, a abundância de estímulos visuais impede uma clara leitura dos caminhos para os quais se direcionar a partir desse ambiente central.

O diagnóstico de Jameson é mais cáustico e engraçado do que a realidade dos lucros: as vendas das lojas e o número de hóspedes ampliaram-se também devido a essa experiência arquitetônica labiríntica. Quando uma pessoa se perde em um corredor com estabelecimentos comerciais, ela encontra algo que não imaginava desejar. Não havia nada de fortuito nas intenções projetuais de Portman para esse hotel-shopping-labirinto.

No aeroporto, a desorientação ocorre por meio de um longo direcionamento meândrico com um propósito claro aos viajantes: entrar em um avião e chegar a outra cidade. Exemplifico com descrições da partida e da chegada em um voo internacional. Com uma ou várias malas, o turista entra no aeroporto, procura sua respectiva fila ziguezagueante até o balcão do *check-in* da companhia aérea, despacha a bagagem mais volumosa numa esteira, recebe o cartão de embarque e segue até as catracas eletrônicas para adentrar a área exclusiva a passageiros, onde o percurso torna-se muito mais sinuoso. Cordinhas demarcam fileiras de pessoas aguardando sua vez nos aparelhos de raios X: todos nessa linha devem retirar seus cintos, eventualmente os sapatos, remover os *notebooks* das mochilas, apresentar carteiras

43 *Ibid.*, p. 34.

e celulares separadamente – um procedimento sempre incômodo. Passa-se por uma fila e entra-se em outra até os guichês de apresentação de passaporte. Nenhum encaminhamento aqui é linear e direto. Não raro as administrações aeroportuárias modificam periodicamente as paredes móveis para criar novas barreiras visuais e novos meandros. Seja um policial sentado no guichê para olhar sua cara e carimbar seu passaporte, seja uma máquina para fazer um escaneamento facial, esse é o rito de passagem final até a dita zona internacional. Foi-se o tempo em que se tratava de um simples salão de espera em frente aos portões de embarque nos respectivos voos: em aeroportos gigantescos, como o Charles de Gaulle, em Paris, o Barajas, em Madri, e o JFK, em Nova York, ou em *hubs* asiáticos como os de Dubai e Singapura, é preciso passar por corredores, escadas e esteiras rolantes cujos percursos somam com frequência mais de um quilômetro de caminhada, eventualmente havendo até um trem para se deslocar de um terminal ao outro, perfazendo um longo e tortuoso caminho pontuado por dezenas de lojas, restaurantes e quiosques – voltamos aos shopping centers –, além das salas destinadas a seres humanos considerados *very important people*. Avolumam-se as bifurcações até se chegar a uma cadeira em frente ao portão do voo, passar pelo corredor – o *finger* – que leva à porta do avião, receber um bom-dia ou boa-noite dos comissários de bordo e encontrar o assento de viagem.

Há muito mais metros, meandros, ramificações, oportunidades e riscos de se perder em um aeroporto atual do que no labirinto de Valsanzibio – e isso não faz do terminal aéreo um lugar mais agradável que o dédalo verde da Villa Barbarigo.

Até porque, concluído o voo, o desembarque tende a ocorrer em outro labirinto. Saindo do avião, costuma-se entrar numa sequência muito anódina de corredores de centenas de metros, cuja única alternativa oferecida aos turistas cansados é o banheiro. Por vezes, para atenuar o obrigatório e comprido trajeto unidirecional até mais um balcão de imigração, surge uma esteira rolante. As placas de sinalização antecipam o idioma da cidade de destino que o viajante escutará primeiramente da boca do agente de segurança local que lá está para averiguar os documentos e os vistos de entrada no país. Uma vez aprovado no guichê da polícia federal local, outras paredes aparecem

Foto do aeroporto de Barajas,
Madri, Espanha

para induzir o cidadão a fazer mais curvas sem compreender visualmente a qual espaço está sendo conduzido - na maioria das vezes, é encaminhado a um imenso salão com as esteiras contendo as malas despachadas. Alguns segundos são necessários para decifrar qual é o número da esteira correspondente ao voo feito. Um tempo de espera e mais um amontoado de pessoas para pegar a própria bagagem. Em seguida, alguns aeroportos, como o Galeão, no Rio de Janeiro, costumam ter certos funcionários do Ministério da Agricultura ou da Fazenda motivados a inspecionar o que o passageiro está trazendo, especialmente no que tange a deliciosos alimentos estrangeiros. O último caminho ziguezagueante consiste no atravessamento do *free shop*, a trilha final e obrigatória de consumo, com suas luzes ofuscantes, uma diversidade de produtos e propagandas, uma miríade de estímulos visuais e sonoros. E, finalmente, a saída - se o sujeito tiver sorte, ao término dessa epopeia contemporânea uma pessoa querida lá estará para recepcioná-lo com um abraço.

Eis uma extensa e exaustiva descrição para um extenso e exaustivo trajeto. Um ir e vir em que não se encontra a linearidade modernista. Em nome dos protocolos de segurança e do lucro das empresas aeroportuárias, não há transparência literal ou fenomênica. Sobretudo após o atentado terrorista de 11 de setembro de 2001, a desorientação dos passageiros pelo terminal aéreo é estratégia para o controle da massa de pessoas. Tal como nos séculos XVI a XVIII, não são necessários projetistas para estabelecer esses meândricos percursos de ordenação dos fluxos internos dos *hubs* de transporte aeroviário. Trata-se de circuitos vivenciados intensa e incomodamente por todo passageiro, mas que não se originam do desenho dos arquitetos: técnicos anônimos são os verdadeiros responsáveis pelo posicionamento e posteriores reposicionamentos das divisórias e dos pedestais para organização de filas nas zonas de embarque e desembarque. Aliás, caro leitor, permita-me uma última digressão: as estruturas provisórias montadas para eventos esportivos em estádios e grandes concertos musicais são casos semelhantes. Instalados e desinstalados em poucas horas, aparatos móveis organizam filas para milhares de pessoas acessarem as arquibancadas de um jogo profissional ou a plateia de um show. Tais fileiras de grades metálicas, fitas ou cordões são labirintos efêmeros. Retornando aos aeroportos, a arquitetura de suas áreas internas deriva de manuais operacionais e não mais da *expertise* dos arquitetos. É desse modo que os aeroportos se tornaram os labirintos contemporâneos.

Passam-se milênios e repetem-se as premissas, os procedimentos, as arquiteturas: quando Minos impôs a Dédalo e Ícaro a permanência no Labirinto de Creta, o primeiro arquiteto e seu filho converteram aquela meândrica estrutura em lugar de passagem ao fabricar as asas com as quais voaram pelos céus; por sua vez, as autoridades contemporâneas nos detêm em imensos labirintos aeroportuários antes de adentrarmos os aviões, isto é, as máquinas que permitem a reles mortais aquilo que apenas o grande artífice e seu rebento puderam fazer na Antiguidade. Eis que os helênicos do passado preconizaram a condição presente. A mitologia, mais uma vez, exemplifica a vida real.

Todavia, não se encontra nos aeroportos e nos shopping centers aquilo que os labirintos possuíam, no princípio, como uma aura fantasiosa, em seguida, divina e, posteriormente, amorosa. O labirinto foi apropriado pelo capitalismo e por estratagemas de segurança. Ao fim e ao cabo, é a tragédia dos tempos. O dédalo nasceu como fábula pagã; dessa narrativa oral converteu-se em desenho ainda na Antiguidade; adquiriu no Medievo uma carga penitencial católica; depois se metamorfoseou em verdes estruturas para acolher paixões e amores proibidos; até, na contemporaneidade, ser absorvido pelo consumo e pelo controle. É terrível e, ao mesmo tempo, seria inevitável. Afinal, a natureza humana é, por essência, labiríntica, como bem defendeu Georges Bataille. O escritor francês não enxergava o ser humano como criatura capaz de ser totalmente guiada pela razão: "Basta seguir, por pouco tempo, os rastros dos repetidos circuitos das palavras para descobrir, numa visão desconcertante, a estrutura labiríntica do ser humano."[44] Segundo Bataille, a animalidade do homem não é capaz de ser reprimida pelos objetivos filosóficos de índole iluminista. Conscientemente ou não, nitidamente ou não, intencionalmente ou não, o labirinto emergirá seja qual for o espírito da época.

44 BATAILLE, Georges. "The Labyrinth". *Op. cit.*, p. 174. *"One need only follow, for a short time, the traces of the repeated circuits of words to discover, in a disconcerting vision, the labyrinthine structure of the human being."*

O MAPA *DESTE* LABIRINTO

JOSELIA AGUIAR

O que o arqueólogo, o pirata e o cachorro têm em comum? O cartunista escocês Tom Gauld, em uma de suas brincadeiras sobre o ofício de escritores e cientistas, apresentou a resposta em formato de diagrama: os três adoram desenterrar coisas. O arqueólogo e o cão se entusiasmam ao encontrar ossos; o arqueólogo e o pirata são bons com mapas.

Sem ter pensado exatamente nisso, Gauld acabou definindo o que é a escrita de não ficção. A operação combina investigação de rastros históricos e do presente, num esforço de escarafunchar tanto lugares certeiros quanto outros definidos por vaga aleatoriedade, deixando, ao final, a sensação de uma pilhagem lúdica, com um tanto de entusiasmo e transgressão. Avançando na metáfora, ser bom com mapas pode significar não apenas a habilidade de raciocinar em termos geográficos, mas também a de traçar uma narrativa com os dados encontrados. O verdadeiro talento está menos em achar coisas e mais em saber o que fazer com elas: como organizá-las, interpretá-las e, obviamente, escrevê-las em meio a informações dispersas, encontrando caminhos entre pontos aparentemente desconexos, elaborando sentido a partir daquilo que foi desenterrado. É sob essa perspectiva que vale a pena guardar coisas para depois.

Francesco Perrotta-Bosch já vem há tempos na trilha da mais dedicada escrita de não ficção literária. O que dizer de um livro cujo propósito é contar a história de um projeto famoso desde a Antiguidade e cuja existência concreta nem sequer podemos confirmar? Este é o Labirinto de Creta, atribuído a Dédalo e concebido para esconder, à guisa de moradia, uma criatura além do humano, o Minotauro. O que o leitor acabou de ler é a biografia dessa insólita ideia arquitetônica, tão fascinante que, mesmo sem haver certeza de ter sido um dia materializada, circulou, alcançou imensa ressonância e inspirou gente que a reproduziu na arte, na literatura, no pensamento filosófico e na própria arquitetura.

Um dos méritos do autor deste *O livro dos labirintos* é, portanto, transformar esse objeto difuso em tema de pesquisa sólido e conduzir sua história por meio de um fio narrativo habilidoso. De novo, não basta acumular páginas de apuração e pesquisa, como se exige de um repórter ou historiador. De posse dos dados empíricos, é essencial traçar um amplo desenho textual que não sucumba ao calhamaço e faça sentido, com sínteses e nexos hábeis, escapando de tecer um percurso labiríntico. E, afinal, são 4 mil anos de história condensados nestas páginas.

O mapa traçado por Perrotta-Bosch se organiza em seis capítulos. No primeiro, somos apresentados às diferentes versões do próprio mito. A partir do segundo, esta biografia não convencional ultrapassa os limites do objeto e se põe a examinar suas muitas reverberações: como autores de outros campos o interpretam; como ele é reinventado em formas artísticas e literárias; e como sua ideia persiste ao ser apropriada, recriada e difundida. De moedas a catedrais. Das telas à música. Jardins.

O posfácio é um texto posterior à experiência da leitura. Parto da suposição de que o leitor e a leitora ficaram tão curiosos quanto eu para saber como é fazer um livro como este. Proponho tentar compreender o mapa *deste* labirinto: conhecer os bastidores desta indagação, as graças e os infortúnios vividos pelo autor até chegar à versão final. E foi assim que enderecei a ele um catatau de perguntas. A maioria sobre o processo; outras, pessoais, quase de foro íntimo.

Primeiro, quis saber se, ao estudar arquitetura, alguém ouve falar imediatamente em Dédalo. Perrotta-Bosch contou-me que demorou "muito tempo" para associar Dédalo à arquitetura. Foi exatamente como descreve na primeira página: durante o mestrado, tomado por uma frase do historiador Yve-Alain Bois, passou a entender Dédalo como uma espécie de santo padroeiro da arquitetura. Foi Bois quem o levou a transformar a pergunta "O que é arquitetura?" em outra: "Qual é a origem da arquitetura?"

Perrotta-Bosch só percebeu que sua tese seria sobre labirintos ao encontrar, durante a escrita da dissertação de mestrado, intitulada *Informes*, menções ao tema feitas por Georges Bataille. Como explica, a dissertação se estruturou a partir de dois verbetes escritos pelo francês. O primeiro é sobre o "Informe", e o segundo, sobre "Arquitetura". Ao cruzar os textos de Bataille, percebeu que "o labirinto estava na gênese de ambos". Era um assunto muito profundo para lidar rapidamente no mestrado. E assim partiu para o doutorado. Somando uma referência sobre Dédalo como suposto iniciador de dois verbetes, nasceu um novo projeto.

Quis saber qual teria sido a influência de Monteiro Lobato no imaginário do autor. Uma geração inteira conheceu o Minotauro por meio da adaptação televisiva do *Sítio do Picapau Amarelo*, devidamente incluído na bibliografia. Aparentemente, essa influência foi pequena. O autor já estava havia mais de dois anos e meio trabalhando em seu doutorado quando duas amigas brasileiras mencionaram o episódio. Naquele dia, visitavam o labirinto do Giardino Giusti, em Verona. "A fantasia que fizeram para representá-lo é grotesca. Na época, me penitenciei pelo tempo que perdi sem lembrar." Se muitos brasileiros tiveram no *Sítio* a porta de entrada para o personagem, ficaram mais com a impressão de figura monstruosa, perdendo a complexidade do Minotauro como alguém num entrelugar.

Depois da primeira ideia, veio o passo a passo: levantar bibliografia, organizar viagem. A busca por fontes é, sobretudo, o momento de construir o objeto. Imagino que, ao explicar o tema a interlocutores, as reações se dividissem entre adesão e surpresa. Perrotta-Bosch conta que, entre 2019 e 2022, dedicou centenas de horas a arquivos históricos e bibliotecas. "Muita poeira entrou nas minhas narinas", diz ele, que passou semanas às voltas com documentos dos séculos XVI a XVIII. Em Veneza, onde residiu, estavam 90% dos livros e documentos consultados.

A pedido de seu orientador italiano, Massimo Bulgarelli, precisou se aprofundar no labirinto do jardim da Villa Barbarigo, em Valsanzibio, perto de Pádua. Em meio a um oceano de dados, era necessário definir um estudo de caso. A pesquisa em Veneza seguiu duas diretrizes: o estudo abrangente de milênios de história dos labirintos e a investigação específica do "dédalo verde" do qual se projetam as cercas vivas de Valsanzibio. Foi assim que ele topou com um erro de datação, o que, consequentemente, modificou a atribuição do “dédalo verde”. Não mais o projeto surgia do desejo de um clérigo do Seiscentos que virou santo – São Gregório Barbarigo –, mas era resultado da obra de duas mulheres no Setecentos: a mãe, Caterina Sagredo Barbarigo, e a filha, Contarina Barbarigo.

Uma questão que o leitor e a leitora poderiam desejar encaminhar ao autor é: como um arquiteto entra na não ficção literária? Costuma-se dizer que quem estuda arquitetura gosta de desenhar. Se gostar de escrever, cursa letras, jornalismo, talvez direito. Ao perguntar, me interesso particularmente sobre como é desenvolver um trabalho que abarca tantos campos do conhecimento. Perrotta-Bosch faz uma ode aos polímatas ao justificar seu caminho multidisciplinar, respondendo-me que os polímatas são seus heróis – é o que ele almeja ser – e afirmando gostar de não conseguir definir precisamente sua profissão.

Ao tratar de polímatas, ele traz ao primeiro plano um trecho que, pensando bem, serve perfeitamente para definir também o que é um escritor de não ficção. Vamos a ele. Um momento decisivo do livro, e da própria história dos labirintos, é quando Giovanni Fontana, por volta de 1430, inventa a bifurcação no labirinto. Ou seja, a humanidade levou aproximadamente três milênios para inserir a encruzilhada na sua representação gráfica. “E isso foi feito por um polímata renascentista que criou um caderno em um alfabeto próprio que até hoje não conseguimos decifrar inteiramente”, explica Perrotta-Bosch.

No que podemos comparar polímatas e escritores de não ficção? É sempre uma boa inventar a bifurcação.

Não é de surpreender que, como modelo para este seu livro, ele cite *Hypnerotomachia Poliphili*, cujo autor é incerto. Acredita-se que se trate do monge dominicano Francesco Colonna. A obra foi editada pelo lendário editor, tipógrafo e livreiro Aldo Manuzio, precursor da edição no Ocidente, na virada do século XIV para o XV. Ao se contar a história do jovem Polifilo, que sai em busca de sua amada, a ninfa Polia, tem-se um périplo distintamente extravagante por cidades, florestas e labirintos.

Quase como uma dica despretensiosa, Bulgarelli, o orientador italiano, fez ao autor uma recomendação que se tornou precisa e determinante: sugeriu-lhe estabelecer a separação entre o que era a descrição da vivência dentro do labirinto e o que era a documentação histórica sobre o labirinto. Ele me conta: “Parece óbvio, mas eu demorei três anos para começar a organizar isso.

E foi bem importante para a escrita do livro." Nesse ponto, compreendemos duas dimensões que uma narrativa de não ficção comporta. Uma se refere ao que resulta da impressão dos outros, a pesquisa bibliográfica. Outra, especificamente, à experiência pessoal. Montado o projeto, tudo depende de uma habilidade de escrita que imagina ângulos e fios de condução, analisa e reflete, descreve e narra, cria imagens e sentidos, metáforas. Como um escultor diante de um bloco de mármore, Perrotta-Bosch encontrou sua forma literária.

Em Veneza, foi adquirindo familiaridade com um passado mais distante do que nós, brasileiros, estamos acostumados. Diz que a Itália o ensinou a "lidar com desinibição com assuntos de três séculos ou três milênios atrás". Um desafio particularmente experimentado foi como tratar a dimensão temporal. Como já sabemos, viemos até este posfácio depois de atravessar quatro milênios. Autor que não se opõe a inversões temporais, Perrotta-Bosch entendeu que tal estratégia seria excessivamente hermética num projeto como este. Apostou em convergência – e, em alguma medida, uma mescla – de diferentes tempos num mesmo momento, que é o da leitura. E admite que, de certo modo, seu livro é também uma busca por confluências: entre mito e fato, entre narrativa oral popular e texto erudito, entre mitologia e história.

Cortázar, Serra. Na parte final, a pesquisa labiríntica alcança os séculos XX e XXI. O labirinto chegou a ser reimaginado como jardim; hoje os vemos como shopping centers. Perrotta-Bosch diz que, ao chegar aos exemplos do último século e meio, pensou em abordar apenas trabalhos artísticos ou labirintos de jardins feitos nas décadas recentes – operação que se revelou frustrante. "Percebi que quase todos eram apenas repetições ou usos comerciais de labirintos mais bem elaborados do século XVI ao XVIII."

Em sua busca incessante pela essência do labirinto – não só a gênese, mas também os princípios do arquétipo –, conclui que seu cerne, tanto como ideia quanto como desenho, é a desorientação. "É a possibilidade de se perder. É o desejo do projetista, ou da pessoa que encomenda, de desconcertar aquele que adentre a estrutura projetada." Nos dias de hoje, encontrou a desorientação, nos casos positivos, sobretudo em Álvaro Siza e Richard Serra. Os casos mais recorrentes e difundidos, no entanto, são os dos shopping centers e das áreas de embarque internacional de aeroportos. "Esses são os verdadeiros labirintos contemporâneos."

Entre raridades e shopping centers, houve também um episódio que beirou o épico pessoal. Era 14 de maio de 2021. O mundo atravessava a pandemia de covid-19, as vacinas eram lentamente distribuídas no país, e as fronteiras da Europa ainda estavam fechadas para o Brasil. Apenas pessoas com autorizações especiais podiam atravessar o oceano. Como parte do seu percurso acadêmico, o autor precisava obrigatoriamente mudar-se para a Itália. Era um momento dramático também em termos burocráticos, recorda. O pedido de acesso ficou tramitando por um mês, o que o deixou num estado de "insegurança difícil de verbalizar", uma angústia relacionada não somente à sua situação específica como à de todo o mundo. "Recebi a autorização do Ministério da Saúde da Itália doze horas antes do embarque. Um dos e-mails mais estranhos e emocionantes que recebi na vida."

O Galeão estava vazio. Em sua memória, havia apenas sete passageiros no voo. Na chegada, teve de cumprir quarentena de catorze dias em Mestre, na parte continental de Veneza. Se a polícia o pegasse fora do hotel, seria preso. Só podia sair para fazer os testes de covid no posto de saúde oficial. Precisou de vários. "Era uma situação meio cômica, pois eram feitos numa lógica de *drive-thru*. No hospital, havia uma fila de carros, e ele a pé.

E foi assim que, à distância, lançou seu primeiro livro, a biografia de Lina Bo Bardi, e viu falecer Paulo Mendes da Rocha.

O enigma não se tinha resolvido ao final do livro. Enfim, eu quis saber a opinião do autor sobre o que, encerrada a leitura, me pareceu da ordem de um mistério inquietante. É possível que o leitor e a leitora cheguem até aqui com vontade de lançar a mesma questão, em dúvida de se não teriam de voltar muitas páginas. O Labirinto é mesmo o palácio de Cnossos? Mesmo Dédalo, a certa altura, perde o posto de inventor do Labirinto, com o surgimento de outros labirintos e inventores. Trata-se de uma ideia em disputa, isso está dito de muitos modos por Perrotta-Bosch. O que peço é uma espécie de palpite.

Não, Perrotta-Bosch não acha que o Labirinto seja o palácio de Cnossos, porque não é possível inferir isso dos textos da Antiguidade – e, sobretudo, o que Arthur Evans fez em Creta, ao praticamente declarar essa hipótese como válida, é o que hoje podemos chamar de sequência de *fake news*.

De todas as hipóteses, aquela que vê como a mais bonita e a mais provável é a de Jan Pieper. Portanto, o Labirinto de Creta seria o modo como os gregos (i.e., os atenienses, os helênicos do continente ainda pastoril) chamavam aquela aglomeração de construções que eles nunca tinham visto antes e que hoje nós conhecemos como cidade. "Ou seja, o Labirinto de Creta era a primeira cidade do Ocidente, da Europa. O Labirinto era a cidade antes que o Ocidente inventasse a palavra 'cidade'".

O que é a escrita de não ficção? Começamos com Gauld, terminamos com Perrotta-Bosch. No percurso entre o ensaio, o levantamento bibliográfico, a reportagem e a reconstituição histórica baseada em documentos, ele nos mostra como atravessar um labirinto – e sair dele com a leveza de quem acaba de passear por um jardim.

AGRADECIMENTOS

Este livro não é a minha tese, mas igualmente advém dos cinco anos de pesquisa feita no Convênio Acadêmico Internacional para Dupla Titulação de Doutorado entre a Faculdade de Arquitetura e Urbanismo da Universidade de São Paulo (FAU USP) e a Università IUAV di Venezia. Por isso, começo agradecendo muito aos meus orientadores Francisco Spadoni, no Brasil, e Massimo Bulgarelli, na Itália, pela interlocução próxima a respeito das questões aqui apresentadas, pelo apoio contínuo aos meus estudos e pela amizade.

A pesquisa não teria se convertido neste livro caso Alexandre Martins Fontes não tivesse acolhido minhas ideias com tanto entusiasmo. Por isso, agradeço imensamente a ele e a toda equipe da editora WMF Martins Fontes, em especial, a Luciana Veit e a Fabiana Werneck.

Ao longo do doutorado, algumas análises e apontamentos sobre a minha pesquisa foram particularmente importantes em bancas e apresentações, por isso quero destacar e agradecer os professores Elisabetta Molteni (Ca' Foscari), Ricardo Fabbrini (FFLCH USP), Luís Antônio Jorge (FAU USP), Daniele Pisani (Politécnico de Milão) e Fulvio Lenzo (IUAV). De modo amplo e irrestrito, quero agradecer aos funcionários da FAU USP e do IUAV, pois os meandros universitários, frequentemente, são tortuosos. É igualmente necessário agradecer aos funcionários de bibliotecas e arquivos históricos que, por meses, apoiaram meu cotidiano de pesquisa, como as equipes da Biblioteca do Museo Correr, da Biblioteca Nazionale Marciana, da Fundação Querini Stampalia, do Gabinetto dei Disegni e delle Stampe della Fondazione Musei Civici di Venezia na sede da Ca' Rezzonico, do Archivio Storico del Gruppo Intesa Sanpaolo, do Archivio di Stato di Venezia, do Arquivo Nacional no Rio de Janeiro, e das bibliotecas da USP e do IUAV.

Morar em Veneza foi uma experiência que modificou profundamente meu modo de ver e estar no mundo. Minha compreensão do tempo, própria a uma pessoa que nasceu no continente americano, transformou-se na cidade de mais de 1600 anos. Mesmo tendo atravessado o oceano num período de incontáveis restrições e incertezas devido à pandemia, viver em Veneza foi uma alegria contínua e muito disso se deve aos amigos que me acolheram: agradeço a Isa Discacciati, Mattia Bellan, Olivia e minha afilhada Nora; a Livia Baldini e Andrea Carrer; a Izadora Bertussi e Giorgio Maddalena; a Flavia Ruas; a Evelise Grunow e Nico; a Michele Oliveira, Rafa Jacinto e Rosa.

Agradeço aos professores que foram importantes durante minha formação acadêmica e destaco aqueles presentes de diferentes modos nos últimos anos: Giulia Paganessi, João Masao Kamita, Lucia Koch, Marta Bogéa, Hugo Segawa, Mônica Junqueira de Camargo, Priscila Lena Farias e Francesca Mattei. Agradeço aos amigos e colegas que apoiaram, direta ou indiretamente, a pesquisa deste livro nos últimos anos: Ana Altberg, Ana Carolina Azevedo, Ana Mello, Ana Paula Pontes, André Scarpa, Andrés Otero, Annita Gullo, António Choupina, Ariane Figueiredo, Armando Pizzoni Ardemani, Ascânio MMM, César Oiticica, Claudio Leal, Daniel Corsi, Denise Zmekhol, Eugênia Gorini Esmeraldo, Fabio Mariano, Felipe Rio Branco, Fernanda Britto, Fernanda Gerbis Fellipe Lacerda, Heloisa Espada, Isabela Azevedo, Jacqueline Terpins, Joselia Aguiar, José dos Guimaraens, Laura Costa, Lillo Teodoro Guarneri, Lissa Carmona, Lizzie McNamara, Marcelo Barbosa, Marcelo Ferraz, Michele Gialdroni, Monica Faggionato, Patrícia Martins, Romullo Baratto, Salvatore Marra, Silas Martí e Stefano Passamonti.

Agradeço todo o apoio proporcionado diariamente pela minha família Perrotta e pelo meu pai, Maximilian Bosch, que sempre me acompanha e torce por mim. Agradeço a Carmen Perrotta, certamente a grande professora da minha vida, a primeira leitora dos meus textos e minha interlocutora constante.

Agradeço a Julia Paglis, que, ao meu lado, fortalece-me de modo incomensurável. Seu carinho e companheirismo pavimentam uma estrada só nossa.

Agradeço à minha mãe, Maria Pia Perrotta. Ela é meu esteio cotidiano. Minhas pesquisas, meus textos, meus livros não são frutos de esforço apenas meu, mas igualmente dela. Suas lições de amor, de doação ao outro e de força conferem-me forma.

Este livro é dedicado aos meus avós, Maria Carillo e Perrotta Francesco.

REFERÊNCIAS BIBLIOGRÁFICAS

AD ELISA. Veneza: Pietro Zerletti, 1798.

AGNELLI, Marella. *Giardini italiani*. Milão: Fabbri, 1987.

AIKEMA, Bernard. "A French Garden and the Venetian Tradition". *Arte Veneta: Rivista di storia dell'arte*, n. 34. Veneza: Alfieri Edizioni d'Arte, 1980, pp. 127-37.

ALBERTI, Leon Battista. *I dieci libri di architettura*. Trad. Cosimo Bartoli. Roma: Giovanni Zempel, 1784.

__________. *The Ten Books of Architecture*. Londres: Edward Owen, 1755.

ALIGHIERI, Dante. *A divina comédia*. Trad. Italo Eugenio Mauro. São Paulo: Editora 34, 2008.

ALLUÉ, Milena Romero. *Qui è l'inferno e quivi il paradiso: Giardini, paradisi e paradossi nella letteratura inglese del Seicento*. Údine: Forum Editrice Universitaria Udinese, 2005.

ALTBERG, Ana. *A arquitetura da máscara de John Hejduk*. Dissertação de mestrado. São Paulo: Faculdade de Arquitetura e Urbanismo da Universidade de São Paulo, 2022.

ALVES, Cauê (org.). "Exit" (Regina Silveira). São Paulo: MuBE, 2018.

APOLODORO. *Biblioteca*. Madri: Akal, 1987.

ARDEMANI, Fabio Pizzoni. *Storia, descrizione e simbologia del Giardino di Valsanzibio*. Valsanzibio, 2009. No prelo.

ARGAN, Giulio Carlo. *Arte moderna*. São Paulo: Cia. das Letras, 1992.

__________. *Projeto e destino*. São Paulo: Ática, 2004.

ASSUNÇÃO, Diego Paleólogo. *Produção de alteridade: a experiência do Minotauro*. Dissertação de mestrado. Rio de Janeiro: Departamento de Letras da Pontifícia Universidade Católica, 2010.

AUTIZI, Maria Beatrice. *Giardini del Veneto: Guida nella storia e nell'arte*. Treviso: Programma, 2017.

AVCIOĞLU, Nebahat; JONES, Emma (orgs.). *Architecture, Art and Identity in Venice and its Territories, 1450-1750*. Farnham: Ashgate Publishing, 2013.

BALDAN, Alessandro. *Ville Venete in territorio padovano e nella Serenissima Repubblica*. Abano Terme: Aldo Francisci, 1986.

BANHAM, Reyner. *Teoria e projeto na primeira era da máquina*. São Paulo: Perspectiva, 2013.

BARBARIGO, Gregorio. *Lettere inedite del beato Gregorio Barbarigo a Giulio Giustinian*. Pádua: Stamperia del Seminario di Padova, 1932.

BAROZZI, Francesco. *Descrittione dell'Isola di Creta, 1577-78*. Heraclião: Bikelaia Demotike Bibliotheke, 2004.

BASSI, Elena (org.). *Antonio Canova, i quaderni di viaggio (1779-1780)*. Veneza/Roma: Istituto per la Collaborazione Culturale, 1959.

BATAILLE, Georges. *Documents*. Trad. João Camillo Penna e Marcelo Jacques de Moraes. Florianópolis: Cultura e Barbárie, 2018.

___________. "The Labyrinth". *In*: *Visions of Excess: Selected Writings, 1927-1939*. Minneapolis: University of Minnesota Press, 1985. pp.171-177.

BAUM, Kelly; BAYER, Andrea; WAGSTAFF, Sheena (orgs.). *Unfinished: Thoughts Left Visible*. Nova York: The Metropolitan Museum of Art, 2016.

BELLI, Onorio. *Scritti di antiquaria e botanica (1586-1602)*. Roma: Viella, 2000.

BELON, Pierre. *Voyage au Levant: Les observations de plusieurs singularités & choses mémorables trouvées en Grèce, Asie, Judée, Égypte, Arabie, & autres pays étranges*. Paris: Chandeigne, 2001.

BELTRAMINI, Guido; BURNS, Howard. *Andrea Palladio e la villa veneta: Da Petrarca a Carlo Scarpa*. Veneza: Marsilio, 2005.

BENJAMIN, Walter. *Magia e técnica, arte e política*. São Paulo: Brasiliense, 1995.

BERMAN, Marshall. *Tudo que é sólido desmancha no ar*. São Paulo: Cia. das Letras, 2007.

BERNUCCI, Romualdo Massa (org.). *The 7 Most Endangered 2021: Giusti Garden in Verona, Italy* (relatório técnico). Luxemburgo: União Europeia, European Investment Bank Institut, Europa Nostra, 2022, p. 6. Disponível em: europanostra.org/wp-content/uploads/2022/06/7ME-2021-Giardino-Giusti-Report.pdf. Acesso em: 21 mar. 2023.

BERRIEL, Carlos Eduardo Ornelas. "Cidades utópicas do Renascimento". *Ciência e Cultura*, vol. 56., n. 2. Campinas: Sociedade Brasileira para o Progresso da Ciência, abr.-jun. 2004. Disponível em: cienciaecultura.bvs.br/scielo.php?script=sci_arttext&pid=S0009-67252004000200021&lng=en&nrm=iso. Acesso em: 4 abr. 2023.

BERTOSA, Miroslav. *Provveditori sopra Beni Inculti: Un tentativo di insediamento di bolognesi nella Polesana (1560-1567)*. Trieste: Lint, 1980.

BERZAGHI, Renato. *Il Palazzo Ducale di Mantova*. Milão: Electa, 1992.

BOCCACCIO, Giovanni. *Il corbaccio*. Turim: Einaudi, 1977.

BÖCKLER, Georg Andreas. *Architectura curiosa nova*. Nuremberg: Paul Fürst, 1664.

BOIS, Yve-Alain. "A Picturesque Stroll around *Clara-Clara*". *October*, vol. 29. Cambridge: MIT Press Journals, verão 1984, pp. 32-62.

___________; KRAUSS, Rosalind. *Formless: A User's Guide*. Nova York: Zone Books, 1997.

BONNEVAL, Philippe de; DUMAS, Mathieu. *Reconnaissance de l'île de Crete*. Retimno: Mitos, 2000.

BONOLLO, Giampaolo. *I giardini di Villa Pisani nelle incisioni del Ransonnette*. Oriago: Medoacus, 1993.

BORDONE, Benedetto. *Libro di Benedetto Bordone nel qual si ragiona de tutte l'isole del mondo, con li lor nomi antichi & moderni, historie, fauole, & modi del loro uiuere, & in qual parte del mare stanno, & in qual parallelo & clima giacciono*. Veneza: Nicolo d'Aristotile, dito Zoppino, 1528.

BORGES, Jorge Luis. *Ficções*. Trad. Davi Arrigucci Jr. São Paulo: Cia. das Letras, 2007.

___________. *O Aleph*. Trad. Davi Arrigucci Jr. São Paulo: Cia. das Letras, 2008.

BORSI, Franco; PAMPALONI, Geno (orgs.). *Ville e giardini*. Novara: Istituto Geografico De Agostini, 1984.

BOUDON, Françoise. *Jacques Androuet du Cerceau: Les dessins des plus excellents bâtiments de France*. Paris: Picard, 2010.

BRAGA, Paula. *A trama da terra que treme: multiplicidade em Hélio Oiticica*. Tese de doutorado. São Paulo: Faculdade de Filosofia, Letras e Ciências Humanas da Universidade de São Paulo, 2007.

BRANDENBURG, Alain Erlande; FALIVA, Alberto (orgs.). *Rinascimento franco-italiano: Serlio, Du Cerceau e i Dattaro*. Cremona: Fantigrafica, 2005.

BRAUN, Emily. *Alberto Burri: The Trauma of Painting*. Nova York: Guggenheim Museum Publications, 2015.

BRIGDEN, Susan; WOOLFSON, Jonathan. "Thomas Wyatt in Italy". *Renaissance Quarterly*, vol. 58, n. 2. Chicago: University of Chicago Press/Renaissance Society of America, verão 2005, pp. 464-511.

BRUNELLI, Bruno; CALLEGARI, Adolfo. *Ville del Brenta e degli Euganei*. Milão: Fratelli Treves, 1931.

BRUNON, Hervé. "Theatre des plans et iardinages". *Architectura: Architecture, textes et images XVIe-XVIIe siècles*. Tours: Centre d'études supérieures de la Renaissance, 2007. Disponível em: architectura.cesr.univ-tours.fr/Traite/Notice/INHA-4KO807.asp?param=. Acesso em: 19 abr. 2023.

BRUNORO, Nicola (org.). *Lettere di Gregorio Barbarigo ai familiari: 1680-1687*. Pádua: Istituto per la Storia Ecclesiastica Padovana, 2000.

BRUSATIN, Manlio. *Venezia nel Settecento: Stato, architettura, territorio*. Turim: Giulio Einaudi, 1980.

BULFINCH, Thomas. *O livro de ouro da mitologia – Histórias de deuses e heróis*. Trad. David Jardim Júnior. Rio de Janeiro: Edições de Ouro, 1967.

BULGARELLI, Massimo. *Metamorfosi e 'meraviglia': Giulio Romano a palazzo Te*. Roma: Campisano, 2019.

BULTEAU, Marcel Joseph. *Monographie de la Cathédrale de Chartres*, t. 3. Chartres: Librerie R. Selleret, 1892.

BUONDELMONTI, Cristoforo. *Descriptio insule Crete et Liber insularum, cap. XI: Creta*. Ed. crít. Marie-Anne van Spitael. Heraclião: Syllogos Politistikes Anaptyxeos Herakleiou, 1981.

CABRAL, Luiz Alberto Machado. *A Biblioteca do Pseudo Apolodoro e o estatuto da mitografia*. Tese de doutorado. Campinas: Instituto de Estudos da Linguagem da Unicamp, 2013.

CAGE, John. *Silence: Conférences et écrits*. Genebra: Héros-Limite, 2003.

CAMPI, Pietro Maria. *Dell'historia ecclesiastica di Piacenza*. Piacenza: Giovanni Bazachi Stampatore Camerale, 1651.

CARPEGGIANI, Paolo. "Labyrinthos. Metafora e mito nella corte dei Gonzaga". *Quaderni di Palazzo Te*, n. 2. Módena: Panini, jan.-jun. 1985. pp. 55-67.

CARROLL, Lewis. *Alice através do espelho*. São Paulo: Cosac Naify, 2015.

__________. *Alice no País das Maravilhas*. São Paulo: Cosac Naify, 2009.

CASTIGLIA, Ignazio. *Il labirinto d'amore: Istanze morali e ragioni artistiche del "Corbaccio" di Giovanni Boccaccio*. Caltanissetta: Salvatore Sciascia, 2011.

CASTORIADIS, Cornelius. *As encruzilhadas do labirinto*, vol. 1. Rio de Janeiro: Paz e Terra, 1987.

CAUS, Salomon de. *Hortvs Palatinvs: A Friderico Rege Boemiae Electore Palatino Heidelbergae Exstrvctvs*. Frankfurt, 1620.

CELANT, Germano. *Arte Povera*. Milão: Gabriele Mazzotta, 1969.

________. *Arte Povera: History and Stories*. Milão: Electa, 2011.

________ (ed.). *Alberto Burri*. Nova York: Mitchell-Innes & Nash, 2008.

________. *The Knot: Arte Povera*. Turim: Umberto Allemandi & C., 1985.

CENNINI, Cennino. *Il libro dell'arte, o Trattato della pittura di Cennino Cennini*. Florença: Felice Le Monnier, 1859.

CHIARI, Sophie. *L'image du labyrinthe à la Renaissance: Détours et arabesques au temps de Shakespeare*. Paris: Honoré Champion, 2010.

CHRISTOV-BAKARGIEV, Carolyn. *Arte Povera*. Londres/Nova York: Phaidon Press, 2005.

CIAMPINI, Giovanni Giustino. *Vetera Monimenta, in quibus praecipue musiva opera sacrarum profanarumque aedium structura ac nonnulli antiqui ritus dissertationibus iconibusque illustrantur*, vol. 2. Roma: Typographia Bernabò, 1699.

CÍCERO, Marco Túlio. *Epistulae ad quintum fratrem*, livro III. Roma, [54 a.C.?].

CIONINI VISANI, Maria (org.). *Per Maria Cionini Visani: Scritti di amici*. Turim: G. Canale, 1977.

CIPRIANI, Angela; PASQUALI, Susanna. "Il 'Piano generale per una accademia sopra le belle arti del disegno' di Andrea Memmo". *Saggi e Memorie di Storia dell'Arte*, vol. 32, Veneza: Fondazione Giorgio Cini Onlus, 2008, pp. 225-68.

CLARICI, Paolo Bartolomeo. *Istoria e coltura delle piante che sono pe'l Fiore piu ragguardevoli, e piu distinte per ornare un Giardino in tutto il tempo dell'anno, con un copioso Trattato degli Agrumi*. Veneza: Andrea Poletti, 1726.

COCHLAEUS, Johann. *Adversus cucullatum Minotaurum Wittenbergensem: De sacramentorum gratia iterum*. Colônia, 1523.

COFFIN, David R. *The Villa d'Este at Tivoli*. Princeton: Princeton University Press, 1960.

COHEN, Jean-Louis. *O futuro da arquitetura desde 1889 - Uma história mundial*. São Paulo: Cosac Naify, 2013.

COLONNA, Francesco. *A batalha de amor em sonho de Polifilo*. Trad. Cláudio Giordano. São Paulo: Oficina do Livro Rubens Borba de Moraes/Imprensa Oficial, 2013.

__________. *Hypnerotomachia Poliphili*. Veneza: Aldo Manuzio, 1499.

COLQUHOUN, Alan. *Modernidade e tradição clássica*. São Paulo: Cosac Naify, 2004.

COMENIUS, Jan Amos. *O labirinto do mundo e o paraíso do coração*. Bragança Paulista: Comenius, 2010.

CORTÁZAR, Julio. *O jogo da amarelinha*. São Paulo: Cia. das Letras, 2019.

__________. *Os reis*. Trad. Ari Roitman e Paulina Wacht. Rio de Janeiro: Civilização Brasileira, 2015.

__________. *Todos os contos*, vol. 1: *1945-1966*. Trad. Heloisa Jahn. São Paulo: Cia. das Letras, 2021.

COTRIM, Cecília; FERREIRA, Glória (orgs.). *Escritos de artistas. Anos 60/70*. Rio de Janeiro: Zahar, 2009.

CRITICOS, Corinna *et al. Zero to Infinity: Arte Povera 1962-1972*. Minneapolis: Walker Art Center, 2001.

CROVATO, Giorgio. *Il patrimonio Carive: L'archivio storico e le collezioni della Cassa di Risparmio di Venezia*. Veneza: Cassa di Risparmio di Venezia, 2012.

CUNICO, Mariapia; RALLO, Giuseppe; VISENTINI, Margherita Azzi (orgs.). *Paesaggi di villa: Architettura e giardini nel Veneto*. Veneza: Marsilio, 2015.

D´AGOSTINO, Mário Henrique Simão. "A obscuridade do arquiteto Vitrúvio e a redação de *Os dez livros de architetura*". *Pós*, n. 14. São Paulo: Universidade de São Paulo, dez. 2003. pp. 26-47.

__________. *Geometrias simbólicas da arquitetura: espaço e ordem visual do Renascimento às Luzes*. São Paulo: Hucitec, 2006.

DAL CO, Francesco. *Carlo Scarpa: Opera completa*. Milão: Electa, 1984.

DAMISCH, Hubert. "A dança de Teseu". Trad. Claudia Afonso. *Revista Ars*, vol. 21, n. 47. São Paulo: Universidade de São Paulo, 2023, pp. 368-94.

D'ARGENVILLE, Antoine Joseph Dezallier. *La théorie et la pratique du jardinage*. Paris: Jean Mariette, 1709.

DE CHECCHI, Franco. "Il soggiorno di Angelo Querini ad Altichiero e la polemica sul 'taglio' della Brenta". *Padova e il suo Territorio*, ano 22, n. 127. Pádua: Tipografia Veneta, maio-jun. 2007, pp. 13-7.

DE LA BARAUDERIE, Jacques Boyceau. *Traité du jardinage selon les raisons de la nature et de l'art*. Paris: Michel van Lochom, 1638.

DE LAUNAY, Robert. "Les fallacieux détours du labyrinthe" (cont.). *Revue Archéologique*, série 5, vol. 4. Paris: Presses Universitaires de France, jul.-dez. 1916, pp. 114-25.

DELEUZE, Gilles; GUATTARI, Félix. *Mil platôs: Capitalismo e esquizofrenia 2*, vol. 5. Trad. Peter Pál Pelbart e Janice Caiafa. São Paulo: Editora 34, 1997.

DEL NEGRO, Piero; PRETO, Paolo (orgs.). *Storia di Venezia dalle origini alla caduta della Serenissima*, vol. VIII. Roma: Istituto della Enciclopedia Italiana, 1998.

DEL RICCIO, Agostino. *Agricoltura sperimentata*. Florença, [1590?].

DESCRITTIONE di Tiuoli, et del Giardino dell'Ill.mo Cardinal di Ferrara, con le dichiar.ni delle statue antiche et moderne, et d'altri belli, et marauigliosi artificij, che ui sono, con l'ordine come si trouano dispositi. Paris/Viena, [1571?].

DETIENNE, Marcel. *A escrita de Orfeu*. Trad. Mário da Gama Kury. Rio de Janeiro: Zahar, 1991.

DE VRIES, Hans Vredeman. *Hortorum Viridariorumque elegantes et multiplicis formae, ad architectonicae artis norman affabre delineatae*. Antuérpia: Philippus Gallaeus, 1583.

__________. *Hortorum Viridariorumque elegantes et multiplicis formae, ad architectonicae artis norman affabre delineatae*. Colônia: Johan Bussemacher, 1615.

___________. *Variae architecturae formae*. Antuérpia: Ioannes Gallaeus, 1601.

DEWEY, John. *Experiência e natureza; Lógica: A teoria da investigação; A arte como experiência; Vida e educação; Teoria da vida moral*. São Paulo: Abril Cultural, 1980. (Col. Os pensadores).

DIDI-HUBERMAN, Georges. *A semelhança informe ou o gaio saber visual segundo Georges Bataille*. Rio de Janeiro: Contraponto, 2015.

DI LIETO, Alba. *Carlo Scarpa e Castelvecchio*. Cinisello Balsamo: Silvana Editoriale, 2011.

___________ (org.). *I disegni di Carlo Scarpa per Castelvecchio*. Veneza: Marsilio, 2006.

DIODORO. *Biblioteca histórica*, livros IV-VIII. Trad. Juan José Torres Esbarranch. Madri: Gredos, 2004.

DUCATÉ, Sandrine (org.). *Avenue de Rome: Fribourg en quête de racines antiques*. Friburgo: Société d'histoire du canton de Fribourg (SHCF), 2018.

DU CERCEAU, Jacques Androuet. *Les plus excellents bastiments de France*, vols. I e II. Paris, 1576/1579.

___________. *Les trois livres d'architecture*. Paris: 1559/1561/1582.

DURAND, Julian. "Les pavés-mosaïques en Italie et en France". *Annales Archéologiques*, n. 17. Paris: Librairie Archéologique de Victor Didron, 1587, pp. 119-27.

DURANTI, Durante. *La grotta di Pietro d'Abano canti due di Durante Duranti per le nozze del N.H. Marin Zorzi e della N.D. Contarina Barbarigo indirizzati agli eccellentissimi sposi*. Veneza: Stamperia Fenzo, 1765.

ESPADA, Heloisa (org.). *Richard Serra – Escritos e entrevistas, 1967-2013*. Rio de Janeiro: IMS, 2014.

EUCLIDES. *Os elementos*. Trad. Irineu Bicudo. São Paulo: Editora Unesp, 2009.

EVANS, Arthur. *The Palace of Minos: A Comparative Account of the Successive Stages of the early Cretan Civilization as Illustrated by the Discoveries at Knossos*, vol. 1. Londres: Macmillan and Co., 1921.

FAGIOLO, Marcello (org.). *Natura e artificio: L'ordine rustico, le fontane, gli automi nella cultura del Manierismo europeo*. Roma: Officina, 1981.

FAURA, Ramon. *La* máquina *Versalles*. Buenos Aires: Universidad Torcuato di Tella, 2014.

FERNÁNDEZ-GALIANO, Luis. "Formas de lo informe: Arte y arquitectura bajo el signo de Bataille". *Arquitectura Viva*, n. 50. Madri, 1996, pp. 25-33.

FIGUEIRA, Jorge (org.). Álvaro Siza – *Modern Redux*. São Paulo: Cosac Naify, 2008.

FILARETE. *Trattato di architettura*. Florença, 1464.

___________. *Trattato di architettura*, vol. 1. Ed., notas e introd. Anna Maria Finoli e Liliana Grassi. Milão: Il Polifilo, 1972.

FITTON, Josephine Lesley. *Minoans*. Londres: British Museum Press, 2002. (Col. People of the Past).

FONTANA, Giovanni. *Bellicorum instrumentorum liber*. [S.l.: s.n.], [entre 1420 e 1430].

FONTANA, Loris. *Valsanzibio*. Cittadella: Bertoncello, 1990.

___________. *Villa Pisani a Stra*. Fiesso d'Artico: La Press, 1983.

FOSTER, Hal. *Bad New Days: Art, Criticism, Emergency*. Londres/Nova York: Verso, 2015.

____________. *O complexo arte-arquitetura*. Trad. Célia Euvaldo. São Paulo: Cosac Naify, 2015.

FOUCAULT, Michel. *Vigiar e punir – Nascimento da prisão*. Petrópolis: Vozes, 2008.

FRAMPTON, Kenneth. *História crítica da arquitetura moderna*. São Paulo: Martins Fontes, 2008.

GALIMARD, P. J. *Architecture de jardins*. Paris: Mond-hare, [1765?].

GAUDIN, Henri. *La cabane et le labyrinthe*. Sprimont: Pierre Mardaga, 2000.

GAUSA, Manuel *et al. Diccionario Metápolis Arquitectura Avanzada: Ciudad y Tecnología en la Sociedad de la Información*. Barcelona: Actar, 2002.

GIOS, Pierantonio (org.). *L'itinerario biografico di Gregorio Barbarigo: Dal contesto familiare all'episcopato – lettere ai familiari (1655-1657)*. Pádua: Istituto per la Storia Ecclesiastica Padovana, 1996.

GLORIA, Andrea. *Il territorio padovano illustrato*, vol. 2. Pádua: Prem. Stab. Prosperini, 1862.

GNAN, Pietro; MANCINI, Vincenzo (orgs.). *Le muse tra i libri: Il libro illustrato veneto del Cinque e Seicento nelle collezioni della Biblioteca Universitaria di Padova*. Pádua: Biblioteca Universitaria di Padova, 2009.

GOLDONI, Carlo. "La picola Venezia". *In*: *Opere complete*, vol. 35. Veneza: Municipio di Venezia nel II Centenario della Nascita, 1943, pp. 460-77.

GRAU, Cristina. *Borges y la arquitectura*. Madri: Ediciones Cátedra, 1989.

GREEN, Peter. *Alexandre, o Grande, e o período helenístico*. Rio de Janeiro: Objetiva, 2007.

GRIMM, Jacob; GRIMM, Wilhelm. *João e Maria*. São Paulo: Cosac Naify, 2010.

GUADAGNIN, Erika; VARALLO, Franca; VIVARELLI, Maurizio (orgs.). *Reimmaginare la Grande Galleria. Forme del sapere tra età moderna e culture digitali*. Turim: Accademia University Press, 2022.

HALSBAND, Robert (org.). *The Complete Letters of Lady Mary Wortley Montagu*, vol. 3. Oxford: Clarendon Press, 1967.

HAYTON, Darin. "Johannes Stabius's *Figura labyrinthi*", 2016. Disponível em: dhayton.haverford.edu/blog/2016/12/06/johannes-stabiuss-figura-labyrinthi/#fn:15503. Acesso em: 2 mar. 2023.

____________. *The Crown and the Cosmos: Astrology and the Politics of Maximilian I*. Pittsburgh: University of Pittsburgh Press, 2015.

HEGEL, G. W. F. *A arquitetura*. São Paulo: Edusp, 2017.

HEJDUK, John. *The Lancaster/Hanover Masque*. Londres/Montreal: Architectural Association/Canadian Center for Architecture, 1992.

____________. *Victims*. Londres: Architectural Association, 1986.

HIGINO. *Fábulas*. Trad. Javier del Hoyo e José Miguel García Ruiz. Madri: Gredos, 2009.

HILL, Thomas. *A Most Briefe and Pleasaunt Treatyse, Teachynge Howe to Dress, Sowe, and Set a Garden, and what Propertyes Also these Few Herbes Heare Spoken Of, Haue to Our Comodytie: With the Remedyes that May Be Vsed Against Such Beasts, Wormes, Flies and Such Lyke, that Commonly Noy Garden*. Londres: Thomas Marshe, 1563.

____________. *The Profitable Arte of Gardening*. Londres: Henry Bynneman, 1579.

HOCKE, Gustav René. *Maneirismo: o mundo como labirinto*. Trad. Clemente Raphael Mahl. São Paulo: Perspectiva/Edusp, 1974.

HOLLIER, Denis. *Against Architecture: The Writings of Georges Bataille*. Cambridge/ Londres: MIT Press, 1992.

HOMERO. *Ilíada*. Trad. Frederico Lourenço. São Paulo: Cia. das Letras, 2005.

____________. *Odisseia*. Trad. Christian Werner. São Paulo: Cosac Naify, 2014.

HUSSERL, Edmund. *A crise da humanidade europeia e a filosofia*. Lisboa: Lusofonia.net, 2006.

HYLAND, Angus; WILSON, Kendra. *Labirinti di piante, di pietra e di terra*. Milão: Rizzoli, 2019.

ILLIANO, Antonio. "Per un'introduzione al 'Corbaccio'". *Italianistica: Rivista di letteratura italiana*, vol. 17. Pisa: Accademia Editoriale, set.-dez. 1988, pp. 393-416.

IMPELLUSO, Lucia. *Giardini, orti e labirinti*. Milão: Electa, 2005.

JAKOB, Michael. *El jardín y la representación*. Madri: Siruela, 2010.

JAMESON, Fredric. *A virada cultural: reflexões sobre o pós-modernismo*. Trad. Carolina Araújo. Rio de Janeiro: Civilização Brasileira, 2006.

____________. *Pós-modernismo – A lógica cultural do capitalismo tardio*. São Paulo: Ática, 1997.

JAPIASSU, Hilton; MARCONDES, Danilo. *Dicionário básico de filosofia*. Rio de Janeiro: Zahar, 1991.

KAZANTZÁKIS, Níkos. *Curos (Teseu)*. Trad. Silvia Ricardino. São Paulo, 2020. No prelo. Disponível em: it.scribd.com/document/463427093/KAZANTZAKIS-KUROS-TESEU-TRADUCAO-pdf. Acesso em: 20 nov. 2023.

____________. *No palácio do rei Minos*. São Paulo: Marco Zero, 1986.

KERN, Hermann. *Through the Labyrinth: Designs and Meanings over 5000 Years*. Nova York/ Londres/Munique: Prestel, 2000.

KOOLHAAS, Rem; MAU, Bruce. *S, M, L, XL*. Nova York: The Monacelli Press, 1997.

KRAUSS, Rosalind. *Caminhos da escultura moderna*. Trad. Julio Fischer. São Paulo: Martins Fontes, 1998.

____________. *The Originality of the Avant-Garde and Other Modernist Myths*. Cambridge: MIT Press, 1985.

KWON, Miwon. *One Place After Another: Site-specific Art and Locational Identity*. Cambridge/Londres: MIT Press, 2004.

LAGNADO, Lisette. *Hélio Oiticica: O mapa do programa ambiental*. Tese de doutorado. São Paulo: Faculdade de Filosofia, Letras e Ciências Humanas da Universidade de São Paulo, 2003.

LE CORBUSIER. *Musée à Croissance Illimitée*. Paris: Fondation Le Corbusier, 1939.

____________. *Musée National des Beaux-Arts de l'Occident*. Paris: Fondation Le Corbusier, 1955.

____________; OZENFANT, Amédée. *Depois do cubismo*. São Paulo: Cosac Naify, 2005.

LEFAIVRE, Liane. *Leon Battista Alberti's Hypnerotomachia Poliphili – Re-Cognizing the Architectural Body in the Early Italian Renaissance*. Cambridge: MIT Press, 1997.

LE LABYRINTHE disparu: Une promenade fabuleuse. Versalhes: Château de Versailles, [2020?]. Disponível em: chateauversailles.fr/decouvrir/histoire/les-grandes-dates/labyrinthe-disparu#la-construction-du-labyrinthe. Acesso em: 22 mar. 2023.

LEPORE, Francesca Romana. *Dentro e fuori il labirinto: La grande saga del labirinto fra pietre, arte e giardini*. Rimini: Idealibri, 2002.

LESIMPLE, Marc; ARDEMANI, Fabio Pizzoni. *Valsanzibio: Un giardino del '600 nel cuore dei Colli Euganei*. Ponzano: Vianello Libri, 2008.

LITHGOW, William. *Travels and Voyages through Europe, Asia and Africa, for Nineteen Years*. Edimburgo/Kilmarnock: A. Murray e J. Cochran para J. Meuros Bookseller, 1770.

LOBATO, Monteiro. *O Minotauro*. São Paulo: Globo, 2017.

L'OCCASO, Stefano. *Il Palazzo Ducale di Mantova*. Milão: Electa, 2002.

LORIS, Daniel. *Le thresor des parterres de l'univers, contenant les figures et pourtraits des plus beaux compartiments, cabanes, & labyrinthes des iardinages, tante à l'allemande qu'à la françoise*. Genebra: Gamonet, 1629.

MACGILLIVRAY, Joseph Alexander. *Minotauro: Sir Arthur Evans e a arqueologia de um mito*. Trad. Luiz Antonio Aguiar. Rio de Janeiro: Record, 2002.

MALAMANI, Vittorio. *Rosalba Carriera*. Bérgamo: Istituto Italiano d'Arti Grafiche Editore, 1910.

MARIUZ, Adriano; PAVANELLO, Giuseppe; ROMANELLI, Giandomenico (orgs.). *Pietro Longhi*. Milão: Electa, 1993.

MARTINI, Francesco di Giorgio. *Trattati di Architettura Ingegneria e Arte Militare*. Org. Corrado Maltese. Milão: Il Polifilo, 1967.

MASSON, Frédéric (org.). *Mémoires et lettres de François-Joachim de Pierre, Cardinal de Bernis (1715-1758)*, t. 1. Paris: E. Plon et Cie, 1878.

MASSON, Georgina. *Giardini d'Italia*. Milão: Garzanti, 1961.

MATTHEWS, William Henry. *Mazes & Labyrinths: Their History & Development*. Nova York: Dover, 1970.

MAZZA, Cristiana. *I Sagredo: Committenti e collezionisti d'arte nella Venezia del Sei e Settecento*. Veneza: Istituto Veneto di Scienze, Lettere ed Arti, 2004.

MEMMO, Andrea. *Elementi dell'architettura lodoliana o sia l'arte del fabbricare con solidità scientifica e com eleganza non capricciosa*, vol. 1. Roma: Stamperia Pagliarini, 1786.

MEMMO, Francesco. *Vita e macchine di Bartolommeo Ferracino celebre bassanese ingegnere colla storia del ponte di Bassano dal medesimo rifabbricato illustrata da varie note riguardanti la stessa città*. Veneza: Stamperia Remondini, 1754.

MERLIN, François; CELLIER, Jacques. *Recherches de plusieurs singularités par Françoys Merlin, controlleur general de la Maison de feu Madame Marie Elizabeth, fille unique de feu Roy Charles dernier que Dieu absolue. Portraites & escrites par Jacques Cellier demourant a Reims*. Reims, 1583-1587.

MOLLET, André. *Le jardin de plaisir*. Estocolmo: Henry Keyser, 1651.

MOLLET, Claude. *Theatre des plans et iardinages*. Paris: Charles de Sercy, 1652.

MOLMENTI, Pompeo. *La storia di Venezia nella vita privata*, vol. 3. Bérgamo: Istituto Italiano d'Arti Grafiche, 1926.

MONEO, Rafael. *Inquietação teórica e estratégia projetual*. São Paulo: Cosac Naify, 2008.

MONTESQUIEU. *Voyages de Montesquieu*, t. 1. Bordeaux: G. Gounouilhou, 1894.

MOSCHINI, Giannantonio. *Della letteratura veneziana del secolo XVIII fino a nostri giorni*, vol. 2. Veneza: Stamperia Palese, 1806.

MOSSER, Monique; TEYSSOT, Georges (orgs.). *L'architettura dei Giardini d'Occidente: Dal Rinascimento al Novecento*. Milão: Electa, 1990.

MOSTAFAVI, Mohsen (org.). *Portman's America and Other Speculations*. Zurique: Lars Müller, 2017.

MOUNTAIN, Didymus (Thomas Hill). *The Gardners Labyrinth*. Londres: Henry Bynneman, 1577.

NESBITT, Kate (org.). *Uma nova agenda para a arquitetura – Antologia teórica – 1965-1995*. São Paulo: Cosac Naify, 2006.

NEUFFORGE, Jean-François de. *Recueil élémentaire d'architecture*. Paris: J.-F. Neufforge, 1757-1780.

NICOLAI, Olaf; WENZEL, Jan. *Four Times through the Labyrinth*. Leipzig/Zurique: Spector Books/Rollo Press, 2012.

NOITES GREGAS, #37: "Teseu e o Minotauro" (*podcast*). Loc. Cláudio Moreno. Porto Alegre: Filipe Speck, 27 dez. 2021. Disponível em: noitesgregas.com.br/episodios/37-teseu-e-o-minotauro. Acesso em: 14 fev. 2022.

OBRIST, Hans Ulrich. *Rem Koolhaas, conversas com Hans Ulrich Obrist*. Barcelona: Gustavo Gili, 2009.

OITICICA, Hélio. *Aspiro ao grande labirinto*. Rio de Janeiro: Rocco, 1986.

OITICICA FILHO, César (org.). *Encontros: Hélio Oiticica*. Rio de Janeiro: Azougue, 2009.

OSTO, Giulio. *Il labirinto della vita: Un viaggio spirituale nel Giardino di Valsanzibio*. Pádua: Proget Edizioni, 2015.

OVÍDIO. *Metamorfoses*. Trad. Domingos Lucas Dias. São Paulo: Editora 34, 2017.

____________. *Metamorphosis cum luculentissimis Raphaelis Regii enarrationibus, quibus cum alia quaedam ascripta sunt, quae in exemplaribus antea impressis non inueniuntur, tum eorum apologia quae fuerant a quibusdam repraehensa*. Veneza: Giovanni Rosso para Lucantonio Giunta, 1497.

PACIFICI, Vincenzo (org.). *Annali e memorie di Tivoli di Giovanni Maria Zappi*. Tivoli: Società Tiburtina di Storia e d'Arte, 1920.

PADOAN, Giorgio. "Sulla datazione del 'Corbaccio'". *Lettere Italiane*, vol. 15. Florença: Casa Editrice Leo S. Olschki, jan.-mar. 1963, pp. 1-27.

PAGLIS, Julia. *O diálogo da corrente e da colher: o espaço entre Rem Koolhaas e Hélio Oiticica*. Dissertação de mestrado. São Paulo: Faculdade de Arquitetura e Urbanismo da Universidade de São Paulo, 2023.

PALLADIO, Andrea. *I quattro libri dell'architettura*. Veneza: Domenico de' Franceschi, 1570.

PALLUCCHINI, Rodolfo. *La pittura veneziana del Settecento*. Veneza/Roma: Istituto per la Collaborazione Culturale, 1960.

PANÓPOLIS, Nono de. *Dionisíacas*, cantos I-XII. Trad. Sergio Daniel Manterola e Leandro Manuel Pinkler. Madri: Gredos, 1995.

PAPAPETROS, Spyros; ROSE, Julian. *Retracing the Expanded Field: Encounters between Art and Architecture*. Cambridge: MIT Press, 2014.

PARAGAMIAN, Kaloust *et al. Visitors' Inscriptions in the Labyrinth of Gortys: A List of Inscriptions in the "Room of Trapeza"*. Heracliāo: Hellenic Institute of Speleological Research, 2004.

PAUWELS, Yves. *Architectura: Architecture, textes et images XVIe-XVIIe siècles*. Tours: Centre d'études supérieures de la Renaissance, 2008.

PAYA, Laurent. "Le thresor des parterres de l'univers". *Architectura: Architecture, textes et images XVIe-XVIIe siècles*. Tours: Centre d'études supérieures de la Renaissance, 2006. Disponível em: architectura.cesr.univ-tours.fr/Traite/Notice/ENSBA_LES524.asp?param=. Acesso em: 16 abr. 2023.

____________. "Traité du jardinage". *Architectura: Architecture, textes et images XVIe-XVIIe siècles*. Tours: Centre d'études supérieures de la Renaissance, 2012. Disponível em: architectura.cesr.univ-tours.fr/Traite/Notice/ENSBA_LES1536.asp?param=. Acesso em: 19 abr. 2023.

PEDROSA, Mário. *Arte – Ensaios*. São Paulo: Cosac Naify, 2015.

PÉREZ-GÓMEZ, Alberto. "The myth of Daedalus". *AA Files*, n. 10. Londres: Architectural Association School of Architecture, outono 1985, pp. 49-52.

PER LE FELICISSIME NOZZE dell'eccellenze loro il N.U. Marino Zorzi e la N.D. Contarina Barbarigo. Veneza: Stamperia Fenzo, 1765.

PER LE NOZZE di S.S.E.E. Marin Zorzi e Contarina Barbarigo il Tempio dell'Immortalità. Veneza: Simone Occhi, 1765.

PERRAULT, Charles. *Labyrinte de Versailles*. Paris: L'Imprimerie Royale, 1677.

PERROTTA-BOSCH, Francesco. *Lina, uma biografia*. São Paulo: Todavia, 2021.

____________. "O labirinto do arquiteto". *Folha de S.Paulo*. São Paulo, 27 mar. 2024, pp. C1, C4 e C5.

____________. *O que labirintos podem revelar sobre a arquitetura*. Tese de doutorado. São Paulo/Veneza: Faculdade de Arquitetura e Urbanismo da Universidade de São Paulo/ Università IUAV di Venezia, 2024.

PETRARCA, Francesco. *Le rime di M. Francesco Petrarca riscontrate con ottimi esemplari stampati, e con somma diligenza corrette, con la tavola di tutte le rime del Canzoniere ridotte coi versi interi sotto le lettere vocali*. Veneza: Giuseppe Bortoli, 1739, p. 158.

PETRUCCI, Ottaviano (org.). *Frottole*, livro 3. Veneza, 1505.

PICCOLOMINI, Alessandro. *Della sfera del mondo*. Veneza: Nicolò Bevilacqua, 1561.

PIEPER, Jan. *Das Labyrinthische: Über die Idee des Verborgenen, Rätselhaften, Schwierigen in der Geschichte der Architektur*. Brunswick: Vieweg, 1987.

PIETROGRANDE, Antonella. "Il giardino di Valsanzibio e le strategie familiari e territoriali dei Barbarigo". *Arte Lombarda*, n. 142 (3). Milão: Vita e Pensiero, 2004, pp. 14-8.

PITTONI, Lelio. *Gli artificiosi et intricati quattro libri di labirinti*. Mântua, 1611.

PIZZO, Nicholas. *Le Sagredo: Una dinastia di salottiere nella Venezia del Settecento*. Veneza: Supernova, 2023.

PLATÃO. *Eutidemo*. Trad. Maura Iglésias. Rio de Janeiro: Loyola/Editora PUC-Rio, 2011.

___________. *Mênon*. Trad. Maura Iglésias. Rio de Janeiro: Loyola/Editora PUC-Rio, 2001.

PLÍNIO. *História natural*. Roma, 77-79 d.C.

PLUTARCO. *Vidas paralelas: Teseu e Rómulo*. Trad. Delfim F. Leão e Maria do Céu Fialho. Coimbra: Centro de Estudos Clássicos e Humanísticos, 2008.

___________. *Vitae illustrium virorum*, vol. 1. Veneza: Bartholomaeus de Zanis, 1496.

POESIE PER LE GLORIOSE NOZZE dell'eccellenze loro il signor Marino Zorzi e la signora Contarina Barbarigo. Veneza: Stamperia Albrizzi, 1765.

PORCELLI, Bruno. "Il 'Corbaccio': Per un'interpretazione dell'opera e del titolo". *Italianistica: Rivista di letteratura italiana*, vol. 21. Pisa: Accademia, maio-dez. 1992, pp. 563-79.

POZZETTI, Elisabetta. "Arte topiaria, significato e storia". *Villegiardini*. Milão: Visibilia Editrice, 2023. Disponível em: villegiardini.it/ars-topiaria-significato-e-storia. Acesso em: 25 abr. 2023.

PREDA, Alessandra. "L'histoire de la Mappe-Monde Papistique de Jean-Baptiste Trento et ses sources italiennes". *Bulletin de la Société de l'Histoire du Protestantisme Français*, vol. 145. Genebra: Librairie Droz, abr.-jun. 1999, pp. 245-61.

PROBST, Johann Balthasar (ed.). *Hieronymus Sperling: Troiano regio Principi Paridi delatum praerogativae iudicium inter Iunonem, Venerem et Minervam sive divitias, amorem & sapientiam ad utilem oblectationem: LII emblematibus moralibus, quae delineata et aeri affabre incisa*. Augsburgo: Jeremias Wolff Heirs, *c.*1750.

PUECHFELDNER, Hans. *Nützliches Khünstbüech der Gartnereij*. [S.l.: s.n.], [1593?].

PUPPI, Lionello. "The Giardino Barbarigo at Valsanzibio". *Journal of Garden History*, vol. 3, n. 4. Londres: Taylor & Francis, out.-dez. 1983, pp. 281-300.

RAINERO, Enrico. *Giardini, labirinti, paradisi*. Florença: Rainero, 1985.

RALLO, Giuseppe *et al.* (orgs.). *Paesaggi di villa: Architettura e giardini nel Veneto*. Veneza: Marsilio, 2015.

RAMOS, Nuno. "À espera de um sol interno (Hélio Oiticica)". *In*: *Ensaio geral: Projetos, roteiros, ensaios, memória*. São Paulo: Globo, 2007, pp. 119-43.

RIANI, Paolo; GOLDBERGER, Paul (orgs.). *John Portman*. Milão: L'Arca, 1990.

ROBADOR, María Dolores. "Restauración de los patios y jardines la Galera, Troya y Danza". *Apuntes del Alcázar de Sevilla*, n. 8. Sevilha: Patronato del Real Alcázar y de la Casa Consistorial, maio 2007, pp. 9-14.

ROCCO, Giuseppe. *I luoghi di San Gregorio: Strade e paesi nell'itinerario pastorale del vescovo Barbarigo*. Pádua: Tipografia Antoniana, 1961.

ROMANELLI, Giandomenico. "Contarina Barbarigo, architetto". *In*: PEDROCCO, Filippo (org.). *Luce di taglio: Preziosi momenti di una nobildonna veneziana*. Lausanne: Skira, 2002, pp. 109-11.

ROSSETTI, Domenico. *Le fabriche e giardini dell'eccellentissima Casa Barbarigo*. Verona, 1702.

ROWE, Colin; SLUTZKY, Robert. "Transparência: literal e fenomenal". Trad. Lélia Mendes de Vasconcellos. *Gávea*, n. 2. Rio de Janeiro: Editora PUC-Rio, 1985, pp. 33-50.

RUSKIN, John. *Fors Clavigera.* Nova York: Brian, Taylor & Company, 1894.

SAKELLARAKIS, Yannis; SAPOUNA-SAKELLARAKI, Efi. *Archanes: Minoan Crete in a new light.* Atenas: Ammos Publications, 1997.

SALOMONIO, Jacopo. *Agri patavini inscriptiones sacrae et prophanae.* Pádua: Matteo Cadorino, 1696.

SALZSTEIN, Sônia *et al.* (eds.). *Revista Ars* (Dossiê Hélio Oiticica), vol. 15, n. 30. São Paulo: Departamento de Artes Plásticas da Escola de Comunicações e Artes da Universidade de São Paulo, 2017. [ver https://www.revistas.usp.br/ars/issue/view/10255_]

SAMÓSATA, Luciano de. *Luciano* [I]. Trad. Custódio Magueijo. Coimbra: Imprensa da Universidade de Coimbra, 2012.

SANI, Bernardina. *Rosalba Carriera.* Turim: Umberto Allemandi & C., 1988.

SANTARCANGELI, Paolo. *Il libro dei labirinti: Storia di un mito e di un simbolo.* Florença: Vallecchi, 1967.

SCAMOZZI, Vincenzo. *L'idea dell'architettura universale.* Veneza, 1615.

SCHØLLHAMMER, Karl Erik. *Além do visível: o olhar da literatura.* Rio de Janeiro: 7 Letras, 2007.

SELMIN, Francesco (org.). *I colli Euganei.* Sommacampagna: Cierre, 2010.

SELVAGGIO, Matteo. *Duo labirynthi de mundano et diuino amore cum suis exordijs, differentijs, & fructibus: ex dictis & floribus sanctoru[m] ingeniose collecti: cu[m] suis semitis rite ordinatis usq[ue] ad centrales terminos uel i[n]ferni uel felicitatis etern[a]e: pro utilitate & consolatione ge[n]tium: cu[m] meditatione super cursum passionis Christi nec no[n] & doctrina salutifera animae.* Veneza, 1542.

SEMENZATO, Camillo. "Una proposta per il giardino di Valsanzibio". *Arte Veneta: Rivista di storia dell'arte*, n. 29, Veneza: Alfieri Edizioni d'Arte, 1975, pp. 219-23.

SEMEONIS, Symon. *The Journey of Symon Semeonis from Ireland to the Holy Land.* Cork: Corpus of Electronic Texts (Celt), University College Cork, 2017.

SEMI, Franca (org.). *A lezione con Carlo Scarpa.* Veneza: Cicero, 2010.

SERENA, Sebastiano. *S. Gregorio Barbarigo e la vita spirituale e culturale nel suo seminario di Padova: Lettere e saggi editi dagli amici in memoria*, vol. II. Pádua: Antenore, 1963.

SERLIO, Sebastiano. *I sette libri dell'architettura*, livro IV. Veneza: Francesco de' Franceschi, 1584.

SERRA, Richard. *Writings and Interviews.* Chicago: University of Chicago Press, 1994.

SHEPHERD, J. C.; JELLICOE, G. A. *Italian Gardens of the Renaissance.* Londres: Academy, 1925.

SIEBER, Franz Wilhelm. *Travels in the Island of Crete in the Year 1817.* Londres: Sir Richard Phillips & Co., 1823.

SIZA, Álvaro. *Guia de arquitetura: Projetos construídos.* Lisboa: A+A Books, 2018.

SMITHSON, Robert. *Robert Smithson: The Collected Writings.* Org. e introd. Jack Flam. Berkeley/Los Angeles: University of California Press, 1996.

SORANZO, Girolamo. *Bibliografia veneziana.* Veneza: Pietro Naratovich, 1885.

SPRATT, Thomas Abel Brimage. *Travels and Researches in Crete*, vol. II. Londres: John van Voorst, Paternoster Row, 1865.

STABIUS, Johannes *et al. Figura labyrinthi*. Nuremberg, [entre *c.* 1495 e *c.* 1504].

SURIAN, Vittoria (org.). *Gentildonne artiste intellettuali al tramonto della Serenissima*. Veneza: Eidos, 1998.

SYKES, A. Krista (org.). *O campo ampliado da arquitetura - Antologia teórica - 1993-2009*. São Paulo: Cosac Naify, 2013.

TAFUR, Pero. *Travels and Adventures - 1435-1439*. Abingdon: Routledge, 2005.

TAFURI, Manfredo. *La sfera e il labirinto: Avanguardie e architettura da Piranesi agli anni 70*. Turim: Einaudi, 1980.

____________. *Progetto e utopia: Architettura e sviluppo capitalistico*. Roma/Bari: Laterza, 1973.

TATARELLA, Francesca. *Labyrinths & Mazes: A Journey through Art, Architecture and Landscape*. Nova York: Princeton Architectural Press, 2016.

TAVARES, André. *Matéria-prima: um olhar sobre o arquivo de Álvaro Siza*. Porto: Serralves, 2017.

____________. *Vitruvius without Text: The Biography of a Book*. Zurique: gta Verlag, ETH Zurich, 2022.

THE MINOTAUR'S Island, episódio 2: "A Troubled Island" (vídeo). Dir.: Tim Kirby. Apres.: Bettany Hughes. Londres, 2005. Publicado pelo canal Odyssey - Ancient History Documentaries. Disponível em: youtube.com/watch?v=ysnzl5fdtMI&t=77s. Acesso em: 21 jun. 2023.

TOMASI, Lucia Tongiorgi; ZANGHERI, Luigi (orgs.). *Bibliografia del giardino e del paesaggio italiano, 1980-2005*. Florença: Leo S. Olschki, 2007.

TOURNEFORT, Joseph Pitton de. *Relation d'un voyage du Levant*. Amsterdam: La Compagnie, 1718.

TRERÈ, Filippo. "Il labirinto della basilica di San Vitale". *Ravenna Mosaici*. Ravena: Opera di Religione della Diocesi di Ravenna, [20--]. Disponível em: ravennamosaici.it/labirinto-basilica-san-vitale. Acesso em: 9 dez. 2023.

URGOITI, María Soledad Carrasco. "Cervantes en su comedia *El laberinto de amor*". *Hispanic Review*, vol. 48, n. 1, Filadélfia: University of Pennsylvania Press, inverno 1980, pp. 77-90.

VACCALLUZZO, Nunzio. *Fra donne e poeti nel tramonto della Serenissima*. Catania: Niccolò Giannotta, 1930.

VALÉRY, Paul. *Eupalinos ou O arquiteto*. Rio de Janeiro: Editora 34, 1996.

VALTURIO, Roberto. *De re militari*. Paris, 1534.

____________. *De re militari*. [S.l.: s.n.], [entre 1446 e 1455].

VAN DER GROEN, Jan. *Den nederlandtsen hovenier*. Amsterdam: Marcus Doornick, 1670.

VAN DER VIN, J. P. A. *Travellers to Greece and Constantinople: Ancient Monuments and Old Traditions in Medieval Travellers' Tales*, vol. I. Leiden: Nederlands Historisch-Archaeologisch Instituut te Istanbul, 1980.

VASARI, Giorgio. *Vidas dos artistas*. São Paulo: WMF Martins Fontes, 2011.

VAUCHEZ, André (org.). *Dizionario enciclopedico del Medioevo*, vol. 2. Roma: Città Nuova, 1998.

VENEZIA. *La Biblioteca di Repubblica: L'Italia*, vol. 5. Milão: Touring Editore, 2015.

VERNANT, Jean-Pierre. *Mito e religião na Grécia Antiga*. Trad. Joana Angélica d'Avila Melo. São Paulo: WMF Martins Fontes, 2009.

VIDLER, Anthony. *The Architectural Uncanny: Essays in the Modern Unhomely*. Cambridge: MIT Press, 1992.

VIOLLET-LE-DUC, Eugène. *Dictionnaire raisonné de l'architecture française du XIe au XVIe siècle*, t. 6. Paris: B. Bance, 1863.

VIRGÍLIO. *Bucólicas*. Campinas: Editora Unicamp, 2008.

__________. *Eneida*. Trad. David Jardim Júnior. Rio de Janeiro: Edições de Ouro, [1974].

VISENTINI, Margherita Azzi. *Il giardino veneto tra Sette e Ottocento e le sue fonti*. Milão: Il Polifilo, 1988.

__________. "Note sul giardino veneto: Aggiunte e precisazioni". *Arte Veneta: Rivista di storia dell'arte*, n. 37, Veneza: Alfieri Edizioni d'Arte, 1983, pp. 77-89.

__________. (org.). *Il giardino veneto: Dal tardo Medioevo al Novecento*. Milão: Electa, 1988.

WALDMANN, Thomas M. *The Cretan Labyrinth Cave*. Basileia: 2006/2022.

WARD, Anne. "The Cretan Bull Sports". *Antiquity*, vol. 42, n. 166. Durham: Antiquity Publications – Department of Archaeology, Durham University, jun. 1968, pp. 117-22.

WHARTON, Edith. *Ville italiane e loro giardini*. Florença: Passagli, 1983.

WOODWARD, Arthur Maurice. "The Gortyn 'Labyrinth' and Its Visitors in the Fifteenth Century". *Annual of the British School at Athens*, vol. 44, Atenas: British School at Athens, nov. 1949, pp. 324-5.

WYNNE, Giustiniana. *Alticchiero*. Pádua: Nicolò Bettinelli, 1787.

__________. *Du séjour des comtes du Nord à Venise en janvier 1782: Lettre de Mme la comtesse douairière des Ursins et Rosenberg à Mr Richard Wynne, son frère, à Londres*. Veneza, 1782.

ZACCARELLO, Michelangelo. "Il *Corbaccio* nel contesto della tradizione misogina e moralistica medievale: Annotazioni generali e proposte specifiche". *Chroniques Italiennes*, n. 36, Paris: Sorbonne Université, 2018.

Este livro foi composto pelas famílias tipográficas
Adobe Jenson Pro e Utopia e impresso pela Paym
Gráfica e Editora Ltda., em papel Lux Cream 80 g/m^2,
para a Editora WMF Martins Fontes, em outubro de 2025.